谷光隆編

東亜同文書院

阿片調査報告書

愛知大学東亜同文書院大学記念センター

表記の装丁に用いた四隅の花形は『支那省別全誌』のそれを踏襲し、
輪郭の子持罫は『修新支那省別全誌』のそれを踏襲したものである。

煙　管（煙　槍） 左から全長 33cm, 63cm, 57cm

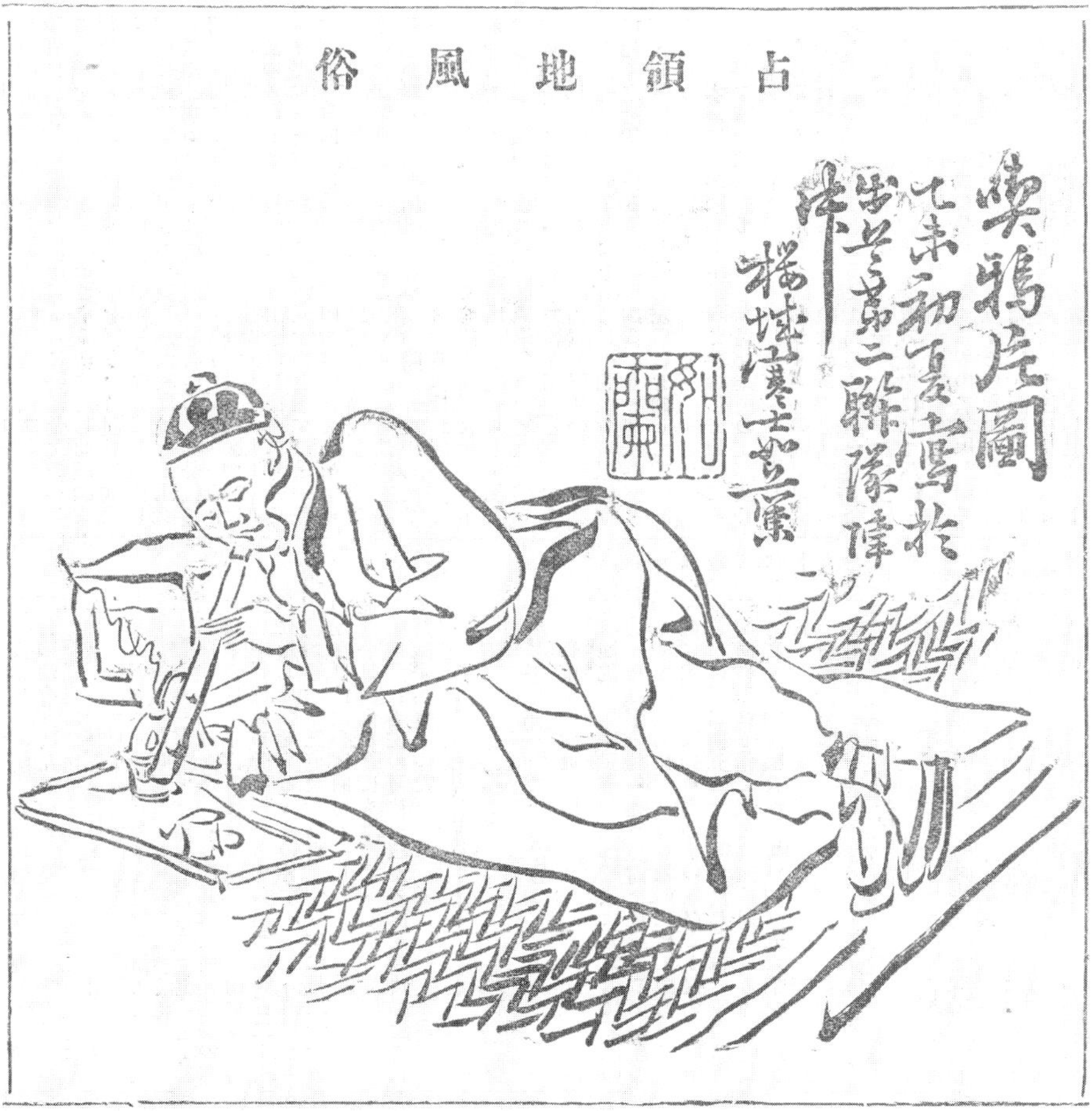

陸羯南の主宰する新聞「日本」 明治二十八年五月五日の第三面に掲載

解　説

本書は、在上海、東亜同文書院の学生が毎年行ってきた調査旅行の成果（＝調査報告書）の中より、「阿片」を主題とする記事を抽出し、これを校訂して収録したもので、すべて大正十四年度〜昭和五年度の調査報告書中に含まれるものである。

編者は、さきに『東亜同文会 東亜同文書院 阿片資料集成　ＣＤ－ＲＯＭ版』を愛知大学東亜同文書院大学記念センターより刊行したが、それはすべて東亜同文会または東亜同文書院の著録・編刊に係るもの、すなわち、すでに活字印刷に付されている文献を対象としたものであった。そこで、その際の解説には、

（東亜）同文書院の「調査報告書」（霞山文庫所蔵）の中には、阿片関係の記事も相当数見受けられるが、それは現在なお未整理の状態にある手書き稿本であるため、今回はその収録を割愛し、他日の刊行を期することとした。

と断わっておいた。本書はその懸案を解決したものであり、したがって前記の資料集成とは姉妹版をなす。

さて、東亜同文会及び東亜同文書院の発祥と来歴については、すでに前書の解説において一通りこれを説明しておいたので、今回はこれを省略し、以下には前記、同文書院の「調査報告書」、ことに其の前提となる「調査旅行」についてやや詳しく説明することにしよう。

この書院には特色ある一つの学内制度があった。それは、学生が最終学年（大学では学部二年）を迎えると、その年の夏休みを返上し、中国政府の執照（許可証）を携えて通常二カ月から三カ月、時には一五〇余日にもわたって中国の内地を中心に調査旅行——大旅行と称した——を行い、その成果を「調査報告書」として書院に提出するというもので、これは事実上の卒業論文であった。この制度は明治四〇年、第五期生の修学調査大旅行より定例化したもので、当時、商務科教授であった根岸佶が、開校当初から試みられた先例を参考に立案し、以後、同書院の伝統行事となったものである。

その頃の中国は清末から民国の時代で、政権の交替、軍閥の割拠により、国内は政治的にも社会的にも不安定な状況下にあり、また今日に比べるとはるかに劣悪な交通条件の中にあったが、彼等は若き日のエネルギーを駆って勇躍途につき、汽車、汽船、馬車、自動車、轎子、民船、等々を利用しつつも、主に徒歩——陸行と称した——によって所期の目的を完遂した。それは毎年七〇名ばかりの学生（のちには一〇〇名余に増加）が数名ずつ班を分かちコースを定めて行うもので、その踏査したコースの総数は前後通算して六〇〇を越え、その足跡は中国内地のみならず、遠く満蒙、青海、東南アジア（仏領印度支那・暹羅・緬甸・英領馬来・蘭領東印度・比律賓・台湾）の地域にまで及んでいる。尤もそれは日中戦争の拡大とともに次第に不如意となったが、それでも終戦の前年（昭和一九年、第四四期生）まで続けられた。

こうして行われた調査旅行の成果（＝調査報告書）が愛知大学に保存されているのは、同大学が終戦の翌昭和二一年、現地より引き揚げてきた書院の教職員・学生を中心として新たに発足したというその開学の経緯に由来するもので、現に架蔵されているのは調査開始当初からのものではなく、大正五年度より昭和一〇年度にいたる各年度の手書き稿本、和綴じ合計約四二〇冊である。それはきわめて薄手の「東亜同文会用紙」（朱罫毎半葉一二行）にカーボン紙をあてて数部作成されたものの一部で、東京に本部のあった東亜同文会の旧蔵本である。

次に、その「調査報告書」の内容であるが、調査旅行では予め調査項目と調査要領が指示されていた。それは各年度、各コースによって異なるが、今これを総合していえば、地理、都会、交通、運輸、物産、商業、金融など経済に関するものが大半を占め、これに比すれば政治、軍事、社会、文化などに関するものはさほど多くない。そして、その調査は旅行中の観察と資料の収集であるが、一口に言ってそれは中々困難なものであった。何分、知識経験の乏しい学生のことであり、それに第一、連日の強行軍による肉体の疲労がある。一日の行程を汗にまみれ重い脚を引き摺ってようやく目的地に到着した時、早速調査に当たる余力などあるものでない。それに滞在の日数も少ない。それでも地理調査のために地図や巻尺を持って街中に出掛けて行く者もあれば、宿屋の掌櫃的に向かって話を聞く者もある。しかしその多くは、公使館、領事館、県署、警察などの官庁、学校、商店、銀行、会社、商会、農会、商工会議所、在留邦人、先輩、等々を訪問して各種資料の提供を求めるのである。そして、それを書き写すこともあれば出来上った印刷物を貰って帰ることもある。しかし、にべもなく門前払いとなるケースも決して少なくなかった。帰学後、書院に提出する「調査報告書」なるものは、こうして得られた観察や資料を中心とし、場合によってはさらに既刊の各種文献をも参照しながら、比較的短期間の中に書き上げた一種の卒業論文である。

そして、その記述の多岐にわたり、また詳細なことは、それ自体大いに称賛すべき所であるが、ただこの報告書は実質上、未完成の稿本ともいうべきもので、その中には誤字や誤記、文脈の不整頓、記事の重複などがあるほか、特にその記事の出所が明示されていないことが多く、その取り扱いには十分な注意が必要である。しかし、以上の点を予め念頭に置いて利用すれば、類書の少ないこの分野の研究においては、それ相当の価値を有することであろう。

＊　＊　＊

本書の刊行は愛知大学教授伊東利勝氏、同藤田佳久氏の斡旋と株式会社あるむ社長川角信夫氏の承諾により実現した。また、霞山会特別顧問小崎昌業氏、愛知大学名誉教授中島敏夫氏、愛知大学教授サイモン・サナダ氏よりも各種の支援を受け、付印の実務に関してはあるむ社員後藤和江氏の労を煩わした。茲にその芳名を記して深甚なる謝意を表する。

谷　光　隆

二〇〇七年一月

例言

一、本書は、東亜同文書院「支那調査報告書」の中、大正十四年度、大正十五年度、昭和二年度、昭和三年度、昭和四年度、昭和五年度のそれについて、阿片調査を課題とした部分を抽出し、これに取捨選択を加えて収録したものである。右各年度の調査報告書の原本は、朱罫毎半葉十二行書きの「東亜同文会用紙」に手書きされたものであるが（筆者不詳）、今日ではいささか読みづらく、また、推敲を重ね誤脱を訂した完成原稿というよりも、むしろ未完成の草稿というに近い。そこで、原則的には原文を尊重するという態度をとりつつも、大略次のような要領でこれに修正を加えた。

一、原文には片仮名表記の場合と、平仮名表記の場合とがあるが、印刷に当たってはすべてこれを平仮名表記で統一した。

一、原文は旧仮名遣いによっているので、一部にはこれを遺してその趣を伝えつつも、一部には新仮名遣いを用いて読み易くした。

一、原文の漢字は本字・略字を混用しているが、印刷に当たっては現行の新字体を基本にした。

一、原文の文体には文語体あり、口語体あり、またその両者を混用した所もあるが、これを殊更に統一することはせず、そのまま写して当時の雰囲気を残した。

一、一部、漢字を仮名に、仮名を漢字に改めた所がある。

一、漢字が連続して読みづらいような場合には、なるべくその間に仮名を挿入して読み易くした。

一、句読点および改行は必ずしも原文のそれにとらわれず、適宜これを変更し、また場合により「・」などの符号を加えた。

一、明らかな誤字や誤記は断わりなく訂正し、推定可能な脱字・脱文も断わりなく補完した。

一、文中の用語で即座に解し難いもの、及びとくに必要と思われる箇所には編者注を施した。

一、文言に過不足があり、論理の明断を欠くような場合には、適宜これを書き改めて文意の貫通を図った。

一、記事が先年度のそれと重複するか、またはその記述が不明瞭な場合には、当該部分についての収録を見合わせた。章、節、款、項、あるいは番号などで途中に欠落のあるのはその為である。

目次

第十二巻　京漢沿線の産業及び金融

第五編　北支の薬材　六一

第十六巻　隴秦南路の産業及び都会

第十四巻　滇蜀経済調査

第十六巻　蜀秦政治経済調査

昭和二年度調査報告書

第三巻　津浦経済調査

第四巻　京綏金福経済調査

第六巻 東部隴海経済調査

第八巻　南支経済調査

第九巻　雲南事情調査

第十三巻　北満・間島経済調査

昭和三年度調査報告書

第三巻　南満市況調査

第八巻　北満国境経済調査

昭和四年度調査報告書

第二十二巻　雲南省に於ける阿片・薬材調査

第三十五巻 遼河流域に於ける阿片

第五十五巻　北満の阿片

昭和五年度調査報告書

東亜同文書院

阿片調査報告書

大正十四年度調査報告書

第三巻　滇蜀経済調査

第一編　雲南・貴州・四川に於ける薬物

第一章　雲南に於ける薬物及び阿片

第二節　雲南省の阿片

近年における雲南・貴州の飢饉の発生は一面、米作の不熟によるとするも、他面また耕地の不足よりして生ぜし結果なり。阿片の栽培禁止后、棉花等の栽培稍々増加したるの観あるも、今や阿片取締りの弛緩、否むしろ一面に於ては之が奨励をなすの結果、米作、棉花、その他の耕地は漸次減少し、全省至る処阿片の栽培地ならざるはなく、有利なる本栽培に全省人は熱狂し、米作その他の農作を捨てゝ顧みず。その結果連年の飢饉を見るに至りしものなり。雲南阿片は産業上より見るも財政上より見るも極めて重大なるものにして、雲南省財源の殆んど全部を占むるものなり。

一、阿片の栽培と雲南の財源

雲南に阿片の栽培の行はれたるは咸豊・同治以前《後カ》の事にして、当時の年産額は三千余万両の巨額に達し、栽培地域は全省に亘り、殊に北部及び西南部は全面殆んど罌粟畑なりしと云ふ。之による政府の収入、また当時一年百五十万元以上と称せられ、実に本省の人民及び政府の主要なる財源なりき。然るに一九〇九年の禁烟令発布以来は之が栽培漸減し、省民は生活の道を失ひ政府また財源を失ひ、余儀なく一時之が代用として棉花、玉蜀黍、大豆、小麦等の一般農作物の栽培を奨励したるも、この大なる損失を補ふに足らざりき。すでに阿片の妙味を知りたる省人は、省内のみよりする供給の小を以てしては到底満足し得ず、民国二年より六年に至る五ケ年間には、年々英領緬甸より片馬方面を経て巨額の密輸入を見るに至り、民国六年度の如きは緬甸よりの密輸入額約二百万両、価格約六百万元以上に達し、雲南の銀貨は続々として緬甸に流出するに至りしと云ふ。かくて雲南省の罌粟栽培は一時殆んどその跡を絶つに至れり。当時の相場を見るに左の如し。

片馬取引地方	一両	三元五〇
省城	〃	五元〇〇内外

以上の如く財源の涸渇せると、緬甸よりの輸入による銀貨国外流出の巨額なるは、雲南政府の到底永く忍びざる処にして、同年（民国六年）以后、罌粟の栽培は殆んど黙認の有様なり。現在にては各地方とも盛んに栽培を行ひ、省当局は禁烟局なる一官衙を設立して税金の徴収に汲々たり。

二、産　地

民国六年以后の栽培は多く山間僻地を選んで栽培されしが如きも、現今に於ては各地共その地域を拡大せり。斯くの如く本省の阿片栽培が短日月にして隆盛を極めし所以のものは、阿片が一般支那人の最も愛好する物なることは勿論なれども、実に本省の地味は草原荒野と雖も阿片栽培に適し、植付けのみにて放任せば可にして、而もその枝葉は燃料として用ひらるゝを以て、省民の最も喜ぶ所なればなり。

有名なる産地を挙ぐれば左の如し。

㈠　迤西地方　　順寧　雲県　鄧川　蒙化　騰越　永昌等

㈡　迤南地方　　広南　開化　習峩　臨安　元江等

品質は㈠に匹敵す。

㈢　迤東地方　　割合に少なしと雖も海関年報によれば陸良一ケ所にても年産四百万両、尋甸、宣威、馬竜、曲靖、邱北地方には一、二百万両の年産あり。されど品質は劣等也。

全省の産地を総計すれば一千噸以上に及ばん。

三、省外への移輸出

一般に品質優良なれば多く広西、四川、貴州方面に移出せられ、就中、広西経由広東方面への移出莫大なり。ただ最近、貴州、四川は自省にて栽培を行ふ故この方面への移出は以前に比し減少せしが、広西方面への移出は依然として盛んなり。移出は多く馬背により、阿片商人は四、五名乃至十二、三名武装して隊商をなせり。中には軍人の保護を受け、特に阿片道とて秘密の道を行くと聞けども之を目撃することを得ざりき。一方、仏領印度支那に於ける阿片の供給不足を告ぐるや、仏支商人のこの方面に密輸出するもの激増し、ために老関《開ヵ》、河口間に常にこの種の紛議絶えず。また毎年東京政府と雲南政府との密約による輸出巨額に上り、本省の重要なる収入の一となれり。聞く処によれば雲南政府の歳入一億元の中、阿片よりの収入は八千万元の多きに上ると云ふ。

印度支那に対する輸出額

民国九年度　　五百噸

十年度　　七百噸（数量の制限なかりしため）

東京政府の之に対する課税は、

毎日両《百ヵ》（一噸は一、六〇〇斤　一斤は十六両）に付き$\frac{90}{150}$の輸入税を課してその国境通過を許可す。

雲南政府に於ては、

毎日両《百ヵ》に付き罰金名義にて二十元、海関土貨として輸出税十二元を徴収す。

四、阿片の取締り並びに課税の状況

阿片の栽培並びに販売は、民国刑法第二六六条の規定によると共に、外国側の批難を恐れて政府は表面雲南禁烟総局なるものを設け、雲南全省の警察庁長をその督弁に兼任し、また他方には禁烟委員を設置して烟苗の禁絶を標榜し、また警察官は往々阿片の販売並びにその吸烟者の処罰をなしたる事ありたるも、その犯罪者の検挙はその実、政府所定の徴税の反則者に対して行ふものゝ如く、決して阿片取締法の励行にはあらず。

阿片取扱ひの機関としては民国五年に籌餉総局なる軍事費籌画の特定機関を設け、同局は各釐金局をして一般釐金の附加税及び阿片に対する釐金税を表面、罰金名義にて徴収せしめ、更に各県知事をして阿片栽培税を徴収せしめ、その経理を総管することゝせり。而して民国七年度は阿片百両に付き釐金税四十元、栽培者には一畝に付き銀七元を徴し、その総額百余万元に上りしが、その后阿片価格の低落により徴率を低減し、民国八年度及び九年度の釐金税は百両に付き七元、栽培者は一畝に付き二元となれり（七年度は約二〇〇、〇〇〇元、九年度は一九八、〇〇〇元）。

また民国九年には籌餉局を取り消して全局の事務を禁烟局に引き継ぎたるが、民国十一年度に入り唐省長は軍餉委員会なるものを新設し、全局の管掌事務の中専ら罰金徴収即ち釐金収入を掌らしめ、栽培税の事務は之を禁烟局に分担せしむる事とせり。現下、禁烟局所管の栽培税は一畝に付き四元にして、各県知事をして代収せしめ、また軍餉委員会所管の罰金たる釐金税は一百両に付き六元にして、全省六十四ケ所の釐金局をして代収せしむ。

之等の釐金税は阿片に対し、表面上、各地の土産物の名義を付し、その土貨に対して課税する事となれり。阿片の土貨名は地方によりて異なり二百余種ありと云ふ。また省政府は対外輸出に対しても罰金名義により徴税をなし軍事費となし居れり。こは省財政中最も重要なるものなり。

第四巻　西江流域産業調査

第二編　広東・湖南両省及び漢口の薬材並びに阿片

第二章　阿　片

第一節　緒　論

（前略）

以下には吾人が今回旅行経過したる広東省、湖南省、並びに仏領印度支那に於ける阿片の状況につきて之を概説する事とすべし。

第二節　仏領印度支那に於ける阿片の一般状況

仏領印度支那に於ては、阿片の吸食は当局の厳禁する所なれども、尚ほ特にその習癖となれる者に対しては、安南人及び支那人に限り、一定の場処に於て吸烟する事を許可せり。然れども元来、当領の住民は安南人及び支那人を主とするを以て、従来の惰性により癖者ならざるものもまた自然に官憲の目を盗み、吸煙に耽るもの多きが如し。

また、当領内にありては絶対に阿片の携帯を許さず。若し官憲に発見せられたらんには直ちに没収せられ、罰金刑に処せらるゝなり。而して上述の如く特に政府より許可せられて、吸烟者の需めに応じ之を営業とせる吸烟所とは、即ち支那に於て見る烟館の如きものにしてその小規模なるものなり。即ちこは専売制度によるものにして、此の公許の烟館は海防市内のみにても約三十軒に余り、本領内の各地にもまた多数散在するも、その数は明らかならず。該煙館は何れもその標識として門口に小形の仏蘭西国旗、若しくは赤白の二色に塗り分けたる小形の円板を掲げ居れり。海防に於ける公許の煙館は、その吸煙時間を定めて午後六時に開館するものとせり。その内部の事情に至りては之を審らかにし得ざるも、茶匙一杯位を四十仙にて販売すと云ふ。

此の他に鴉片公司なるものありて烟館とは異なり、単に阿片または阿片煙膏の販売のみを営業とするものあり。是れまた官憲の許可を要し、門口には赤白の二色に塗り分けたる布製の旗の小なるものを掲げ、その中央に「鴉片公司」と墨書して標識となせり。

本領内に於ける阿片の産出額につきては、何等拠るべき調査または表等もなく、且つまた、その輸出入の総額につきても海口税関輸移出入貿易統計表に品目・数量共に計上せられず。その他のものにもまた是れぞと云ふ拠るべきものなければ、その概数さへも不明にして、政府当局者もまた堅く之を秘密に附せるものゝ如し。

即ち本領内にありては、罌粟の栽培は絶対之を禁止する所なるも、老檛（ラオス）地方に於ては多少栽培せられ、相当の算出ありと云ふ。されどその数は是れまた不明なり。

然りと雖も当領内の産出高のみにては、到底その必要消費量を得ざるは勿論にして、雲南省、広東省地方より多量の輸入及び密輸入あるべきは之を推定するに難からず。或る消息通の言によれば、雲南より密輸入せらるゝものは甚だ多く、是等は主として仏支人の手に（落丁）

尚ほ癖者に対する予防または救済の設備は未だ之なきが如し。

第三節　広東省に於ける阿片の一般状況

凡そ広東省は支那に於ける阿片輸入の嚆矢の地にして、已に第八世紀の末には亜剌比亜との主要なる互市場となり、爾来、東西交易の発達と共に広東は支那の門戸をなし、欧州より海路支那に来たるものは総て此の地に集まるを常とせり。

斯くしてその齎せし処の阿片は、広東より全支那に蔓延し、屡次の禁令もその効なく、遂に今日の禍因を来たせし事は已に第一章の緒論に於て之を開陳したるが如し。

広東に於ける阿片は一八三九年の阿片戦争以来、頓にその名を知られ、今日に於ても尚ほ広東省は阿片密輸入の最も多く行はれ居る地なり。本省に於ける阿片の生産高及び消費高等につきては本編の緒論を参考せられたし。

要するに本省に於ける阿片の生産高は、他省に比して極めて少額なるも、これ即ちその供給を殆んど他地方よりの密輸入に仰ぐが故にして、その消費額が全国有数の地位を示せるは此の間の消息を語るものと云ふべく、且つまた、本省内に於ける吸食の弊風の熾烈なるは想像するに余りありと謂ふべし。

以下には吾人の旅行経過地方の阿片の状況につきて概説すべし。

第一款　海南島に於ける状況

海南島にありては罌粟の栽培せらるゝものなく、阿片の産出は殆んどなきものゝ如し。然りと雖も阿片の吸煙は相当広く行はれ居るものゝ如く、その需要も大なりと云ふ。而して是等の吸烟者は主として外来の支那人にして、土着の蛮人間には未だ吸煙の癖は著しからずと云ふ。

本島に於ける阿片の販売は、従前、民間に於て自由に販売し、随意に購入して吸烟せしが、現時にありては総之を官憲の手に収め、専売制度となし、その収入は官憲の掌中に帰するに至れり。而して表面上は屢次禁令を発し吸食を厳禁せるも、是れが有名無実なる事は支那全省と同じく何等その実なし。蓋し官憲の手にて阿片の販売を為したらんには、禁烟の実の挙がるべき筈なるも、已に阿片を以て自己の嚢中を肥やすべき財源と心得居る官憲にありては、之を以て却って便利となし、随意に民間に払ひ下げてその私腹を肥やしつゝあるは明らかにして、その国家を荼毒する所は甚大なりと云はざる可からず。

尚ほその吸食は自由にして、密輸入もまた莫大なる額なりと云はる。

第二款　北江沿岸に於ける状況

阿片吸食の禁令が唯単に一個の法令たるに止まり、何等実施せらるゝの処なきは支那全省に亘りて然る所なるが、当地方もまた然る事は論を俟たず。而もまたその吸食癖の江内に充満するの事実は、吾人の旅行中、屢々路傍に見るの事実に照らして明らかなり。

当地方にありては総て各県毎に専売制度を布き、その当局の監督の下に一定の商人をして之が販売を為さしむるものとす。

また、各地共にその吸飲所は客桟にして、苟も客桟たるものは凡て談話局、談話処、燈局、紅燈局等と書したる行燈を掲げて客（吸食者）を招徠す。然も各所にその習癖者を見るの実情にあれば、以て如何にその吸食癖の盛んなるかを知るべし。

樂昌県にありては裕昌総公司に於て全県内の阿片を専売す。同公司に到れば、

樂昌全属　葯膏検査所兼 専売葯膏原料　裕昌総公司

なる看板を掲げ居れり。

当時の烟膏の価格を尋ぬるに、

柔根　零剪　〢〩元

南料　〃　〢〨〃

北料　〃　〢〧〃

なりと云ふ。即ち同公司は樂昌唯一の専売店にして、その柔根とは仏領印度支那・印度産の烟膏を称し、南料とは南部支那物、北料とは北部支那物を称す。零剪は零碎の意。価目は一両につきて建てたるものなり。

編者注　〢〩は二十九、〢〨は二十八、〢〧は二十七の蘇州碼子である。蘇州碼子は元来、蘇州で用いる数字記号のことであるが、普通に碼子と称し、中国においては広く商業上に用いられ、ことに上海その他南部地方において多く使用され、商取引用の手形、書付などの金額または番号などの記入には大抵蘇州碼子が用いられる。岡野一朗著『支那経済辞典』、陳稼軒編『実用商業辞典』参照。

当地にありてもまた燈局は各所に在り。

石宕《カ》、九峰地方に至れば、一両に付き三元一毛、三元の上下の二等に分かたれ、之を親しく吸烟するものに聞けば、餌壷様のもの一杯を広東毫一毛にて販売せりと云ふ。之を以て普通一回分の使用量となす。各所に燈局を散見するも、罌粟の栽培に至りては当地方には甚だ少なきが如し。

第四節　湖南省に於ける阿片の一般状況

当湖南省は広東省に比して阿片吸飲の取締り比較的に厳重なるものゝ如く、その他の地方よりの密輸入も少なきが如きも、尚ほ近年は甚だしく禁令弛緩し来たり、その課税は為政者の私腹を肥やし、或は軍費の重要財源たるに至れるを見れば、またその現状を想像するに難からず。且つ本省の年産額は、その明確なる数こそ知り得ざるも、少なくとも二千担を下らざるべく、且つまた、年々に急激なる増加を示しつゝありと云ふ。その将来また思ひ知るべし。

以下、本省に於ける阿片類薬材の生産、及びその取引等につきて之を述べん。

第一款　湖南省に於ける罌粟栽培の実況

湖南省に於て罌粟の栽培せらるゝは貴州省境の山地々方にして、その植付反別は明らかならざるも、消息通の語る所によれば、当省年内の産額は少なくとも二千担を下らざるべしと云ふ。

本省の政府は罌粟の栽培を公然許可せるものには非ざるも、その栽培地の地方官憲に対しその植付反別により税金を徴収せしめ、その栽培を黙認せるの有様なり。此等の栽培に対する税金は、各地方々々によりて之を異にするも、概して一畝歩につき一元六十仙乃至は二元四十仙とし、県知事に之を納付す。

栽培は一般に南支地方と同様にして、毎年十月に播種し、翌年五月頃に至り結実するものなり。その収穫後は水苗の植付けをなしうるを以て、麦と同じく冬作として栽培せられ、年々に植付けの反別増加の傾向にありと云ふ。

第二款　生阿片の生産に関する制度、数量並びに品質

本省に於ては、前清末より民国初年頃迄は阿片に対する取締り厳重なりしため、吸烟者は比較的に少なかりしも、近年軍閥が当省の行政を左右するに至りてより、軍費を調達するがために、若しくは私腹を肥やすがために、阿片を以て一種の財源となし、税金を課してその製造販売及び吸飲を黙許せるより、省内に於ける罌粟の栽培並びに他省よりする阿片の移入等は年々増加の傾向を示しつゝあり。

当省に於ける生阿片の生産額は前述の如く二千担内外なるべく、その品質は貴州省産に比して幾分劣り、目下当地に於ける相場は一両につき貴州物一元八十仙、当省物一元四十仙を唱へつゝあり。また直接に吸飲者に聞けば、その最上等品たる柔根即ち印度物乃至雲南物は二元〜三元と云ふ。

第三款　生阿片の徴税機関とその運送の手続、及び移出入状況とその取締り

当省の行政が軍人の手に帰してより、阿片に関する事項を司るため、軍警稽査所《処カ》及び禁烟清査所《処カ》なるもの各所に設けられたり。その目的とする所は、阿片の製造その取引若しくは吸飲を禁止せんとするものには非ずして、阿片を以て一種の財源に充当し、私嚢を膨脹せしむるの傍ら、之が徴税を為すにあるなり。即ち軍警稽査所《処カ》は生産また

は移入阿片に課税をなし、禁烟清査所《処カ》は阿片館よりその使用燈数に応じて税を徴収するものとす。

前清末より革命後の数年間は、阿片の取締りの頗る厳重なりし事、前述の如くなりしを以て、その運送に当たりては凡ゆる手段を講じたるものゝ如く、或は筏の底部に隠匿し、或は船底を二重に作りて之に積み込み、或は人造石材の中に充填し、または肥料中に之を挿入する等、種々の方法の行はれ来たりたるも、近年阿片に対する取締法大いに放縦に流れ、農民はその植付反別に応じて相当の税金を県知事に納付すれば自由に栽培する事をうるに至り、阿片館はその使用の燈数により禁烟清査所《処カ》に規定の税金を納付すれば公然と吸烟者の需めに応ずるをうるに至れり。

また、阿片の取扱商は軍警稽査処に一度、印紙税を納付するの他、途中各所にある軍警稽査処に同所通過の際、その都度、通過税を納付せば省内を自由に輸送しうるのみならず、一定の税金を納付するときは土匪その他の難を免れしむるため、軍隊に於てその運送中を請負ひ呉るゝの便あるなり。従って近年は昔日の如くに危険なる密輸送を為すものなきの現状を誘致せり。

当省に於て取引せらるゝ阿片の大部分は貴州省産にして、多くは沅江の上流、洪江を経て移入せらるゝなり。貴州省より本省に入るの阿片は洪江に於て師長、葉開鑫、同じく賀耀組の徴税機関に印紙税を納付し、その印紙の貼附を受け、民船にて沅江を下り常徳に出で、牛皮《鼻カ》灘、臨茈口を経て長沙に輸入せらる。また、洪江より長沙に至る途中には数個所の稽査所《処カ》ありて、通過阿片を検査し、印紙税未納のものに対しては印紙税を徴収し、若しくは該貨を没収し、印紙税納入済のものに対しては通過税を賦課せり。

稽査処に於て徴収する各税の税率に付きては明らかならざるも、消息通の語る所によれば、一担に付き印紙税二十二元乃至三十二元、通過税は一回に二元とし、また、湖南西部地方より長沙に至る軍人の運搬請負料は一担に付き十元乃至十五、六元（但し兵士の食費は荷主の負担とす）にして普通、民船に積み込み、荷物の数量の少なきときには五、六名の武装軍人により保護せられ、多きときには営長指揮の下に武装軍人五、六十名附き添ひて運送せらるゝものにして、一回の運送額は多きときは五、六十担に上る事ありと云はる。

当長沙税関及び常徳の税関にても、度々之が取押へを試みたるも、何分無鉄砲なる武装軍人の護衛せるものなれば、之に近付き難きの模様なり。従って長沙に於ける是等阿片の輸送は、白昼に公然として行はれつゝあり。

当地方の各所に集散する阿片の一部分は当地方に於て消費せられ、その大部分は江西省及び湖北省に移出せらるゝものとす。

江西省に入るには三経路あり。一は長珠《株カ》鉄路によりて醴陵に至り、夫れより安原《源カ》に達するもの、一は瀏陽路をとりて万載県に出るもの、今一つは茶陵より永新県に入るものゝ三路にして、宝慶の方面より来たるものは概して此等の行路によるものなり。また湖北省方面に到るものは粤漢鉄路により漢口に輸送するものにして、是等は何れも軍人兵士によりて護送せらるゝなり。

本省政府に於ても、中央政府の命令または世間の非難に対し特に阿片に関する佈告を発する事なきに非ざるも、これ全く世間体を繕ふ一片の偽空文に過ぎずして、曽て一度も励行せられたる事なし。

第四款　湖南省の歳入に対する省内生産阿片収入の比例、並びに右収入の用途

当省の阿片収入は年額百万元にして、歳入の千六百万元に対し、その十六分ノ一に当たれり。尤も阿片の収入は省政府の財政部の収入に何等の干係なく、全部軍人の所得に帰し、その一部分は軍費に充て、大部分は干係軍人等の私嚢を肥やすものゝ如し。

第五款　湖南省の阿片煙膏事情

当省に於ては普通、取引は生阿片にて行はれ、小売商及び阿片館は生阿片を買ひ取り、之を精製して烟膏となし、以て吸飲者の需要に応ずるものとす。

当長沙に於ける煙膏の小売価格は一両に付き左の見当なり。

上等品	四元二十仙
普通品	三元三十仙

第六款　歳入に対する烟膏収入の比例、並びに右収入の用途

（落　丁）

第七款　烟膏の密輸出入に対する取締方法、並びにその状況

当省に於ては前第五款にて述べたる通り、阿片は普通、生阿片にて取引するを以て、前第六款及び本款に於ては別に述ぶる所あらず。

第八款　吸飲者数及びその使用量、並びに吸飲の状況

前清末より革命後の数年間は阿片の取締り厳重なりしため、その吸烟者は少なかりしも、近年はその取締り放漫に流れたる結果、省内に於ける吸烟者は年々に増加の傾向あり。但し当省に於ける吸烟者数及びその使用量は明ら

かならず。

長沙に於ける阿片の販売状況につきて記述すれば、市内に於ける阿片販売所は約五百家と称せられ、その中約半数は傷兵を利用して小規模の販売をなせる所謂「傷兵住宅」にして、門口に縦一尺五寸、幅三寸位の紅紙を貼り、「傷兵住宅」の四字を墨書せり。その多くは一名の負傷兵を傭ひ、或は之と合同して経営せるものとす。

此の種の阿片の取引者は、何等税金を納付する所なきにより、その取締りの任に当たれる軍警が往々臨検を行ふ事あり。その場合には是等の傷兵は、廃兵となれる後の悲惨なる状況を陳述して救恤を請ひ、或は不渡り給料の支給を逼るにより、軍警も手の下し様なく殆んど之を黙認せり。従って今日に於ては、「傷兵住宅」は阿片館の代名詞たるに至れり。

次に軍隊その他重要行政機関の諒解を得て、その下に大規模の営業をなせる烟館あり。此の種の阿片館は、その開館に当たり先づ軍警稽査所《処カ》、警察庁、知事衙門、各師旅団等に謀り、普通税金の他その使用燈数の多少によりて運動費を納入し、その上にて開館せるものなれば、常に軍憲及び警察側の保護を受け安全に営業し居れり。

此の他外人名義の下に支那人の経営せる旅館または小雑貨店にして吸烟室を設け、一般の吸烟者の需めに応ずるものあり。是等の旅館主及び雑貨店主、支那人もまたその取締官吏に贈賄し、その黙認を得居れるものとす。

第九款　癮者に対する取締りと救済、並びにその状況

癮者に対しては、何等取締りの方法若しくは救済の施設なく之を放任せり。尤も当地方に於ては癮者の数は極めて少なきものゝ如く、夫れらしきものに遭遇する事極めて稀なり。

第十款　医療用及び学術用のモルヒネ・コカイン・ヘロイン、及びその他該塩類の状況

最近二個年間に当地に輸入せられたるモルヒネ・コカイン・ヘロインその他魔薬類の数量及び価格、輸入者の国籍及びその輸出地等を表記すれば即ち左の如し。

(但し一九二二年度及び二三年度分とす)

一九二二年度

品名	数量	価格	輸入者及びその国籍	同上輸入の数量	輸出地
モルヒネ	一九両	二六〇墨銀元	英人宣教師、医師	一二両	漢口
			日本人薬店	四両	日本
			米人宣教師、医師	三両	米国
コカイン	一両	一一〃	日本人薬店		日本
ヘロイン	一両	二七〃	同		同
阿片丁幾	一七〇両	二二〃	米人宣教師、医師	一二両	漢口
			日本人薬店	一五六両	日本
			諾威人宣教師、医師	二両	上海
コデイン	一六両	二一六〃	米人宣教師、医師	一五両	米国
			日本人薬店	一両	日本

一九二三年度

品名	数量	価格	輸入者及びその国籍	同上輸入の数量	輸出地
モルヒネ	一二両	三三七墨銀元	米人宣教師、医師 日本人薬店 諾威人宣教師、医師	九両 二両 一両	米国 日本 上海
コカイン	一三両	一九七〃	米人宣教師、医師 日本人薬店 諾威人宣教師、医師	六両 六両 一両	上海 日本 上海
ヘロイン	五両	六六〃	米人宣教師、医師		上海
Cannabis indica	六両	七〃	同		上海
阿片丁幾	一三二両	二八〃	同 日本人薬店	一二両 一二〇両	漢口 日本
コデイン	二五両	二四六〃	米人宣教師、医師		上海及び米国

上記の長沙に輸入せられたる魔薬中、各国宣教師・医師の輸入せるものは、彼等経営の医院に於て医療用に使用せるものにして、支那人薬店の輸入に係るものは、医薬用として資格ある支那人医師に販売せるものとす。

当地方に於ては阿片は殆んど公然に取引せられ、その価格も低廉なるにより、モルヒネ・コカイン・ヘロイン・コデインその他魔薬の阿片に代用せらるゝ事なし。

第十一款　阿片に対する課税率

次に罌粟の耕作及び阿片烟膏の販売に対する課税を各地につきて略記すれば次の如し。

耕作地に於ける課税　　毎株十文
　但し不良のものは　　毎株五文
辰州の課税　　毎両一角
常徳の課税　　同
　但し課税は印花にて徴収す。

（辰州、常徳のみ）
常徳煙室燈税　　毎月一個に付き　三角
同　吸煙燈券　　毎月
　甲　四元八角
　乙　二元四角
　丙　一元二角
　丁　六角

耕作地に於ける課税とは、その耕作地に於て該耕作者に課する税金にして、辰州及び常徳の課税は、何れもその販売に対する課税なり。烟室燈税とは、煙館がその使用燈数に応じて納むる所の税にして、吸烟燈券とは、吸烟者がその吸烟の都度代価を支払ふ不便を避くるがため、上記の金額を納付すれば回数券的に一ケ月間の吸煙を許し、本券を交付するものとす。

以上の各税は表面上、凡て省の徴収するものゝ如くなるも、その実は地方の軍憲に収用せらるゝものなり。

第五節　結　論

（前略）

之を要するに支那阿片問題は、之を国際的に解決するに非ずんばその効果は断じて期す可からず。蓋し支那阿片問題の解決は、これ即ち世界の阿片問題を解決する所以にして、また、実に世界人道上最大の貢献に非ずんば非ず。此れを以て対支政策の新生面を開くを得べく、且つ不当なる仕打ちの列強を摘発して世上の危険を一掃することを得ん。是れに由り之を観れば、支那阿片問題の国際的解決は、一刻も速やかに之を断行せざる可からざるの重大事なり。

第六巻　粤漢沿線の産業及び交通調査

第三編　福建・湖南・湖北各省に於ける阿片

第四章　福建省に於ける阿片

第一節　総　論

西暦一九〇六年、時の清朝政府は　上諭を発し、爾后の十ケ年間を期して支那全土に亘り烟害を撲滅一掃すべき旨を中外に声明し、次いで禁烟章程を発布して、罌粟の栽培及び阿片の販売を厳禁し、或は薬用以外のモルヒネ・コカイン並びに此等注射器の輸入を制限する章程を設け、新刑律によりて阿片烟罪の規定を掲げ、またモルヒネ治罪法、烟案及賭案没収銭財充当弁法、管理薬商章程、並びに制限薬用阿片モルヒネ薬品営業章程を制定し、鋭意禁烟の実行実施に努力し、列国もまた之に賛成して種々の規定を設け、支那に供給する阿片その他の魔薬類につきても取締りを加へ、或はまた、国際阿片会議迄も開催して、支那の禁烟法の実施に積極的に協調援助を与ふる事切なるものありと雖も、彼の欧州大戦後は列国も前協約を無視等閑に附し、支那にありても当該官憲及び民衆共にその烟害に対する自覚の薄き結果、今に至るまで此の禁烟実施の成績の見るべきものなきは、是れ実に吾人の大いに遺憾とする所なり。

由来、福建省は支那に於ける阿片の生産地中重要なる地域の一つに数へられ、その大部分は南半部に産するものなるが、罌粟の栽培及び阿片の製造は、上述せる如く国内的にも国際的にも禁止せらるゝ所なるを以て、官憲は表面上之を取締ると雖も、実は之より徴税する事が彼等官憲の主要なる目的にして、禁烟令の実行実施を目的とするものには非ず、取締りは脱税の取締りに他ならざるものなり。故を以て福建省に於て耕作せらるゝ罌粟、及びその製造せらるゝ阿片の量は頗る大なるものありと雖も、その統計は他に何等の徴すべきものなきを以て、今僅かに平素その栽培、製造及び取引を行へるもの等が採算上の根拠とせる推定の数量等を基礎として、以下、その状況につき之を記述する事とすべし。

第二節　罌粟栽培の実況

李皇《厚カ》基が福建督軍兼省長として福州にあり、その威令全省に及びし時代に於ても、その行政及び軍事費は概ね阿片税を以て支弁し居りたりと云はれ、その年収額は大凡そ八百万元内外なりと称せらる。而して大正十年、北京政府の閩南禁烟大員たる王大貞なるもの、先づ福州に赴き、次いで厦門に来たり、同年十一月十一日、同地の商務総会に於てなしたる講演中の一節に云へるものあり曰く、

「厦門に於ては民国八年に禁烟局を設け、九年に至りて約五分（十分ノ五）、本年に至りて約七分の禁烟実行の成績を収め得たりと云ふも、その根本たる罌粟の栽培を禁止するに非ざる以上は、絶対的の禁烟は不可能なりと信ずるを以て、今回は罌粟栽培の厳禁を断行するの方針なり云云」

と。次いで王大貞を推薦せし南洋華僑の豪商なる陳嘉庚も一場の講演をなせり。その一節に曰く、

「民国九年中の徴収に係る阿片税は、同安県のみにても実に百五十万元以上に達したる由なるも、右は人民の納入額にして、当局の実際の収入額は僅かに十五万元に止まり、残りの九割分は該事務を処理せる中間の大小の官吏が着服せるものなり云云」

と。後、王大貞は省内の各地に出張し、罌粟栽培の実況に付きて実地調査をなせしに、殆んど之を発見せずして去れりとの事なるも、而も同年中に阿片税の収入は福建全省にて合計五百万元に達せし趣なり。これ阿片の栽培は、その実際に於て山間の幽谷を利用し、または鉢植となし、時には屋内に隠匿する等、種々の方法により之を行ひ居るの次第にして、成るべく罌粟栽培の事実を隠蔽せんとする当局官吏の案内にて省内の各地を視察せし禁烟大員が、殆んどその事実を発見し得ざりしが如きは、これ寧ろ当然の事に属すべし。

元来、罌粟の栽培は一年一作にして、肥料には殆んど豆粕のみを用ひ、硫酸安母尼亜その他のものは蔬菜栽培には之を用ふるも、罌粟に対しては従来より之を使用せず。右は単に地方的の慣習に基づくものにして、他の肥料は必ずしも不適当には非ざるものゝ如し。

以上の如き次第なるを以て、各年の罌粟栽培に対する取締りの寛厳の如何は、厦門港主要輸入品の一つたる豆粕及び大豆に向かひ、多大なる影響を与ふ。而してその播種期は大概旧八月にして、収穫期は旧正月頃より始め、四月上旬頃に終了し、その期間は約百日間とし、その税金は罌粟の播種期、その繁茂期、及びその収穫期の三期に分かちて之を徴収するを以て例とするが如し。

第一款　産地及び産額

福建省に於ける阿片の産地は南半部にして、その主なる地方及びその数量を挙ぐれば即ち左の如きものなり。

県別	年産額	備考
同安 晋江 竜渓 海澄	約六〇万斤 約六〇万斤 約二〇万斤 約一〇万斤	福建省の産品中最上等品と称せらるゝものなり
安南 恵安 仙遊 徳化 永泰	一県に付き平均三〇万斤～四〇万斤なり	最上等品よりはやゝ劣るも中等品の上位に位するものなり
安渓 長泰 平和 永定 詔安 雲霄 南靖 漳浦	一県に付き平均八万斤～一〇万斤なり	品質は中等なるものなり
竜巌 金門 興化 東山	数量は詳らかならず	県内にて消費され過剰なく他地に出すの余裕なし

第二款　阿片の収穫量

阿片の収穫量は温度、雨量、風向、地域区等によりて一様ならずと雖も、一畝より収穫しうべき烟漿量は約一二・八斤～一五・三斤位にして、之より製出しうべき生阿片の量は約八斤～九・七斤位なり。また、該生阿片より採取しうべき烟膏量は約〇・七五斤～〇・九〇二《ママ》斤程なりと云はる。

第三節　阿片の生産に関する政府の政策

福建省に於ける実際の禁烟弁法は、彼の李皇《厚カ》基の督軍時代に於ても、只単に罌粟の私培及び阿片の私製を禁じ、また、官憲の許可を得たるものと雖も、大体に於ては公然栽培する事を禁止せるものに過ぎず。換言すれば、公衆の目に触るべき場処に於ては栽培せず。且つその納税するものに対しては、その栽培を奨励するが如き態度をとり居るが如くに見受けられ、一見奇異の感を覚ゆるも、その然る所以のものは、当局者は素よりその烟害の甚大なるを認むと雖も、窮迫せる財政上の都合よりまた之を顧みるに遑あらざるものと察するをうべし。

民国十一年十月頃、福建陸軍第一師団長王永泉は、孫文の北伐軍中の東路討賊軍総指揮許崇智が途を福建に藉りて北上するに当たり之と款を通じ、相協力して福州を襲ひ李皇《厚カ》基を駆逐し、また旧福建陸軍第二師団長臧致平は厦門に拠り自ら閩軍総司令と称し、浙江の蘆永祥は陰かに之を援助し、一方に孫文の勢援を受け、之に対して張清汝は泉州に、王献臣は上杭に在りて共に李の勢力恢復に努め、福建自治軍、福建民軍（民軍は曩に護国軍と称し、後に閩南討賊軍と改めたるものにして、各路の司令は悉く孫文の任命に係るものなり）等省内の各地に蜂起割拠し、全省は紊れて麻の如く、民は塗炭に苦しみ各軍もまたその軍費を調達するに由なくして、互ひに罌粟の栽培を奨励し、之に課税をなし、内には窮余の一策として重税を賦課せしがために、農民は相同盟してその栽培を肯んぜず、以てその管轄部隊を苦しめたるの実例もあり。その後各地に割拠せる巨頭領袖にして或は敗れて逃れ去るものもあり、または他省より侵入してその勢力を張りしものもありしと雖も、罌粟及び阿片に対する方針には毫も変はる所なく、漸禁または厳禁を名として阿片公売局、禁烟査緝所《処カ》、禁烟善後局等を設くと雖も、その裡面の消息を窺ふに何れも罌粟の栽培（之を一面よりは奨励し）に対する課税、阿片売買業者に対する（またはその現品の量目を案じ）課税、またその吸食者に対する課税等を確実にし、収入の増加を図らんとするものに他ならず。故に省内の各地に勢力を張れる諸軍にしてその系統の同一なるものと雖も、尚且つ相融和せざる所以は固より多々ありと雖も、之を要するに第一は軍費問題にして、而もその内の主なる事項たる阿片税徴収に関するものゝ如きは、おそらくその重要なる原因に相違なかるべし。

先年、福建省長薩鎮冰が福州拒毒会に於て試みたる演説中に曰く、

「福建省に於ては目下の処、禁烟問題を討議するの資格を有せず。若し阿片を除かんとすれば須らく先づ軍隊を除かざる可からず。軍隊を除かずして阿片を除かんとするが如きは全然にこれ空言徒語のみ。余が軍隊と称するはその何軍なるかを区別せず。何となれば彼等は一様に阿片の栽培及び製造を管理するを以てなり。人民は常に余に禁烟の実施を請ひ、而して余が軍隊を滅除しうるの権能ありや否やを思はず。云云」

と。按ずるに薩省長の此の言を為せし所以は、一時の人気とりに過ぎざるが如きの感あるも、而もその真相を披瀝して謬らざるものなるべし。

第一款　阿片に対する課税の方法及び之が税率

以上の如く福建省に於ける烟税は従来より唯一重要の財源にして、而してその課税率は民国十一年以来、諸軍の勢力消長及びその財政状体により必ずしも一定せずと雖も、等しくその軍費に窮乏を来たし居るがためにして、而も重税を課する事能はざるの結果、罌粟の栽培を奨励してその面積及び収穫の増加を計り、以て税金の増収を企てつゝあるものゝ如し。

次に現今福建省の南部地方に実施せられ居る課税方法及び課税率を示さん。

第一項　罌粟の栽培に対する分

一畝（我が一八五坪余）に付き約十五元（大洋）平均の課税をなし、之を旧暦九月、十月、十一月、十二月及び翌年正月または二月の五期に分かちて徴収す。その内播種期、繁茂期、収穫期の三期に於ける徴収額は最も大にして、また、未納者、滞納者、及び私培者に対しては、概ね刑罰を科せずして現に栽培中のものを踏み荒らしまたは抜き棄て、その収穫を不能に帰せしむる由なり。尚ほ栽培地に於て農民自ら生阿片を製造するも、之には課税をなさず。

第二項　生阿片及び煙膏に対する分

民国十一年十一月、旧福建第二師長臧致平は厦門に拠りて閩軍総司令と称し、その管内に於ける罌粟の栽培及び各種阿片の取締りに付き附属規定を制定し、または改廃を加へてその税収の増加を図り、次いで民国十二年十二月、厦門市に於て禁烟局なるものを新設し、生阿片及び烟膏の移出入並びに販売者、烟館（阿片吸食所）業者、吸飲者等は悉く官許を受け一定の納税をなすべき事を命じ、また、禁烟査緝所《処カ》なるものを設けて違犯者を検挙処罰し、更に民国十三年二月、禁烟善后局（その内実は阿片専売局）を設けしも、その成績の不良なりし折柄、偶々福州海軍の来襲に遭ひ、一敗して陸路浙江省に走れり。

斯くして該海軍の占領する所となりし厦門には、閩厦海軍警備司令部なるものが設置され、練習艦司令楊樹荘が軍事及び行政の実権を掌握したるも、また例により財政に窮し、本年六月、厦門禁烟査緝所《処カ》及び禾山（厦門島にある地名）禁烟弁事分所《処カ》なるものを設けて告示を発し、並びに禁烟章程を発布したりしが、現今に於ける生阿片・烟膏の取締り及びその授受、吸食等に関する各種の制度は即ち該規定によるものなりとす。

第三項　厦門禁烟取締章程

厦門に於ける禁烟章程を見るに即ち次の如し。

一、凡そ厦門に居住して禁烟に干係あるものは、本章程施行の日より起《算カ》草して五日以内に当庁に願書を呈出し、願書面に貼附せる印紙に消印を受けて許可の証とすべし。

許可を受くべきものは左の如し。

(イ)　阿片輸出業者

(ロ)　阿片卸売業者

(ハ)　阿片小売業者または烟館経営者

(ニ)　丸薬（阿片入り）製造業者または之が販売者

(ホ)　阿片吸飯《飲カ》者

二、本章程はその施行の日より起算して六ヶ月を以て粛情《清カ》し、その後に至りては何人に対しても阿片の販売または吸食を許可せず。

三、何人と雖も本所の許可証なくして阿片を吸食し、または阿片若しくは丸薬を販売する事を得ず。

四、凡そ阿片の輸出または卸売商、小売商の従来許可証を下附せられおるものにして、尚ほ引き続き営《業脱カ》を為さんとするものは、該許可証に規定の印紙を貼附し消印を受くべし。右の許可証に関しては当所は本章程により許可せしものと見做す。

五、凡そ丸薬を製造しまたは販売せんとするものは、当所に願ひ出てその許可を受けたる後にその営業を開始すべし。

前二条の許可手数料は前に已に之を定む。

六、凡そ阿片を輸出せんとするものは左の区別によりて印紙を貼用すべし。

(イ)　烟膏　一両目に付き三分

(ロ)　烟餅（烟膏の塊）　一斤に付き五角

右の数量に満たざる端数は之を繰り上ぐ。

七、凡そ阿片の営業者はその卸売または小売の別なく、左の区別に従ひて印紙を貼用すべし。

(イ)　土産烟漿（阿片の汁）　半斤に付き一角五分

(ロ)　土産烟餅　半斤に付き三角

(ハ)　船来烟餅　半斤に付き六角

㈡　料膏（烟膏に混入するもの）　一斤に付き一角
㈭　烟膏　一両目に付き一角
㈸　烟膏　一銭目に付き一分
右の数量に満たざるものは之を繰り上ぐ。
本条の㈠㈡㈢㈡の各項に記載せる物件にして移入後七日を経過せざるものは印紙の貼附を免除する事を得。
八、前条の規定により貼附せる印紙面には、営業管理者または商号の印章を以て消印すべし。右の印章を以て消印せざるものまたは貼用不足のものに対しては、その消印せずまたは不足せる部分に照らして之を処罰す。
九、国内の各地より阿片を移入し、または携帯渡来せるものは左の規定に従ひ印紙を貼用し、検貨所の検査を受くべし。
㈠　舶来烟餅　半斤毎に一元（円）
㈡　土産烟餅　半斤毎に七角五分
㈢　土産烟漿　半斤毎に五角
㈡　烟膏　一両目毎に一角
㈭　料膏　半斤毎に二角
右の数量に満たざるものは之を繰り上ぐ。
十、烟館業者は住所、姓名、営業場処、及び国籍を明記して当処に願ひ出で、許可を受けたる後に開業すべし。
営業許可手数料は八元以上二十元《迄脱カ》とす。

十一、凡そ吸食を願ひ出づるものあるときは、左の区別に従ひて許可手数料を徴収す。

(イ) 特種　六ケ月限りのもの　三十六元
(ロ) 甲種　一ケ月限り　八元
(ハ) 乙種　同　四元
(ニ) 丙種　同　二元
(ホ) 別種　同　二元
(ヘ) 丁種　同　五角
(ト) 外省人の客留せるもの　同　八元
(チ) 旅館止宿人　同　六元
(リ) 貸座敷遊興客　同　四元
(ヌ) 倶楽部その他集会所客　同　十元
(ル) 臨時許可証　三日限り　一元

十二、特種及び甲種許可証を有するものは、場処を制限せらるゝ事なく自由に吸食する事を得。

十三、乙種許可証を有するものは、自己の家庭または烟館以外にて吸食する事を得ず。

十四、婦人には丙種許可証を下附し、家庭及び烟館に於ても吸食を許す。

十五、別種の許可証は轎夫に下附し、籠宿または烟館に於てのみ吸食を許す。

十六、丁種許可証を有するものは烟館以外に於て吸食する事を得ず。

十七、外省人の寄留処、旅館、貸座敷、倶楽部その他の集会所は、当処に願ひ出て客用の許可証を受くべきものとす。

十八、国内の他の地方より来たりし旅客は、当処の許可証を受くるに非ざれば阿片を吸食する事を得ず。

十九、当所より下附せられたる阿片に関する各種許可証の効力期間は、特種及び臨時許可証を除くの他は三十日を以て限りとす。

二十、臨時許可証は、その期限満了の際保証人より当処に返納すべし。

二十一、阿片に関する許可証は、携帯すべきものを除くの他、之を見易き場処に掲げおくべし。然らざるものは無許可者と同一の取扱ひをなす。

二十二、禁烟関係者にして本章程に違犯するときは、その違犯に係る器具を没収し、その情状を案じて罰金に処す。

二十三、本章程は発布の日より之を施行す。

第二款　阿片の正当取引者及び不正取引者、その取締方法並びに実況、違犯者に対する処罰法

阿片の正当取引者と不正取引者とは、如何なる標準によりて之を区別すべきか多少の疑問存するも、当地に於ては兎も角も禁烟取締章程なるものありて現に実施せられつゝあるを以て、右の両者は本章程に準拠して許可せられおるものなりや否やの点を以て区別し、今左に之を略説する事とせり。即ち是れによりその大概の事件《情カ》を知るを得べきを以てなり。

第一項　阿片の正当取引者

彼の禁烟取締章程により許可せられおるものにして、勿論、章程にては各種の阿片に付き総括的に取締りを加へ居るものなり。

厦門に於けるその員数を挙ぐれば即ち次の如し。

輸出及び卸売業者	台湾籍民	約十余軒
	支那人	約一百軒
小売業者	台湾籍民	約二十余軒
	支那人	約六十軒
吸食所《処カ》業者	台湾籍民	約百五十軒～二百軒
	支那人	約三百軒

〔備考〕一人にして二個以上の営業所を有するものもあり。吸食処業の支那人三百軒は大概台湾籍民の名義を掲げ居れり。台湾人以外に外国人にして阿片業に従事するものを発見せず。

第二項　阿片の不正取引者

不正取引者の状況はもと不明なるも、その輸出入は共に概ね支那人の手により行はるゝものゝ如く、その輸出先は南洋諸島方面その大部分を占め、また、外国品は緬甸、安南方面より輸入せらるゝもの多きが如し。

厦門の税関に於て検挙、没収せられたる密輸出入の阿片の数量は左表の如し。

年別	生阿片（海関両）	烟膏（海関両）
一九二二年 自十月一日 至十二月卅一日	四二一両	二、五五九½両
一九二三年 同	一四、七六〇両	一、九六一　両
一九二四年 自一月一日 至九月卅日	二、九五六両	五二五¾両

税関に於ては密輸出入業者の検挙に付き常に相当の努力を払ひ居る模様なるも、その犯人の検挙せられたる事なく、従ってその違犯者の国籍等は勿論不明なり。また、支那官憲に於ける取締方法は前記の如く禁烟取締章程に拠るものにして、警察署《ママ》、禁烟査緝所《処カ》及び禁烟弁事所《処カ》互ひに協力して直接その違犯者取締りの職務を行ひおれり。但しその検挙に係る密輸出入国名及びその数量等は不明にして、刑罰程度は禁烟取締章程に明記の通り没収及び罰金刑なりとす。

尚ほ海関に於ては、阿片密輸出入の密告をなすものあるときは一定の保証金（大銀五元～十二元位）を徴し、而して右の密告通りに之を発見せしときは該保証金を還附し、他に若干の賞与金を下附し、若しまた、該密告が不実なるときは前記保証金の没収をなす事とし、以て他人を陥害誣告せんとする不実的の密告を防止し、その一面に密告を奨励するの制度を実施し居れり。

第四節　歳入に対する阿片収入の比例及びその用途

阿片の収入は全然之を秘密に附し居るものありて之を知るに由なく、唯僅かに此の種の事務を掌握する官吏等の口よりして漏れたる所の事を綜合的に察知するに過ぎざるを以て、年収五百万元〜八百万元と称するはその大体に於て事実に近きものと信ずるも、以上の次第にて統計的に之を説明する事能はず。従って全収入に対する比例も計算的に之を表示する事を得ざるも、前に已に述べたるが如く、これ唯一の財源にして大体に於て皆軍費に充当せられ居りたるものゝ如く、その後、省内擾乱して諸軍の各地に割拠するに至るや、一切の阿片税（罌粟栽培税をも含む）は悉く各地の軍事官憲の制定、徴収する所となり、或は行政官庁に於て徴収する事なきに非ざるも、右は該官憲の依頼に基づくものなり。尚ほ厦門に於ては、海軍警備司令部が禁烟弁事処の事務を月額銀一万二千五百元を以て民間に請負はしめおるを以て、司令部の収入は年額十五万元となり、こは悉く軍事費に供せられ居れり。尚その他の収入は不明なるを以て、阿片の収入を之と比較する事能はず。

第五節　阿片烟膏の製造制度、及びその取引状況

阿片烟膏の製造制度は厦門に於ては別段に之なきも、こは禁烟取締章程によりて支配せらるゝものなり。

第一款　阿片の取引状況

今、阿片の実際の取引状況を見るに、厦門に供給せらるゝものは殆んど烟餅及び烟漿にして、就中、烟餅はその最大部分を占め、是等は概ね同安県及び晋江県内の安海地方の産に係るものなり。また、産地よりの阿片の輸送方法に付きて云へば、該品は極めて高価なるものなるを以て古くより保険制度あり。右は厦門地方の海上に覇権を有する呉姓と称する一種の同族関係が之を一手に引き受け、且つその保険料は烟餅一斤に付き大銀一元、烟膏一銭目

に付き同五仙にして頗る低廉なるのみならず、充分に信頼し得べきものなるを以て他より侵入する事能はず。而して呉姓の輸送方法は、帆船または沿海航路の小蒸汽船により秘密に行はれ居り、容易に之を発見する事能はずと雖も、時に他姓に侵されまたは官憲に検挙せられんとするが如き場合には、兇器を持して之を抗拒する事も一再ならず。

以上の如くにして移入せられたる阿片類を、実際如何にして販売及び吸食するかに付きては、厦門の現行制度を見るに、阿片取扱業者を左の如くに区別しおれり。

一、阿片輸出業（実は移出なり）
二、阿片卸売業
三、阿片小売業または阿片吸食所業
四、阿片紙用《ママ》または禁烟薬（何れも阿片入りとす）製造または販売業

右の四種に区別し、特に生阿片業者または烟膏業者の区別を有せず。

第二款　阿片の価格

厦門に於ける大口取引の価格は大約次の如きものなり。蓋し凡て一斤（我が約一五〇匁）を元とせり。

烟漿	生のもの	一斤	大銀	二十元
	焼きたるもの	〃	〃	二十二元五十仙
烟餅		〃	〃	二十三元五十仙
烟膏		〃	〃	四十三元二十仙

第六節　吸食者数、その使用量、及びその吸食状態

阿片烟館は公衆の需めに応じてその房屋を提供し、吸食器具を貸与し、烟膏を販売し、以て利益を得るを業とするものにして、上述の如く厦門市内に於ても五百戸の多きに達せり。烟館の顧客の多くは中流以下の支那人に限られ、悪漢その他無頼の徒もまた多く出入するが故に、烟館業の社会的地位は甚だ低く、従って上中流者は烟館に出入せず。烟館の他に阿片吸食の機関として省・州人の寄留所、旅館、貸席業処、倶楽部その他の集合所等のある事もまたその禁烟章程によりて明らかなり。

烟館が上中流人の出入に適せざる結果、是等の人々は自宅に於て吸食し、従ってその吸食者数は不明なるも、人口僅かに二十万に過ぎざる都会に烟館の数は五百戸に達し、而も是等が皆相当に利益を収め居るより見れば、その吸食者の数は想像以上に多数なるものあらん。

次にその吸食の分量を按ずるに、各人の実際的関係（癮者の程度、また、癮者なりや否や等）により同じからずと雖も、烟館に出入するものゝ一日の吸食分量は、大約烟膏半銭を以て最低位とし、最高は三銭位と見積る事を得べし。

〔附〕厦門の真鍮輸入額

厦門港に輸入さるゝ真鍮は、海関報告によりて之を見るに次の如し。

年次	担	値（関平両）
民国七年	二四〇	九、七七五
〃八年	六四四	一七、七七〇
〃九年	二、三四五	六八、九三六
〃十年	五九一	二一、一七七
〃十一年	六〇二	二一、四〇六
〃十二年	八一三	二五、一七四

以上の表の如くにして、右の輸入真鍮は全部阿片の吸食器具に使用せらるゝものなり。故にその移入高を見れば、阿片吸食の状体の大体を知る事を得べし。

第五章　湖南省に於ける阿片

第一節　罌粟栽培の実況

前清末に清国政府は　上諭を発して阿片の禁止を命じたるも、地方諸省の成績は余り良からず。尤も湖南省に於ては比較的此の禁令遵守されたりしも、革命后五、六年此の方、その取締りは緩み、近来益々吸食者増加の勢ひを示せり。

湖南省に於ける罌粟の栽培地は貴州省境の山地々方にして、省政府は之が栽培を公然許可せるには非ざるも、福建省その他の省に於けると同様、軍人の軍費の調達またはその私腹を肥やさんがために黙許せしものにして、之が栽培をなさんとするものは、その植付の反別一畝に付き一元六十仙～二元六十仙を県知事に納め、以てその許可を得るの租となしたるものなり。

毎年十月に播種して翌年の五月頃に結実し、その収穫后は水稲の植付をなしうるを以て、麦と同じく冬作として栽培せられ、年々に植付反別の増加する傾向あり。その植付反別と年産額とは共に明らかならざれども、消息通の談によれば、湖南省に於ける阿片の年産額は約二千担と見て大差なかるべしとの事なり。

第二節　生阿片の生産に関する制度

第一款　阿片政策

革命后数年を経て軍人が省行政を左右するに至るや、軍費の調達またはその私腹を肥やさんがため、阿片を以て一種の財源となし、税金を課してその製造、販売、吸食を黙許せるより、省内の罌粟栽培及び他省よりの移入は逐年増加の勢ひにあり。

阿片に関する事務を司るためには、各地に軍警稽査所《処カ》及び禁烟清査所《処カ》なるものを設く。その目的は、阿片の製造若しくは吸食を禁止せんとするには非ずして、阿片に対する徴税に付き漏洩なからしめんとするにあり。即ち軍警稽査所《処カ》は生産または移入の阿片に課税をなし、禁烟清査所《処カ》は阿片館よりその使用燈数に応じて徴税をなすものとす。換言すれば阿片館は、禁烟清査所《処カ》に規定の税金を納入すれば、公然と需要者の吸烟に応ずる事を得るなり。また、阿片取扱商は、軍警稽査所《処カ》に一度印紙税を納入するの他、途中各処にある軍警稽査所《処カ》に通過の都度、通過税を納むれば、省内の各地を自由に輸送しうるのみならず、更に一定の料金を納付すれば、土匪その他の難を免れしむるために軍隊に於てその運送を請負ひ呉るゝの便益あるなり。

省内に於て取引せらるゝ阿片の大部分は貴州物にして、多くは洪江を経て移入せられ、洪江、長沙間には数個所の稽査処ありてその通過阿片を検査し、印紙税未納のものに対しては之を徴収または没収し、印紙税納入済みのものには通過税を納めしむるものとす。稽査処に於て没収する各税の税率は今明らかならざるも、消息通の語る所によれば概ね左の如し。

印紙税	一担に付き	二十二元～三十二元
通過税	毎一日	三元位

湖南西部より長沙に至る軍人の運搬手数料は一担に付き十元～十五元にして、兵士の食料は荷主の負担とす。普通、民船に積み込み、荷物の数量の少なきときは武装軍人五、六名、多きときは営長之を指揮し五、六十名の多きに達する事あり。その一回の運搬量の多きは五、六十担に上り、長沙税関にても屢々之を取り押へんとせしも、無鉄砲なる兵士は之に対して抵抗し、取り押へる事を得ず。阿片の輸送は白昼公然と行はるゝの状態にあり。

第二款　密　移　入

阿片の取締りの厳重なりし前清末及び革命後数年間は、阿片の密移入をなすに当たりて種々の工夫をなし、人造石材中に充填し、肥料中に挿入し、または筏の底部及び船底を二重になす等、種々の手段を講じたりしも、前記の如く軍人がその財源となしたる後は、斯かる危険を犯すものなく、その軍人の請負によりて安全なる輸送をなしうるを以て、近年は此の密移入を企つるものなきが如し。

第三節　歳入に対する阿片収入の比例、及び右収入の用途

湖南省の阿片収入は福建省と同じく秘密に附され居り、統計的に之を知る事能はざるも、その年収入は約百万元と見らるゝ事は消息通の語る所にして、省収入の千六百万元に対しその十六分ノ一見当にある事となるべし。

尤も阿片の収入は省政府の財政部の収入には何等の関係を有せず、全部軍人の収得に帰し、その一部分は軍費に充て、大部分は干係軍人の私嚢中に入るものゝ如し。これ支那人の通有性とも見るべきものなり。

第四節　阿片取引の状況、並びにその数量、価格

湖南省に於ては普通の取引は生阿片にて行はれ、小売商及び阿片館は生阿片を買ひとり之を精製して吸食者の需要に応ずるものとす。当時に於ける烟膏の小売価格は次の如し。

烟膏一両目に付き

上等品　四元二十仙

普通品　三元三十仙

次に長沙に集散する阿片は、その大部分は江西、湖北に移出さるゝものにして、省内には一部分が消費せらるゝのみ。今、江西及び湖北に入る経路を見るに左の如きものなり。

江西省に入るものは三路とす。
一、吉《カ》株鉄道により醴陵に至り之よりして安源に出るもの
二、瀏陽路をとり万歳県に出るもの
三、茶陵より永新県に入るもの、宝慶方面より来るものは概ね此の行路によるものなり。

湖北省に入るものは一にして、
粤漢鉄路により漢口に出るもの

是等の何れの路をとるも、その輸送に当たりては軍人によりて護送せらるゝものとす。

第五節　吸食状体

軍界、商界、学界、労働者界の何れも吸食するものある事は他省と同様なり。その数は不明なるも、その多数に上る事は疑ひを容れざるなり。但し福建と比較してはその割合は小なるべし。

今、長沙に於ける販売状況を見るに、阿片の販売所は約五百戸（長沙の人口は約三十万と称せらる）あり。傷兵を利用して小規模の販売をなせる所謂「傷兵住宅」にして、その門口に縦一尺五寸、幅三寸位の赤紙を貼り「傷兵住宅」の四字を墨書せり。その多くは一名の負傷兵を傭ひ、或は之と合同して経営せるものとす。此の種の阿片取扱者は何等税金を納付せざるを以て、その取締りの任に当たる軍警が往々検挙を行ふ事あり。その場合には此等傷兵は廃兵後の悲惨なる状況を陳述して救恤を求め、或は不渡給料の支払ひを迫るを以て、軍警も手の下し様なく殆んど之を黙許せり。従って今日にては傷兵住宅は阿片館の代名詞たるに至れり。

次に軍隊及びその他の重要行政機関の諒解の下に大規模に経営せる烟館あり。此の種の阿片館はその開店に当たりて先づ軍警稽査所《処カ》、警察庁、知事衙門、各師旅団等に図り、普通税金の他にその燃燈数の多少により運動費を納入し、その上にて開館せるものなれば、常に軍憲及び警察側の保護を受く。此の他外国人名義の下に支那人の経営せる旅館または小雑貨店にして吸烟室を設け、一般吸烟者の需要に応ずるものあり。是等の雑貨店主、旅館主等もまたその取締り官吏に対しては贈賄をなしてその黙認を得居るものとす。

第六章　湖北省に於ける阿片

第一節　罌粟栽培の実況

湖北省に於ける罌粟の栽培地としては、清江上流の施南県がその首位に位し、その地の農作物の三、四割を占む。次位は漢水上流の鄖陽県、及び清江、長江の合流点なる宜都なりとす。

元来、罌粟の栽培と軍隊とは密接なる関係あり。軍隊の駐屯する所土地は荒蕪し、民は疲弊し、軍隊は軍費の調達に急にして農民に勧むるに罌粟の栽培を以てす。昔よりして戦乱の後には必ず飢饉の来たると云ふも是れ迷信の見のみには非ざるべし。

第二節　課税の方法

軍閥が勢力を得てより、その軍費の財源として阿片税を課するに至り、その徴収機関として禁烟査緝処なるものを各県に一個所宛配置せり。

普通に烟館は燈捐と消費税とを納入せざる可からず。燈捐は一ケ月百二十串文、消費税は一ケ月四十三串文。また土桟と称するものありて阿片土を販売し、一ケ月阿片税二百元を課せらる。

漢口の肇演里には福記なる土桟あり。呉佩孚、王汝勤の副官の経営するものに係り、他の土桟の税金の取り立てを行ひ、軍閥の経営なるを以てその勢力は絶大なり。

第三節　阿片密移入の状況

湖北産の阿片の他に移入阿片として雲南、四川及び湖南の阿片あり。宜昌、漢口は湖北に於ける四川、雲南阿片の二大取引市場なり。その移入の方法としては宜昌－重慶航路の中外汽船によりて密移入し、大規模なるは援川軍及び四川軍等軍隊の力を藉りて之をなす。楊森、袁祖銘等はその部下を使ひ、販売者の保護を約して毎両に付き五毛《カ》の印衣《花カ》税を此の際に徴収す。

密輸の機関としては漢口の支那街にありて鄂西軍需採弁所《処カ》、鄂西軍警督察処等の看板の下に事務所を置けり。密移入の方法としては木箱に詰め、「某軍某所軍需品之封条封固」と書し、公然と軍器、軍需品と化せり。運賃は宜昌、漢口間一千両入りの箱一個二百元なり。

密移入阿片の価額は二億元に上ると称するもこれ大に過ぐ。漢口に集まる阿片は湖北に集まる阿片の七割を占め、その内四川、雲南、貴州（宜昌経由）産は四割とし、貴州より常徳を経由するものは二割とし、湖北、河南、陝西産は一割とす。

第四節　阿片の価格、及び取締方法

阿片の取締方法としては、退職軍人胡竜驤を湖北全省禁烟局の局長となし、全省を六大区域に分かちて取り締まるも、その力微にして軍隊と対抗し得ず。また、禁烟局の内部腐敗して成績の見るべきもの更になし。

阿片の価格は凡そ次の如し。（単位は両）

省別	前清時代	民国六年	現在
雲土	四元半	九元	二元七、八十仙
川土	三元	六元	一元六、七十仙
南土	二元	四元	一元二、三十仙

以上の価格に高低の差あるは、その取締りの緩厳及びその供給の多少に基因するものなり。

第七章　結　論

支那が世界最大の阿片消費国となり、全ての階級を通じて、上は諸官庁の大官・督軍より下は挑夫・苦力に至るまで、阿片の愛吸者の多きは人道上忽せに附す可からざる問題なり。真に国家を愛する支那人は、速やかに此等の悪習より逃避せざる可からず。然るに現時の支那を見るに、恰も春秋戦国時代の如く、梟雄は各地に割拠して中原を謀らんとし、兵を練り武を競ふ事已に二十余星霜、民は塗炭の苦しみに遭ひ、財政は窮乏して内外債は山の如く、軍閥も軍費を求むるに由なくして遂に阿片に好個の財源を見出し、之に阿片税を課徴して国民に吸食を奨励するに至れり。而して中央政府は屢々禁烟令を発布すと雖も、彼の武力を楯とする軍隊に対しては何等の効果もある事なし。そはまた他面には、阿片を吸食するものゝ薬物的効果たる性欲促進の快味より脱する事を得ざるの結果なり。此の阿片による害毒を如何にして救済するかは、支那にとり将また亜細亜にとり、人道上、一大問題たらずんば非ざるなり。

此の阿片烟害の駆逐に成功したる実例は我が台湾にあり。彼の日清戦争の結果、台湾は我が国の領土となりたるを以て、我が国政府は阿片禁止の政策をとり、明治三十年、一般人の阿片吸食を厳禁し、阿片の吸食を止むる事能はざる中毒者即ち癮者に対してのみ政府所造の烟膏の吸食を許可したり。即ち此の当時の癮者数は十六万九千六十四人なりしが、是等に対しては各鑑札を附与せり。而も尚ほ特許なくして吸食を企つるものあるを以て、更に密吸食者を調査し、その癮に陥り居るものには新たに特に吸食を許可し、従来の鑑札制度を廃止して購買通帖制度に改め、その購買通帖には医師の証明によりて各自に一日分の含量を記載し、三日分以上の烟膏を購買しまたは所持する事を得ずとせり。爾后、吸食者死亡、吸食店廃止により漸次その数を減じ、大正十年末には癮者数は四万九百二十三人の少なきに至れり。之を明治三十三年の九月に較ぶれば十二万四千四百四十三人の減少を来たしたるものなり。

今、以上の実例に倣ひ、支那に阿片公売問題の起これるあり。そは丸尾千代太郎氏が総税務司アグリン氏に呈出せるものにして、之が要項を挙ぐれば次の如し。

支那の阿片問題に対する解決策の私見として、阿片の専売局の設置を主管せる中国は、その人道上のために、中国国家の体面を明らかにするために、また文化上のために、真に国家国民の幸福を招致するがために、また窮迫せるその財政を輔くるがために、またその内外の債務を果たすがために、拒毒会、防国会の目的を達するがために、此の際断乎として専売局を設置せられん事を私に切望致す次第なり。支那は民国十年に至るまでに阿片のために五十億元の正貨を持ち去られたり。今、此れに対する方策としては即ち次項の如し。

(一)　吸食者は医師の診断によりて各その吸烟量数を定め、その姓名を明記し、鑑札のなきものには絶対之を禁じ、若し之を犯すものあるときは多額の罰金を徴しまたは重刑に処す。但し吸食者には多額の税金を課し、または阿片を高価に売り下ぐる事

(二)　その制度の取締りの任は外国人を以て之に充て、最も厳重なる取締りをなす事

(三)　罌粟の栽培を制限し、一畝に付き相当の課税をなし、制限以外に栽培したるものは之を罰する事

(四)　内外の船舶に搭載し来たれる公法的に非ざるものは断乎たる処分をなす事

之がために常に上海、漢口、天津、青島、大連の各港及び各停車場に特務監視者を派出し、之を検閲せしむる事

以上の如き各項の制度法律は、台湾のものと同じく漸禁主義の下に阿片を駆逐せんとするものなり。而も現今行はれおる禁令によりては、仲々その厳行実施も覚束なかるべく、故に右の制度を以て支那を阿片の害毒より救済する事は、これ策の最も得たる所、吾人は切に一日も早く此くの如き良法の支那全土に頒布せられん事を饒望して已まざるものなり。

第八巻　山西・綏遠の産業及び交通

第一編　山西・綏遠の薬材

（附）阿片吸飲状態

第一章　緒　論

支那に阿片の伝はりしは遠く周代の事に属すと雖も、当時は単に薬材として医学用に使用せられたるに過ぎず。而して吸飲の風はバタビヤより台湾を経て康熙年間に始めて伝へられしものにして、極く近々の事に属す。当初は吸飲者も少なく甚だしくは盛んならざりしと雖も、その具有する独特の香味と恐る可き魔靡性とは漸次嗜好者を増加し、その后僅かに一百年を経過したる乾隆時代に至りては、上は中央地方の大官より下は車夫苦力等に至る迄悉く之を吸飲するに至れり。

清朝は屢々之が禁令を公布し、或は輸入を禁止せんとし、或は輸入阿片に対し高率の課税をなして以て積習を一掃せんと努めしも、却って吸煙者の困窮、密輸入の増加を来たし、国民の疲弊日に増すの感を呈せり。加ふるに阿片に関する屢次の戦乱は多く該問題に対する不利益なる条約の締結となり、一方、私腹を肥やさんとする地方文武官は私かにその栽培を許可奨励し、以て徴税の利を図り、貪欲厭き足らざる商人の乗ずる処、終に清朝滅亡の一端を為すに至る。

その后民国に入り一千九百十三年には阿片廃止に関する北京伝道協会の開設あり。また、万国阿片会議は一千九百十一、十二、十三年と引き続き第三次会まで海牙に於て開かれ、禁煙の実もまた稍々その曙光を見んとする折、世界大戦の勃発となりし也。爾来、支那政府は内地に於ける阿片栽培の絶滅を図らざりしに非ざるも、地方軍閥の勢力強くして、未だ禁止の実効を挙ぐるには至らず。

第二章　本　論

第一節　山西省の阿片吸飲状態

山西省は督軍兼省長閻錫山氏が中華民国成立以来更迭する事なく政治、教育に努むる処にして、十数年省内に干戈の動きしことなく、模範省の称を有す。従って省内何れの地にも阿片の栽培せらるゝを見ず。省内には百十五の県区、その他九十五の地所に阿片防止会設置せられ、また六十九県には万国阿片禁止協会の支所存置せられて主旨の伝播に努む。また、各県鎮には閻督軍の訓言として諸種の論文を縦横一間以上の白壁に箇条書となし、特に阿片は纏足、賭博と共に三大禁則としてその害毒を知らしむ。阿片その他類似のものを吸飲するものを捕へたる時は直ちに之を阿片治療所に収容し、その費用は毎人三十元を徴収して之に当て、吸煙を中止せば一ケ年后に帰家を許す定め也。

而して阿片の移入に就きて見るに甘粛、陝西両省よりは山西西部の山路を越えて私かに搬入せられ、また、南方河南省よりはモルヒネ丸薬の汴洛線沿道に散布せられたるもの黄河を越え頻々として移入せらるゝ結果、阿片よりも寧ろモルヒネの使用者を多く出す現状にあり。その方策に於て世人をして歎称せしめたる閻督軍が、尚ほ彼の設けたる治療所は彼の所期の目的よりも却って多数の違反者に適応せる場所たるを歎ぜしめたるもまた宜なる事にして甘粛、陝西、河南三省よりの剰余物の密輸を完全に防止するに非ざれば、吸煙禁止も徹底的効果を収むる事難かる可し。

茲に於てか閻錫山氏は陝西・河南両省に対し取締りを提議すると同時に、省界各地に於ける通過貨物の験査を愈々厳にせり。昨夏（大正十四年六月）余等が実見せる所を述ぶれば、潼関及び茅津渡の過河場（黄河を距てゝ河南省との境也）に於ては、普通、商業貨物は言ふに及ばず、一般通過人の手小荷《物脱カ》に至る迄漏れなくその内容物を検し小箱、白糖、食塩等に至る迄一々之を査しつゝありき。故にその効果もまた年を逐ふて著しく、山西の南端潼関の対岸より北端は大同に至る迄、中央道路の沿線に歩行の旅を続けたる余等は、一度も吸煙の現状を目撃する事なく、また、その香をさへ聞きしことなかりき。河南・陝西に於ては毎日の旅行中吸煙の現状を見ざる事なく、その香の如きは家有る毎に之を聞き、田畑には公然、罌粟の栽培せられたるを散見せり。是れより考ふれば、山西の吸煙は近く之を撲滅する事を得可し。今、万国阿片防止協会山西支所の報道によりその違反状況を示せば次の如し。

一九二二年及び一九二三年の二ケ年間に阿片法審所に捕はれし者

吸用者　一五、〇〇〇人

密輸入者　三、〇〇〇人

一九二二年に押収せられたるもの

アヘン・モルヒネ　四〇、〇〇〇オンス
吸用ランプ・煙管　一八、〇〇〇個
更に一九二四年中にて六十九支所に捕はれし者
吸飲者　八〇、〇〇〇人
取扱商人　二〇、〇〇〇人

第二節　綏遠地方の阿片吸飲状態

此の地方にては地味の関係によるものか全く罌粟の栽培を見ざるも、甘粛省・陝西省よりの密輸入夥しく、厳然たる防止策を施さゞれば吸飲の禁止は得て望む可からず。茲に於て此の虚に乗じたる前都統馬福祥は、阿片を専売制度によりて売買し以て軍費に充当するの策を採れり。即ち納税済の捺印なきものは之を没収すること〻し、官憲自ら輸入せる阿片を自己の手により売り捌き、百オンスに付き銀三十元の税を附加せり。而して之を管轄するものを三鎮と云ひ名義上、密輸入、吸飲及び栽培を鎮圧して専売制度を確立す。一九二三年中に三鎮の収入は五十万元に達せりと云ふ。然れども北京に於ける参議院議員は此の阿片専売を弾劾し、該制度は阿片吸煙を減少せしむるよりも、寧ろその栽培を奨励するものにて、徴税のためには甘粛より多大の阿片を輸入し、百害ありて一利なきものと提唱せり。更に北京・天津等には警官に対するコミッションにより密輸出を企て、或は綏遠に多大の阿片貯蓄をなす者あることを責めたり。

一九二五年、馮玉祥氏此の地方を管理するに至るや、都統李鳴鐘をして厳然たる対策を講ぜしめ、阿片禁止に力

めたり。その具体的方法を聞くに、

一、阿片の密輸入者及び栽培者は死刑に処す。

二、阿片の購買者及び吸飲者には罪人に独特の服を着用せしめ、一般人民への見せしめのために市中を引き廻はす。

三、阿片の吸飲者のために救療所を設く。

等の事項にして、阿片の害毒を公衆に知らしむる訓辞等も白壁に大書せらるゝ現状に在り。茲に於て今まで専売制度により公然と取引せられし阿片も、表面上は全くその姿を消すに至れり。此の禁止方法を続けなば、綏遠に於ける阿片のその影を潜むるは近き将来に在らんか。昨夏余等、包頭、帰化城、豊鎮等に旅行せし折には、既に街路には阿片に関する都統の訓辞を掲げあり。また、約二週間一度も吸飲の現状を見る事なく、その香を聞きし事もなかりしより見れば、此の禁止政策はその効の一端を表はしたるものと云ふ可し。

第十二巻　京漢沿線の産業及び金融

第五編　北支の薬材

阿片に就いて

第一　源につき

罌粟の実を薬用としたるは古き希臘の歴史に見え、上代既に之あるを知る。而して十二世紀に至り小亜細亜の阿片はその名商品として著はる。故に阿片の原産地は南欧及び西部アジアなり。

支那に於て阿片の名称の起こりしは蓋し小亜細亜との交通以後に属すべし。希臘及びラテン語にては阿片をopion と云ひ、波斯にては afyun と云ひ、印度にては opium or afyun と云ふ。支那に於ける阿片或は阿芙蓉等は之等の外国語を音訳したるものなり。

薬用としての阿片が支那に伝はりしは何時代なるや知れざれども、明の『本草綱目』中に薬用としての阿片の誌さるゝを見れば古き事に属すべし。

吸烟の風の伝はりしは清時代なり。一六八九年、一和蘭医師バタヴィアにて吸烟のことを教へ、その風当時、和蘭人の新開地たる台湾に伝はり、次いで支那に於ても台湾の風を伝へ、漸次、支那各地に流行するに至れり。

第二　罌粟の種類

阿片の採取に供する罌粟に八叉胡蘆、大青楷（一名単胡蘆）及び小白花の三種あり。

一、八叉胡蘆と称するは高さ三尺五、六寸にして、一株より五叉乃至八叉の枝を出し、罌粟坊主が五個乃至八個生ずるものにして六、七月の交開花し、その花は直径二寸五、六分、単弁と複弁とあるも単弁のものを多しとす。花は白、紅、桃、淡紫色、及び白地に之等の混合色あり。阿片採取用としては白花をよしとす。阿片を採取する罌粟坊主は門玄状をなし、その大いさは鶏卵大を普通とし、直径一寸三、四分乃至一寸八、九分ありて、一晌地よりの収穫は大青楷及び小白花の何れよりも多量にして、二十五斤乃至三十七、八斤の阿片を得、最も有利なる為、数年以前は殆んど全部此の八叉胡蘆を栽培せり。下種より収穫まで約百日を要し、収穫には一晌地に付き約二十日乃至二十四日を要する欠点あり。罌粟の栽培は密培なる為、一日一刻なりとも早きを尊ぶ。如何となれば種々の困難途中に生ずればなり。

二、大青楷と称するは高さ四尺内外にして、一株より枝を生ぜざるを以て単胡蘆の称あり。八叉胡蘆と同様六、七月の交開花し、花の大いさは直径四寸内外にして、単弁と複弁とある事及び花の色も八叉胡蘆に等し。胡蘆は直径一寸七、八分乃至二寸三、四分にして、大なるは拳大またはコップ大のものもあり。下種より収穫まで約百日を要し、収穫に要する日数は約十五日にして、一晌地の収穫量は十六斤乃至二十五斤なり。

三、小白花と称するは高さ二尺五、六寸、普通枝なき単胡蘆にして字の如く白花のみ栽培せられ、六月上旬頃に開花し、花の直径は二寸七、八分にして単・複弁あれども単弁多し。胡蘆の直径は一寸二、三分にして、下種より収穫までに約八十日を要し、収穫に約一週間を要す。一晌地より十斤乃至十四斤の収穫あり。

第三　生産額

一九〇九年、上海に於て開催せられし万国阿片会議の席上、支那政府より提出せし統計によれば、一九〇六年の生産高は約五十八万四千八百担にして、同年阿片禁止令を発布してより後は漸く減少し、一九〇八年には三十六万六千二百五十担なりし。而して阿片の消費量も適確には知るを得ざれども略々左の如くなるべし。

支那内地生産高	五八四、八〇〇担
外国産輸入高	五四、一一七担
合　計	六三八、九一七担
再輸出高	二五、〇〇〇担
差引国内消費高	六一三、九一七担

（大正十三年度）

第四　阿片の製法

罌粟の実より採取せられたる液汁は之を煙水子と名付く。煙水子より阿片を製する法に二あり。一は日晒法にして他は煮詰法となす。

一、日晒法　その文字の如く夏の天日に晒して水分を蒸発せしむるものにして、先づ木の小枝を井形に組み合はせたるものを炎天の下におき、その上に油紙を乗せ、その凹みたる油紙の個処に採取したる白色の液汁を移し、木の篦を以て徐々に掻き廻す。然るときは天日に晒されたる煙水子は漸次水分を蒸発し、淡黄色より次第に黒褐色を呈し餅様のものとなる。之れ即ち阿片にして之を煙土と称す。

二、煮詰法　煙水子を鍋に移し、木炭のトロ火にかけて徐々に掻き廻せば、水分は漸次蒸発して淡黄色より黄褐色の餅状を呈するに至る。

右二法の中、煮詰法よりも天日を以て蒸発せしむる日晒法の方が光沢、色彩、品質共に佳良なるも、煮詰法に比し幾分多く時間を要し、遷延の結果が齎す不慮の故障妨害を怖るゝを以て、短時間に処《カ》分せざるべからざる為一定の量に達するを待ち鍋の中にて煮詰む。

而してその傍らよりビールの空瓶に密封し、目標を附して之を土中に埋没し、必要に応じて少量宛取り出す。埋蔵して必要の数量宛搬出するは蓋し危険率を軽減する所以なり。ビール瓶《一本脱カ》に阿片約二斤半を容れ得。支那人の多くはビール瓶三本位（約七斤半）を人の知らざる個所に穴埋めし、価格の最も高き旧正月前後に至りて売却し、次年度の阿片売却《ママ》資金となす。

尚ほ阿片の製法に付き普通には煙土の中に料子と称する不純物を混合して吸飲の用とするものあり。その料子たるべきものは種々あり。麦粉（白麴）、糯米、林檎等の外、蛇の皮、豚の皮等用ひらるゝも、最も普通に行はるゝは白麴料子なり。

第五　商品としての阿片

阿片は赤紙を以て貼付せらる。昔時、波斯より輸入せられし当時、赤紙を以て包装せられたる慣習今尚ほ存するものにして、波斯阿片の名は一時「アカヾミ」と称せらるゝに至れり。阿片は一斤を以て単位とし、罐に入れ之を油紙に包み赤紙を貼付す。

第六　阿片吸飲の道具

阿片吸飲に必要なる道具は煙槍（煙管）、煙燈、煙釺子なり。時に煙槍の数多きときは数に応じて木枕の用意をなす。

一、煙槍とは阿片を吸飲する煙管にして、普通、管の直径約五、六分、長さ一尺二、三寸なり。短きは吸飲に際し体を前方に屈するを以て、老年に至り体が前方に屈すと云はれ、七束の長さのものを七把槍と称し最も歓迎さる。

煙槍の一方の飲み口の長さ二寸内外、並びに他の一方の約三寸内外は共に金属製、玉石、琥珀、角または骨等を嵌めあり。飲み口の反対の端より二寸内外の個所に無花果形の金属製煙頭あり。之を煙斗と名づけ天とも称し抜き挿し得る装置を施せり。天の下部（端より三寸内外の個所迄）を地と称し、地の端より飲み口の全部に至る部分を人と称す。

煙斗は小《山カ》海関以南、関裏にては多く婦人の手にて作製せられ、一個の卸値四、五十仙にして、作者の銘を打つを普通とす。管は竹または木を普通とし、鳥の目の如き木理ある木製の老呱《狐カ》眼煙槍と云ふものあり。鳳眼竹煙槍と云ふは使用するに従ひ鳳凰の眼の如き斑紋を生じ、一本四、五十元以上のものあり。また、万年煙槍と称するものあり。こは俗に治病に使用せらる。

前清の乾隆時代、天津海河の富豪に風船首戸柴大麻子と云ふものあり。玉石にて作られたる玉石煙槍を有すと云はれ、代々家宝として取り扱はる。

煙槍の新品は十《八脱カ》銭乃至一元なるも、種々の彫刻即ち金銀、翡翠、琥珀、象牙、玉等を用ひ象嵌を施し意匠を凝らしたるものありて、その価格に高下あり。

煙槍には二種あり。即ち正味の阿片を吸飲するものと、阿片の吸殻（煙灰）を更に吸飲するものとありてその形状を異にす。

二、煙燈　煙燈にはアルコール洋燈式、豆洋燈式、カンテラ型等ありて、一般に豆油を入れる個所は倒れざる様に多少大きく作られあり。

鉱力製の至極安價のものもあり、金属製、陶器、玻璃製等のものもありて、一ケ五十銭内外なるも、山東省膠州製の煙燈は最も著名にして真鍮製一ケ五、六元なり。

三、煙針子　煙針子とは編物に使用する金属製の棒様のものにして長さ四、五寸、紡錘状を呈し、その一端は吸飲時に阿片を熔かす際と煙斗に塡充する折にも使用せられ、他端は幾分箆状を為し吸殻即ち煙灰を除去する場合に用ふ。

価格は、十銭内外なるも、山東省萊州府の張胖子の作りしものは一個、二、三元にして、その子の作りし煙針子は張二胖子製と称し、一本一元内外、共に夫々銘を打ちあり。この価格は煙燈と共に嗜好品なるが故に頗る高価なるものあり。

第七　吸　飲

吸飲に就いては煙館の内容を説明せざるべからず。煙館とは阿片の吸飲をなさしむるを目的とする家にして、之によりて一定の賃銭を得つゝあるものなり。

煙館の開設に就いては大なる準備をするを要せず。前記の吸飲の道具及び吸飲に必要なる場所等あれば足る。煙館の営業時間はその客筋によりて一定せざるも、普通、九時乃至十一時より開き、客足は午前、午后の二回に多し。下級労働者は午後の小憩時間を利用して一寸一服し元気を恢復せしむるものあるも、煙包二分八厘が三十銭内外なるを以て午后に出入するもの多し。煙館に出入する客の種類に就いては千差万別なれども、日傭取多く、その日の生活に苦しまざる大家は自己の家内に於て吸烟の室を備へ出入せず。

吸飲の方法は、代金を支払ひて煙包一包を受け取り、煙燈に火を点じて徐々に横臥し、紙に包みある阿片を取り出して指頭にて丸め、煙針子に付け、煙燈の上にて焙り、焙りては指頭を以て揉み丸め、数回之を繰り返す。その内に表面沸騰状態を呈するに至るを待ち、煙針子にて煙斗に塡め、燈火と共に焦しつゝあるその煙を吸ひ込むものにして、一包の阿片は普通二口に吸ふ。吸ひ終はれば嗜眠状態に陥り、その上の快楽を貪りつゝ夢路を辿る。客足多き煙館にては阿片の煙にて朦朧たる場合多く、煙燈の淡き光を透視すれば恰も死体の横たはり居るが如し。而してその匂ひたるや一種異様の臭気にして、初心のものは頭痛嘔吐を催すに至る。

天津に於ては煙館の数を調べ得ざりしも、元来、煙館は公然の商売にあらずして、只之を外間の噂より知り得るのみ。多くうはさに依れば路地内の曖昧屋等は凡てこの種の営業をなし、表面には旅館の看板を掲げるもその生業とする処は阿片吸飲にして、是等を挙げ数へ来たればその数は莫大に上るべしと。

第八　阿片の種類

前記の如く阿片の原産地は西部小亜細亜方面にして、それより波斯等を経て支那に伝来し、産地により夫々の名を有す。而れども支那に於て煙土として巷間に販売せらるゝものを見るに、多く某々丸の名を附し、某々はその産地たる省名・地名を表はすもの多し。

今、南京に於て聞く処によれば、南京に於て使用さるゝ煙土の大部分は之を三大別することを得。即ち川土丸、本土丸、香港丸等之なり。川土丸とは四川省産にして南京に移入せられたるものを云ひ、香港丸とは同様に印度方面に産したる阿片が香港を経て移入さるゝものを云ひ、本土丸とは南京地方に於て産出するものを云ふ。

而して之等が商品として販売せらるゝときは赤紙を貼付せらるゝこと前記の如し。阿片に於てその品質優良と称せらるゝものは山東省産のものなりと。

第九　阿片の密輸送

阿片は支那に於ては輸入禁止品なれども、支那の各地に滔々として吸烟の絶えざるは、只その地方の生産額の増加したるにはあらずして、之が密輸送をなすものあるを以てなり。その方法に付き某氏の調査せし処を挙ぐれば次の如し。

一、厳重に油紙を以て包み胴腰部または脚に巻きつく。
一、二重底の靴の中に入る。
一、鞄を二重底とす。
一、長靴の中に入る。
一、柱時計の裏面に詰め込む。
一、毛皮外套の間に縫ひ込む。
一、綿入れ衣服の間に縫ひ込む。
一、扁額の裏板に塗り付く。
一、ペンキを入れたるバケツの下部に入る。
一、木材運搬に際し木材をくり貫き阿片を塡充し、発見せられざる様栓を施す。
一、手荷物の中の古着の間に入る。
一、飴鑵の上部に飴を入れ、下部に阿片を入る。

一、蜂蜜をバケツに入れたる下部に阿片を入る。
一、大豆・小麦その他雑穀輸送に際し、麻袋に目標を付して輸送す。
一、古新聞の梱包中を切り取り、その中に阿片を塡充し、梱包を厳重にして送る。
一、西瓜・南瓜を巧妙にくりぬき塡充す。
一、軍人・警察機関と連絡をとる。
一、汽車の燃料庫に隠匿す。
一、篭に卵を盛り、その下部に入る。
一、駅構内の売店と車掌その他列車の乗組員を利用す。
以上、之等はその密輸方法の概略に過ぎず。之が方法は種々雑多にして枚挙に暇あらず。

第十　天津に於ける貿易と密輸

天津に於ては阿片に就いてその統計を得ること少なし。然れども海関に於て示されたる数字を見るに、薬品として輸入さるゝ阿片は全貿易額の中の幾分の一なるや知れざる程の少額に属す。されど元来、阿片の輸入につきては支那税関に於て厳重なる監督をなし、その輸入を禁ぜる物品なれば、許可を得て公然輸入さるゝ数量は密輸等により輸入されたる総額に対し極めて少量にあるべし。思ふに阿片は、前記密輸の方法に就いて述べたるが如く、その密輸さるゝ方法極めて多く、之が為にその地の貿易に悪影響を及ぼすこと多し。

天津に於て嘗て阿片の我が国より密輸さるゝもの多き時、税関に於て本邦より来たる商品に付き厳重なる検査をなし、為に商品の毀損せられて用をなさゞるものあり。或はまた、取引日数に意外の遅滞を来たし契約の破棄せらるゝものあり。大いに我が国の対天津貿易に影響を及ぼしたることありきと。

第十一　阿片に対する一般的取締り

十七世紀の初め頃、阿片吸飲の方法一度支那に伝はるや、その害毒は決河の勢ひを以て支那全国に及び、影響する処計られず。之が為、支那政府に於ては、禁煙令を発布して吸飲及び阿片の輸入を止むる方法を講ずるに至れり。その取締りを年度を逐ふて示せば左の如し。

一、明朝崇禎元年（一六二八）　禁令を発す。
二、清朝雍正七年（一七二九）　禁令を発し、阿片を販売するもの並びに之を吸飲するものを厳罰に処す。
三、嘉慶元年（一七九六）　阿片吸食者に対する罰則を発す。
四、同五年（一八〇〇）　勅令を以て罌粟の栽培、阿片の吸飲、及びその輸入を禁ず。
五、同十八年（一八一三）　罌粟の播種を禁止し、違反者を処罰し、その田地の処分方法を定めたる上諭を発す。

（落　丁）

十、道光十八年（一八三八）　湖広総督林則徐を欽差大臣として広東に派遣し、禁煙禁輸の事に任ぜしむ。

林則徐は違反者を罰するに死刑を以てし、且つ外国商人に対する取締りを厳重にし、遂に道光十九年（一八三九）在広東英商の阿片二万二千八十三箱を没収して之を焼却せり。之が為め禁煙令の成績は挙がりしも、遂に阿片戦争を惹起するに至れり。

十一、同二十年（一八四〇）　罌粟栽培の禁止に関する広西巡撫の奏請を容る。

即ち各州県は保甲の制度に則り十戸を一団とし、毎戸に門牌を給し、罌粟の栽培、阿片の製造・販売等をなすものなき旨を明記し、十戸連帯の保証状を提出せしめ、一面、保隣墟長に命じて随時検閲を行はしめ、密告者には賞を与へ、二《毎カ》年二回州県より監査する事とせり。

十二、咸豊九年（一八五九）　阿片禁令を発す。

十三、同治十一年（一八七二）　同

十四、光緒三十四年（一九〇八）　十ケ年阿片逓減令を発す。

十五、民国六年（一九一七）　阿片禁令を発す。

禁令は此くの如く屢々発布せられしも、事実上、尚ほ未だ禁煙を行ふ能はず。阿片は支那に取りて永久の癌なるか。

編者注　十一については大清実録、道光十九年八月丙子の条に、

諭内閣。梁章鉅奏査禁栽種罌粟章程一摺。内地栽種罌粟。煎熬煙土。必応逐年実力稽査。方足以除積弊。拠該撫議立章程具奏。著照所請。嗣後。毎年冬初。先由道府領発厳禁告示。並令各府庁州県。倣照保甲。按戸編査。給予門牌。註明並無栽種罌粟煎熬販売之人。取具十家連環保結。責成保鄰墟長。随時稽査。如十家内有違例私種。或租給客民栽種。著准其首告給予奨賞。儻知情不首。即著将九家並地保墟長。一併究治。毎年限二月八月。査辦両次。由該庁州県。加具印結。齎送府道。該管府道。或親身巡査。或委員抽査。加結申報。儻査辦不実。即著分別厳掲特参。獲犯従重懲辦。並著該撫及藩臬両司。遇有因公出

省之便。随時認真察査。総期実力奉行。除弊務尽。断不可稍為鬆懈。仍致有名無実。

とあり、同二十年五月己亥の条に、

広西巡撫梁章鉅奏。覆査保甲完竣。並厳禁種買鴉片一摺。得旨。談何易易。若稍不認真。無非空言塞責。於事何益。勉力為之。

とあり、また欽定戸部則例（同治十三年校刊本）巻八田賦二下、稽査種植に、

道光十九年八月奉

上諭。梁章鉅奏査禁栽種罌粟章程一摺。内地栽種罌粟煎熬煙土。必応逐年実力稽査。方足以除積弊。拠該撫議立章程具奏。著照所請。嗣後。毎年冬初。先由道府頒発厳禁告示。並令各府庁州県。仿照保甲。按戸編査。給予門牌。註明並無栽種罌粟煎熬販売之人。取具十家連環保結。責成保鄰墟長。随時稽査。如十家内有違例私種。或租給客民栽種。著准其首告給予奨賞。儻知情不首。即著将九家並地保墟長。一併究治。毎年限二月八月。査辦両次。由該庁州県。加具印結。賚送道府。該管道府。或親身巡査。或委員抽査。加結申報。儻査辦不実。即著分別厳掲特参。獲犯従重懲辦。並著該撫及藩臬両司。遇有因公出省之便。随時認真査察。総期実力奉行。除弊務尽。断不可稍為鬆懈。仍致有名無実。欽此。

とある。

第十三巻　黄河下流の産業及び都会

第一編　河南・山東両省に於ける阿片

第一章　阿片栽培の状況

第二節　河南省に於ける阿片栽培の状況

第一項　総　論

私は漢口から鄭州、鄭州から陝州、また鄭州から徐州へと汽車の旅を続けた。汽車に在りながらも絶えず鉄道の沿線にはケシの栽培はないかと昼となく夜となく出来るだけ真面目に見た。

然しながら河南省では遂に一本のケシだに私は見る事が出来なかった。一本のケシだに見る事が出来なかったからと云って直ちに河南省に阿片の栽培なしと論ずる事は出来ぬ。確かなる話によると、西南部の山岳地方にはケシの栽培が行はれてゐると云ふ事である。

第二項　ケシの栽培なき地方

京漢鉄道、隴海鉄道の沿線、及び黄河の流域にはケシの栽培はなし。

栽培なき理由

㈠　交通が発達し外国人、中央官吏の旅行者が多く、また中央政府にも近くて公然と栽培出来ぬ事

㈡　此の地方は大体に於て棉花、穀物等の農産物が多く、特別にケシを栽培する必要のなき事

㈢　呉佩孚は表面上、栽培を禁止せる事

㈣　陝西省より潼関を経て比較的安い阿片を移入出来る事

第三項　ケシの栽培ある地方

河南省の西南、陝西省・湖北省の境界の山岳地方、嵩山の奥地々方、並びに江蘇省との境界の一部（これは正確ならず）。

栽培される理由

㈠　山間地方であり、交通不便にして中央並びに地方長官の命令がよく行はれぬ事

㈡　此の地方は地味が瘠せており、一般の穀物の栽培には適せず、阿片栽培を可とする事

㈢　此の地方は土匪の巣窟であり、阿片を栽培し収益を得んとするは土匪・馬賊の財政政策である事

㈣　呉佩孚は表面上、阿片を禁止したが、裏面では財政上、阿片政策を採用したと云はれて居る。故に此等の交通不便な地方では、栽培を黙認したとも考へられる事

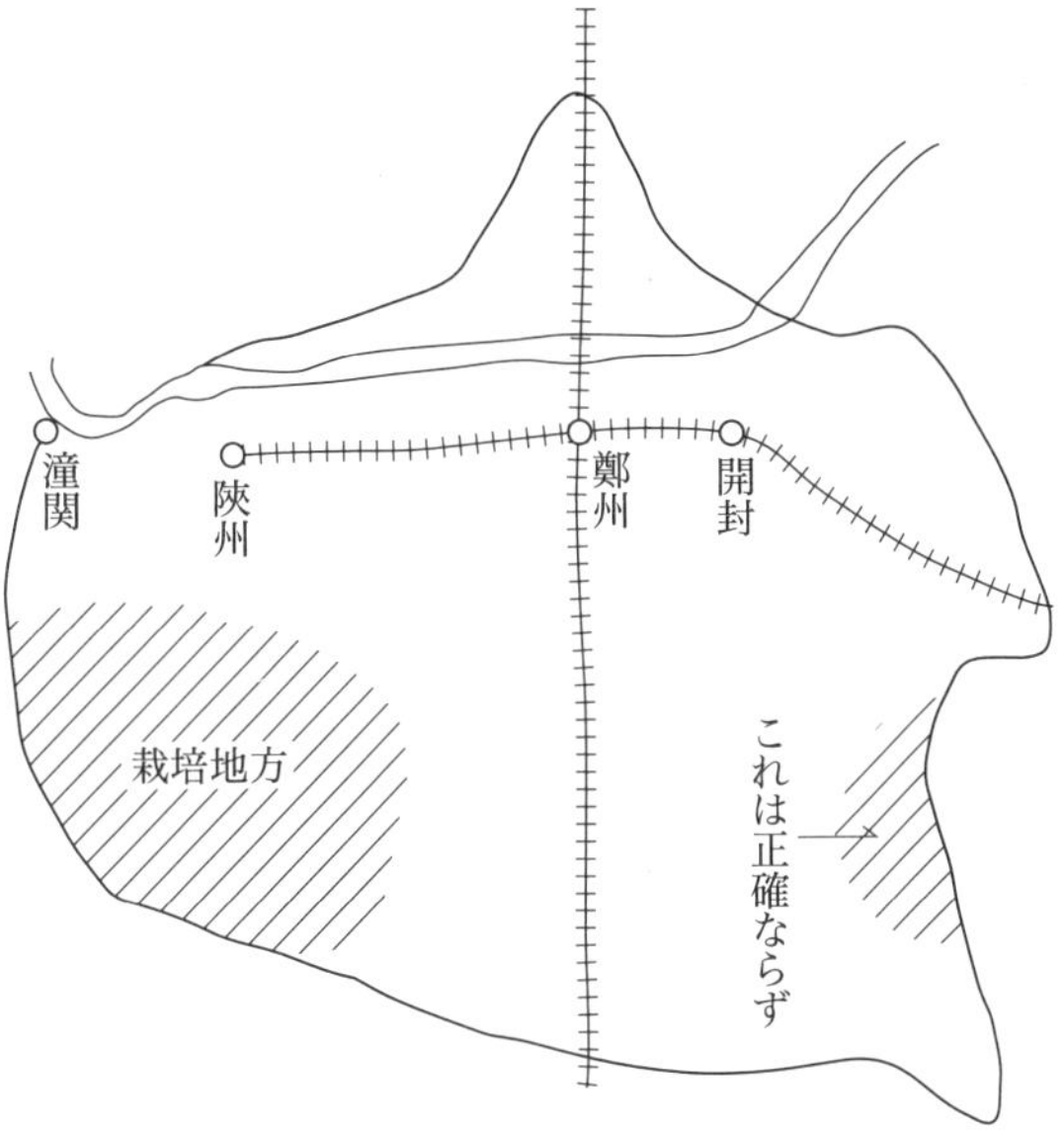

第四項　栽培に対する税金

河南省　一畝　五弗位
　税金は地方官吏の手を経て省政府の収入となる。
甘粛省　一畝　五弗から
　民国十三年に二十弗に急増す。然し農民は三畝を一畝とごまかして居るから実際は、

陝西省　一畝　六弗〜七弗位
一畝　五弗（大正十年）
〃　十弗（大正十四年）

第五項　栽培の生産高

モールス氏調査	一九〇五年	五、〇〇〇担
リーチ氏調査	一九〇七年	五、〇〇〇担
税関報告	一九〇八年	一〇、〇〇〇担

第六項　河南省のケシ栽培の将来

支那全国の阿片生産高を見ると近年、漸次増加しつゝある。中央政府はあると雖も勢力ある軍閥によって左右せられ、今日あって明日なき有様で、統一なく命令行はれず、地方の督軍、軍閥は自己の勢力拡張のために武力を以て争ひ、急激なる軍費の増加に苦しめられて居る。此の間にあって阿片の栽培税、売買移出入税、密輸入税は、彼等には適当な収入の方法である。故に海に面して居る地方は密輸入を、中央より遠き地方は栽培を行ひ、年と共にそれは増加しつゝある。

河南省に於ても呉佩孚すら阿片政策を採用したと云はれて居る。その呉佩孚が去って以后も、軍隊の移動あり戦争あり、物価は急に騰貴し土匪はその間に横行し、実に不安の状態である。中央に政変ある毎に必ず河南がその禍を受けた事は歴史の示す如くで、実に河南の将来は暗黒である。

かく政治は乱れ、財政は疲弊し、土匪が横行しては、命令も法律も行ふ事は出来ぬ。かゝる状態の河南に阿片栽培の益々増加する事は明らかである。今后の督軍は必ず財政上よりして阿片政策を取る可く、栽培の実行される事もまた明らかである。然し如何に督軍が阿片政策を採用しても、如何に河南が乱れても、全省が阿片の栽培地と化すとは考へられぬ。それは前にも述べた様に棉花や穀物との関係からで、今日の棉花、穀物地に阿片が侵入するとは考へられぬ。また、河南は交通が発達し中央にも近い関係上、鉄道沿線に迄それが栽培されるとも思はれぬ。只統計の示す如く将来、漸次増加する事は確かだが、山間の地方にのみ栽培が増加すると思はれ、従って阿片の生産高も漸次増加するであらう。

第三節　山東省に於ける阿片栽培の状況

第一項　総　論

山東省は徐州から曲阜・泰山を経て済南に至り、済南よりいったん青島に赴いた後、再び済南に引き返して済南より天津に向かったが、その間の鉄道沿線にはやっぱり一本のケシをも見る事は出来なかった。然し山東の奥地深く幾度も旅行した中学の先輩の話では、奥地には阿片の栽培が行はれて居ると云ふ事であった。

第二項　ケシの栽培なき地方

丁字形をなして走る鉄道沿線には一本のケシも見る事は出来なかった。

栽培なき理由

㈠　中央政府に近く交通発達し外人、官吏の往来多く栽培を許さゞる事

㈡　黄河地方には毎年水害あり、他省に比して栽培に適する土地比較的少なき事

㈢　青島、烟台等の開港場あり、密輸入（コカインの輸入も）が盛んに行はれて居る事

第三項　ケシの栽培ある地方

臨城の奥地山間地方、並びに済寧道の北東部の奥地山間地方に栽培が行はれて居る。

栽培される理由

㈠　山間地方は交通不便にして一般の監視少なく、中央の命令もよく行はれざる事

㈡　山東省は土匪、馬賊の巣窟で、彼等は穀物の収穫なき此の山間の奥地に根拠を有し、唯一の大なる収入源として阿片を栽培し、中央も地方長官もこの馬賊、土匪に対しては如何とも出来ぬ事

第四項　栽培の生産高

モールス氏調査	一九〇五年	一〇、〇〇〇担
リーチ氏調査	一九〇七年	一〇、〇〇〇担
税関報告	一九〇八年	一二、〇〇〇担

この統計の示す如く毎年増加の傾向がある。此の統計は古いが大体の見当は付くと思ふ。

第五項　山東省のケシ栽培の将来

山東省は交通発達し、中央政府に近く、且つ海路よりの密輸入も盛んなるにかゝはらず、統計に依ると毎年増加の傾向にある。これつまる所、内乱相続きて起こり、法律命令がよく行はれぬ結果に外ならぬ。今后もこの内乱は続いて起こるだらうし、法律命令がよく行はれ善政が施行されるとも思はれぬ。

此のやうに考へると、山東省の将来も多事である。馬賊・土匪は益々横行するだらうし、財政は疲弊し農民は困窮し、従って山間地方ではケシの栽培は増加するであらう。阿片は漸次その価格を高めて居る。山間の地味瘠せ物産少なき地方の人民・土匪等が、法を犯して秘密にケシを栽培し収益を上げんとする事は、今日の如き時代に於ては自衛上已むを得ぬ事でもある。

然しながらケシの栽培が甚だしく増加すれば表面上は禁止する事もあらう。或は督軍・地方官吏も税金を高くするだらう。また、如何にケシの栽培が有利であると云っても、交通発達し穀類のよく出来る地方に迄之を行ふ様な事は、利に走る支那人と雖もなさぬだらう。

第二章　阿片吸烟の状況

第一節　総　論

一方に於て阿片の私植が増加し、また他方に於て阿片の密輸入が盛んに行はれてゐる事からも想像できる様に、

支那の吸烟者は、

大正二年	五％四八	（総人口に対する歩合）
大正三年	六％〇五	
大正四年	七％四〇	
大正五年	一〇％三六	

と、逐年増加しつゝある。

支那では民国以来内乱が相次いで起こり、国家の統一なく法令行はれず、督軍は地方に一独立国をなしてあらゆる悪政を行ひ、軍費調達の必要上、阿片政策を用ひて栽培税、密輸入税、売買税等を徴収し、法律を無視して暗々の内に吸烟を許可してゐる有様である。故に右の表の大正五年以后も、吸烟者の数は甚だしく増加してゐると想像する事が出来、昨今に於ては学生が吸ひ出したと迄云はれて居る。かく内乱相次ぎ国家の統一なく法律行はれざる有様では、私植の増加、密輸入の盛行と相俟って、将来、吸烟者の数は益々増加するであらう。

上海に於てのみでも毎年三千万弗の密輸入税が地方長官の手に入り、それが各督軍の涎を流す原因となり、上海での勢力争ひとなり、引いて戦争の一原因となったと考へられる。上海租界内に送られる阿片は仏租界から密輸入され、その密輸入税のみで三百万弗乃至四百万弗と聞いただけでも、如何に上海に吸烟者が多いか、即ち如何に支那に吸烟者が多いかを知る事が出来る。都会に吸烟者多く田舎に少なきとは一般の観察であるが、生産地附近では却って反対の現象を示してゐる有様である。

第二節　河南省に於ける阿片吸烟の状況

河南省に於ても各省と同じく盛んに吸烟が行はれて居る。公然の秘密として行はれて居る。否、むしろ公々然と誰にもはゞかる所なく行はれて居ると云った方が適当かも知れぬ。客に対しても必ず茶と一緒に阿片をまあ一プクとさし出す程、公然と行はれて居る。私は幾度も吸烟している有様を見る事が出来た。

第一項　呉佩孚と阿片

呉佩孚の如く政治に忠実な真面目な人が永い間督軍をして居ながら、かくまで公然と吸烟の行はれて居る事は不思議に思はれた。呉佩孚自身、阿片を吸ったか否かに付いては、吸ったと云ふ論と吸はなかったと云ふ論と二説ある。然し吸はなかったと云ふ方が確かだと私は信ずる。阿片吸烟の害をよく知り、阿片亡国論を主張し、表面はこれを禁止した。然しながら実際上、彼はこれを如何ともすることが出来なかった。それ以上に彼には国家統一と云ふ成すべき大事業があった。故に表面は阿片を禁止し、吸烟を禁止しながらも、財政々策として陝西省より阿片の密輸を行ひ、これを売却して財政上の融通を付けなければならなかった。呉佩孚としては当面の財政上万已むを得なかったらしい。此の政策は総て秘密に実行されてゐた。

陝州の釐金局は河南省最重要の釐金局であり、河南省収入の大部分はこゝより得られると云ふことを見ても、その税は阿片税である事が伺はれる。呉佩孚時代には吸烟者は少なく、国民軍が河南に来てから急激に増加したとは考へられぬ。呉佩孚時代から吸烟者は今日同様に多かったが、呉佩孚の表面上の禁止により、公然と吸烟するに非ずして秘密に吸烟して居たらしい。そして呉佩孚も財政々策上、秘密の吸烟はこれを黙認して居たらしい。然るに呉佩孚が去り国民軍が来ると取締りが行はれぬ様になったので、急に公然と吸烟出来る様になり、今日の如き吸烟状況になったのである。然し呉は軍隊には絶対にこれを禁止して居た。

第二項　国民軍（岳維俊、孫岳）と阿片

民国十四年三月以来、呉佩孚に代って河南省に入った国民軍は、阿片に対する何等の取締りを行はないのみならず、むしろ国民軍自身が阿片軍隊であると云ってよい。

鄭州に駐在する岳維俊の国民軍第二軍《ママ》は、軍費に窮してか月給の代りにそれに相当する阿片を給付し、兵士の或る者はこれを自分で吸ひ、或る者は商人または一般人民に売却したと云ふ事実（民国十四年五月の事）がある。

また、洛陽の旅館で孫岳の国民第三軍《ママ》の将校数名と宿り合はせた。その内の陸軍大佐の孟と云ふ人と知り合いになって長く話し合った。貴下は阿片は吸ふかとの問に対して吸烟せずと答へた。然るに夜九時頃になると、ベッドに横たはって盛んに阿片を吸って居る。障子の隙間からよく孟さんの吸烟状況を見る事が出来た。孟さんの従卒に、どうだ兵隊は阿片飲むかと聞いたら、金のある人は皆吸ふと答へた。

また、洛陽に駐在する第三国民軍《ママ》の航空隊教官たる日本人安岡氏の言によると、各軍隊の師団長初め将校連は、毎晩々々宴会だ宴会だと云ふて酒と女と阿片とで暮らして居る。軍隊には盛んに吸烟が行はれて居る。高位になるに従って金があるから吸烟者も多いとの事であった。

河南に駐在する国民軍の実情は右の通りである。まして一般人民が公然と吸烟して居るのはまた当然の事である。かゝる有様であるから、国民軍は阿片の輸入も盛んに行って居るだらうし、ケシの栽培も山地には奨励してゐ

るかも知れぬ。河南省に於て公然と行はれる阿片の吸烟を黙認し、吸烟者の数を増加せしめ、将来に永く禍を残す一責任者は国民軍である。

第三項　一般人の吸烟状況

軍隊がかくの如き有様であるから警察の力もなく、公然と吸烟する事が出来る。吸烟の場所の如き別に定まった場所はない。故に阿片茶館の如き料金を取って吸はせる家もない。只平康里（日本の遊廓）では二角位の料金で吸はせて居ると云ふ事である。それ以外に阿片館はなく、家で公然と吸ってゐる。

第四項　阿片吸烟者の数

鄭州の小林徳氏の談によると、河南の総人口の二五パーセントは吸烟者であると云ふ事である。河南の人口を三千万人とすれば、吸烟者は実に七百五十万人の多数に上り、二十才以上の男子は殆んど吸烟者である事になる。

第五項　阿片の価格

河南省に於ては阿片一両の価格は普通一弗位で、安い時は八十仙位、高くて二弗位の相場である。

第六項　吸烟量及びその費用

河南省に於ては、初吸者の吸烟量は一ケ月に三両～四両。その費用は三弗～四弗で、高い時には五弗か六弗位。多く吸ふ者は一日に一両、その費用は一弗で、一ケ月では三十弗～四十弗、多くて五十弗～六十弗である。

一ケ月一弗位で毎日一回か二回吸烟出来るから、農民や労働者にも大なる経済上の苦しみがなく、上海辺に比較するとその費用は非常に安い。吸烟者の多いのもこの辺に一つの原因があるであらう。

第七項　コカイン

阿片の代用として河南省ではコカインが多少使用されて居る。小さな店でも七、八千弗のコカインは直ちに手に入るらしい。取締りもしかく厳重ではない。どの位輸入されて居るかは材料なし。

第八項　河南省の阿片吸烟の将来

先項に述べた如く、呉佩孚の時代よりも国民軍の現今の方が甚だしく吸烟も増加して居るし、公然と黙認もされて居る。而して阿片政策は依然として採用され、益々その増加を示して居る（民国十三年十二月、河南省庫収支表を見ると、雑収入二、六〇八、七九四元とある。雑収入は阿片税がその大部分を占めて居り、一ケ年二千《百カ》万元の阿片収入ありと云へる）。

今日の如き不規律な国民軍の居る間は、吸烟者は益々増加するばかりである。近所《頃カ》の新聞では、呉佩孚は湖北から河南を攻めつゝある。山東からも河南を攻めて居る。督軍岳維俊の地位も危険と伝へられて居るから国民軍の河南に居るのも永くはないであらう。然しその后に代る督軍が何人であらうとも財政上、阿片政策は捨てぬだらうから、表面上の取締りはしても吸烟は減少せぬ。反って増加する傾向がある。或る鄭州の有力な商人が「近頃どうも俺の子供（学生）が阿片を吸ふ様になったので困る」と云った程、学生間にも流行しつゝあると云ふ事である。

第三節　山東省に於ける阿片吸烟の状況

山東省の吸烟状況は、排日運動のために旅行を妨げられたのでよく調査する事が出来ず、吸烟者を見る事も出来なかった。然し山東省に於ても河南省と同じく盛んに吸烟して居る。但し河南省の如く公然とはして居ない。

第一項　阿片吸烟者の数

鄭州の小林徳氏の談によると、山東省の吸烟者は河南省より多く総人口の三〇パーセントであると云ふ。即ち総人口を一一、〇〇〇、〇〇〇人として計算する時は、吸烟者数は三、三〇〇、〇〇〇人となる。

第二項　阿片の輸入先

青島・烟台等、海路より密輸入されるもの
河南省より移入されるもの
コカインの輸入もあるが輸入高は不明

第三項　吸烟量及びその費用

河南省より二、三割高い。

第四項　山東省の阿片吸烟の将来

現山東督軍の張宗昌は阿片政策家である。曽て満州の吉林に居った頃、盛んに吉林地方の山間に阿片の栽培を奨励し私利を貪った人である。あまり阿片の栽培がひどいので、張作霖は彼に忠告したが聞かぬので、遂に張作霖は彼に長春転任を命じた。然し一度、阿片の栽培に味を覚えた彼は、言を左右にして転任の命に従はず、反って張作霖に対して反抗的態度に出た。その内に奉直の第二回戦が始まり、張宗昌は先鋒を承って出陣し、勝に乗じて常勝軍の名を以て上海に迄進軍し来たり、その功により山東督軍になったのである。然して張宗昌は上海に来るや上海に於ける阿片密輸入税に涎を流し、その割前を自分が得んと運動したのであった。併し彼の阿片政策はあまりに露骨であったゝめに、一般人民にその阿片政策がばれかけたのである。此に於て彼の驚きは一方ならず、上海・青島に於ける紡績のストライキを利用して排日運動を煽動し、人心を排日方面に向け、その間に自分の阿片政策が暴露されるのを逃れんと試みた。その計図はうまく成功し、たまたま南京路事件の発生と相俟って、排日のみならず排外、排英の大運動となり、彼の阿片政策はその陰に隠れて暗中にほうむり去られた。これ即ち五月三十日事件で、排日運動の一原因を成して居るのである（この説は北京では有力であった）。

以上の二つの点から見ても、張宗昌が如何に阿片に対して抜目がないかわかるであらう。今、彼は山東督軍となった。山東は毎年、水害や饑饉があって豊かな省ではない。特に戦争続きで大分軍費に窮しており、財政には無理をして居る。この時彼が、彼一流の阿片政策を山東に行ふ事は想像に難くない。山東省の山間地方には、吉林に於ける如く栽培の適地も少なくない。必ずや彼は、この地方に栽培を奨励して収益を得んと図るであらう。

また、青島・烟台の如き良好な開港場もあり、密輸入には最も適当な地点である。彼は曽て上海に於てその味を知りその方法も学んだであらうし、山東省は彼の阿片政策を適用するには格好の地である。中央の命令が行はれず、各省が独立している如き時、彼が年来の阿片政策を行ふ事は容易に想像出来る。故に将来、山東に於ては阿片栽培も増加するだらうし、輸入も増加するだらうし、従って幾分阿片の価格も歩合よくなるだらう。よしんば表面上は吸烟を禁止しても、裏面では必ずこれを黙認するだらうから、山東の将来は栽培、吸烟共に増加すると見る事が出来る。

第十六巻　隴秦南路の産業及び都会

第二編　隴秦南路の薬草及び阿片

第三章　阿　片

第三節　陝西・甘粛両省に於ける阿片の栽培状況

一、阿片の栽培及び販売

大正十四年五月二十日、院命を受けて上海を発ち隴秦の旅に上る。六月一日に陝州着、六月八日に西安着、これより陸行二十数日にして蘭州に着し、此処より木筏子を藉りて黄河を下る。中衛にて筏を民船に代へ、八月四日に包頭着、鉄道便にて北京に出で旅行を終はる。此の旅行に於て陝州を出でてより包頭に至るまで約二ケ月の間、予の見聞せし陝西・甘粛両省の阿片の栽培状況は次の如くである。但し予は隴秦南路線を辿りしものとす。

陝西・甘粛に罌粟の盛んに栽培せらるるに至りしは数年前の事に属す。而して今や益々隆盛を極め、他の農作物は殆んど之を見ざるの有様である。六月七日華州県通過に際し初めて罌粟畑を見てより、七月七日蘭州に着するまで一ケ月の行程の間、罌粟畑の存在するを見ざりしは岐山の一県のみとなす。岐山県の知事王永佑氏は我が早稲田大学の出身にして気骨ある士、真に支那人には珍しき位なり。氏は阿片吸食の弊を痛論し、之が故に罌粟栽培を禁ぜしとの事。王知事の治下、兎に角罌粟の栽培は無かった様である。我等の歩きし沿道は、勿論の事ながら（蘭州）県城に近づくに随って気候は次第に遅れ気味で、西安附近と蘭州とでは殆んど一ケ月の差がある。故に西安を出て咲き乱れて居る罌粟畑を見た我々は、蘭州に着くまで罌粟の花を見て歩いたわけで、予等が歩いた沿道の至る所に罌粟畑のあった事は明らかな事実である。蓋しあの沿道の罌粟畑より推せば、足更に内地の田舎に入るときは、更に罌粟畑の多きに驚かされる事想像に難くない。罌粟の発育状況は内地に進むに随ひて良好となって居る様である。而し旧渭水の河床に栽培せられたるもの、発育は最良で、丈も三、四尺に及ぶものがあるが、陝西のものに比して甘粛のそれは更に良好であった様である。花の色は白色が最も多い様であったが、隴州附近のものには白の外紫、赤、黄とり〴〵の色があって、宛らお花畑でも見る感があった。罌《白脱カ》粟最も多き所より見れば、白罌粟が一番栽培に適して居るのかと思はれる。黄河々畔の罌粟は中衛を以て一大産地として居る。下流は土地豊饒ならざる故、放牧の行はるゝ他、農作物は余り見受けぬ様であった。

陝西にては清水県（編者注　清水県は甘粛省内）・武功県なぞその産額は莫大の様である。而し武功に於ては阿片の税に関し県衙門と軍隊との間に相当の勢力争ひをやって居る様見受けた。陝西、甘粛の境に民国十一年県となりし砂《沙カ》泥といふ県があり、またの名を沙潪《ママ》とも云ふ。城壁が先に出来て町は後より建設せられつゝあるが、附近には罌粟の他には見るべき農産物も無いさうである。戸口も未だ百を以て数ふる位しかなく、城内の南北に之あるのみで東西にはない。阿片の取扱ひをなす為に新たに出来た県城ではないかと思はれる。両省の出産額を究めんとしたが税率の確かなものもなく、殆んど手の着け様がないので残念ながら断念した。而し他の農作物との比を見るに、罌粟が殆んど七〇パーセントを占めて居りはせぬかと思った。他に煙草の栽培もあったが、云ふ程のものでもない。彼等の常食は麵粉なので、之は全く他より輸入せられるものらしい。

編者注　大正九年十月二十五日、東亜同文会調査編纂部が発行した『第四回　支那年鑑』（一〇九頁）を見ると、甘粛省、蘭山道の中に洮沙県があり、次のように注記している。

洮沙県　元沙県、二年四月河州所属の沙泥分県に県を置き福建省と重複するに因り三年一月名を改む

鄭州に於て聞きし所を記せば、陝西に於ては軍隊が強制的に罌粟の栽培をやらして居るとの事である。即ち漢中に於て第七師団（実力は一師にて混成旅団の兵力）《脱文カ》をする呉新田は、その土地狭くしてその手兵を養ふ軍資を得る事困難なる所より、軍章として阿片の栽培を公認して居る。その製品は個人の売買を許さず、全て第七師に於て売《買カ》上げ、漢中より水運により湖北の老家《河カ》口に持ち来たり同地に販売部あり、師団付副言《官カ》以下各自部署を有して販売に随事す。別に将害《官カ》にして個人的に阿片を売買するものがある。共に老家《河カ》口に於て之をなすは全て老家《河カ》口の阿片商人に売り下げるのである。相場の変動は棉花よりも甚だしく、相場の高き時は陝西に於て七〇銭のものが老家《河カ》口に於ては一、五〇円、安き時は陝西に於て三〇仙のものが老家《河カ》口に於ては一円内外なりと、殆んど倍額の上下である。また、その全金額は年額十万両内外なりと。之等の消費地は漢水上流地帯、河南々部、一部は漢口に出る時もあり。此の他に極く少量は商人の売買によるものがある。荷造りは大型の除《ママ》品製の行李を用ふる由。

甘粛省の罌粟の栽培また頗る盛んで、平涼・蘭州に通ずる中央部及び予等の通過せし南北の部、西寧地方は特に栽培自由と聞く。中衛地方は前述せる通り一大罌粟栽培地方であり、その販出経路は主として陝西物と同じ様である。

二、阿片の採取及び烟膏の製造

阿片の採取に関しては種々なる方法行はるゝ事なるが、予等の見来たりし所を記せば次の通りである。罌粟の子房より滲出する汁液を採取するのである。即ちその方法は散花後、子房の白粉を帯ぶるを俟ちてブリキ様の小刀を以て次の図に示すが如く切疵を入れるのである。而して之は概ね午後の四時から五時に行はれるものとす。房の大なるものは上下二ケ所（落丁）

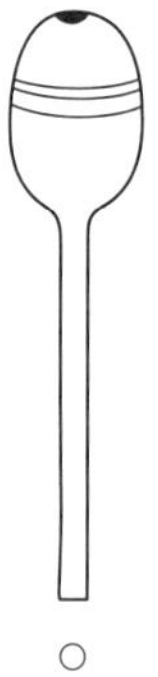

れ共、普通は中央部のみに入れる様である。而して切疵を入れた翌朝に至れば滲出せる液汁はやゝ褐色を帯びて居る。之を竹のへらにて小箱或は小鑵に取るのである。而して此の時は太陽の上らざる間をよしとするものゝ如し。斯くして一定の量に至れば之を竹篦等を用ひて練り扁平となし、日光の光線を藉りて凡そ三週間程乾燥せしめ、以て之を固形せしむ。之が原料阿片である。而して此の原料阿片を鍋に入れて熱を加へ少量の清水を混じ撹乱しつゝよく蒸熱し得たる粘液状のものは精製阿片にして阿片煙膏となり、始めて吸食に供するを得るものなり。

普通、一般吸食者の中には、原料阿片を仕入れ自ら之を精製して用ふるものもあり、また、精製せるものを買ひ入るゝものもあり。普通、市井に於て害□《官憲カ》は分售局の看板を掲げて阿片を公売せるもの、店にては精製品等《ママ》なる阿片烟膏を販売せるものゝ如し。前説に於て記す事を落としたが、公然と阿片を販売する店は、少しゝか人口のない鎮にも之あるを見た。県城にありては云はずもがなである。

四、陝西・甘粛の各地に於ける阿片の価格

地名	重量	価格	備考
西安	一両	七〇仙	（多分昨年物ならん）
武功県	仝	六五仙	
清水県	仝	五五仙	
秦州	仝	七〇仙	（上）
	仝	五〇仙	（下）
鞏昌県	仝	一元半	（昨年物）
渭源県	仝	一元	
蘭州府	仝	一元	（昨年物）
		一一〇銅板	（一元は一六五銅板に換ふ）
新敦（中衛の外港）	全脱カ	五〇仙	（土片）

前表は予が大正十四年六月から八月までの旅行中に聞ける各地の小売相場である。

第十七巻　京奉沿線の産業その他

第三編　支那の阿片調査

第一章　緒　論

罌粟 poppy の種の汁を薬用となしたることは古き希臘の歴史に於て之を見る。その原産地は南欧及び西部亜細亜なり。

十二世紀に至り小亜細亜の阿片は商品としてその名著はれ、希臘及びラテン語にては阿片を opium と云ひ、波斯にては afyun と称し、印度にては opium または afyun と称す。而して支那に於ける阿片または阿芙蓉等は之等外国語を音釈したるものなり。支那へ罌粟の伝はりしは唐時代に亜拉比亜と交通開けしため入り来たれりと云ひ、宋に至り本草の中には薬用としての阿片を記せり。主として胃病を治し、下痢を止むるものなり。されど此の時代の阿片は今日の阿片に非ずして甚だしく粗製品なりしことは明らかなり。明時代に入りても本草または医書には皆、阿片の必要なることを記せり。然りと雖も之を煙として吸ふことを知らず、その煙を吸ふは清時代に入りて始まりしものなり。

南洋の一帯に於て和蘭その他の《国の脱カ》医者は熱病を治する為め阿片の欠く可からざるを云ひ、常に之を用ひたりしが、台湾がマラリヤの流行地なりし為め、此処に来たりし外人には盛んに阿片を治療に用ふることゝなれり。是等は全く医薬としての必要より来たれるものなれども、今日の支那に於ける吸煙は全然に別種の目的を以て之を用ふるものなり。

バタビヤに於て吸煙の事を記したるは一六八九年頃の一和蘭人の医師なり。是れより先、台湾に於てはバタビヤの風を伝へて和蘭人により吸煙を教へられ、台湾を経て始めて支那に伝はれりと云はる。その初めて支那に入り来たりしは康熙年間なりと云はるれども、此の頃には未だ流行せず。その後約百年を経て乾隆時代に至り、上は中央地方の大官より下は苦力に至るまで之を吸ふを伝ふ（大村欣一氏の通商史ノートに依る）。

爾来、阿片の問題は幾多の困難なるの事件を生じ、支那が受け来たりし損害は決して鮮少ならざるものあり。その間に幾度か禁止の法令が発布せられ、諸種の禁圧策の講ぜらるゝを見たれども、今尚ほ依然として国内に流行し、本問題は社会問題、人道問題として一日も看過す可からざる情況を醸すに至れり。

本調査に於ては主として現在支那に於ける阿片の栽培状況を明らかにし、且つ此の取引の大勢を知らん為め北京万国拒土会の調査せるものを紹介せり。

次に最近に於ける阿片禁止運動の双璧たる北京万国拒土会及び中華国民拒毒会の内容を明らかにするを以て主たる問題とす。後者に於ては余は自ら両会の本部に向かってその責任者を問ひ、以て此の調査の材料を蒐集したるものなり。

第四章　阿片禁止運動の状況

阿片の弊害ある事は已に万人の認むる処にして、之が禁圧に対して今や世界各国は悩みつゝあるものなり。支那に於ても幾度か之が禁止または取締りの法令の発布を見たり。然れどもその結果は何等の効果をも齎さずして失敗に終はり、または空文に止まるもの凡て然り。而して支那政府の真意たるや勿論阿片の禁止にあるも、国外、国内の諸事情は依然として現状の如き光景を呈せるものにして、昨年ゼネーヴに於て阿片会議の開かるゝや、支那政府は列国に対して、国内に於て阿片の使用をば、如何なる形式を以てするも許可せず、絶対に禁止せる旨を宣言し、此の鯨波の及ぶ処、全世界に駐在する支那公使の口より盛んに唱へられ、また、支那代表は凡ゆる機会を捉へて此の旨を発表せり。勿論吾人は支那政府の意の存する所を疑ふものには非ずと雖も、現在の支那に於ては一法令の力を以てして之が禁止を期待するは、正に木に由りて魚を求むるの類ならんか。

今、吾人の此処に注意すべきは中華国民拒毒会の出現なり。こは最近に於ける各種の民族運動の一つの顕現に外ならず。幾多の支那の先覚者は、日を追ふて此の運動を援助し来たり、青天の霹靂の如くにその効果を現はし来たれり。本章の第二節に於て右拒毒会の現状の主要点をば述べんとする所以なり。

更に眼を転じて世界に於ける阿片禁圧の大勢を見るに、漸次、国際的の色彩を帯ぶるに至りしは特に看過すべからざる事実なり。前に幾多の国際協約の制度を見、今や国際聯盟は此の問題に対して重大なる因子を為し来たるに至れり。本章の第三節に於て阿片の国際的禁止運動の概観を試みんとするもまた是れ所以なくんば非ず。

第一節　法　令

支那に於ける阿片禁止令の発布は、雍正帝が阿片の販売及び阿片吸飲処の開設を厳禁せしを以て嚆矢とするも、阿片の輸入は却って年々に増加し、一七九〇年に至る迄は毎年約四千函を輸入せり。斯くて一七九六年には再び禁止令を公布し、一八〇〇年には阿片の外国よりの輸入を禁ぜしこと三度なりき。然れどもその実効を奏せず。輸入は益々増加し、一八二〇年には五、〇〇〇函、一八三〇年には一六、八七七函、一八三八年には二〇、六一九函、一八五八年には実に七〇、〇〇〇函を算し、禁令は何等その効を奏する事能はざりき。

阿片に干する国際上の問題は、一八四二年の南京条約には何等規定する処なかりしも、一八五八年、天津条約追加条例に於て支那は阿片の貿易を公認し、毎担海関両三〇両の関税を課することゝせり。更に一八八五年七月十八日、倫敦にて調印せられし芝罘条約に於ては、輸入阿片は之を保税倉庫に保管し、一函（百斤入）三〇両の関税及び〇・八〇両の釐金税を支払ふ迄は之を他に搬出し得ずとし、改装は保税倉庫内にて為すを許し、且つ納税証明書即ち Custom's Certificate を有する阿片は支那人の手により内地へ輸送するに当たりても各種の課税及び税金《ママ》を免るゝに至れり。

斯くて阿片輸入税は一八五八年より一九一一年迄は毎担海関両一一〇両を課せしが、その年（一九一一年）英国政府は毎担三五〇両の課税に対して承認を与へたり。

之より前光緒三十二年、支那は阿片禁止令を公布し、翌年一月一日より十ケ年間に於てその絶滅を期し、一九〇七年、印度政府との間に協定を結びて、一九〇八年一月一日より三ケ年間毎年印度よりの輸出阿片を五、一〇〇函に減少する事とせり。蓋し右は当時毎年印度より支那へ輸入されし阿片の一割に当たりしものとす。

その後本協約を補遺せんが為め、英国と支那との間に新協約を締結して一九一一年五月八日に調印せり。本協約に於ては、印度より支那に輸入する阿片及び支那内地に栽培せる阿片は、共に一九一七年末までには完全に消滅に帰すべきことを規定せり。

然るにその後革命乱の勃発せるに依り、軍費補充の為め各省とも阿片の栽培を禁止するを得ず。因って一九一二年十二月、支那政府は厳重なる新刑法を制定して各省に阿片の栽培、使用を厳禁すると共に、印度阿片の輸入を完全に防遏せんとせり。然るに支那政府は印度阿片の輸入防遏に対しては失敗し、一九一三年に印度政府はカルカッタ及びボンベーに於ける三月及び四月の競売後は、支那市場に対するCertificate Opiumは之を許可せざるも、阿片は他の市場に売られ、それより支那へ密輸入さるゝ事実を現出せり。而して一九一四年の協定に於ては、同年五月、安徽、湖南、山東の各省の阿片栽培は停止されたるを以て、印度阿片の輸入はその量を減少すべきを規定せしが、奉天、黒竜江、吉林、山西、四川、直隷、広西の諸省は、当時已に栽培停止区域として除外せられたるものに属し、一九一五年迄に印度阿片の輸入は次の十五省を完全に除外せり。

安徽、浙江、直隷、奉天、福建、黒竜江、河南、湖南、湖北、吉林、広西、山東、新疆、四川、〔山西脱カ〕等とす。

以上は支那に於ける阿片禁止法及び之に干する条約の歴史的概略をChina Year Book 2/1921 の Opium—Historical なる項中より抄訳したるものなり。

以下、支那に於ける禁煙命令、各国との条約、各省に於ける規定等の中より、略重要と認めらるゝものを列挙して参考に供せんとす。

㈠　禁煙命令

（中華全国基督教協進会拒毒委員会の刊行にかゝる「禁煙条約政令輯要」参考）

○清政府禁煙上諭　光緒卅二年八月三日

自鴉片煙弛禁止以来、流毒幾辺《遍カ》中国、吸食之人廃時失業、病身敗家、数十年来、日形貧弱、実由於此、言之可深痛恨、今朝廷鏡《鋭カ》意図強、亟応申儆国人、咸知振抜、俾袪沈痛《痼カ》而踏康和、著定限十年以内、将洋土薬之害、一律革除浄尽、其応如何分別厳禁吸食、並禁種罌粟之処、著政府《衍字カ》務処妥議章程具奏、欽此、

○臨時大総統命令　民国元年六月十一日

禁煙為除害救民之要政、前経特令内外各長官、将従前弁法、継続進行、乃聞各省自上年軍興以来、禁令廃弛、無智愚民、往々貪図近利、偸種煙苗、若不痛予剗除、則草《毒卉カ》復萌、何以導新機而除旧染、応責成各省都督、無論已報厳絶、及未報禁絶各省分、一律剴切暁諭、如再有私秩《種カ》鴉片情事、即厳飭分列《別カ》犁抜、凡我国民、尤宜互相懲戒、毋得《干脱カ》犯禁綱《網カ》、致貽後悔、此令、

○臨時大総統訓令　民国元年十二月廿五日

鴉片為害我国、所有禁種、禁運、禁吸各弁法、前清即定限厲行、現在与民更始、何忍蒼生永墮沈淵、本大総統

前曽発布訓令、特飭民政各機関、暁諭国民、力除痼習、如有抗違者、均照律治罪、此月以来、民政各機関、当已及時籌弁、誠恐告者諄々、而听者仍復藐々、応行厳申禁令、以促進行、為此通令各省行政長官、恪尊《遵カ》前令、厳切執行、前此英国政府及議会已提議賛道実行厳禁、並協計印薬止運之法、上年続訂中英禁煙条令、曽声明各省地方、如禁運禁種禁吸均已切実弁到、顕有確拠、応由外交部査拠各該省報告与英国駐京公使委員会査、切実商禁印薬運入、可知各省印薬之能否止運、純以土薬是否禁絶転移、而禁絶土薬之方、又以実行禁種為最要、庶与中英禁煙条例、不相抵触、各該長官自奉到此次訓令以后、応再立飭該管地方官、査照条約、振刷精神、分別厳査、並按月将禁煙実在情形、復明外交内務両部、以資考核、本大総統将視此事定殿最焉、此令、

○　大総統命令　　民国二年十月廿七日

鴉片之害、禁令綦厳、本大総統両年以来、畳経頒布訓令、督飭履行、近査各行政機関、於禁煙事宜、雖不無成績可観、然玩忽因循、始勤終怠者、亦在所不免、除罪不尽、流毒無窮、特再通令京外各行政長官、恪遵畳次訓令、於禁種禁運禁吸三端、厳切執行、其印薬入国、即著各関監督、按照佇《条カ》約、切実検査、務期裁尽、至正本清源之流、尤以加密巡緝明定法《ママ》為主、著内務部会同法制局、将私犯烟禁律令、及地方官吏、禁烟不力之処分、切実擬定、分別頒行、並著教育部以鴉片戕賊人類理由、編入教科、垂誡社会、工商農林両部、於抜種烟苗地方、広疇生計、庶幾標本并治、根株痛断、厚生正俗、此其一端、凡我有司、凛之毋忽、此令、

○　大総統申令　　民国四年五月十一日

鴉片之禍尽人皆知、約計数十年中、銷耗金銭、無慮八千兆、戕害生命、奚啻千万人、一為所染、則志気頽靡、

形骸枯槁、寿者為夭、富者為貧、乃至奸宄叢生、職業廃弛、人種衰弱、兇於而家、害於而国、幸頼各友邦之主持公道、与中外人士之闡発仁言、於前清宣統三年、与英国統計条約、議定期禁絶土薬、停運洋薬、関於禁種禁吸禁運各端、認真整頓、故烟苗浄尽、如奉天等省、先後停運、各無異言、万国禁烟会更声明限制、検査阿片商業、与中《ママ》政府所設主弁法、同時進行、若来《乗カ》此時機廓清而掃蕩之、庶有転弱為強之曰、民国初元、重申禁令、乃各省秩序已紊、成績蕩然、蠭起之暴民、与雑募之游勇、大都沽《沾カ》染烟癖、因縁為奸、無知愚民、貪獲小利、挙従前所懸為厲禁者、一朝廃弛之、可勝痛恨、或謂貧民生計所図、禁種容有阻力、不知嗜烟之害如附骨之疽、但可剔骨以去疽、豈可医瘡而剜肉、無論利元厚薄、亦応剴切勧導、使知鴆酒止渇之不可為生、責成国保犂抜、易以棉靛麦豆等種、俾資抵補、由習慣以幾自然、豈可執目前生計為詞、買他日無窮之禍、近開陝西左近一帯、仍有佈種鴉片情事、経電話該省長官、嗣拠陸建章呂調元電呈、称各属詳報禁絶者已属多数、惟郷僻愚民於窮公《谷カ》深山、乗隙偸種、現已飭県認真査禁、並明白示諭、分路委員捜査等語、該省交通未便、愚民抵貪小利、不知禁令森厳、全在地方官苦口熱誠、量其土宜、勧令播種良苗、豈容任一隅之地、敗全部之功、著内各《務カ》部行知該省巡按使、申明禁令、毋任不肖之徒、視為営利罔利之計、但不准縦容丁投、藉端敲詐、致一弊去又生一弊、総期全国官民、視此事為奇恥大辱、俾毋遺種以毒新邦、其各猛省、毋忽、此令、

○大総統申令　　民国四年八月三日

刻因陝西左近一帯、有佈種阿片情事、経電話該省長官、拠呈愚民乗隙偸種、已飭県認真査禁、並明白示諭各路委員捜査、亦終明令内務部行知該省巡按使切実申禁、毋任不肖之徒営利罔利各在案、鴉片之害、創巨痛深、幸条約禁絶之期、瞬将届満、各該長官宜如何恪遵禁令、絶其根種、乃風聞陝省地方、仍復栽種土薬、官吏竟不過

問、如果属実、則呂調元前呈認真査禁示諭捜査等語、豈非捏詞粉飾、欺蔽中央、著内務部派員前往切実査勘、倘有陽奉陰違、敗壊要政、惟該巡按使是問、此令、

○政治堂奉中令　　民国二《四カ》年十二月廿四日

鴉片之害、流毒已久、比年全国人民、漸多覚悟、政府諄々誥誡、不啻三令五申、所有禁種禁吸禁運各端、迭飭各省行政長官、切実弁理、懲勧兼施、察度情形、可期一律禁尽、惟中国幅員遼闊、耳目難周、或奸商嗜利偸運、巧仮護符、僥免盤詰、或富人重金購儲、深蔵私吸、難於査偵、或愚民狃於積習、在僻壌窮郷、乗隙偸種、稍一疏懈、害即潜滋、各省長官、若但相牽欺隠、奉行不善、貽害何窮、用特不憚煩言、重申禁令、著内務部通行各省区行政長官暨稽査運輸各機関、嗣後開《ママ》於烟禁、務須恪遵勧令、認真督飭、随地随時、厳密査究、亦不得藉端滋擾、並示諭商民、剴切勧告、如有違犯禁烟情事、一経発覚、定即依法懲治、決不寛容、総期根株浄絶、痼習胥除、以福新邦而作民気、此令、

○大総統令　　民国五年八月十三日

近年以来、厳禁鴉片、三令五申、内地已絶種植、而貪利不法之徒、巧仮護符、暗中販売、蠹国民病、殊堪痛恨、著内務司法両部、通行各省行政長官暨稽査運輸各官署、遵照迭次命令、於禁種禁吸禁運各端、切実査懲、以期永絶根株、浄消流毒、此令、

○大総統令　　民国五年九月十九日

鴉片流毒、垂数十年、騰笑環球、重為国僇、有清之季、幸頼士庶之呼号、隣邦之協助、訂期禁絶、限以十年、民国代興、厲行前政、禁種禁運禁吸、具有専条、有司考成、眎為殿最、比年以来、中外会勘、若無訾議、万国禁烟会既声明限制洋薬商業、各省又経後先停運、見《足カ》足《見カ》与国善意、望我富強、凡我国之人、允宜急起直追、自諭《潮カ》萌《前カ》恥、廼者訂約之議期、本月届満、自今以往、時不再来、深虞滑吏舞文、奸商玩法、或託詞稽徵罰款、或私自存土運銷、陽仮官符、陰揚毒焔、一隅横潰、功敗垂成、是負友国之盛心、而失人民之責望、用特重申前令、著内務司法両部、行知各該地方官吏、恪遵禁令、厳切施行、其有犯種運售吸諸罪者、並由法庭従重懲治、仍責成教育部転飭各講演社、編具践説、悉力開導、俾得父誡其子、兄勉其弟、曉然利害、毋踏刑辜《章カ》、本大総統為民《除カ》除《民カ》害、不憬《憚カ》煩苛、如有蔑視禁止者《令カ》、惟有執法以縄、其後、不容遺孽、毋《再カ》毒新邦、懍之毋忽、此令、

(二)　尚ほその後公布を見たる禁令の目及び年月は即ち次の如し。

公布令目録名	番号、年月日
阿片禁止に関する命令	政府公報一八九四号 民国十年六月一日
各省区長官督察禁種煙苗弁法	政府公報一三四四号 民国八年十一月四日
禁種罌粟条例	政府公報七一七号 民国三年五月六日
阿片焼棄顛末書並将来絶煙《マ》禁《マ》方法核文	政府公報一一〇六号 民国八年三月四日

阿片焼棄令	政府公報一〇二六号 民国七年十二月五日
禁煙《ママ》厳禁之令	政府公報一〇九三号 民国八年二月十九日

次に各省の地方に干係するものを挙ぐれば即ち次の如し。

切実禁煙に干する件	奉天公報三五一六号 民国十年十二月十三日
特派各省区禁煙察勘員簡章	奉天公報二七九八号 民国八年十二月十六日
査煙の舞弊を誡むる訓令	奉天公報二八五一号 民国九年二月十日
江蘇、江西、広東三省阿片売《特脱カ》許可契約	新支那一五五号 民国四年七月四日参照
新疆禁煙実在状況	政府公報一二八七号 民国八年九月五日
禁煙厲行の訓令	奉天公報二七〇八号 民国十一年六月二十七日
阿片・モルヒネその他麻酔剤積換に干する海関告示	上海五九七号 民国十二年八月二日

○ 税関規則

一九二二年改正現行支那改訂関税定率表附則　第四条

○上海共同租界土地規則附則　第卅四条

同工部局　大正十年六月十六日附　第二八七二号告示

○浙江省阿片取締規則

支那人及《外国人脱カ》薬種商標登録仮規則（上海に於ける）

魔薬輸入販売特別許可書発給仮規則（〃）

(三)　民国となりてより諸種の法典の編纂が試みられ、阿片薬に干する法規も漸次成立するに至れり。今左にその主要なりと思ふものを紹介せん。

○阿片に関する支那暫行刑法

民国元年三月十日公布　支那共和国暫行刑法第廿一章

（左の訳文は一九二三年、北京治外法権委員会出版の支那暫行刑法英訳文の訳文に拠る）

第二十一章　阿片に干する罪

第二六六条　阿片を製造販売またはその目的を以て之を所持または外国より輸入したるものは二ケ月以上五ケ年以下の懲役及び五百元以下の罰金に処す。

第二六七条　阿片吸食に適する器具を製造または販売し若しくは販売の目的を以て之を所持しまたは輸入したるものは一年以上三年以下の懲役または拘留（一日以上二ケ月以内）に処す。

第二六八条　税関官吏阿片またはその吸食の器具を輸入しまたはその輸入を許したる時は三年以上十年以下の懲役及び二千元以下の罰金に処す。

第二六九条　阿片を吸食するためその房屋を給与したるものは一年以上三年以下の懲役または拘留に処し且つまた三百元以下の罰金に処す。

第二七〇条　阿片を製造するの目的を以て罌粟を栽培したるものは一年以上三年以下の懲役または三百元以下の罰金に処す。

第二七一条　阿片を吸食したるものは二ケ月以上一年以下の懲役または拘留或は百元以下の罰金に処す。

第二七二条　警察官吏職務の執行に当たりて前六ケ条に定むる処の犯罪あることを知り故意に適当の手続きを速やかに為さゞりしものは前六ケ条によりて処罰す。

第二七三条　阿片吸食の器具を所持したるものは百元以下の罰金に処す。

第二七四条　第二六六条乃至第二七一条の未遂罪は之を罰す。

第二七五条　第二六六条乃至第二七三条の罪を犯したるものはその私権を剥奪せらるゝことあるべし。官公使《吏カ》の場合には之を免職す。

○　モルヒネ等に干する特別刑罰規定

（モルヒネ等に干しては、民国九年十二月卅一日附大総統令第三〇八〇号を以て左記訳文の如き単独法の発布を見たり。左記訳文は一九二三年、在北京治外法権委員会出版の英訳文の訳文に拠る）

第一条　モルヒネを製造販売しまたはその販売の目的を以て所持し運搬しまたは外国より輸入したるものは三年以上十年以下の懲役及び三千元以下の罰金に処す。

第二条　モルヒネ注射器を製造販売しまたはその販売の目的を以て之を所持し運搬しまたは外国より輸入したるものは二ケ月以上五年以下の懲役に処し且つ一千元以下の罰金を課することあるべし。

第三条　税関官吏モルヒネを輸入しまたは輸入を許したる時は五年以上十五年以下の懲役及び五千元以下の罰金に処す。

モルヒネ注射器を輸入しまたは輸入を許したる時は一年以上十年以下の懲役に処し且つ二千元以下の罰金を併加することあるべし。

第四条　他人に職業としてモルヒネを注射するものは一年以上十年以下の懲役及び五百元以下の罰金に処す。

第五条　自己の為め他人にモルヒネの注射を請求しまたは自ら注射を為すものは一年以上三年以下の懲役または拘留（一日以上二ケ月以下）に処す。

前項の再犯者は刑罰を加重す。

第六条　薬局法の公布前にありては本法の諸規定はコカイン・ヘロイン及びその他の化学合成物に干する犯罪に付き之を適用す。

（コカインは元とErythroxylon Cocaの主成分にしてその化学式は$C_{17}H_{21}NO_4$、ヘロインはDiacetyl Morphineにしてその化学式は$C_{17}H_{23}NO_5$なり）

第八《七カ》条　コカイン製造の原料を供給するの目的を以てコカ樹を栽培するものは一年以上五年以下の懲役に処し且つ二千元以下の罰金を併加することあるべし。

記載なきも第八条か　コカイン製造の原料の供給を目的としコカ樹の種子を販売するものは一年以上三年以下の懲役または拘留或は一千元以下の罰金に処しまたは之を併加することあるべし。

第九条　警察官吏またはモルヒネ禁止事務に預る官吏、職務執行に当たりて第一条乃至第五条並びに第七条及び第八条の犯罪者あることを知り故意に速やかに適当なる手続きを執らざりしものは本法の規定により て之を処罰す。

第十条　第一条乃至第五条並びに第七条及び第八条の未遂罪は之を罰す。

第十一条　第一条乃至第五条並びに第七条及び第八条を犯したるものは私権を剥奪せらるゝことあるべく、若し官吏・公吏なる場合には之を免職す。

第十二条　本法は公布の日より之を施行す。

以上二個の法律は、始め別のものとして草按せられたるものなれども、一九一四年以来、支那に於ては治外法権の撤廃に備ふるため、一つの法制調査委員会を設け、改正刑法は最終草案の中に於て、阿片等に干する刑罰の規定は現行法が単に阿片に干する刑罰のみを定めてモルヒネ等は単独法によりしものを総て右刑法の規定の中に包含せしめ居れり。以下に紹介せんとするものは即ち是れなり。

○　支那刑法改正草案最終修正

(War against Opium, published by the International Anti-Opium Association 第二〇三頁所載の英文よりの重訳による)

第二十章　阿片等に干する罪

第二六九条　阿片、モルヒネ、コカイン、ヘロインまたはその製品を製造販売、輸入または輸出し若しくは販売の目的を以て之等を所持したるものは五年以下の懲役または五年以上《下カ》の懲役並びに五千元以下の罰金に処す。

本条の未遂罪は之を罰す。

第二七〇条　阿片吸食用の器具を製造販売、輸入または輸出し若しくは販売の目的を以て之を所持したるものは三年以下の懲役に処す。

本条の未遂罪は之を罰す。

第二七一条　阿片吸食のため房屋を給しその利を図りたるものは六ケ月以上五年以下の懲役または右期間内の懲役及び五百元以下の罰金に処す。

第二七二条　阿片、モルヒネまたはコカイン製造用に供する意志を以て罌粟またはコカ薬《樹カ》を栽培するものは三年以下の懲役または右期間内の懲役及び三千元以下の罰金に処す。

阿片、モルヒネ、コカインの製造用に供する意志を以て罌粟またはコカ樹の種子を販売したるものは一年以下の懲役、拘留または三千元以内の罰金若しくは右期間内に於ける懲役及び同額以下の罰金に処す。

　本条の未遂罪は之を罰す。

第二七三条　阿片を吸食しまたはモルヒネを注射し或はコカイン、ヘロイン若しくはその製造品を使用するものは六ケ月以内の懲役または拘留若しくは一千元以下の罰金に処す。

　本条の未遂罪は之を罰す。

第二七四条　他人にモルヒネ注射を施せるものは二年以下の懲役若しくは五百元以下《二年以下の懲役及び脱カ》の罰金に処す。

　本条の未遂罪は之を罰す。

第二七五条　本章各条の規定の犯罪を為すの意志を以て阿片、モルヒネ、コカイン、ヘロインまたはその製品若しくは阿片吸食用器具を所持したるものは拘留または三百元以下の罰金に処す。

　前項の場合に於ては犯罪者の所有物なると否とに関せず、阿片、モルヒネ、コカイン、ヘロインその製品または阿片吸食用器具は之を没収す。

　以上を以て支那に於ける阿片その他の禁止的法令の大要を述べたり。然れども支那に於ては他の法律と同様殆んど是等の法規は空文に等しき光景にして、此の事は現在に於ける各省の実況が最も雄弁に証明して居る所である。将来強固なる政府が樹立され、国家が安《完カ》全に統一されて後、始めて此等の諸法規はその完全なる適用を期待し得るものにして、只今の処理想的の諸法規は遺憾なく制定されたるを見るも、その効果は遠き将来に至りてのみ見得らるべきものならん。

(四) 条約

阿片に干する国際上の問題は、阿片戦争後一八四二年に締結せる南京条約には何等の規定なし。但し茲に注意すべきは本条約の締結後、各国との条約の結ばるゝを見し内、北米合衆国との通商条約には阿片に干するものある事是れなり。即ち米国の阿片その他の禁制品貿易に従事するものは米国政府之を保護せず、また、米国船舶は支那の法律を破るものを保護せず、寧ろ他の国人に濫用するものなからしむと規定せる事是れなり。此の時英国は阿片を普通の商品となし、自由に輸入したるに対して米国は特に異なる意見を有しおるもの也。

（大村欣一氏支那通商史ノート参照）

一八五八年の天津条約追加条約に於ける阿片に干する規定及び一八八五年倫敦にて調印されたる芝罘条約の規定の大要に干しては、本節初頭の沿革を述べたる項に説明あれば之等を略し、前掲、中華全国基督教協進会拒毒委員会刊行の「禁烟条約政令輯要」よりして次の項を紹介せんとす。

○　外務部致英使禁煙節略

（光緒三十二年）

光緒三十二年八月初三日、内閣奉上諭、自鴉片煙弛《脱字カ》以来、流毒幾遍中国、吸食之人廃時失業、病身敗家、数十年来日形貧弱、実由於此、言之為可痛恨、今朝廷鋭意図強、亟応申儆《カ》、国人咸知振抜、俾祛沈痼而蹈康和、著定限十年以内、将洋土薬之害、一律革除浄尽、其応如何分別、厳禁吸食、並禁種罌粟之処、著政務処、妥議章程具奏、欽此、茲由政務処、籌議弁法十条、於本年十月初六日覆奏、奉旨、依議欽此、査第十条内称、洋薬来自外洋、事関交渉、応請飭外務部、与英国使臣、妥商弁法、総期数年内、洋薬与土薬、逐年逓減、届時同時禁絶、又査有嗎啡及刺人肌膚之嗎啡針、其提《カ》体傷身、較之鴉片最甚、応照中英続議通商行行《衍字カ》船条約第十一款、切実申明、分飭各税関、如査有不因医治使用販運来華者、一概不准進口等語、由車《軍カ》機処抄交前来、本爵大臣等査禁止鴉片煙一時事、夙知貴国政府早有同情中央、睦誼最深、自無不賛成美挙、茲又欽奉諭旨、妥商弁法、用特開具節略、与貴大臣面商、並希転達貴国政府、是為国要、

一、土薬既限十年断浄、洋薬初応以十年為期、方可同時禁絶、則惟有洋薬進口数目分年遞減、庶幾逐漸減除、現擬以一千九百一年起、至一千九百五年止、此五年内、核計洋薬進口総数、折中定款、請貴国允有一千九百七年以后年減一成、十年浄尽、

一、印度之加爾各塔、為洋薬総匯之地、現議毎年減成進口、擬由中国派《脱字カ》前往加爾各塔、監視拍売打包、使運入之洋薬均有実数、請貴国並允照弁、

一、洋薬之力量、倍於土薬、査従前土薬税、毎担歳抽銀、少者六十両、至多不過九十両、現在已加至毎担一律抽銀一百五十両、而洋薬之厘税並徴、毎担抵抽銀一百十両、是洋薬之力既厚、而所徴之税、実較土薬反軽、深恐吸煙者趨買洋薬、而煙癮及大甚、非実行減除之法、在中国亦非計較、税項可以多徴、実欲以徴為禁、使吸煙者逐漸減除、請貴国允准、嗣後洋薬厘税、照原定之数、加収一倍、毎担徴銀二百二十両、

一、香港為洋薬熬膏之地、運消中国境内者、実属不少、若示禁之後、任其熬膏、運入中国内地、則洋薬土薬、即逐漸減除、而熬膏反増、弁法実非妥善、今擬両端、一則請香港総督、協助厳禁、洋薬熬膏、不得運入中国境内、一則凡有洋薬熬膏、由中国概行収買、亦以徴為禁、請貴国允照弁理、

一、租界内煙店煙館、多有開設、其飯館酒肆茶室妓寮、亦為開燈吸煙之所、且各行店、售売煙槍煙斗烟燈烟具者更多、請貴国允為提唱、飭各租界以内、所有清査及籌禁之法、照中国地方官弁法、一律弁理、

一、嗎啡及嗎啡針之害、設法禁止、已載在中英続議通商船《行脱カ》条約第十一款、惟須有約各国、応允照行、方可挙弁、本部於本年三月間、照会未経新訂商約各国、一律請允、禁止嗎啡及薬針販売運《入脱カ》来華、現各国已大半応允、祇有数国未覆、亦已照催、此係属《ママ》善属、請貴国既《カ》允挙弁、切実施行、

○　禁運莫啡鴉片及薬針章程

（光緒三十四年）

自一千九百九年正月初一日以後、所有華洋各人、一概禁止在中国製造莫啡鴉片及刺莫啡鴉之薬針等器具、除領有執照之外国医生運輸進口、応在本国領事署、具立切結、声明欲運若干、估価若干、従何処来、用何法起運、如由某輪船或鉄路或郵政、並保此薬及器具専為療病之用、或該医生自行施開《用カ》、或為某医院専用云云、該領事即将此項切結、送交海関、方発給《カ》放行専単、准其起岸、

一、凡外国薬舗、欲将艹《莫カ》啡鴉《及刺莫啡鴉脱カ》之各等器具、販運進口、応在本国領事署、具立切結、声明欲運若干、估価若干、従何処貴《来カ》、用何法起運、即如由某輪船或鉄路或郵政運進、並保此薬及器具、僅止配製薬品、若非有領有執照之外国医生薬単、不行售売、即有薬単、亦只以些須小数出售云云、該領事既《即カ》将此項切実《結カ》送交海関接収、由貨主照章完税、海関方発結《給カ》放行者《専カ》単、准其起岸、

一、凡有照以上両条、将莫啡鴉及刺莫啡鴉之各等器具、輪《輸カ》運進口後、或用或売、不遵所立之切結弁理者、由関査明、以後、永不准其再運、

一、凡《有脱カ》莫啡鴉及刺莫啡鴉之各等器具、未領海関発給之専単、擅行起岸者、由海関将貨充公、

一、凡有莫啡鴉及刺莫啡鴉之各等器具、照以上所列之条、輸運進口者、即減照値百抽五徴税、

一、凡有一千九百九年正月一号以前、在外国起経《已カ》起運、赴中国之莫啡鴉及刺莫啡鴉之各等器具、可准於一千九百九年正月一号以後、運進中国、由各海関、随案核其程途遠近、酌定期限、限内仍准照旧章起岸、惟如次起岸之莫啡鴉、須照現行税則、不在減少之例、所有需用之結格式、任由貨主赴関領用、並不索費、

○清外務部訂立禁限嗎啡来華新章

各属毎有奸商、在外洋購嗎啡、私運進口、意図漁利販売情事、査嗎啡一物運入来華、本係有干《カ》例禁、応即行文各省査弁、業由本部於西暦一千九百十一年四月十三日即華暦本年三月十五日起、准一律禁限来華、特即新訂厳査章程、

一、自一千九百十一年四月十三日即華暦本年三月十五日起、凡有華洋各人、一概禁止在中国製造嗎啡及刺嗎啡薬針等器具、除領有《執脱カ》照外国医生及外国薬舗、准照以後所列弁法、将嗎啡及刺嗎啡各等器具、運入中国外、其後華洋各人、一概禁止運之進口、

二、凡領有執照之外国医生、欲将嗎啡及刺嗎啡各等器具、輸運進口、応在本国領事署、具立切結、声明欲運若干、估価若干、従何処来、用何法起運、即如由某輪船或鉄路或郵政局運進、並保此薬及器具、専為療病之用、或該医生自行施用、或為某医院専用、即稟該管領事、務将此項切結、抄送経過海関存査、由貨主照章海関《完税海関カ》完税発給放行憑照、准其起岸、

三、凡有《照脱カ》以上両条、将嗎啡之《脱文カ》各等器具、輸運進口後、或用或売、不遵所立之切結弁理、責任海関、随時査禁、

四、凡有嗎啡及刺嗎啡各等器具、未領海関発給之憑照、擅行起岸者、著海関将貨充公、
五、凡有嗎啡及刺嗎啡各等器具、照以上所列之章程、輸運進口、即減照値百抽五徴税、
六、凡有於一千九百十一年四月十三日即華暦本年三月十五日以前、在外国已経起運、赴中国之嗎啡以及刺嗎啡各等器具、可准於一千九百十一年四月十三日即華暦三月十五日以后、運進中国、責任各海関、随案核其程途、酌定期限、期内仍照旧章、起岸之嗎啡須照新改章程納税、不在減少之例、所有需用之切結、応由貨主報請経過海関、発給憑照、以便運行、

○　中英禁煙条約

自西暦一九〇六年九月二十日、前清政府下禁烟令、十一月、禁烟（大脱カ）臣公布禁烟章程、茲将中英禁烟条約列下、
按照三年前中英政府商訂之弁法、自一九〇八年元月一日起、三年之内、如中国一方面能将土薬減種減銷、英（国脱カ）政府允将印薬出口毎年続行減運一成、如是十年至一九一七年止、今英国政府、業経承認、三年以内、中国於減種一事、立意誠篤、且成効卓著、英国政府、願於未満之七年期限内、接続施行一九〇八年所訂之弁法、是以再行商定各条如下、
第一条　自一九一一年元月一日起、七年之内、中国毎年減種、当於英国按照此次条約及条件所載毎年減運之数為比例、至一九一七年全行禁尽、
第二条　現在中国政府、対於土薬已定厳行禁烟（種カ）禁運禁吸之宗旨、英国政府深表同情且願賛助、其実行賛助之法、英国政府、允如不利（到カ）七年、能有確実憑拠、凡土薬概行絶種、則印度出口運華之烟、亦同時停

止、

第三条　無論何省土薬、已経絶種、他省土薬、亦禁運入、顕有確拠、則印薬即不准進入該省、惟言明上海、広州二口、応為最後之結束、務須俟中国政府尽行以上弁法、始可将該口禁止印薬入口、

第四条　在此条件年限内、英国政府特派一員或数員、会同中国政府所派之員、如中国政府願意委派随同、就中《地カ》考査減種情況、其於此章所定減種之多少、応両面認可、在此条件《年脱カ》限内、当給与英員一員或数員一切利便、俾凡通商口岸以外、所有限制烟土及徴税事宜、俾《ママ》可調査報告、

第五条　按照一九〇八年所訂弁法、英国政府応允中国派員赴印査視售売印薬、惟言明該員不得干預、今英国政府又応允所派之員、可査視印薬装箱、惟仍不得干預、

第六条　中国政府応允所有中国出産之土薬、徴収画一之税、英国政府允将現在税厘併徴之額数、毎百斤箱加至三百五十両、該項所加之税、与中国政府加征之土薬、上比例相関之税、同時起征、

第七条　此項条件准行後、起征新定税厘併征時、中国応将各省所有在広東等省近准行於印薬大宗貿易之各項限制、及徴収各他項税捐、立即銷除、烟台続増専条、現仍施行、自不応另行設《立脱カ》此等限制及他項《税脱カ》捐、

又言明印度生土、如厘税並征一次完清後、在所進之口岸内、全行免其輸納他項捐《ママ》税、

若査得以上二節中所裁《載カ》有不照行之処、則英国政府可将此次所訂条件、或暫行停止、或即行廃《作カ》、

《惟脱カ》中国政府為禁絶吸烟及整頓稽察烟土禁売事宜、凡所有已経頒布或将来頒布之法令、不得因以上条款、致其効力稍受阻抑、

第八条　英国政府、実為襄助中国禁烟起見、允自一九一一年起、凡出口之煙、印度政府於毎箱煙土、報明

運赴中国、或在中国銷售者、皆発給出口准単、按箱編列号数、

一九一一年内所発該項准単、不得過三万六百張、後六年内、計至一九一七年止、毎年逓減五千一百箱、

凡印薬出口時、報明運赴中国、或在中国銷售者、於其起運之前、応将該項准単抄交中国所派之員、転呈中国政府、或転交中国海関員、

英国政府允《応脱カ》毎箱印薬、凡領有該項准単者、由印度政府所派之員黏貼印花、若中国所派之員欲在場査視、当照所定《ママ》弁理、中《英カ》国政府応准如此黏貼印花之印薬箱隻、領有《ママ》執出口准単者、如印花並未破壊、乃准其運入中国各国《口カ》、毫無留難、

第九条　此次新定条件、日後両国彼此歴経考験、若有他故、於七年限内、或将該件《条脱カ》全行删改、或但改数款、均可随時由両国政府互相商酌弁理、

第十条　此次条件、定於簽応《衍字カ》押日施行、今由両国大臣各奉本国政府之命、将該条件画押蓋印、以昭信守、在北京繕立漢文四分、英文四分、共八分、

宣統三年四月初十日即西暦一九一一年五月初八号

（附件は省略す）

第二節　民間に於ける禁止運動

第一款　万国拒土会

一、名　称

International Anti-Opium Association, Peking

北京万国拒土総会

二、設立年月日、及び場処

一九一九年（民国八年）　在北京

三、役　員　（民国十四年五月現在に於ける）

顧　問　(Patron)　黎元洪

相談役　(Adviser)　王寵恵　顔恵慶　周自斉　董康　熊希齢

会　長　(President)　Rt. Rev. Bishop Morris D. D.

副会長　(Vice-president)　(Major)　A. E. Wearene M. C.

A. E. Blanco Esq.

Captain I. V. Gillis

名誉会計主任　(Hon. Treasurer)　W. H. E. Thomas Esq.

書記官　(General Secretary)　W. H. G. Aspland

M. D. Frese

四、本部所在地　（民国十四年五月現在）

26 Hsi Tang Tzu Hutung, Peking

北京西堂子胡同二六号門牌

（電略 "Anti-Opium Peking" 電話、西区 二九三一 三〇一八）

五、支部所在地　（一九二〇年十月一日現在）

直隷省 —— 北京、天津

河南省 —— 開封

湖南省 —— 長沙

湖北省 —— 漢口

江蘇省 —— 上海、蘇州、塩城

満　州 —— 哈爾賓

山西省 —— 太原

山東省 —— 済南

合　計　拾壱個所

六、事業の大要

主なる目的 —— China Year Book に記載する処によりて見れば、国際的法規によりて阿片及びその他の麻酔剤の管理を為すにあり。

事業の大要 ―― 余が大正十四年六月五日、北京帝国公使館の紹介を得て西堂子胡同二六号門牌なる本拒土総会本部に書記長W. H. G. Aspland医師を訪問して直接聞きたる処、及び同会の発行しつゝある年報China Year Bookに掲載ある該会の報告その他より推察するに、その為しつゝある事業の大要は次の如し。

㈠ 毎年十月以降、数十通の信書を支那各地に在留の外人宣教師及び同会支部に送りて該地方の状況《報告脱カ》を集め、尚ほ旅行者の実見談または新聞雑誌の記事等を綜合して、毎年支那に於ける阿片その他の麻酔薬の栽培状況、取引状態、官憲との干係、課税状況、吸飲者数、吸飲処数、その他各方面に亘りて調査報告を作成し、一方之を国際聯盟本部へ発送して参考資料たらしめ、他方之を支那政府を始め一般社会へ宣伝してその状況を知らしむる事

㈡ 支那海関に於て取り扱へる麻酔薬の没収高、国籍、数量、品種、商標等を《につきカ》報告または調査を受けて当該干係国の在北京公使及び支那政府へ事実の真否を尋ね、その結果を上記の支那政府、当該干係国の公使及び国際聯盟へ報告する事

㈢ その目的を貫徹する為に諸種の建議、請願、または意見書をその筋に呈出し以て禁煙の方法を講ずる事

㈣ 各方面よりの質問に応じ、または特に委員を派して各種の禁煙運動及びその事業を援助する事

七、備考

本会は主として在支外人宣教師または医師、その他主として宗教家団体の組織せるものにして、一九一九年の開設以来、彼等の為せし努力は蓋し甚大なるものあり。彼等が極めて熱心に此の運動に従事

し、麻酔剤の災害を支那より除かんとせる大目的の為に驀進する勇気は、吾人の驚愕と感謝と讃美を叫ばしむるに充分なり。然れども世界に於ける並びに支那に於ける阿片その他の状況は、吾人の満足を得るの域に達せず。また彼等の前途にも大なる苦闘と遠き将来あるを思はしむ。尚ほその年報 Opium Cultivation and Traffic in China; Morphia & Narcotic Drug in China が、今や五巻三号の発行を見るに及びしと共に、年々 China Year Book に "Opium" なる一項を設けて毎年度の支那に於ける本問題の経過を述べて居る。他方、単行本としては "Memorandum on Opium"—Feb. 1909 及び "War against Opium" 等の印刷本を出版して居る。

第二款　中華国民拒毒会

一、名　称

National Anti-Opium Association

中華国民拒毒会

二、設立年月日

一九二四年（民国十三年）八月五日　於上海

三、職　員

名誉会長　馬相伯

会　長　徐　謙

副会長　黄炎培

中文書記　　羅運炎
英文書記　　鍾可託
会　計　　呉　山
董　事　　徐　謙　鍾可託　袁希涛　羅運炎
　　　　黄炎培　郭秉文　馬相伯　丁淑静
　　　　呉　山　石美玉　宋漢章　胡宣明
　　　　張一鵬
幹　事　　鍾可託　黄嘉恵

四、組織団体

中国紅十字会　上海万国拒土会　中華民国医薬学会
上海日報公会　中華職業教育社　中国寰球学生会
上海律師公会　上海青年会　上海総商会
中華全国基督教協進会　上海女子青年会
中華基督教婦女節制協会　中華衛生教育会
救国聯合会　国民対日外交大会　江蘇省教育会
中華全国道路建設協会　その他
合　計　　三十余団体

五、本部所在地

23 Yuan Ming Yuan Road, Shanghai
上海円明園路第二十三号　American Y.M.C.A. Building 内

六、事業大要
中華国民拒毒会五年内事業進行程序（民国十四年第一年度起至民国十九年）なる伝単によりて之を見るに、

第一年（民国十四年秋至同十五年秋）
一、総弁処之組織
二、預備各項研究材料
三、択区組織各省分弁事処
四、鞏固原有分会並提唱新設分会
第二年（民国十五年秋至同十六年秋）
一、挙行拒毒教育大運動
二、請求各団体通過拒毒議案一致進行
三、実行毎年種煙逓減五分之一
第三年（民国十六年秋至同十七年秋）
一、全国民衆請願恢復法律運動
二、籌備全国大会
第四年（民国十七年秋至同十八年秋）

一、挙行全国拒毒大会

二、籌備応付国際禁《煙脱カ》大会

三、国外宣伝挙行及対各国政策

四、喚起海外華僑挙行厳重表示

第五年　（民国十八年秋至同十九年秋）

一、国際大会之善後事功

二、釐定以後五年継続進行計画

以　上

尚ほ一九二五年五月発行のリーフレット Report of the National Anti-Opium Association 中より Programs for 2nd Year's Work の項を摘録すれば即ち次の如し。

1. Along the line of Publicity:—

a. To publish different kinds of study material on the opium question;

b. To publish an "Association Bulletin";

c. To prepare more posters & charts;

d. To continue publicity in Chinese & foreign papers;

e. To ask the secretaries of different organizations to act as representatives for this association on their trips;

f. To send representatives to speak in conferences of different organizations.

2. Along the line of Education:—
    a. To assign a secretary to be responsible for the compiling of materials on the opium question;
    b. To cooperate with the educators to include these materials in school text books;
    c. To cooperate with the Christian publishers to include these materials in their Bible Study courses, Sunday school text books, etc;
    d. To prepare a number of speeches for preachers, speakers & students;
    e. To promote a student anti-opium movement.
3. Along the line of Investigation:—
    a. To study the results of the investigation taking place this year;
    b. To investigate into the situation regarding the importation & sale of opium & other narcotics;
    c. To investigate the situation regarding the distribution of opium and morphia pills (for cures);
    d. To publish the results of our investigation;
    e. To translate and publish in English reports of investigations which have anything to do with foreigners.
4. Along the line of International Relations:—
    a. To assign a secretary to be responsible for the study of the international aspect of the opium question;
    b. To secure the cooperation of people's organizations in different countries which are interested in the opium question;
    c. To keep the Advisory Committee on the Illegal Traffic of Opium and Narcotics of the League

of Nations in touch with the development of our movement;
d. Propaganda among Chinese abroad with a view to abolishing opium smoking among themselves;
e. To create or strengthen public opinion in the colonies of the powers against opium monopoly;
f. To prepare for the next international opium conference to be held in 1929.
5. Along the line of the Association's Work:—
a. To secure official recognition by the government by registration;
b. To secure financial & personal support from the different constituent bodies in the association;
c. To strengthen the branch associations and help them to function effectively;
d. To call a national conference;
e. To secure the cooperation of different religious bodies as the Confucianists, Buddhists, Mohammedans, Taoists, Roman Catholic and Protestant Missions;
f. To decide upon a program for the coming five years.

以　上

更に「中華国民拒毒会五年内事業進行大綱修正案」なる伝単によりて見るに、

㈠　関於禁種鴉片者

甲　提唱恢復禁律運動

一、運動憲法載明永遠禁絶　（原案）

二、広佈禁種律例使人知為違法　（同）

三、実力聯絡《ママ》軍民長官通令禁種　（原案）

四、清《請カ》政府照会各国公使在領事裁判区域応遵守我国禁烟法及《ママ》禁烟奨賞弁法　（原案）

乙　調査各地種植鴉片実況　（修正案）

一、調査各省区有効禁法以資推行　（同）

二、参与政府調査団実地調査　（同）（一に原案）

三、分会与各県行政機関合作査禁　（同）（一に原案）

丙　聯合各界省有力分子造成堅強与論《ママ》　（同）（一に原案）

一、利用拒毒伝単小冊図《ママ》画等項独力《ママ》鼓吹　（同）（一に原案）

二、協讃農民団体決志不種鴉片烟苗　（修正案）

三、積極施行宣伝程序　（同）

(二)　関於禁吸鴉片烟及禁用毒物者　（修正案）

甲　積極推行宣伝並《ママ》法由教育方面着手　（同）

一、聯絡教育部《ママ》各省区教育機関将拒毒材料編入中小学教科書内　（修正案）

二、利用平民教育提唱拒毒　（同）

三、利用演講《ママ》及各項出版品俾衆週知　（原案）

四、提唱家庭拒毒教育　（増加条款）

乙　人民自動禁吸鴉《ママ》片及濫用毒物　（修正案）
一、各宗教団体取締教徒吸食鴉片　（同）
二、各社会団体以及工商各業取締会員夥《ママ》吸食鴉片　（修正案）
丙　従法律方面着手禁絶毒物　（増加条款）
一、造成輿論逓《概カ》奪烟徒公民権利不許烟《ママ》徒社会職務及被選為議員　（原案）
二、清《請カ》政府取締吸食鴉片之官吏　（修正案）
丁　従個人方面着手禁絶毒物　（増加条款）
一、本会及各分会挙行大規模之《脱文カ》徴求立志不吸鴉片之会員　（修正案）
戊　聯絡医学団体研究限用毒物方法　（増加条款）
己　施行戒絶方法　（原案）
一、清《請カ》政府設法取締販売不合医学治理之戒烟丸葯　（修正案）
二、聯絡慈善機関多設戒烟局以資救済　（原案）
三、清《請カ》政府厳令各省区長官限期粛清鴉片　（修正案）
四、介紹戒煙良法　（原案）
五、仿行山西省政府厳禁鴉片方法　（修正案）
(三)　関於禁運禁売者　（原案）
甲　調査私運私売方法　（同）
一、外洋入口輪船　（同）

二、国内沿海輪船及帆船　（修正案）

三、内河輪船及帆船　（同）

四、国内鉄路及汽車　（修正案）

五、郵政及民信局　（同）

六、私人夾帯　（原案）

乙　公佈私運私売事実及案件　（修正案）

丙　研究中外禁烟律令条約　（原案）

丁　公佈国際聯盟取締毒物公約　（同）

戊　清《請カ》政府恢復海関原定禁烟奨金　（増加条款）

(四)　関於国内外調査統計及考察華僑情形者　（修正案）

甲　調査国外華僑受毒情形　（同）

一、調査国外鴉片専売情形　（同）

二、移民律之研究　（原案）

三、国外華僑吸食鴉片人数及銷路　（修正案）

乙　領事裁判権与阿《鴉カ》片問題之調査　（同）

一、租界烟業問題　（同）

二、煙犯利用領事裁判権問題　（修正案）

丙　調査鴉片毒物流禍社会　（原案）

一、各省区播種阿《鴉カ》片之調査与統計　（修正案）
二、国外毒物入口之調査与統計　（原案）
三、国内販売煙土之調査与統計　（同）
四、吸食鴉片人数《之調査脱カ》与統計　（修正案）

以　上

編者注　㈠の乙、丙の中に（一に原案）とあるは、昭和二年度調査報告書、第三巻第五編第二章第二節第二款所収の「中華国民拒毒会五年内事業進行大綱修正案」による。

七、支部その他

現在、各地方に二四七の支部を有す。而して九〇〇以上の都市に於て、本会の運動に賛意を表し、之を援助し通信を与ふる人々を有す。

八、事業の影響

本会はその設立新しく、現在に至る迄二ケ年余を経たるに過ぎざるも、その為しつゝある事業は相当の好成績を挙げつゝあり。

今その概略を知らんが為に前記 Report of the National Anti-Opium Association 中より数項を摘録して参考に資せんとす。

A Nation-Wide Campaign

In response to the call, 247 branch associations have been organized in various parts of the country, while people from over 900 cities and towns have corresponded with the association and expressed their hearty supports of this movement. The call for the observance of September 28th[29] as Anti-Opium Sunday was widely observed and had far-reaching results. Many meetings were held, parades organized, large numbers of posters and pamphlets distributed, sermons and speeches delivered in churches. The double-headed snake poster was very widely used and attracted a great deal of interest. The petitions drawn up by the Association for presentation to the Geneva Conference and the Peking Government were signed by 3,985 organizations, representing 4,175,657 people in all walks of life … The Association from time to time since the very beginning has sent representatives to visit different local centers with a view to promoting a local branch wherever they go or to helping those centers where branches are already formed to function more effectively … According to reports from several centers, the fight against opium has recently developed into a real warfare between the people and the military leaders who enforce the planting of the poppy …

Geneva Conference

The Association in its mass meeting for the Shanghai community, August 24th, elected Chancellor Tsai Yuan-pei, Dr. Wu Lien-te and Mr. I. J. Koo to be the people's representatives to the Geneva Conference. Unfortunately neither Chancellor Tsai nor Dr. Wu were able to attend the conference on account of previous engagements, and so only Mr. Koo attended the meeting … In the second conference Mr. Koo was permitted to present a petition and to speak on behalf of the Chinese people.

In a report to the British Press, Mr. Basil Mathews, correspondent in connection with the League of Nations in Geneva, said of Mr. Koo, "The most powerful impression upon the International Opium Conference at Geneva during its first week was made by Mr. Koo" …

The Rehabilitation Conference

When the Rehabilitation Conference came into being, after the lapse of a considerable period of time following the "Coup d'état", many approaches were made by the Association to the authorities to place opium on the agenda of the Conference. In this the Association succeeded. A memorial was sent to the Conference, embodying some ten recommendations based upon opinions obtained from the branch associations …

Opium Monopoly

According to information received from different sources, the Peking Government is considering seriously adopting a government monopoly for the sale and use of opium. Many recommendations have been sent to the Ministry of the Interior urging the immediate adoption of such a system and these are strongly supported by the Minister of Finance, Sir Francis Aglen, and many other leading officials in the capital … With these facts in mind the Association has, during the last three months, protested in every possible way against the proposal to establish a monopoly … Recent correspondence from Peking states that the Government dares not adopt this system openly on account of the attacks levelled against it by the different Anti-Opium branch associations …

Recent Development

During the months from Sept. to Jan. the attention of the Association was devoted primarily to the Geneva Conferences, which were used as a means of arousing public opinion and educating the people as to their own responsibility for the menace. Recently the association has contemplated undertaking a nation-wide survey and investigation of poppy planting ... A student movement, aiming to arouse the interest of students in this problem, is also under contemplation. A committee will be appointed consisting of people who are interested in student work, and student leaders, to promote a nation-wide campaign among students. Similar local committees will be organized in different cities to cooperate with the branch associations to fight against this evil ...

編者注　〔　〕内は昭和二年度調査報告による。

九、備　考

中華国民拒土会は、以上述べたるが如き組織、計画を以て華々しくその活動を開始したり。近年来、支那青年、新知識階級その他の先覚者の間に起こりし諸種の国民的運動の一として、是れもまたその片鱗たるを見るなり。吾人は本会の将来に対して大いなる期待を有すると共に、一日も早く支那民衆より阿片その他の大いなる脅威の除かれんことを祈るものなり。

尚ほ参考として次のものを紹介す。

○　中華国民拒毒会対ゼネヴ阿片大会請願文

（時兆月報、鴉片特号によるもの）

本会深悉鴉片流毒之劇烈、奚前代表中華民国、表示拒毒之決心、従茲以往、必竭力排除万難、粛清敝国国内之
鴉片、並懇
貴会貫徹主張、邀請各国、訂立公約、互相遵守、限制鴉片□根《カ》等之出産製造、至科学及医薬需要、最低限量為標
準、如斯《カ》不但弊国人民《マ》伝拝《マ》受其賜、全球人類之有受毒害、而欲図免除者、亦感応蒙其益矣、深望諸君善用此千
載一時之良機、為全人類之幸福、

○　中華国民拒毒会為国際聯盟会召集禁烟大会事向政府請願文

（時兆月報、鴉片特号によるもの）

一、請求政府、将提交日内瓦《ゼネヴ》業煙大会対於国内鴉片流行実況之報告、公佈全国、
二、請求政府、下令各省軍民長官、実行禁煙法令、並各以身作則、
三、請求政府、訓令全権代表、在日内瓦大会、与本国々民代表及各国代表、通力合作、促成公約、限制鴉片及
一切毒物之出産、至医薬及科学上適用之最低限度為止、並以我国政府与国民決心、宣示各国、

○　中華国民拒毒会提出善後会議関《カ》於禁烟問題之建議案

一、政府特簡廉明果毅負有重望之人員、任禁烟督弁、会同各部総長及各省軍民長官、厲行禁烟法令、並於各省
区、設立検査公署、直隷中央、秉承督弁之指揮、弁理一切之業烟及他毒品事宜、
二、政府訓令各省区軍民長官、以身作則、厳令制止所属軍警官吏、勒種煙苗、包庇販運、吸食鴉片、以及含有
毒質之丸丹、抽収畝捐特税、印花税、燈捐、専売等項巧立名目之弊政、

三、政府責成各埠海関人員、重《カ》申厳禁鴉片及他毒品入国之政令、

四、政府訓令各省区県行政官庁、定期設立勧戒局、並責成市場鎮郷団集村閭家長等、清査戸口、出具連《カ》保、禁戒烟丹、違者連坐、

五、政府為求以上禁令之実施有効《カ》、村頒各種徴戒条例及奨厲弁法、

六、政府責成京内外軍民長官、限制検挙所属官吏僚佐之吸食鴉片及他毒品者、悉予罷付《斥カ》、其各吸食鴉片及他毒品之軍警、悉予裁汰、

七、国民会議厳出条例、剝奪烟民公権、至戒絶後、始予恢復、

八、政府指令教育部、将鴉片毒害、編入教科書内、

九、禁烟督弁及各省区検査公署、遇必要情形、派員巡察各地時、国民拒毒会得派員参加、並由各地拒毒分会、貢《具カ》陳意見、俾資採択、

十、各地烟禁、是否粛清、向由各省区軍民長官、根拠地方官庁呈報為準、往々不実不尽、無可諱言、応由政府訓令地方官庁、於具報時、会同当地拒毒分会、得其校核虚実、以明真相、

○　鴉片種植情形調査表

拒毒会要実行拯《カ》救同胞的計画、須先知凡種植鴉片地方的状況、願関報者熱心調査当地種鴉片的情形、調査完畢、請按以下各項塡、就剪下寄交上海円明園路二十三号中華国民拒毒会調査科収、

一、鴉片産区地名　…省　…県

二、本区烟苗所估面積　…方里　…方畝

三、毎年毎《何カ》時下種何時収成

四、毎畝烟苗毎年可収烟膏若干両

五、所出烟工《土カ》售至何処

六、自民国六年以後、貴県烟苗、是否増加、若然増加成倍、民国十二年以後如何

七、成年之人吸鴉片烟者、毎百人約有若干

八、貴所人民、対於反対種烟、有何挙動

中《民カ》国　年　月　日

㈠　調査人姓名　　　住址

㈡　調査区域若干方里

㈢　以何方法調査

㈣　加入調査之人若干

㈤　挙行調査費時若干

〔註〕本会は毎年九月下旬の日曜日を以て拒毒日（Anti-Opium Sunday）となし、大々的に禁烟運動を為しつゝあり。

尚ほ最近、当地に於ける外字、支那字、両新聞紙上に現はるゝ本会の事業は、特に茲に注意すべきものあり。

以上の万国拒土会、中華国民拒土会の外、民間に於ける禁止運動は天津に於ける Anti-Narcotic Society 等尚ほ少数あれども、支那人にして組織せるものは全部之を合して一丸となし、前記中華国民

拒毒会を組織したるものとす。

編者注

本節中に見える英文については、大文字小文字の区別、単数複数の区別、各種符号の使用法、その他、慎重な配慮を欠いたところが少なくない。しかし、今日容易にその原文を見ることが出来ないので、権宜の措置として、愛知大学文学部教授伊東利勝氏、及び同学部教授サイモン・サナダ氏に依頼し、文法的に見て可能な限りこれを訂正して頂いたが、なお原文のままに残したところもある。例えば、Wearne という名前はあるが、Wearene という名前があるかどうかは分からない、という類で、右の訂正は原文による確かな訂正ではないことをお断わりしておく。

因みに、A Nation-Wide Campaign の Geneva Conference の項に見える人名 Tsai Yuan-pei は蔡元培、Wu Lien-te は伍連徳、I. J. Koo は顧維鈞である。

第三節　国際阿片会議

阿片の害毒は天下の常に知る所、之が為め国際的に禁止策を講ずるの試みは最も有効なる事にして、従来屢々之に干する会議の開かれたるを見るなり。

以下、極めて簡単に之に付きて述べん。

一、上海国際阿片会議　　於上海

一九〇九年　　米国主催

決議事項

各国は各々自ら法を設けて阿片船の港外出航を取り締まる事

漸次に支那外国租界に於ける阿片吸食処及び薬舗を排除する事

議定書調印国

墺国　支那　仏国　独乙　英国　日本　和蘭　波斯　葡萄牙　露国　暹羅

二、海牙第一回国際阿片会議　於海牙

一九一一年十二月十日　米国主催

決議事項

一九一二年一月二十三日、全部にて六章二十五個条より成る国際阿片条約調印さる。

代表派遣国

米国　独乙　仏国　支那　和蘭　日本　伊国　波斯　葡萄牙　露国　暹羅

議定書調印国

独乙　米国　支那　仏国　英国　日本　伊国　和蘭　波斯　葡萄牙　露国　暹羅

三、海牙第二回国際阿片会議　於海牙

一九一三年　(阿片条約第二十三条により開催)

議定書調印国

独乙　米国　亜爾然丁　白耳義　伯剌知爾　智利　支那　コロンビヤ　コスタリカ　丁抹　西班牙

仏国　英国　日本　その他の数個国

編者注　昭和二年度調査報告書には、コスタリカなく墺国あり。

四、海牙第三回国際阿片会議　　於海牙

一九一四年　　（第二回国際阿片会議々決第三項によるもの）

五、ゼネヴ国際阿片会議　　於ゼネヴ

一九二五年一月十九日　　国際聯盟主催

有害薬品取締条約成立

議定書調印国

濠州　白耳義　ボリヴィヤ　英国　希臘　日本　ルクセンブルグ　和蘭　葡萄牙　暹羅等

以上

尚ほ本節は極めて簡単にして、その詳細に亘る事項に付きては、前記諸会議の報告書その他につき参考されんことを望む。

因みに、最近に於ける阿片等の取締りは、国際聯盟主催の国際阿片会議に於て世界的に有効なる規定を設け、以て世界よりその禍害を除かんと努むるに至れり。コレその問題の性質上、斯くしてのみ能く好果を挙げ得るものなればなり。

第五章　結　論

阿片その他の弊害に付きては、今更喋々する必要を認めぬ。従って之が絶滅に努めざるべからざるや、また論を俟たざる所也。

是れが目的の為には国際的の阿片会議が数回開かるゝを見、在支外人宣教師団も立ちてその運動を起こせり。支那民衆の中よりも新しく一大反対の声起こりたり。余が本調査を作成中に最も遺憾としたるは、我が日本国人中に不良分子があって、私欲を貪らんが為に、支那その他の民衆を禍せる事尠なからざる点にあり。此の点に干しては、本調査は割愛の已むなきに至りしも、我が国の官民が一心に是等不良分子の大淘汰を敢行せんことを望みて已まざる次第なり。

阿片問題は、その性質として良く之が禁圧の効を齎さんが為には、須らく国際的運動によらざるべからざるは已に述べたる処なり。今此に最後に大正十四年二月十三日、東京朝日新聞の社説を利用して此の問題に触れ、以て本調査を終へんとす。

「外電によると、本年一月十九日開会し、昨年から引き続いて居る阿片禁止問題を協議して居た国際阿片会議は、十一日閉会した如くである。然しその成績として伝ふる所を聞くと、阿片の生産国に阿片の生産を簡《管カ》理し之が減少を図り、また、密輸入を防止せんことを要求したらしい。惟ふに阿片の害毒は天下の夙に知る所であり、之がため一九〇九年には上海阿片会議が開かれ、一九一二年には海牙阿片協定も形成せられ、現に国際聯盟の如き之が絶滅策に腐心して居る。而して聯盟以外にある米国もまた此の問題に付きては国際聯盟と協力しつゝあること已に世人の熟知する処である。コレおそらく米国が比律賓に阿片禁止を実行したるにも拘はらず、多数の島嶼より成る地理的の干係よりして密輸入に悩まされて居るのと、本国でも禁酒法の実施後、阿片密売の増加しつゝあることを憂慮したものであらう。また、阿片禁止問題で米国が急進論をとるに反して漸進論を持して居る英国も、印度、新伽坡等の財政を顧慮すると云ふ丈のことであらう。凡て阿片禁絶の必要を認めて居ることは、一九〇七年及び一九一一年の英支の阿片協約に照らすも、また最近の「タイムス」紙の所論に照らすも、明瞭なる所である。従ってその生産減少を期せんとする議定書には、吾人もまた同感を表はさねばならぬ。顧みるに目下世界に於ける阿片の生産額は、印度二〇〇万封度、土耳古六五万封度、波斯四五万封度、阿弗加仁斯丹二万五千封度、暹羅一万五千封度、日本一万一千封度である。此の他に阿片吸飲に於てもまたその生産に於ても第一位にある支那共和国が、実に二、五〇〇万封度を産出しつゝあることを忘れてはならぬ。此くの如き巨額の産出ある以上、阿片禁絶の困難なることは云ふ迄もない。誰が生産減少の急務を疑ふであらう。また近頃、阿片の密輸入は諸国に於て盛んに行はれて居るが、支那に於て最も甚だしい事が認められて居る。之が防止の急務なる事もまた誰が承認せぬであらう。

併し吾人は疑ふ。此の次の様な議定書で果たして此の厄介な阿片禁絶の難問に充分に貢献をなし得るであらうか。勿論此の外電の所報は簡単を極めて居り、またその議定書の内容も詳細に之を知る由がないけれども、その干係各国は単に阿片生産国に右の如き要求をする丈でなく、之等生産国の生産減少及び密輸入取締りの成功に準じて、各国の阿片禁止策を進めんとする如くである。果たして然らばコレ全くに緩慢なる措置ではないか。またその議定書中には阿片専売、官営創設の如き項もある様であるが、吾人は之に対しても大なる疑問を挿まねばならぬ。一部の論者は、我が国が台湾に行った阿片の専売が、阿片吸飲者の減少に有効なりしを説き、領台当時一四、五万人を数へた同島人の阿片吸飲者が、今やその三分ノ一に減じたと高調して居り、此の成績が今や列国の認むる所となりて、此の例に副はんとする尤なぞと誇称するものもあるが、吾人は此の台湾の吸飲者数が、果たしてその真事態を写し出して居るかどうか、そこに遺漏がないかを危ぶまねばならぬ。之を要するに、阿片禁止の良策としては少し急進的ではあるが、矢張り米国が主張し我が日本代表も賛成した彼の十年間を期限として医薬用以外完全に阿片を禁絶する協約案を可とせねばならぬ。世界の諸国が阿片の害毒とその禁止の要を悟って以来、また之が為め国際協約策をとって以来、最早や幾多の星霜を閲した。今更に印度その他の国庫収入のために道徳的勇気を麻痺せしむべきことでなからう。吾人は此に遠からざるの日に於て、更に国際会議が開かれて、進んで阿片禁止案が採用されんことを望む。而して支那が右議定書に不参加の如きも、新阿片会議の開催を促進するの功《効カ》あることは勿論であらう。若しそれ我が国に至っては、別段、薬用以上に阿片を生産する国でもまた製造する国でもない。随って此の点で道徳的の勇気の進行を躊躇するの理由なきを忘るべからず」

大正十五年度調査報告書

第七巻　皖淮経済調査

第一編　淮河流域に於ける阿片及びその他の薬材

第一章　阿　片

第一節　総　論

（前略）

惟ふに、阿片の栽培及び密輸入は、法律の禁ずるにも拘はらず大規模に全国的に行はれてゐる。然れども此等の事実は、表面には容易に現はれざるものにして、余が本年六月より七月に渉りて安徽省、河南省を淮河に沿ふて踏査せる際にも、阿片の調査資料は容易に得ることが出来なかった。殊にその栽培の如きは一般の往来者の発見し難き僻地を選択してゐるため、長い間同一地方に滞在するに非ざれば、その調査は極めて困難な事である。然し余等一行が本年六月四日、安徽省臨淮関に於て調査せる時、阿片の吸烟及び密売の状況を親しく見ることが出来た。臨淮関に太平医院と云ふ赤十字病院がある。その医院長袁沢甫氏が幸ひに一行の知友となったゝめ、特に依頼して阿片の取引所、所謂、阿片窟を紹介して貰った。

上述の如くに、阿片の取引は各地に行はれるものがあるが、従来全然関係のないものには秘密を守って販売しない。私は、該医院の使用人と共に出かけて阿片窟に這入った。門戸を閉ざして日中に悠々と阿片を吸烟して居る。数名の支那人は吸烟して寝てゐる。一弗出して見本の為め阿片を購入したが、極めて高価で捲煙草二本位の量しかない。彼等が教へてくれた通りに捲煙草の箱に混入して秘密に持って帰ることにした。その後、長い間、炎天下を携帯して陸行したので、すっかり熱に溶解されてその形を失ってしまった。該地方に於て取引せられる阿片の形状は左図の如し。

実物大
黒色
熱に逢ふ時は膏薬の如く柔軟となる。

本年初頭より七月頃まで安徽省、河南省は大旱魃であったが故に、北京万国拒土会の論評せる如くに、該地方に於ける穀物は甚だしく不作であったから、従って本年も来年も阿片の収穫は例年に比して減少を示すことを推理し得べく、従って外国産阿片の需要は増加すべしとす。

今、次頁に淮河流域に於ける阿片生産地方の略図を掲ぐることゝせり。

江蘇省
禹
周家口
淮陽
舞陽
項城
太和
蒙城
域
河南省
阜陽
流
蚌埠
鳳陽
淮
河
正陽関
霊邱
安徽省
浦口
羅山
光州
固始
揚子江
武勝関
六安
巣湖
湖北省

第三節　密輸阿片とその押収

（前略）

阿片及びその他の麻酔薬の密輸入は、支那の沿岸各地に於て行はれるが、殊に上海はその最大なるものにして、上海を支配する軍閥は、巧みに密輸入の徒党と連絡して一個年に約二千箱内外の土耳古及び印度阿片を陸揚げし、その収税額約四百万元は、軍閥の私腹を肥やすものと称せられる。

是等の阿片は、無事に上海に陸揚げせられた時には、概ね水陸官憲の保護の下に竜華、仏国租界及び城内等に隠匿せられ、次いで揚子江の沿岸に供給せらるゝものである。

尚、浙江省の寧波及び江蘇省の海州より陸揚げせらるゝものも少なからず。

第四節　麻酔薬材の考察

第五款　不正の標札及び密輸入の方法

阿片の吸烟を満たさんが為には、不正の標札或は密輸の方法に於て常に工夫を凝らして居ることは勿論で、一般に伝へらるゝ所によれば、軍閥の支持幇助によりて行はるゝものは大規模で軍需品と為され、その他のものは一般に懐中或は行李に隠匿されて大量なるものに非ず。
その密輸せらるゝ経路は、国内産を除くの外、外来品は主として上海に集中せられ、それより長江を遡って各地に入るものである。此等の密輸品を積載せる船は、特に秘密裡に呉淞沖に接近し、上海の徒党と連絡して呉淞砲台沖附近にて陸揚げせられ、また直ちに陸揚げの困難なる時は、一先づ崇明島附近の小島に隠匿し、或る機会を見て支那民船を買収して巧みに黄浦江に搬入し、その取締りの厳ならざる浦東側、支那街側に陸揚げせられる模様である。

（後略）

（『支那年鑑』一九二六年　六四七頁）

第五節　生阿片の正当取引及びモルヒネ・ヘロインの官許輸入

一九二三年度の支那海関年報によれば、生阿片の純輸入は一九一九年以降、大連並びに膠州の租借地内にて消費の為め右の二税関を経て輸入せらるゝもののゝみに限り、その他の港には輸入絶無となる。

右によれば、一九二二年には支那全土に亘り生阿片の純輸入は皆無にして、一九二三年中には関東州租借地内に於ける消費の為め大連に輸入せられたる波斯阿片二四〇担、土耳古阿片六一担余、合計三〇一・九三担にして価額は四七二、四五五海関両なり。

（後略）

（『支那年鑑』一九二六年　六四七頁）

第六節　安徽省に於ける阿片及び麻酔剤

当地方の阿片生産は、一九二四年の鎮圧政策により著しき衰微を示してゐる。

万国拒土会（The International Anti-Opium Association）及び農政協会（Agricultural & Political Association）の出張所による猛烈なる運動の結果として、一九二三年にはその専売を実施し、爾来、漸次に衰微せるもので、当時は阿片の産額（内地用交易販売税を含む）は三、〇〇〇、〇〇〇弗に及び、安徽省の約五分ノ一には罌粟の栽培が奨励されてゐた。然るに此等の協会の調査委員等は、一九二四年、阿片の最大栽培地に於ける罌粟作の八〇％を根抜きにした旨宣言してゐる。

一九二五年には著しき再発が認められ、一九二二年より二三年に至るまでの如き充分組織立てる地方的専売の証跡はない。農家は彼等の希望により阿片の栽培をなし、侵入軍は多量の阿片を持参し、且つその退却に際してはまた多量の阿片を獲得した。

安徽省の阿片はその品質良好にして、既設市場に於てこれを求め得る。（『支那年鑑』一九二六年　六二三頁）

安徽省に於ける罌粟の栽培は大体に於て各地に行はれるが、その主要なる産地は淮河支流の山岳地帯にして、殊に西北部の潁州を中心とする附近が盛んである。

罌粟の栽培には高率なる税が課せられる。従来の慣例を見るに、鳳陽県に於てはその県内を十八区に分かち、各区に三、〇〇〇弗乃至六、〇〇〇弗の地税（Opium Land Taxation）を課し、その他亳州の管内にては毎畝五弗を課して総額二十万弗を得、潁州の管内にては総額四十万弗を得るとの事である。

第一款　中部安徽地方

当地方に於ては元来、一般的には阿片の産額は多からざるも、同期に於ては多産であって、数年前よりも遥かに多い。その多い阿片の畑は、上海及びその附近の原産地《で密売される阿片脱ヵ》を為してゐる。阿片が一度収穫せらるゝや、世間の如何なる力もこれを売る売主より進んでこれを買ふ買主を妨げることは出来ない。蓋し阿片はその量目に比して極めて高価なるものにして、理想的な密輸出入品であるからである。

多くの阿片畑には、麦や豆の如き作物と共に一列置きにこれが栽培せられる。故に若し阿片禁止法が励行される時には、農夫は阿片の栽培を中止して他の良作物を収穫するものである。また、若し法律が励行されない時には、麦やその他の良作物等は中止して、阿片を成熟せしむるものである。

阿片の栽培を中止する為や、甚大なる阿片の弊害を除去する為に数千人の人手を置くことは、地方軍閥の当事者にとっては殆んど身振りも要しないことであらう。されば、若し軍閥の当事者がやらうとしさへすれば、全国に於ける阿片の生産を除去することは比較的容易なことであらう。然し事実はさうでないので、麻酔薬の使用は富者より貧困者に至るまで、総ての社会にトン〱拍子で侵入してゐるのである。

第二款　北部安徽地方

北部地方に於ては、最近また阿片の生産が頓に勃興し、その栽培は昨年より以上に夥しくなってゐる。

然し本年は旱魃のためその収穫は極めて不良と称せられ、阿片の価格は一九二四年に比べ二倍に騰貴してゐる。

本省の北部地方は支那に於て最も治安の悪い地方であるが、それと共に阿片を多産してゐる。またコカイン

(Cocaine) やモルヒネ丸薬 (Morphine Pills) の大取引が行はれ、之に依って巨万の富を得た者も少なくないと称されてゐる。

当地方の阿片を収穫することを目的に、某軍閥（孫伝芳）は当地方を占領したが、最近、阿片裁判問題に干する長官会議に於て彼は厳粛に答へて曰く、「命令は上官より与へてゐる」と。

当省西北部の亳州、蒙城、太和及び阜陽地方に於ては、阿片税が二、〇〇〇、〇〇〇弗に達すると予想されてゐるが、之は一九二三年及び一九二四年頃よりも少ないのである。

第三款　南部安徽地方

長江より南に於ては阿片の産は極めて少ないが、吸烟者は非常に増加して来た。六年前には苦力社会に於てさへ吸烟者は稀であったと云はれるが、現在はその半数以上が吸烟してゐる。

阿片の販売は禁止されてゐるが、何処にても之を購入することが出来、それは公開の店にはないが、看板を有しない個人の家屋内で販売されてゐる。阿片窟は無数であるが、秘密ものである。之に反し街路の露店に於ては阿片ランプや烟管が公然と販売されてゐる。六年前には此等の人は一度は投獄されたものであらう。長江通ひの汽船の船室やサルーンに於ても阿片の吸烟は平気で行はれてゐる。此くの如く広汎に亘れる阿片の取引は容易に禁止さるべくもない。

安徽の最南部に於ては一般的に阿片を使用し、地方官憲は免許状 (Licenses) の販売から多大の収入を得てゐると報ぜられてゐる。当地方の軍閥は阿片魔 (Opium Devil) として地方に良く知られ、警察長官もまた平気で日常阿片を吸烟してゐるとのことである。

第四款　東部安徽地方

此の地方には罌粟の栽培は殆んどない。此の地方の田舎のものは、南京に本部を有し上海から阿片を取り寄せる所の阿片党を通じて阿片を買収してゐる。此の地方では何処に於ても阿片を購入することが出来、阿片窟は何等の障害をも恐れる様子がない。

尚、此の地方に輸入せられたる阿片または淮河上流地方産のものは、屢々津浦線によりて北上し済南または青島方面に密輸送せられる。二、三年前のことであるが、済南高等審判庁書記官蕭小院なるものは、当地方より秘かに価額凡そ八万元に達するものを八大箱中に収め、その表面には高等審判庁なる朱書の封印を施し列車に積み込みしが、巡警等はその公用品なるを見て正視するものなく、斯くして煙土は無事青島に到着せしが、之を密告するものありて遂に捕縛されるに至ったと云ふ出来事があった。

第七節　河南省に於ける阿片及び麻酔剤

河南省に於ける阿片の栽培は安徽省に比してやゝ少量なり。然れども淮河上流の支流区域即ち省の東部地方に於ては罌粟の栽培は盛んに行はれる。

一九二五年は前年に比して只僅かの変化を示してゐるのみである。最近、罌粟の栽培地方に於ては戦乱または匪賊の害が多く、盗匪は阿片の強奪を為すを以て阿片の産出を減少せしめ、従って隣接省より移入せるものが増大してゐる。

モルヒネ丸薬の習慣《服用脱カ》は減少の傾向なく、晩近、何等制限的の法令も発布せられざるがため、地税《以下ママ》（Land Taxes）は阿片の栽培地に出没する土匪の害さへないならば《以上ママ》、一般農家は罌粟の栽培には熱心になるであらう。

河南は毎年各種の戦乱に支配されてゐる為め官憲は常に変わってゐる。軍隊の維持費に充てる財源逼迫の為め最近再び阿片撲滅局（Opium Suppression Bureau）がChief Director Yang氏の下に設立せられ、その支局が各地に設けられてゐる。

河南の首都開封の市街に於けるSouth of the Ta Yu Taiは純粋なる陝西阿片を有するの店にして、〝何人も来たって之を求め得べし〟と掲示せる無数の看板を出してゐる。

各旅館の《ママ》茶屋娼家は認可されて（License）、その免許状の価格は一等または二等に依りて区別されてゐる。

最近、該局は阿片科料金及び阿片税を一ケ月に一度中央に輸送する様に布達した。

商人は何人を論ぜず一、〇〇〇弗より五、〇〇〇弗の支払ひを為して一期三ケ月間の地方専売権を得ることが出来る。

麻酔薬材は黄河の北部七県に蔓延してゐる。

第一款　南部河南地方

南陽県

南陽には阿片が多量にあり。四川省より輸入せられる以前、四川阿片は河南に密輸入されたが、今は普通二〇〇～三〇〇担（各重量一、〇〇〇ozs）の撒荷で輸入され、此等の輸入阿片には一ozsに付き二十仙の税が課せられる。

防烟委員（The Defence Commissioner）は八県に阿片を専売して五〇〇、〇〇〇弗の歳入を得てゐる。

光山県

当県には罌粟は栽培されてゐない。その栽培は昨冬南部河南の官憲に依って計画され、あるものは之に服従して種子を用意したが当局に拒絶された。

隣県（光州県）に於ては罌粟の種子が自由に提供されてゐた。

舞陽県、方城県、桐柏県、汝陽県

以上の四県に於ては未だ阿片の栽培は発見されないが、阿片は到る処で自由に吸烟され、民家は殆んど阿片屋《ママ》になって終日利用されてゐる。

各都市の阿片収税所に於ける取扱人は軍閥により任命されてゐる。

地方官は阿片の栽培地一畝に付き八弗の課税を試みた。

罌粟の播種禁止宣言は公布されてゐるが、従《マ》っ《マ》てその種子は多量に移入されて各人共所有地の四％に播種すべきを告示されてゐる。

現在の駐兵が土匪と殆んど変わらない様な実状に於ては、吾人は阿片問題の改善を容易に望むことは出来ない。

第二款　東部河南地方

沈邱県

以前よりは著しく阿片の栽培が増加してゐるが、されど莫大の栽培を有する隣県に比すれば、その約五分ノ一に過ぎない。

周家口

当地方に於ては阿片の販売が秘密に行はれ、一OZS三弗で容易に購求することが出来る。
阿片窟は無数にあるが殊に秘密にせられ、その取引は軍隊の手を経て行はれてゐる。
当地より四〇哩南の地方に於ては阿片は多量に産出し、公然と販売されてゐる。
阿片窟は各村に存在し、その取引には何等の妨害もない。
当地方人の約一〇%は阿片を吸烟する。現在、河南の苦患は土匪にして、阿片の事等を顧みる余裕はない。

淮陽県（陳州）

当地方に於ては罌粟の収穫は著しいが、河南全土の二分ノ一%に過ぎず、農夫は当局者に対して一畝に付き八弗の支払ひをなしてゐる。戦乱や匪徒の害は絶え間がない。

大康県

当地に於ては罌粟の栽培は行はれてゐないが阿片は多量にある。

上蔡県

罌粟は栽培されてゐないが、阿片は多量に吸烟されてゐる。誘拐者に対する身贖金に充つる為めモルヒネの丸薬が用意されてゐる。

項城県

罌粟は多量に産出してゐるが、官憲は之を黙過してゐる。

第三款　中部河南地方

開封（河南の首都）

一九二五年より陝西省からの阿片の取引《移入カ》は自由に行はれてゐる。軍隊の手を通じて運輸せられるが為に、鉄道官憲にとりてはそれへの干渉は無用であった。為に地方産の阿片は漸次廉価になりつゝあり、阿片吸烟者は増加してゐる。

郾城県

罌粟の栽培は極めて少ないが、阿片は自由に吸烟され、薬材として大取引が行はれてゐる。

許昌県、葉県、襄城県

当該地方には罌粟は栽培されてゐないが、西城《ママ》には播種されてゐる。阿片は何処に於ても公開的に吸烟されてゐる。京漢線で旅するものは、阿片の煙で殆んど窒息せしめられる程であった。河南に於て軍隊が強大である間は、その救済を期待することは出来ない。

鄭州

罌粟は栽培されてゐない。土地が適しない様に思はれる。北部安徽から鉄道に沿ふて開封に至る間には罌粟の栽培が多く、列車中より之を見ることが出来る。

第四款　北部河南地方

滎沢県

当県及び当地の近傍には罌粟は栽培されてゐない。阿片の耽溺者は多くないが、第二国民軍が当地に駐在してゐた時には、殊に士官の需要のために多く供給され自由に使用されてゐた。現在の呉佩孚の軍隊については尚ほ不明である。

温県、孟県、懐慶県、武安県、済源県

阿片は栽培されてゐない。然し乍ら多年モルヒネ丸薬の製造及び販売の大中心をなしてゐる。現在に於てもその取引は極めて広範である。

修武県

罌粟は栽培されてゐない。しかし多量の阿片の吸烟及びモルヒネ丸薬の使用は流行してゐる。

渉　県

渉県は河南省の西北《東カ》隅にある一行政区画で直隷省、山西省に境した草深い田舎である。山西省側では之と接続する行政区画を黎城県と云ふ。閻氏は彼の標榜せる善政主義を実行するの一手段として、万国拒毒会即ち外人宣教師等の主唱に依って組織された International Anti-Narcotic Society の出張所を各県に設け、偏鄙な黎城県にもそれが置かれてある。そこの会長から三、四年前閻氏の許に次の如き意味の報告があった。

河南省渉県管内の各村では目下罌粟の種子蒔きの最中である。その種子は白山と云ふ村落から買ひ入れるのであるが、一合の相場は制銭七、八百文であったのが最近は千文に騰貴してゐる。是れ丈けでもその需要の多いことが判る。一畝の税金は一〇元で、任意に罌粟を栽培することが出来る。私共自身、渉県を視察して此等の事実を調査したのである。

閻氏は此の報告を得て河南省長に対し詰問の公文を送った。

（Chapter VI & VII: cf. *The China Year Book 1926*, pp. 623–628.）

第八節　支那の阿片及びその他の麻酔剤と国際関係

支那に於ては阿片の栽培、吸烟及び密輸入等が益々盛行し、政府当局は一人として能く之を禁圧すること能はず、その弊害が支那一国に止まらずして世界にその累を及ぼすに至り、此に支那に於ける阿片及びその他の麻酔薬の問題は一種の国際問題となった。即ち一九〇九年には万国阿片調査委員会が開かれ、次いで一九一一年末から翌年一月迄、海牙で第一回万国阿片会議が開かれて阿片条約が出来、一九一三年には第二回の国際阿片会議、翌一九一四年には第三回の国際阿片会議が開かれて全世界の各国が之に加盟しその目的を達成することゝし、その結果一九二〇年の第一回国際聯盟総会及び一九二二年の第二回総会に於ては本問題を上議して漸次、阿片条約を世界各国に於て実施する様になってゐる。是等はその当初に於ては主として人道問題として論議せられたものなるが、漸次推移して今日に於ては政治問題となって来てゐる。

(斎藤博士著『支那国際干係概観』一五二頁)

第一款　阿片及びその他の麻酔薬と国際聯盟

阿片及びその他の麻酔薬に干する諮問委員会は、聯盟規約第二十三条（註参照）の規定に従って一九二〇年十一月の聯盟総会が之を設立することを決議したのである。

同委員会は、阿片問題に直接密接なる利害関係を有する支那、仏蘭西、英吉利、印度、日本、和蘭、葡萄牙、暹羅より各一名宛の代表者を出して成るものにして、他に委員補として本問題に干する専門家三名あり。次いで北米合衆国、独逸、セルビヤの代表者もその委員中に加へられた。

阿片委員会は、聯盟理事会の諮問機関の一として、阿片その他の麻痺《醉カ》薬の害毒を防止せんため、その生産、配布、精製、消費の如何等を研究し、之が制限、禁止に干する方法を議して理事会に具申するものである。今日まで已に数回の委員会が開かれ、

㈠　一九一二年の阿片に干する国際協定を確保したる事

㈡　更に阿片取引を迅速に厳禁せんがため、一九一二年の協定を補足して一層完全なる手段を研究準備せる事

等の重要なる事業を為した。

阿片委員会は、阿片売買禁止の目的を完成する為に、世界の諸国が一九一二年の国際協定を批准すべき事を勧告したので、第一回聯盟《国際聯盟総会カ》の当時に於ては僅かに十四ケ国の署名のみであったが、今日に於ては五十六ケ国、その中にて批准せるもの四十六ケ国に及び、已に充分なる国際協力の途を求め得るに至った。殊に此等の批准国に於ては、諸種の阿片取引の禁止に干する法令を発して、一層その目的の遂行を完全ならしめてゐる。また、委員会は或る質問状を発し、或は諸種の新制度、刑法案、監獄手段等について理事会に具申し、その事業は非常に効果を挙げてゐる。

一九二三年五月の委員会には米国も参加して重要なる提議をなし、阿片生産の監視を実行すべきことを述べた委員会は米国の提案を容れ、更に阿片喫煙の禁止に干する極東諸国の特別会議並びに一般の阿片会議の招集せらるべきことを理事会に提議し、六月の理事会は更に之を第四回総会の熟議審査に送附した。昨年の総会は委員会の報告及び決議を採決し、理事会をして此等の決議の実行に干する必要手段を講ぜしめた。即ち右の両会議は一九二四年の十一月に開かれることゝなり、その準備委員会が構成せられた。

阿片委員会の事務は、国際聯盟理事局内《ママ》阿片部の施行する所であって、同部は総会の決議により一九一二年の阿片協定の実施状体、阿片及びその他の麻痺《酔カ》薬の生産、配布、消費に干する諸国の情報を蒐集し、更に聯盟をして既存の諸協定を監督してその目的を貫徹するに適当なる時機を報告することを職としてゐる。

（古垣鉄郎著『国際聯盟と世界平和』八五・八七頁参照）

〔註〕

国際聯盟規約

第二十三条（人道、社会、経済問題）

聯盟国は現行または将来協定せらるべき国際条約の規定に遵由し

第三項　婦人及び児童の売買並びに阿片その他の有害薬物の取引に干する取極めの実行につきその一般監視を聯盟に委託すべし。

（第一、二、四、五、六項は省略す）

第二款　国際聯盟の禁煙策と支那の特許制度

一九二〇年の講和会議は、阿片問題が社会、人道上由々しき重大問題なることを認めてその平和条約中に海牙阿片協定に干する実施規定を挿入し、更に聯盟に対して阿片取引監視の任を委嘱せるが、国際聯盟は規約第二十三条に従ひて阿片及びその他の麻酔薬の取引に干する諮問委員会を設置し、聯盟理事会と協力して、

㈠　各国政府より情報を蒐集し、

㈡　海牙阿片協約の批准を未だ為さゞるものに対しては速やかにその批准を終わる様に勧告し、

(三)　薬物取締りの能率を高めるため、政府は特にその輸出入を特許制度の下に置くことを勧告し、

(四)　各国に於ける該薬物の合法的使用量を調査し、

要するに海牙阿片協約を訂正して一層之を完成せんことに努力し、一九二四年の末より一九二五年の初頭に亘ってゼネバに於て国際聯盟阿片取締会議を開催した。

然るに該会議に於て、米国及び支那は各国の漸禁主義たる専売制度に反対して脱会した。蓋し米国は医薬用及び学術用以外に於ては阿片その他の麻酔薬の使用を絶対に禁止せんとし、支那は之に追従したのである。

されど支那の実状に於ては、暫行刑律に於て厳禁されてゐるにも拘はらず、罌粟の栽培は公許せられ、甚だしきは官憲より之を強制し、その販売には官憲が之を保護し、阿片煙館の設置も公許せられ、輸入も官憲の保護に依るものある等にして、その言明とその実状とは相反し世界の嘲笑を招いて居る。

併し支那は表面に於て一部の特許制度を規定している（モルヒネ・コカインにつき）。即ち税関規則一九二二年改正の現行の支那改訂輸入関税定率表附則第四条には、

阿片及び罌粟種子の輸入は絶対に之を禁止す。

下に掲ぐる物品は、その資格を有する医師、薬種商または薬材《ママ》師の証明ある場合の外之が輸入を禁止す。

モルヒネ・コカイン及びその他の注射器、モルヒネまたはコカインを含有する戒煙丸、ストヴヱーン・ヘロイン・デバイン・ガンチヤ・ハッシッシ・バング・印度大麻・阿片丁幾・ラウダナム・コデイン・デオニン及びその他各種の阿片及びコカイン等の誘導薬

とあり。

第十一巻　江西縦貫経済調査

第二編　広東・江西に於ける薬材及び阿片

第二章　広東・江西に於ける阿片

第一節　緒　　言

支那に於ける阿片の害毒は今や全国に拡がり、実に救ふべからざるの状態に陥ってゐると云っても過言ではない。近年、阿片、コカイン、モルヒネ等の密輸入、否、公然の密輸入が盛んに行はるゝ様になり、一方、支那の内地に於ける阿片の栽培も日に月に増加したから、支那国内に於ける阿片の中毒者もまたその数を増しつゝあるは自然の数である。是れ実に人道上看過すべからざる事であるが、また、一面これが対外的に将た対内的に支那にとって如何に禍してゐるかを考へる時、事態が此の儘に推移すれば、支那の将来は実に暗澹たるもので、真に寒心に堪へない所である。

惟ふに支那に於て阿片なるものが最も手ひどく禍せしは英支間の阿片戦争より、従って支那をして永久に立つ能はざらしめた所の南京条約の締結よりであらう。また、支那各地の軍閥は近来、阿片の極税によりて軍器を購入し兵員を増加し、他地方の軍閥に向かって戦を開き、または阿片の収入を目当てとして他地方を侵略する等、これら凡てが支那内乱の原因をなしてゐるのである。一昨年の江浙戦争の如きもその原因は上海に於ける阿片収入が目的であった。また、奉天軍が熱河を争ふが如きもその地に於ける阿片収入が目的であった。此くの如く此の幾年間の内乱は決して主義の上の衝突によりて生じたる戦争ではなく、また、兵数の争ひでもなかったのである。実は阿片税と阿片を一手販売する利益の為の争ひであったのである。

実際、近年の支那の内乱に、阿片収入が直接または間接の原因となってゐる事は争ふべからざる事実である。軍資金がなければ彼等は戦争をすることが出来ぬ筈であるが、各省とも阿片よりの収入によって軍資金の調達が出来る様になったから戦乱が頻々と発生する様になったのである。而も各軍閥は自己の野心を充たさんが為に益々軍備の充実を計り、之が為には大なる収入を要するからして阿片収入の多き地方を目がけて之を奪取せんとし、益々兵をその地方へと動かすのである。故に余は言ふ、支那を兵禍から救ひ平和な、堅実な、国らしき国となさんが為には、先づ凡ゆる方面に害毒を及ぼしてゐる所の阿片を除け、と。自ら成せる禍を除かずして他動的の帝国主義を如何に排斥しても、完全なる自己を見出すことは永久に不可能であらう。

第二節　阿片の起源、沿革及び支那への伝来の経路

（故大村教授に依る）

支那に阿片が流入するに至ったのは何時の時代か正確に之を知るを得ないが、その輸入が最も盛んになって来たのは清の中葉以後の事とされてゐる。

元来、此の罌粟の汁を取りて薬とせし事はその昔、希臘人がなした事である。その原産地は南欧羅巴、西亜細亜

にして、十二世紀の初めに至って小亜細亜の阿片は商品として現はるゝに至ったと云ふ。希臘及び拉丁にてはOpiumと名付け、土耳古にてはAfyon、印度にてはAfyunと云ふ。支那に於ては阿芙蓉と名付け、後、英語のOpiumより阿片等と記す。

唐以来、亜拉比亜との交通により支那に伝へられ医薬として用ひらるゝ様になったのであって、明の李時珍は『本草綱目』にAfyunにつき詳しき記録を残してゐる。此の書は一五九六年に成りし書なり。

阿片の用法にはEatingとSmokingとの二法がある。Smokingの法は近代に始まれるものにして、殊に支那及び南洋方面に多く行はれしと云ふ。波斯、印度にてはEatingが行はれ、各個人により各その分量は異なるけれども、一人一日に一回または二回少量を飲み、精神の魔酔《ママ》によりてその作用《ママ》を喜ぶものなり。

支那に於けるSmokingは何時始まれるものなりや明らかならざれども、略次の如くに推察せらる。一五四三年にスペインが比律賓を領有し、次いで支那と交通を始め、厦門及び台湾の煙草を輸入し始む。阿片のスモーキングは煙草と干係あるものにして、南洋にて発明せられしものと云ふ。台湾にてはマラリヤその他の熱病多くして、和蘭その他の医者は専ら阿片を用ひて之が予防及び治療をなせり。スモーキングもまた台湾に於て最も早く行はれ、台湾より厦門を経て支那の内地に入りたるものなり。

康熙年間には尚ほ吸煙の行はるゝこと少なく、その輸入もまた多からざりき。乾隆年間に於ては漸次流行し、その終わりには上は中央・地方の官吏より下は苦力に至るまで吸煙を行ふに至れり。吸煙の未だ行はれざりし時代に於ては専ら薬品として用ひられ、その輸入額は極めて少なく、一七七三年までは多くとも二〇〇箱なりしと云ふ。されどその後は年々に増加して一七九〇年には四、〇〇〇箱、一八二六年には九、〇〇〇箱、一八三〇年には一六、〇〇〇箱、一八三二年よりは二〇、〇〇〇箱以上となる。

是れによりて一七七六年には一度禁令を発し、内地にては之を吸ふ事を禁じ、広東にてはその輸入を止めんとせしも、殆んど有名無実にして行はれず。一七九六年に至りて更に禁煙令を下し、此の時その処罰を規定して曰く、

阿片を販売するものは枷一ケ月近辺に流す。

煙館を開きたるものは絞に処す。

然れども違犯者を尽く処罰する時は罪人いよ〳〵多くして之を処罰するに堪へず、且つ官吏富者の間に行はるゝを以て、その処罰には全く実行を望む能はず、之が為め禁令もまた無実となる。

当時、阿片の価は一近《斤カ》、最高時には七弗内外、低き時も四弗半を下らずと云ふ。之により年々の輸入額は二、三千万両に上り、従って支那の銀が外国に出づること多く、元来、輸出超過の国も阿片の為に輸入超過となり、政府も初めは熱心にその害を論ずれども、また如何ともすべからざるの状体に陥れり。

一七九六年の禁令以来、英国の東印度商会は、広東の税関がその輸入を許さゞるが故に、特殊の方法にて輸入する事とせり。即ち香港の近くに阿片貯蔵船を置き之を倉庫となし、商船は先づ阿片を之に入れ然る後西江を遡る。その取引は広西《東カ》省城に於て行はれ、物品の受け渡しは、此の貯蔵船によりて為すものにして、その船を躉船と云ふ。

一八三六年に至り更に禁煙の令を発し、その罪を甚だ重からしむ。その年に於ける輸入は三〇、〇〇〇箱なり。因って当時、総督たりし林則徐は、六ケ条の禁令を上奏しその議用ひられたり。その六ケ条は即ち左の如し。

一、民間の吸煙器具を悉く没収すべし。

二、三ケ月以内に禁煙し、自首するものはその罪を許すも、その後に発見せらるゝものは悉く流罪に処す。

三、煙館を開くものは元と死罪、売煙するものは流と定む。されど今改めて両者ともに死刑に処す。その器具

製造者もまた同罪なり。

四、違犯者の発見せられし時はその地方の軍人官吏を処罪す。

五、保甲法を完全にして違犯者を査出す。

（注）保甲法とは数家を合して一甲となし、数甲を合して一保となし、保長及び甲長を置きて各家を視察せしむるの方法なり。

六、吸煙者の診断法を講ずべし。

以上が即ち此の六ケ条なり。

実に当時の此の輸入額より推せば、少なくとも二百万人の吸煙者のあることは明らかにして、是等を完全なる警察制度を以て査出せんとするは殆んど不可能の業なり。故に政府は形式的に幾多の禁令を発すれども、実際、官吏は之を行はず。然るに林則徐が断乎たるの決心を以て之に当たらんとするの意志を示せし為め、彼は欽差大臣として広東に派遣せられ、遂に外国人と衝突するに至れり。

一八三八年に林則徐は広東に至り、先づ英国人に命じて躉船を廃せしめ、その輸入を止むるを以てせしが、英国人は之を聞かず。由って英国の通商を止め、それ以外の各国商船にして、阿片を載せざるものゝみ通商を許すの命を発し、また英米その他各商人がその当時所有したる阿片の総額を支那政府に引き渡さしめたり。此れ即ち英清間の阿片戦争の近因となりたるものにして、それ以来、支那は戦禍、煙禍、匪禍、相次いで起こり、殊にその煙禍は支那をして自動的に苦しましむるの有力なるものとなれり。

第三節　支那阿片の現況

一九二六年に於ける支那阿片の状況について、万国拒毒会書記たるW. H. Graham Asplands氏は、同年のChina Year Bookの阿片の部に於て左の如く云ってゐる。即ち曰く、一九二六年に於ける支那は、経済的にまたは軍事的に、実に混沌たる状態にあり、鉄道及び郵政の事務は阻害せられ、或は杜絶の状態に陥った位である。而もそれ等は、各省に於て排外的に、また積極味を帯びて来た為に、我等の阿片に対する例年の如き調査は充分に行はれなかった。此の報告書中に表はされたる我等の質問に対する応答は、単に外国人使者の報告に依って成ってゐる。

此くの如く実地に調査に当たるべき多くの外国人使者が、戦乱や匪乱の為に彼等のなすべき仕事を残して安全地方へ退去するか、或は数ケ月間にも渉って市中に蹲まって居らねばならぬと云ふ様な憂き目を見せられたので、彼等の巡回視察は不可能となり、調査報告は実に不完全にしか出来なかった。併し今度は此等の使者よりの報告を集めて諸士に報告することゝする。

此等の外国人使者より受け取りたる報告によれば、今年度に於ける支那内地の罌粟の栽培は、一般に一九二四年～二五年に比して多少減じてゐる様に推察される。支那に於ては軍閥等による内乱が絶え間なく、彼の軍閥等は阿片の強制的栽培により農民から徴収する処の金を以て彼等の軍費に資したのである。されば、若し本期の阿片産額が一九二五年のそれの如くに多額でなかったとすれば、それは農民が種々の理由によって阿片の栽培を喜んでゐなかったことを証明するものである。種々の理由と云ったが、その原因の主なるものは、

一、市場に於ける阿片の在荷の過多なる事

二、従って阿片価格の低落せし事

である。生阿片の儘で一オンスを五十 cent に売らなければならなかった省も数省ある。それ迄は良かったが、阿片栽培土地税なるものが六弗から十二弗位にもなり、加ふるに生活費も夥しく増加すると云ふ風であった。併し今期に於ける軍閥の強制は一九二四年等に比すれば大分軽かった様である。昨年の福建省に於ける軍閥の強制は凡ゆる方面に於て、即ち温和的にも強制的にも為されたのであった。此に温和的の強制方法と云ふのは、土地税を高めると云ふ様なやり方である。本省に於ては年々に土地税が高くなって行く傾向を見せてゐた。本省に限らず、何処にても海岸に近き土地にて貨物の運搬に便利がよく阿片栽培によりて大きな利益を得らるゝ省は、悉く土地税が引き上げられたので、土地の人民は穀物を作るよりもズット利益の多い阿片栽培をなす様になり、また、阿片栽培のみがその土地に於ける収支を調和せしめるものとなったのである。

また、多量の阿片を運搬するに水運の便の非常によい四川省等に於ては、Lazy Tax なる税制が凡ゆる地方に於て布かれた。また、福建省に於ては阿片専売業者の様なものまでが現はれて来た。即ち処々方々に於て軍閥の巨頭連が個人的にまたはトラスト式（組合式）に阿片の専売をすると云ふ様なものである。

此くの如き事は、海陸の軍閥連が阿片栽培や阿片吸喰に対して地方税をかけるのに満足してゐるのではない事を示してゐる。一九二六年の初め、沿岸航路の一汽船が南方の港に於て外国向けに送るべき雲南阿片を百箱積んで輸送してゐた時、海南島附近で支那の巡洋艦にストップを命ぜられた。而して水兵等がその船に乗り込んで査べてみると、一万弗にも値する阿片が発見された。所がこの巡洋艦の連中は、それを軍艦の方に積み込んで何処とも知れず逃げて了ったと云ふ事があった。

此くの如くにして支那に於ける海陸の軍閥連中は、軍資を調達する目的を以て、栽培土地税や煙管税や運送税を納むることなくして、阿片の販売業者となり大輸入者となって大規模にその仕事を行なってゐるのである。

第四節　阿片の密輸入

元来、支那に於ける阿片の密輸入は政府、否、民間に於ても堅く禁じてゐる処なるも、法と実際との不同を以て知らるゝ支那に於ては、その禁令の厳守は及ぶべくもない事である。

ところで、支那内地に於ける阿片の栽培のみでは不足を来たしてゐるのに、何故に密輸入を禁じたかと云へば、先づ国家政府から考ふれば、みす〳〵国民をして阿片中毒に罹らしめ亡国の民を作る事の不憫さから、阿片の害を説きて禁煙令を発し、且つその輸入を禁じたるものならんも、それより更に大なる原因は、彼の高価なる阿片を外国より輸入することの為に、それと反対に支那より外国へ流出する銀の量の莫大なるを恐れたるものにして、これ経済的にもまた国民的にも支那に害毒を及ぼすものなるを以てである。支那に於ては銀の外国への流出を恐れて内地に阿片の栽培を許したのであるが、その栽培たるや、殆んど軍閥の喰ひ物となり終はりたるの形にて、支那産の阿片を買ふよりも外国産の阿片を用ふる方が利益あるを見て、その密輸入は殆んど公然に行はれてゐる形である。

阿片の密輸入の最も盛んにして、阿片を用ふる量の最も多きは上海である。上海では独り阿片のみならず、モルヒネ、コカイン、ヘロイン等の魔酔薬の密輸入もまた盛んに行はれてゐるのであって、同地に於ける印度及び土耳古阿片の密輸入額は、一昨々年の江浙戦争前迄は一ケ年約二千箱に上り、その収税額は四百万元と称される。此の密輸入は軍閥保護の下に行はれたるものにして、軍閥は一箱につき二千元の税金を徴収したのであった。此くの如くに阿片と軍閥とは影の形に添ふが如く、阿片に干した事件のある処には必ず軍閥の潜まざる無きの状態である。云はゞ軍閥の為の阿片である。

第五節　支那阿片の専売及び関税

支那に於ける阿片の専売は、或る場合には民間に於て為さるゝも、多くの場合、その専売には軍閥が強い後盾となり厳然と構へてゐる。

また、支那に於ては準専売業なるものが存在してゐるが、それは栽培の方を支配するものではなくして、印紙税制度の下に阿片を輸入し或は販売し、また、凡ての阿片の取引、運搬等に際して Tax Permit なるものを発行して税金を徴収してゐるのである。

一九二五年に、中国政府は全世界に向かって、阿片専売制度なるものは如何なる条件の下に於ても正に考へ得べからずと宣言し、また、支那の考へとして阿片を禁じてゐる所から、専売等は以ての外なる事を宣言したるも、それは為政者、当局者の考へにして、民間に於ては絶対に実施するを得べきものに非ず。即ち軍閥を後盾として成立してゐる処の阿片の専売は、政府の此くの如き宣言に依って決して左右せらるべきものに非ざりしなり。

一九二五年に於ける阿片問題の状況は概略左の如くに考へらる。

(一)　一方に於ては人民の傾向によりてその産額が左右せられ、他方に於ては軍閥及び民間の強制によりて制限せられたるのみ。

(二)　阿片貿易商店に対しては、上述の二省及び諸処の地方長官によりて為されるもの以外、殆んど無制限に課税されたり。

(三) 如何なる阿片取引に対しても、その出発点即ち発送点に於て税を課されたり。

(四) 若し一九二六年の阿片産出額が一九二四年及びそれ以前の産額に比して少額であったならば、その原因は市場に於て阿片の在荷過多なりしか、或は食物の価格の騰貴に原因せしものなり。

(五) 政府及び地方の高級長官は阿片に対して何等公式の抗議を為さず。

一九二三～二五年の間、支那の海関或は常関によりて没収されたる阿片、モルヒネ、その他に就いて表示すれば左の如し。

品　名	一九二三年の没収量	一九二四年の没収量	一九二五年の没収量
土産阿片	四六、二八九 lbs.	六三、一六九 lbs.	四五、九八九 lbs.
国外阿片	五、二二五 lbs.	二三、五二二 lbs.	二、八七九 lbs.
屑阿片	一、四八〇 ozs.	一、八〇八 ozs.	八〇〇 ozs.
罌粟種子	三、五七一 lbs.	四、〇三六 lbs.	一八一 lbs.
モルヒネ	一七、六〇〇 ozs.	一二、五一八 ozs.	一二、二八八 ozs.
コカイン及びヘロイン	二〇、七〇四 ozs.	八、九〇四 ozs.	六、一二八 ozs.

第六節　広東省に於ける阿片栽培状況

広東省政府は民国十三年一月以来、禁煙督弁署《処カ》戒煙薬分処なるものを各地に設け、軍隊側より供給する阿片を以

て専売制度を実施し、

一、栽培税　一畝に付き　十五元

二、製煙　五分税

三、燈捐　吸喰用燈一個に付き　一ケ月　十五元

を徴収して軍民両政府の経費に充当せり。然るに官設機関の収支償はずして軍費滞り、為に阿片収入の争奪を惹起したるが、民国十四年には湘《カ》南軍の奪取する処となり、同年三月卅一日、阿片薬膏の売下方法を改めて広州市に禁煙局を設置したるも、五月十三日更に改めて別法を採用し、特許料一《マ》日六千元《マ》にて万益公司に阿片売下数《ママ》を附与せりと云ふ。

（支那阿片問題考究資料による。大正十四年九月、通商局第二課）

次に一九二六年の『支那年鑑』により、広東省に於ける同年の阿片状況について訳出せん。即ち曰く、

本期に於ける本省の阿片栽培は甚だしく多くはなかった。只支那に於て最も良質の阿片を産すると云はれてゐる福建省の南部と同じ土質を有する本省の東北部に於て栽培が行はれた位のものであった。それは全て軍閥の命令の下に栽培せられてゐるものである。博士C. C. Wu氏よりの来信によれば、阿片は資金を作るの目的に於てのみ政府より賛成せられてゐるものであって、政府の資金とならざる阿片の栽培等は許されてゐない。

従前、広東省の数人の首領連及び故孫氏の家族は万国拒毒会支部を設立してゐたが、共産主義の要求の下に、今はその改成《ママ》の企図も放棄せられてゐる。本省前総督の治世の下に於ては、阿片と賭博とは厳禁せられてゐて、それを犯したものは重刑に処せられてゐたが、現《総督の脱カ》治世の下に在っては、阿片は公々然と運搬され販売されてゐる状態であると云ふ。併し阿片商人が商店を開く時には政府に五、〇〇〇弗を納入し、その上に附加

税として一オンスに付き八〇％の税が掛けられてゐる。本省に於てはまた阿片抑制局なるものを設立してゐるが、その阿片より来たる収入及び賭博、娼売業者より来たる収入は合計五、〇〇〇、〇〇〇弗にも達すると云はれる。

本省の中、西、南部の阿片は主に貴州産の阿片にして、西部広東に於ては一オンスが二弗三十仙位である。その値段が非常に安いので農夫等は罌粟の栽培を喜ばない。本省の東北部地方に於ては、阿片は多く福建省産のものが供給されてゐる。而して現今、広東に於ける多くの川汽船は、殆んど軍閥の阿片輸送用として使はれてゐる有様である。

第七節　広東軍政府禁煙条令《例カ》

（民国十四年公布）

第壱条　国民政府は本条令《例カ》施行の日より四年間内に阿片を完全に禁絶することを決定す。

第弐条　国民政府は禁煙督弁処を特設し、一切の禁煙事誼《宜カ》を管理せしむ。

第参条　阿片の未だ完全に禁絶せざる間は禁煙督弁処より専売す。

第四条　国民政府所属の人民は本条例公布施行の日より阿片を購入、運搬、販売、或は貯蔵することを得ず。

但し阿片は療病の製薬用品たるを以て、政府にて註冊せる医師の証明併びに禁煙督弁処発給の特許証書を有するものは此の限りに非ず。

阿片とは罌粟煙、土煙、膏煙、灰煙、瓦煙、その他阿片と同種類のモルヒネ、コカイン、ヘロイン等の薬品を包含して総称するものなり。

第五条　国民政府に所属する各地にして本条例の公布施行前に罌粟を栽培せるものは、該地の地方長官より三ケ月内に派員精査し、全部督令剷除せしむ。

第六条　煙土、煙膏を蔵するものは何人及び何機関たるを問はず、また印紙を貼附せるや否やを論ぜず、該地の専売処或は分処の成立後十日以内にその所蔵阿片の種類及び数量を専売処または分処に報告すべく、禁煙督弁処より相当の価格を以て之を買収す。

第七条　談話処或は阿片を吸飲せしむる館舎は本条令《例カ》施行の日より一律に禁絶す。

第八条　人民は吸煙牌照を請求受領の上阿片の吸飲を許可す。

第九条　本条例の施行前に戒煙薬品を製造販売せるものは、施行の日より十五日以内に該薬品を禁煙督弁処に提出し、その阿片質を含まざることを検明したる上、戒煙薬品として適宜なるものは発売許可証を発給しその発売を許可す。

第十条　本条例の施行後に戒煙薬品を製造販売する者もまた同じとす。

第十一条　第四、第六の規定に反くものは阿片及びその運搬船或は製造器具を没収或は剷除するの他、該阿片価額の二倍以下の罰金を課し並びに五年以下の監禁に処することを得。

第十二条　第七条の規定に違反するものは阿片及び一切の物品を没収するの他、三千弗以下の罰金或は五年以下の監禁に処す。

第十三条　本条令《例カ》は公布の日より之を施行す。

第八節　広東軍政府領牌章程

第壱条　阿片吸飲者は禁煙条例に規定の年限に依照し、毎年最少四分ノ一宛を逓減して四年間に皆絶すべし。

第弐条　吸飲者はその所在地方の禁煙局或は分局成立の日より十日内に註冊し吸煙牌照を受領すべく、その請願書には左記の事項を詳記すべし。

㈠　姓名　㈡　年齢　㈢　原籍　㈣　住所　㈤　職業　㈥　毎日の吸煙量　㈦　毎日購入するか一ケ月毎に購入するか　㈧　何年間に戒絶するか　㈨吸煙地

第参条　前規定の期限の満了後は牌照の発給を停止す。

第四条　無牌吸煙者を査出せば直ちに戒煙留医所《処カ》に送致し、その拘留に期限を定めて戒絶せしめたる上釈放す。

第五条　前条の拘留せられたるものは自ら留医費用を負担すべし。

第六条　吸煙牌照は之を三等に分かつ。毎日六仙または六仙以上を吸煙するものを一等とし一ケ年の牌照費は十元を徴し、毎日三仙或は三仙以上を吸煙するものを二等とし一ケ年の牌照費は五元を徴し、毎日三仙及び三仙以上《一仙或は一仙以上カ》を吸煙するものを三等とし牌照費は一元を徴す。

第七条　牌照受領者にして、若し本章程第一条の規定に依照し毎年最少四分ノ一宛吸煙量を減少し能はざるものは、本人の請願により或は強制的に留医所《処カ》に送致し戒絶せしむべし。

第八条　吸煙牌照は他に転譲することを得ず。また、購入したる阿片を他人に供給することを得ず。

第九条　牌照を受領したるものはその吸煙の時、該牌照を携帯すべく、然らざれば無牌吸煙者と見做すことあるべし。

第十条　吸煙牌照を遺失したる時は直ちに之が取消しを報明し、並びに新牌照を受領すべし。新牌照費は本章程第六条の規定の半額とす。

第十一条　牌照は遺失しまたは取消したる場合に於てはその効用を失ふものなり。

第十二条　牌照受領者には只その指定区域内にありて吸煙することを許す。若しその地域を変更する場合には、その牌照を発給したる機関に願ひ出で、地域変更憑証を受領し吸煙牌照に貼附したる上、新区域内の機関より阿片を購入することを許す。
前域の変更牌照は之を無料にて発給するものとす。

第十三条　本章程は公布の日より之を施行す。

第九節　広東軍政府禁煙督弁処組織章程

第壱条　禁煙督弁署《処カ》は禁煙条例に依拠して之を組織す。

第弐条　禁煙督弁所《処カ》は財政府《部カ》の監督指揮を受け禁煙、専売及び稽査事務を管理す。

第参条　禁煙督弁署《処カ》に左記の各処《課カ》を設く。

一、偵緝課

二、宣伝課

三、牌照課
四、戒煙留医処
また、専売所《処カ》に左記の各課を設く。
一、検弁課
二、製造課
三、牌照課
四、発行課
五、総務課
第四条　禁煙督弁処に督弁一名を設け、財政部より国民政府に呈請して之を任命す。
査禁処長　一名
専売処長　一名
検験員、稽査員、医師若干人、課長課員若干人は督弁より財政部に呈請し夫々に之を薦任或は委任す。
第五条　査禁処は長官の命を受けて左記の事項を掌管す。
一、煙土、煙膏、煙灰の私植、水陸の密輸、私製私贓の偵緝事項
二、阿片の害毒、戒煙方法の宣伝、及び一切の吸煙の誘惑、広告の制止
三、牌照の更正事項
四、無牌照にて吸煙して戒煙留医処に入れられるもの及び、自ら戒煙留医処に入処し戒煙を請願す

るものに干する事項

第六条　専売処は長官の命を受けて左記の事項を掌管す。

一、本署《処カ》の煙土、煙膏、煙灰等の購入事務及び運輸事務

二、煙膏の配製事務

三、煙土、煙膏、煙灰の保管事務

四、煙膏の売出し事務

五、本署《処カ》の収支会計、庶務、文書、予算、決算、その他の雑務

第七条　検験員は直接に督弁の命を受け煙土及び製造煙膏の成色分配を検査す。

第八条　稽査員は直接に督弁の命を受け煙土、膏、灰の数量を発表し、貯蔵の数目及び款項、会計を稽査す。

第九条　禁煙督弁は財政部長に呈請して国民政府所属の各地方に禁煙局或は分局を設置し、禁煙事務を管理せしむることを得。

第十条　本法は公布の日より之を施行す。

第十節　江西省に於ける阿片問題

（栽培及び吸飲状況）

民国十三年一月、当時の江西省督理蔡成勲は、軍費調達の目的を以て江西全省に拓《拒カ》毒品総局を設け、阿片の移入及び専売の両負担《請負カ》制度を公布し、阿片百斤に付き三二〇元の移入負請《請負カ》上納金を課して之が移入を請け負はしめ、また全省を十四区に分かち、毎年一名の専売請負人を指定して年二八四元～一五、〇〇〇元にて阿片の専売を請け負

はしめ、以て阿片の吸喰等を官許したるも、その上納金等の収得は僅かに四〇〇、〇〇〇元に過ぎざりしが、偶々在北京同郷学生会の熾烈なる反対を受けて目下之が官許を中止し居れり。

（支那阿片調査資料　大正十四年発行　通商局第二課）

次に一九二六年の『支那年鑑』を訳出することに依って江西省の栽培状況を紹介せん。

吾人の旅行地は水運に依る地方即ち中央江西の旅なりしため、何処にても阿片栽培の実況を調査すること出来ず、只之によりて報告を為すを以て限りとせざるべからず。その書に曰く、

本省に於ては一九二四年以来、各地に於て阿片の私用が著しく増加したる如くなり。外人使者の調査報告によれば、江西省人の一〇～二〇％は阿片を吸飲するものなりと云はれてゐる。

本省に於ては雲南よりの阿片の輸入が簡単に出来る為に、その栽培の方面に至っては大した注意も払はれてゐない様で、殊に贛江流域の地に於ては見るべきものはなく、主に福建省、浙江省、湖南省境の山中に栽培せられてゐる様である。

此くの如く江西省に於ては阿片を吸ふもの多くして而も栽培は稀にする位なので、その輸入は大した額に上る事が容易に想像出来る。何故なれば本省に於ては一九二四年中の三ケ月間に、軍閥の専売によりて運搬されたる、従って交易せられたるものが一、〇〇〇、〇〇〇オンスにも上ると云ふことであり、Kian Hsien の如き単なる県に於ても、一ケ月に二〇〇、〇〇〇オンスも売り上げられたと云ふことであるから。

軍閥の専売がなくなってより以来は、lamp 及び lens に課税して阿片の自由貿易と云ふ様な形を生ぜし観あるが如し。

第十三巻　粤西海南島経済調査

第三編　閩南に於ける阿片及びその取締制度

第二章　本　論

第一節　罌粟栽培の状況

第一款　総　説

福建省は支那に於ける阿片生産地の中重要なる地域の一と数へらる。而してその大部分は南半即ち閩江以南の地方に産するものにして、現時支那へ密輸入せらるゝ阿片が上海を中心として取引せらるゝに対し、支那より密輸出せらるゝ阿片は厦門を中心として集散せる事実あり。

されど罌粟の栽培及び阿片の製造は国内的にもまた国際的にも禁止せらるゝ所なるを以て、官憲は表面之を取締ると雖も、徴税が主要なる目的にして禁烟の実行に非ず。実は脱税の取締りに他ならざる実状にあり。故に福建省に於て耕作せらるゝ罌粟及び製出せらるゝ阿片の量は莫大なるものにして、同安地方の一九二五年度の生産は優に一千万元を超過せるなるべしとのことなり。更に福州一円を概算すれば此の四倍に達する見当にして、その大部分が厦門に集中せられ地方の吸飲に供せらるゝは勿論、多量なる過剰生産は西洋方面、英領殖民地、台湾、また同島を経由して日本内地にも輸入せられつゝありとは厦門在住の阿片仲買人の通話なり。

斯くの如く閩南に於ける阿片の生産は多量なるも何等、統計等の徴すべきものなければ、僅かにその栽培、製造及び取引を常習とする者等が採算上の根拠とせる推定数量等を基礎として状況を説明せんとす。

第二款　罌粟栽培の実況

李厚基が福建督軍として福州に在り、その威令全省に及びたる時代に於て、行政費及び軍事費の支弁は大概、阿片税を以て為されたる趣にして、その頃の年収額は銀八百万元内外なりと称せらる。然るに大正十年、北京政府の特派に係る閩南禁煙大員王大貞なる者、先づ福州に赴き次いで当地に来たり、同年十一月十一日、厦門商務総会に於て為したる講演の中に曰く、

厦門に於ては民国八年に禁煙局を設け、九年に至りて約五分（十分ノ五）通り、本年に至りて約七分通り禁烟実行の成績を収めたりと謂ふも、而もその根本たる罌粟の栽培を禁止するに非ず。以上に依りては絶対的禁烟は不可能なりと信ずるを以て、今回、罌粟栽培の厳禁を断行する方針なり、云々と。

次いで南洋華僑の豪商陳嘉庚は曰く、

民国九年中の徴収に係る阿片税は、同安県丈けにても実に百五十万元以上に達せし由なるも、右は人民の納入額にして当局の実際の収入額は僅かに十五万元に止まり、残り九割は該事務を処理せる中間の大小官吏の話《誅カ》求するところなり、云々と。

督軍李厚基の時代に在りては、阿片税を以て唯一最大の財源となし居たること前述の如く、その阿片栽培の取締り方法に関しては、毎年の財政状態によりて緩厳の方針必ずしも一定したるものに非ず。

その栽培は山間の幽谷を利用して耕作し、または鉢植をなし時に屋内に隠匿する等、種々の方法によりて之を行ひ居る次第にて、旅行中一度も罌粟栽培の現場を見受けたること無し。

罌粟の栽培は一年一作にして、肥料としては殆んど豆粕のみを用ひ、硫安その他のものは蔬菜には之を用ふるも罌粟に対しては従来より施用せざるが、是れは単に地方的慣習に基因するものにして、他の肥料の不適当なるには非ざるが如し。故に各年の罌粟の栽培に対する取締りの緩厳は、直ちに厦門の重要輸入品の一たる豆粕及び大豆に影響する所大なるものあり。

罌粟の播種期は大概旧八月にして、収穫期は旧正月頃より始め四月上旬頃に終はり、その期間は約百日とし、税金は播種期、繁茂期及び収穫期の三期に分かちて徴収するを例とす。

厦門に於て多年阿片の取引に従事する者等の推定に係る煙漿〈罌粟より採取せられたる液汁にして、之を乾かして烟土（煙餅とも称す）即ち生阿片を製出す〉の製造高は大概左の如し。

閩南地方に於ける煙漿の年平均生産額

県名	年産額	備考
同安	約六千《十カ》万斤	福建省中にて最上等品と称せらる（同安・晋江）
晋江	〃	
竜渓	二十一《万カ》斤	
安《マ》澄《マ》	（記入なし）	

南安、恵安、仙遊、徳化、永泰	一県平均三十万斤乃至四十万斤	最上等品より稍劣等なるも中等品に優る
安渓、長泰、平和、永定、詔安、雲霄、南靖、漳浦	一県平均約八万斤乃至十万斤	品質中等
竜巌、金門、興化、東山	数量不明	県内にて消費し過剰なく、他地方へ供給の余裕なし

次に大正十五年度の栽培にして判明せるものを掲載すれば次の如し。

県区別	納税額	収穫高
同安・馬巷・灌口	七〇〇、〇〇〇元	一〇、〇〇〇、〇〇〇元
漳浦	三三〇、〇〇〇元（小洋四八〇、〇〇〇）	五、〇〇〇、〇〇〇元
漳州	四〇、〇〇〇元	二〇〇、〇〇〇元
海澄	五〇、〇〇〇元	五〇〇、〇〇〇元
南靖	七〇、〇〇〇元	二〇〇、〇〇〇元
長泰	四〇、〇〇〇元	三〇〇、〇〇〇元
平和	八〇、〇〇〇元	一五〇、〇〇〇元
詔安	一〇〇、〇〇〇元	四〇〇、〇〇〇元
雲霄	六〇、〇〇〇元	四〇〇、〇〇〇元
合計	一、四七〇、〇〇〇元	一七、一五〇、〇〇〇元

第三款　生阿片の生産

生阿片の生産量に関しては、罌粟の収穫高の不安定なる為め不明なるも、徴税並びに収穫推定量を基として概算すれば左の如き計数を得。

㈠　福建全省の徴税年額に依りてする概算

一年間の罌粟栽培税を六百五十万元（平均）と仮定し、之を一畝当たり十五元にて換算すれば耕地面積は合計四十三万三千三百三十三畝余にして、一畝当たりの烟漿の収穫を十四斤（平均）と仮定すれば合計六百六万六千六百二十斤となり、之より生阿片（平均含有量10/16と仮定す）三百七十九万一千六百三十七斤余を製出し得ることゝなる。

(二)　推定収穫烟漿量に依るもの

福建全省五十三県の推定収穫烟漿量は判明せざる為め、前掲の閩南地方二十一県の平均推定烟漿量を算出（竜巌、金門、興化、東山の四県は平均五万斤と仮定す）すれば合計三百九十万斤となり、之より生阿片二百九十六万一千二百五十斤を製出し得ることゝなる。

以上の数字は甚だ杜撰なるものにして全くは真とし難きも、凡そその概略を知るには足るものにして、就中(二)によりて算出されたるものは真に近きものなり。何となれば(二)の二十一県に産するものと厦門の阿片業者とは密接の関係を有し、而して当業者もまたその概数を以て大体に於て採算上の基礎とするが如くなればなり。

製造されたる阿片の品質は、阿片通の言によれば、製造後少なくとも一ケ年以上之を土中に埋蔵するに非ざれば所謂青臭味を帯び香味を減ずるものなるも、農民等はその貯蔵の余裕なくして売り急ぐ為め自家産の品質の優良なるもの少なく、上流富裕層はビルマ・安南等の地より密輸入せられしものまたは之を加味したるものを吸飲す。密輸入品は頗る高価なり。

斯くの如く阿片の生産額は頗る多量にして、而も取締章程等あれども完全なるその執行なく威令行はれざる結果、価格低廉なるを以て上海、汕頭、福州、広東及び省内の興化県等の各地に密送売却せられ、また、我が台湾に密輸出（ジャンクによる）せらるゝものもありと雖もそは頗る少量なるが如し。尚ほ優良品はフィリピンに密輸出せらるゝもの少なからずと伝へらる。

第二節　厦門に於ける吸飲状況

厦門に於ける阿片は専売制度を以てし、その監督管理する所を禁煙局と為す。禁煙局はその名禁煙にあれどもその実は吸飲を奨励するの観あり。是れ凡て後に掲げたる民国十四年六月一日改正の禁煙章程によるものにして、阿片等の取引は凡て全部之を取り扱ふ。厦門に於ける禁煙局は厦門禁煙弁事分所《処カ》といひ、同分所《処カ》の支配人は月額一等二千二百元の納税を福建督軍に交附することによりて阿片の取引に関する諸税を徴収するの権利を亨有せり。

今茲に同分所《処カ》徴収の諸税目を挙げんに輸出入仲買、卸売、小売、吸飲所の印花税としては客照倶楽部、会館、客桟、旅館、書寓、妓楼、臨時の客照及び商人共同吸飲所、資産階級共同吸飲所、資産家吸飲税、中産階級、女労働者及び別種の執照に分かれ居り、その納税徴収額は卸売の毎月大洋十五元より労働者の吸飲料の毎月五角に至る税率あり。然して小売に於てはその煙膏一鑵につき印花税として薬膏一両毎に大洋三分、洋土薬餅一斤毎に大洋五角の収納をなす。十五年二月に於ける同分所《処カ》の収入表を見るに、奥地より厦門への移入《輸入カ》輸六千元、印花税三千八百元及びその他の収税二千元なるを以て、支出の納入一万二千二百元及び分所《処カ》経営費の五千元を計上すれば五千四百元の不足を見る訳なるも、支配人の説明によれば阿片収穫期の入税増加によりて補充し得る見込みなりといふ。

此の禁煙局なるものは包弁即ち請負にして、之を引き受くるものは単に一人のみならず数人にて出資して請負ふ。現在の支配人は鼎美洋行主、呉蘊甫及び坤紀洋行主、曽厚坤といひ、両人とも台湾籍民なり。

当時、禁煙局の管轄内にある納穫《税カ》者は卸売六十、仲買八十、小売四百八十、吸飲所而《脱文カ》して吸飲者は三万以上あり。之を厦門の人口約十五万と見積れば吸飲者はその数約五分ノ一なり。阿片の価額は土地産は一封度二十元にして、煙膏の価額は一封度四十元の見当なり。

次に吸飲の分量を按ずるに、各人の実際的関係（癮の程度及び癮者なるや否や）によりて同じからず。烟館は公衆の求めに応じて房屋を供給し、吸飲道具を貸与し、烟膏を販売し、以て私を図るを専業とし、烟館に出入する者の一日の吸飲分量は大概、烟膏半銭（我が約五匁）を最低とし最高三銭（我が約三十匁）にして、平均一銭六分（我が約十六匁）位と見積ることを得べし。尚モルヒネは上海より移入せらるゝもの多く、市価は一封度大銀五百元位なるも、之に乳糖等を混合して零売するを以て之を注射す。阿片と比較すればその約十分ノ一の価格にて足るを以て、下層者流中には之を用ふるものまた少なからず。尚ほ煙膏には豚の皮の黒焼を煮詰めて混合するが如し。

第三節　取引状態及び取締制度

第一款　生阿片の生産に関する制度

第一項　総　説

既に記述せる如く阿片の監理権を掌握するものは一に軍隊なるを以て、制度の変遷は政権の変遷と連動するものゝ如く、従って制度に関して述ぶる前に政変を説かざるべからず。

福建省に於ける禁烟の実際的方法は、李厚基が督軍兼省長たりし時代に於ても尚ほ第一章に叙せる如く、単に罌粟の私培及び阿片の私製を禁じたるものにして、また、官憲の許可を得たる者と雖も大体に於て公然栽培することを禁止せるに過ぎず。之を換言すれば、公衆の目に触るべき場所に於ては栽培せざるも、納税する者に対しては却ってその栽培を奨励する如き態度を採り居たるが如く、一見奇異の感を覚ゆるも、その然る所以のものは当局者素より煙害の甚大なるを認むと雖も、財政窮迫の余、その弊害を顧みるの遑あらざるものとせらるべし。

民国十一年十月頃、福建陸軍第一師長王永泉は、孫文北伐軍中の東路討伐総指揮許崇智が途を福建省に藉り北上するに当たり、此れと款を通じ相協力して福州を襲ひ、督軍李厚基を駆逐し、また、旧福建陸軍第二師長臧致平は厦門に拠り自ら閩軍《脱文カ》一方孫文の勢援を受け、之に対し張清汝は泉州に、王献臣は上杭に在りて共にその勢力の恢復に努め、福建自治軍、福建民軍等省内各地に蜂起割拠し全省乱れて麻の如く、民は塗炭の苦しみを嘗めたる時、各軍もまた軍費調達の方法に苦心し、互ひに罌粟の栽培を奨励し、之に加へたる課税にて軍費を補へる有様にして、中には重税を賦課したる為め農民耕作を肯んぜず以て軍隊を苦しめたる事実あるを見る。

その後各地に割拠したる諸将盛衰互ひに変遷し、或は一敗地にまみれて省外に逃亡し、或は他省より侵入して新たなる勢力の根拠を福建に求めたるもの有りと雖も、罌粟及び阿片に対する施政方針には何等異なれる処なく、漸禁または厳禁の美名の下に阿片公売局、禁烟査緝処、禁烟善後局等を相次いで設けたれども、その裏面を窺ふに皆罌粟の栽培は一面に之を奨励して課税し、阿片の売買取引業者にはその現品の在荷量を按じて課税し、また、吸飲者に対しても課税する等、課税を確実にしてその収入を増加せんことを企画するものに他ならず。

故に省内に割拠して互ひに相争ふものは、一に軍資金の多少によりて優劣を度るものなるが、その中最も主要視さるゝは阿片税の徴収如何、徴収額の多寡なるが如き体なり。

最近、福建省長薩鎮冰氏が福州拒毒会に於て述べたる演説の一節を藉れば、福建省に於ては目下の処、禁烟問題を討議する資格を有しない。若し阿片を除かんと欲すれば先づ軍隊を福建外に駆逐せねばならぬ。軍隊を除かんとするは全然座上の空談であって、余の軍隊といふのはその所属を問はないのである。何となれば彼等は一様に阿片の栽培及び製造を管理するからである。

とあり、此の薩氏の説《カ》はその真相を披瀝して余りあるものなり。

以上の如く福建省に於ける阿片の税収は従前より甚だ重要なる財源にして、その課税率に関しては民国十一年十月以来、諸軍隊乱立し、その財政の状態によりて一定せざるも、軍資の窮乏せるは皆同一なる事実にして、その結果重税を課すの余儀なきに至り、積極的に収穫の増加を願ひ税金の増収を企てたるが、今、その課税の大約を述ぶれば次の如し。

第二項　罌粟栽培に対する課税

一畝（我が百八十五坪余）に対し平均約十五元の課税にして、納税期を旧暦九、十、十一、十二月及び翌年正月または二月の五期に分かちて徴収す。その中播種期、繁茂期、収穫期の三期に於ける徴収額は最も大なり。未納、滞納者及び私培者等に対しては大概、之を刑罰に処せずして現に栽培中のものを踏み荒しまたは抜き棄て、収穫不能に帰せしむるの方法をとり、栽培税以外の税を賦課せず。

一畝に栽培せる罌粟の収穫高は各年の温度、雨量、風雨《ママ》及び地域により一様ならざれども、閩南地方に於ては大約左の見当なり。

一畝より収穫し得べき煙漿の量は約一二・八斤乃至一五・三斤（一斤は我が〇・九九四六五三斤）。之より製出し得べき生阿片の量は約八斤乃至九・七斤。生阿片より採取し得べき煙膏の量は約〇・七五斤乃至〇・九〇二五斤。

第三項　生阿片及び煙膏に関する制度

民国十一年十一月、福建第二師長臧致平が厦門に拠りて閩軍総司令と自称せしより以来、管内に於ては罌粟の栽培及び各種阿片の取締りに対し附属規定を制定し、または改変を加へて収入の増加を図り、次いで十二年十二月には厦門市に於て禁烟局なるものを新設し、生阿片及び煙膏の移出入並びに販売者、烟館（吸飲所）業者等は悉く許可を得て執照を受け一定の納税をなすべきことを命じ、また、禁煙査緝所《処ヵ》（違反者を検挙し処罰する機関）なるものを設立し、更に十三年二月には禁煙善後局を設けたるものゝ、その実は阿片の専売局にして禁煙の成績は上がらず。

偶々臧致平は福州海軍の来襲を受け、逃れて陸路浙江省に走り、該海軍は厦門を占領して閩厦海軍警備司令部を置きたり。而して練習艦隊司令楊樹荘は軍事及び行政の実権を掌握したるも、例に依り例の如く財政窮乏のため十三年六月には厦門禁烟査緝所《処ヵ》及び禾山（厦門島にある地名）禁烟弁事分所《処ヵ》なるものを設くるに至り、同時に告示を発して禁烟章程を発布せしが、現行の生阿片及び烟膏の取締制度は即ち此の規定なり。次にその告示及び章程を掲ぐ。

第四項　告示及び禁烟章程

第一　告　示

禁煙査緝所《処ヵ》は禁烟に関する事項を協助するの命を奉じ、自ら積極的に進行しその目的を達せんことを期す。惟ふに厦門は華洋人雑居し煙（阿片）毒蔓延せること既に一日に非ず。若し直ちに厳禁主義を採用せんか、その実施は困難にして障碍あるのみならず、更に種々の事端を醸す虞れあり。故にその実効を収めんが為には、寧ろ漸禁主義を採るに若かざるを想ひ、茲に取締章程を制定す。故に禁烟の事項に関係あるものは、以下に規定する処に遵ひ一定の期間内に印紙を貼用せる願書を提出すること自由たるべし。若し理由なくして規定に違反する者ある時は、査緝所《処カ》に報告して水陸軍警協同し厳罰に処すべし云云。

第二　禁煙章程（全訳）

一、凡そ厦門に居住し禁煙に関係ある者は、本章程施行の日より起算し五日以内に当所に願書を提出し、願書に貼付せる印紙に消印を受け許可の証とすべし。許可を受くべきものは左の如し。

(イ)　阿片輸出業

(ロ)　阿片卸業

(ハ)　阿片小売業または煙館

(ニ)　丸薬（阿片入りの）製造業または販売業

(ホ)　阿片吸飲者

二、本章程は施行の日より起算し六ケ月を以て粛清し、その後は何人に対しても阿片の販売または吸飲を許可せず。

三、何人と雖も本所《処カ》の許可証なくして阿片を吸飲し、または阿片若しくは丸薬を販売することを得ず。

四、凡そ阿片の輸出、卸売、小売等、従来許可証を下附せられ居る者にして尚ほ引き続き営業を為さんとする者は、該許可証に規定の印紙を貼付し消印を受くべし。右許可証に関しては当所《処カ》は本章程に依り許可せるものと見做す。

五、凡そ丸薬を製造しまたは販売せんとする者は、当所《処カ》に願ひ出て許可を受けたる後営業を開始すべし。

前二条の許可手数料は前に之を定む。

六、凡そ阿片を輸出せんとする者は左の区別に従ひ印紙を貼用すべし。

(イ)　煙膏　一両につき三分（銭）

(ロ)　煙餅（煙土の塊）　一斤につき五角（拾銭）

右の数量に満たざる端数は之を繰り上ぐ。

七、凡そ阿片営業者は卸売、小売の別なく左の区別に従ひ印紙を貼用すべし。

(イ)　土産煙漿（阿片の汁）　半斤につき一角五分

(ロ)　土産煙餅　半斤につき三角

(ハ)　舶来煙餅　半斤につき六角

(ニ)　料膏（煙膏に混入するもの）　一斤につき一角

(ホ)　煙膏　一両につき一角

(ヘ)　煙膏《ママ》　一銭につき一分

本条(イ)(ロ)(ハ)(ニ)の各項に記載の物件にして移入後七日を経過せるものは印紙の貼付を免除することを得。

八、前条の規定により貼付せる印紙面には営業管理者または商号の印章を以て消印すべし。

右の印章を以て消印せざるものまたは貼用不足のものに対しては、その消印せずまたは不足せる部分に照らして之を処罰す。

九、国内各地より阿片を移入しまたは携帯渡来せるものは、左の規定に従ひ印紙を貼用し検貨所の検査を受くべし。

(イ)　舶来煙餅　半斤毎に一元（円）
(ロ)　土産烟餅　半斤毎に七角五分
(ハ)　土産烟漿　半斤毎に五角
(ニ)　烟膏　一両毎に一角
(ホ)　料膏　半斤毎に二角

右の数量に満たざるものは之を繰り上ぐ。

一〇、煙館業者は住所、姓名、営業場所及び国籍を明記し、当所に願ひ出で許可を受けたる後開業すべし。
営業許可手数料は八元以上二十元とす。

一一、凡そ吸飲を願ひ出る者ある時は左の区別に従ひ許可手数料を徴収す。

(イ)　特種　六ケ月限り　三十六元
(ロ)　甲種　一ケ月限り　八元
(ハ)　乙種　〃　四元
(ニ)　丙種　〃　二元
(ホ)　別種　〃　二元
(ヘ)　丁種　〃　五角

(ト)　外省人にして寄留するもの　一ケ月限り　八元
(チ)　旅館止宿人　一ケ月限り　六元
(リ)　貸座敷遊興客　一ケ月限り　四元
(ヌ)　倶楽部その他の集会所客　一ケ月限り　十元
(ル)　臨時許可証　三日限り　一元

一二、特種及び甲種許可証を有するものは場所を制限せらるゝことなく自由に吸飲することを得。
一三、乙種許可証を有するものは自己の家庭または烟館以外に於て吸飲することを得ず。
一四、婦人には丙種許可証を下附し、家庭及び烟館に於てのみ吸飲を許可す。
一五、別種許可証は轎夫に下附し、籠宿または烟館に於てのみ吸飲を許可す。
一六、丁種許可証を有する者は烟館以外に於て吸食することを得ず。
一七、外省人の寄留所、旅館、貸座敷、倶楽部その他の集会所は、当所に願ひ出て客用の許可を受くべし。
一八、国内の他の地方より来たりし旅客は、当所《処カ》の許可証を受くるに非ざれば阿片を吸飲することを得ず。
一九、当所《処カ》より下附せられたる阿片に関する各種許可証の効力期間は、特種及び臨時許可証を除くの外三十日を限りとす。
二〇、臨時許可証は期限満了の際、保証人より当所《処カ》に返納すべし。
二一、阿片に関する許可証は携帯すべきものを除くの外、之を見易き場所に掲げ置くべし。然らざるものは無許可者と同一の取扱ひをなす。
二二、禁烟関係者にして本章程に違反する時は、違反に係る器具を没収し情状を按じて罰金に処す。

二三、本章程は発布の日より施行す。

第二款　阿片烟膏の製造制度及び取引状況

第一項　烟膏の製造制度

特に阿片烟膏の製造制度なるものは無けれども、悉く第一款第四項第二に掲載の禁烟取締章程に依り支配せらる。

第二項　取引状況

厦門に供給せらるゝものは殆んど総て煙餅及び煙漿にして、就中、煙餅はその最大部分を占め、是等は大概、同安県及び晋江県内の安海地方の産に係り、また、産地より当地への阿片の輸送方法は、該品は極めて高価なるを以て、古くより保険制度あり。右は当地方の海上の覇権を掌握せる呉姓と称する一種の同族団体之を一手に引き受く。その保険料は煙餅一斤に付き大銀一元、煙膏一銭（我が約一匁）に付き同五仙にして頗る廉価なるのみならず、充分に信頼しうべきものなるを以て、他より侵入すること能はず。而してその輸送方法は帆船または沿海航路の小蒸汽船に依り秘密に行はれ居り、容易に発見せらるゝこと無し。然れども時に他姓（同族団体の最も有力なるもの三あり。呉、陳、紀、之を当地方の三大姓と称す）に侵されまたは官憲に検挙せられんとするが如き場合には、凶器を持って之を抗拒せしことも一再に止まらざる由なり。

右の如くにして移入せられたる阿片類の授受、販売及び吸飲は皆、現行制度によるものにして、前載の章程に在りし如く阿片取扱業を

(イ) 阿片輸出業（実は移出なり）
(ロ) 阿片卸売業
(ハ) 阿片小売業または阿片吸飲所
(ニ) 阿片代用または禁烟業（何れも阿片入り）の製造または販売業

に区別し、特に生阿片業者または烟膏業者の区別を存せず、只実際の取扱ひに係る物件に対しその数量を按じて課税するなり。

禁烟取締章程によりてその営業を許可せられたる阿片取扱業者は左の如し。

輸出及び卸売業	台湾籍民	約十余軒
	支那人	約一百軒
小売業	台湾籍民	約二十余軒
	支那人	約六十軒
吸飲所業	台湾籍民	約百五《十脱カ》軒乃至二百軒
	支那人	約三百軒

(註) 一人にして二個以上の営業所を有する者あり。吸飲所業の支那人三百軒は大概、台湾籍民の名義を掲げ居れり。台湾人以外の外国人にして阿片業に従事する者を発見せず。

右の阿片取扱業の外、之に準ずべき阿片代用または禁烟薬の製造または販売を業とする者あるもその数は不詳なり。但し極めて少数なるが如し。

その取引数量及び全価格に就いては何等基礎として概算すべきものなく、之が推定もまた甚だ困難なり。然れども厦門市内に於て為される大口取引の時価は略々左の如く思量さる。

煙漿

生のもの	一斤	大銀約	三十元
熔《溶カ》したるもの	〃	〃	二十二元五十仙
烟餅	〃	〃	二十三元五十仙
烟膏	〃	〃	四十三元二十仙

第三款　厦門の阿片制度の組織と内容

民国十三年、時の閩軍総司令臧致平を駆逐したる楊樹荘が、軍事及び行政の実権を掌握するに及んで、例の如く財政の窮乏に瀕したる結果、現行制度たる禁烟取締章程を発布し完全なる徴税に心を尽くしたるは既に述べたるところなるが、今さらにその内容に就いて以下に述べんとす。

(イ)　厦禾禁烟査緝処を設け、阿片に関する犯罪者の捜査、検挙及び処罰を行ふ。

(ロ)　厦門及び禾山に各禁烟弁事分所《処カ》を設け、阿片の輸出入、卸、小売、吸飲所及び吸飲者より手数料を徴収し許可証を与ふ。

右の内、査緝処は純然たる官署にして、水陸軍警と連絡してその職を執行し、また、弁事所《処カ》は民間の請負業にして、月収は約三万元の見込み。その内、査緝処に対し毎月銀一万二千五百元を納付する契約にして、尚ほ諸般の月給、手当、事務費等を扣除し二千元見当の純益を得べしとのことなり。此の事に就いては先に第二章《節カ》に於て述べたるところなり。

　請負名義は裕本公司と称し、当地の台支人阿片業者中の第三流の者、即ち主として小売、烟館等に従事する小資本家約百五十名を統合して組織したる一種の株式会社にして、職務執行に際し種々紛争を醸したる従来の経験により之の方法を案出せるものゝ如し。公司には経理、董事、顧問、詳《ママ》議員、書記、調査員等あり。

　以上の如く弁事所《処カ》は阿片業者のみの出資に係る一種の株式会社にして、その主たる事務は阿片に関する各種の営業者及び吸飲者に対し手数料を徴して許可証を附与するものなるも、是等の者の間には種々の系統あるを以て、他日の争議を防がんが為め各自従来の勢力範囲を基礎として各分担事務の区域及び種類を限定し、互ひに相侵さゞることゝし、その全収入は公司に於て収得し株主に配当せらるゝこと勿論なり。

　営業許可手数料の如きも、台湾人の直営及び名義貸し（表面は台湾人にして事実は支那人の経営）、支那人の直営等に対し各手数料を異にする等、専ら臧致平時代の失敗に鑑み紛争の防止に努めたるものゝ如し。殊に査緝処を以て独立の官署と為し、また、請負者は少数の有力者に非ずして一般の阿片業者を網羅したる如きはその顕著なる制度なり。

　臧致平時代の査緝所《処カ》は現行制度の査緝処と弁事所《処カ》を兼ねたるものにして、台湾人の請負事業として後に成立せる阿片公売処なる専売制度もまた略之と同様なりし為め、紛争百出して殆んど収拾する能はざる乱状を呈したるを見る。之に依りて楊樹荘は斯くの如き制度を設けたるものなり。

第四款　阿片の不正取引

不正取引業者の状況は的確なる処を知ること難しとするも、輸出入共に大概、支那人の手によりて行はるゝものゝ如く、その輸出先は南洋諸島方面がその大部分を占め、外国品はビルマ、安南方面より輸入せらるゝもの多きが如し。尚、当地の税関に於て検挙没収せられたる密輸出入阿片は左の如し。

年別	生阿片（海両）	烟膏
一九二二（十月一日 十二月三十一日）	四二一	二、五五九・五
一九二三（□年）	一四、七六〇	一、九六一
一九二四（一月一日 九月三十日）	三、九五六	五二五・八

税関に於ては密輸出入者の検挙に付き常に相当の努力を払ひ居れども犯人の検挙せられたることなく、従ってその違反者の国籍等は不明なり。而して輸入に対しては税関及び郵便局に於て取締りを行ひ普通、発送人、受取人または物件自体に疑はしき点ある場合には特に之を検すること勿論なるも、単に有税品なるや否やを検する場合にも発見せらるゝ事なきにあらず。また、税関にては挙動不審者の携帯品または身体を検し、煙膏その他の禁制品を発見する時は直ちに検挙するも、実際に於ては違反物件が発見せられんとする状態に至れば携帯者または所持者は逃走し、犯人の逮捕せらるゝことは殆んど無し。

また、支那官憲に於ける取締り方法は前記の如く禁烟取締章程による処にして警察官署、禁烟査緝処及び禁烟弁事所（処カ）共に協力して直接に違反者取締りの職務を行ひ居れり。但しその検挙にかゝる密輸出入口名、数量は不明にして、刑罰程度は禁烟取締章程に明記せる如く没収及び罰金刑なり。

次に密輸出入を常業とするものを列挙すれば左の如し。

(一)　支那人

不詳。但し南洋方面の輸出入は大概、支那人の手により、船員と結託して行ふものゝ如し。

(二)　台湾籍民

未だ的確なる証拠を発見するに至らざるも、厦門領事館の内偵により密輸入常業者と思料せられおる者左の如し。

厦門磁街四六号　長勝洋行

但し台湾籍民陳文田なる者と共同経営なるが如し。

同小史巷二号　相成洋行

同売圭巷四号　合興洋行

但し台湾籍民伝習院なるものと共同経営なるが如し。

以上の内、長勝洋行及び相成洋行は、天草丸及び開城丸の船員に託して基隆へ、または交通丸の船員に託して高雄へ持ち込み、或は戎克船により淡水、鹿港浜壠、東石、安《平脱カ》方面へも密輸出するの疑ひあり。

海関に於ては、阿片密輸出入の密告を為す者ある時は先づ一定の保証金（大銀五元乃至十元）を徴し、而して右の密告通りに之を発見せし時は該保証金を還附する外尚ほ若干の賞与金を下附し、若しそれが不実なる密告なる時は保証金を没収することゝして人を陥害するを防止し、一《カ》面密告を奨励する制度を実施し居れり。

第五款　阿片収入の用途

阿片収入の用途に関しては、前記の各項に於て屢々説きたる処なるが、李厚基が福建督軍及び省長として省内に君臨せる時代に於ても、そは全然秘密にして之を知るの由なく、只、阿片事務を司れる官吏等の口より漏れたる点を綜合してその一斑を推知するに過ぎず。即ち此の時代に於て年収五百万元乃至八百万元と称したるは大体、事実に近きものと思はるれども統計的根拠なく、為に詳細に説明を加ふること能はず。その用途もまた詳密に判明せずと雖も、福建の地は山岳多く僅かの平地を擁するのみにて、農産物として全省民の糧となるもの甚だ不足し、その上財源として何物も無き省なれば、阿片が唯一の財源なることは既に口を酸っぱくして誌せし処にして、そは大体に於て軍費に充当せられ居たるものゝ如し。その後省内麻の如くに乱れ、諸軍各地に割拠するもの、財政維持の一策として阿片栽培を公然の秘密として奨励し、各自、阿片税の徴収に関する規定を制定し、その官憲によりて税の徴収に努めたり。知事或は警察庁長の如き行政官庁に於て徴収すること無きに非ずと雖も、皆是れ官庁の実際的収入となるものに非ずして、悉く軍事官憲の依頼によるものなり。

厦門に於ては海軍警備司令部は禁煙弁事所《処カ》の事務を月額銀一万二千五百元にて民間に請け負はしめ、弁事所《処カ》の全収入は民間請負人の所得となるも、司令部は結局、年額十五万元の収入を得るものにして、之等は総て軍費に供せらる。

第六款　臧致平時代の阿片専売制度

民国十三年二月、臧致平が閩軍総司令と称して厦門に駐せし時、彼は阿片に関して専売制度を布けるが、その制度による禁煙局は現行制度と相類似せる点ありたり。之に付きてはすでに現行制度の組織と内容の節に誌せる処なるが、今さらに臧致平が如何なる制度を設けたるかを記するも無意味に非ざることを信じ、左に籍弁禁烟善後局徴収公売《費脱カ》簡章の訳《カ》文を掲げんとす。

尚、此の禁烟局を請ひたる出資者は台湾籍民にして、鼎美洋行の呉蘊甫、次に坤紀洋行の曽厚坤なりき。而して此の制度は遂に失敗に帰せしも、そは先に民国十五年十二月に制定したる禁烟局なるものと事務重複の為に紛議を醸したるに起因するものなり。

籍弁禁烟善後局徴収公売費簡章

一、本局は禁烟の善後を籍弁するの目的を以て設置の日より公膏専売規則の施行に着手す。

二、禁烟善後局は既に公膏専売規則を実行す。而して厦門及び禾山等の住民の烟館は須らく定章に従ひ取締りを受くべし。

三、公膏専売規則は施行の日より一週間前に於て閩軍総司令部より通知し一般に周知せしむ。
凡そ厦門及び禾山の各地に在る烟館、住民及び各営業者にして現に従来の阿片類を所持する者は、規則施行の日より五日以前に所持の数量を明記し本局に届け出づべし。

四、各烟商を上、中、下の三盤に区別し取締ること左の如し。

(イ)　上盤営業者（卸売業者のこと）は当地に於て消費せざるものに限り従来の通り営業を許す。
但し烟膏、烟漿、烟餅を入口したる時は、規則に従ひ積載船名、膏漿餅の区別、重量等を本局に届け出で、印紙を貼用せる執照の下附を受くべし。その手数料は烟餅十両に付き十銭、烟漿一斤に付き一円、烟膏一両に付き五仙とす。

（註）一両は我が約十匁にして、十六両を一斤とす。

(ロ)　烟膏を内地または外国に輸送せんと欲するものは、その数量を届け出て許可を受くべし。但し出口の際烟膏一両に付き三十仙の手数料を徴収し、また、烟餅は一両に付き二十仙、烟漿は一両に付き十仙の手数料を徴収す。

(ハ)　入口後四週間以内に出口せざるものは、局員を派し現品を検査せしむ。若し現品存せざる時は密売せしものと見做し、一両に付き二円の公売費を徴収す。

(ニ)　各土商（烟餅及び烟漿業者）にして漿餅を出境せんとする者は種類、数量及び住所を執照に記入し許可を受くべし。若し執照を有せずまたは不実の記載を有したる者は処罰す。

（註）本項は入口せしものを当地より厦門島内の各地に輸送する場合の規定なるを以て、出口と区別する為め出境と称せしもの丶如し。

(ホ)　中盤営業者（仲買業者）は本局に願ひ出で許可を受け、尚、定価額にて本局より烟膏の売下げを受くることを得。

本局は十両以上の売下げを請求する者に対しては百分ノ三、百両以上の売下げを請求する者に対しては百分ノ五を割引す。

中盤業にして餅漿の取引を兼営する者は上盤として待遇す。

(ヘ)　下盤営業者（小売業者）は住所、氏名、年齢を明記したる願書を差し出し許可を受くべし。烟膏毎日四両の売下げを受くる者を甲種とし、仝じく二両以下の売下げを受くる者を乙種とす。

但し上記の量以上の売下げを請求することを得。また、数量多額なる時は官定価額を一割引迄割引することを得。

五、下盤営業に従事する外国人に対しては、之を優待する為め官定価額の一割引にて売下げを受く《ママ》。

六、上、中、下三盤の各営業者は、官庁の通知を受けたる後直ちに本局に届け出で許可証を受くべし。然らざれば二月一日以後営業を為すことを禁ず。

七、営業者は各盤の営業を兼営することを得。但し本局に届け出で規則を遵守すべし。

八、本局は軍費及び政費を維持し脱税を防止する為め、膏漿餅を運搬する船舶の船主に予め届出を命ず。

右届出の上許可証を受けたる船舶に非ざれば膏漿餅を運搬することを許さず。

許可証なくしてみだりに膏漿餅を運搬したる者ある時は処罰す。

九、禾山一帯の郷村百余社（社は我が大《字カ》字に類す）に在りては、各社長より社内の烟膏商の名簿を作製し、及び一日の販売高、毎日の一定買入量、その出産地域、資本金、価額等を届け出づべし。

本局は毎日の一定買入量、郷村の大小、販売の多寡等を按じ執照を下附す。

一〇、下盤営業者は烟灰（吸飲せし吸殻）を収得し、之を精製して烟膏に混和、販売することを得。

但し何日毎に煙灰を精製するやを届け出で執照を受くべし。本規定に違反せしものは処罰す。

一一、各町及び各郷村の阿片吸飲者は、調査員を各戸に派し調査せしめ、公膏の使用を勧誘す。若し勧誘を受けたる後尚ほ規定に違反するものある時は処罰す。

一二、本局は公膏専売規則施行の日より各保街に調査員を置き、調査事務を担任せしむ。若し烟膏を私製する者ある時は、個人たるとまたは烟館たるとを問はず現品を没収し、且つその価額の五倍以上十倍以下の罰金を附下《ママ》す。之を購入したる者また同じ。

一三、烟漿、烟餅を業とする者にして私漿、私餅を売買する者ある時は、現品を没収し且つその価額の五倍以上十倍以下の罰金を課す。

一四、本簡章施行の後その不備の点を発見する時は随時変更改正す。但し改正または変更の場合に於ては施行の五日前に通知せしむ。

附　則

一、本局は禁烟最初の弁法として良好なる戒烟丸を製造し、癮者（阿片中毒者）をして禁烟の実行に便ならしむ。故に本局の主旨に賛同する者は、本局に出願し戒烟丸の売下げを受くべし。

二、市中に販売する戒烟丸は、本局に於て試験の上無害の物に限り販売を許す。

戒烟丸の販売営業者は甲、乙、丙の三等に区別し、甲種は毎月百円、乙種は毎月六十円、丙種は毎月三十円の公売費を徴収す。

第三章　結　論

阿片禁止に関する私見

嘗てロバート・ハートは支那四億の蒼生を目して眠れる獅子と称し、列国への警鐘を乱打せり。

然く老大国の幾千年載の歴史と古き文化は支那を骨董品たらしめ、迂遠なる東西交通政策は彼等に一つの自負心と驕慢なる態度とを培はしめ、四百余州の天地をして安逸と倦怠を覚えしむるに至れり。その時人世の快楽の総てを享受し得た彼等には、最早他に何等の愉快もなかったに相違ない。かかる際、更に刺戟と安逸を探求して已まぬ民に、忽如として天界に彷徨するが如き魔睡剤が伝来されたり。而して斯くの如き嗜眠剤に一生を没入し、自づから身の朽ち果てることも、現在の幸福感を満足せしむるにより念頭には置かざりき。その恐るべき一大習癖は土地と時代と階級を超越して蔓延し、彼の哀調に咽ぶ胡弓の音と共に亡国の名を専らにせしめたり。果たして彼等は死せる文化と文字の上の歴史にのみ精神文明の跡を喜び、世界の趨勢に盲目にして徒に中華を誇らんとするか。

然るにロバートの言、中半、その猛を現はし、今や支那の復興は支那新人の覚醒によりてその第一歩を踏み出したり。されどそは政治運動、外交政策、思想運動のみにして、支那四億の民の実力養成には非ず。真の国内充実には非ず。自我的名誉と人心収攬の一手段のみ。

（中略）

思ふに国家の改革は、その国内に於ける悪習を断ち、善良精進の国民を養成するを以てその端緒を得べきものにして、如何に優秀なる政治家が立って政治に外交にその手腕を振ふと雖も、民にして習癖旧の如く紛々たるものならんには、到底その将来は期待し得べきものに非ず。

支那現代の新人は烟毒の如何に身体に及ぼす害の激烈なるかを絶叫すれども、その為に身命を賭して禁吸飲の運動に当たる者は無く、単に文章に藉りその論説によりて説くのみ。

清朝の末葉、幾度か吸烟を一掃せんと計りたるも、悪習は一朝にして駆除すべくも非ず。実に阿片は亡国の煙なり。新時代思想の輸入に専念せる知識階級は、何故に阿片煙の禁止に努力せざるか。外延のみ完全ならんことを希ひ、その内包の如何に砂上の高楼に等しきことよ。

されば余は此処に如何にして阿片を駆除せんかに付き改めて考察せんとす。但し乱麻の如き現在の国情を前提とせず。

一、癮者の取締方法及びその救済施設

既に阿片吸飲の常習者にして中毒者たるものに対しては、癮者収容所なる社会施設を設け之に収容し以て中毒患者を取り締り、専任の医師を置きて中毒患者の救済に努力す。

二、阿片専売制度の採用

此の専売制度は先に述べたるが如き地方的の専売制度には非ずして一つの国家的制度とし、我が邦に於ける煙草専売制度、塩専売制度或は台湾に於ける阿片専売制度の如き方法を採用し、之が監督を海関制度に於けるが如く外国人に委任すれば、支那官憲の誅求も無くしてその収入は国家財政の一部とならん。

之の制度に於ては次の事項を必要とす。

(イ)　本制度実施当時の青年男女及びその年齢以下の者に対しては絶対に吸烟を禁ずること

(ロ)　青年男女以上の年齢の吸烟常習者にして絶対に禁烟し能はざる者は、医師の診断書を添へ一定分量の吸烟量を明示し、当局に出願して許可を受くること

(ハ)　烟館を許可営業とし、官庁の指定営業とすること

(ニ)　烟膏及び吸飲用の器具は専売局に於てのみ製造し、之を吸飲業者に一定の制限の下に売り下ぐること

(ホ)　罌粟栽培に対する取締りは地方官憲に委嘱し、製造阿片を専売局にて買ひ入るゝこと

以上の如く此の制度の例を我が国の煙草に関する制度にとり、以て阿片吸飲者の減少を希図せば、一朝にしてその悪習を消滅すること能はずと雖も、之を百年の計に待つを得ることあらんか。

夫れ悪習は千里を走りて染み易く、之を根治するは至難の事にして一朝にして改善し得べきものに非ず。理想は遠大に持つべしと雖も、その遠大なる理想に到達すべき道は徐々に一歩々々と接近すべきものにして、遅々たる牛も千里に至るの理は此処にも見るべきものあるべしと信ず。

第十四巻　滇蜀経済調査

第二編　雲南省に於ける薬材

第三章　雲南省に於ける阿片

第一節　支那に於ける阿片貿易の概況

罌粟の栽培は今尚ほ公然と行はれ、時に軍閥はその歳入の財源として之が奨励をなすことさへあり。こは単に法規に違犯せるのみならず、小麦、大豆その他の栽培に充つべき有用なる耕地を占用し、一般の農業に甚大なる影響を及ぼして居る。而して阿片、モルヒネその他の魔睡剤の輸入額に就いてはその正確なる統計を得難いが、今、参考のために海関の没収高を示せば左の如くにして、之を金額に見積もれば五、四一五海関両に上る。

年次	阿片	モルヒ子	コカイン
民国六年	二〇、四六八（封度）	二一九（封度）	三二（封度）
同　七年	二六、六七六	一四七	一五
同　八年	四八、三七五	二一三	一六四

同　九年	九六、六二七	七四二	二六四
同　十年	一五〇、一〇四	六四七	七六四
同　十一年	六八、五〇〇	五五七	四〇七
同　十二年	五一、六一一	一、一〇〇	×一、二九四
同　十三年	八五、八〇四	七八二	×一一九
同　十四年	四八、九一八	七六八	×三八三
合　計	五九七、〇八三	五、一七五	三、四四一

〔註〕一、民国六年は四月乃至十二月分
二、×印はヘロイン等をも含む。
三、十四年の阿片没収高は、内国産二十噸に対し外国産一噸の割合である。

次に便宜上、香港を通じて、支那の阿片輸入状況を観察すべし。

本品は支那、印度及び波斯、土耳古等の特産物にして、その喫煙料としての消費は支那人に限られ、今、仮に一九一〇年度の香港の統計を挙ぐれば、輸入は約三万一千函、価格約五千万弗、輸出は約二万四千函、価格約三千七百万弗にして、総額約八千七百万弗の多額を示せり。これ実に驚くべき量と云はざるべからず、而して本品の喫煙は身躰に非常の害毒を及ぼすが故に、屢英清間の通商上に大なる葛藤を生じたることありしも、相互の折衝はその宜しきを得て漸次輸入を制限することゝなり、年々に減退の傾向あるも、現在尚ほ重要輸入品中の大宗たり。之等の輸出港は印度の東方にありては主に甲谷太地方にして、その西方にありては孟買を以て主なる集散地とするも、現今にては已に輸出の禁止せらるゝを以て殆んど入荷なし。

(一)　印度阿片の現在香港に輸入するものは、ベナレース地方に産する所謂ベナレース・オピアムなり。本品はその品質最も良好にして、口当たりの温和なるを以て一般に沿岸主要港の上流社会に喫用さる。本品の形状は直径四吋程の円形にして、約五封度位の重量を有し、四十玉を一箱となし、之に罌粟籾を入れ薄板を以て各玉を区画してその破損を防ぎ、外装はガンニーを以て包み、箱の合わせ目は悉く黒色の封蠟を以て密閉せり。

㈡　波斯阿片は全部原産地より地方汽船によりて一旦孟買に来たり香港へ輸入せらるゝものにして、本品の品質は普通に八九％のモルヒ子を含有し居ると云ふ。その主なる需要地は広東、広西の内地より各沿岸の地方にして、その最大の消費地は福州地方並びに我が台湾なりとす。

現物の形には錐形のものあり、或は長方形のものあり、或は団子形のものありて、その形一定せずと雖も、各形ともにその量目は約一封度のものにして、大抵は赤色の唐紙を以て之を包み、普通に七十梱を以て一罐となし、之に罌粟籾を入れてその粘着を防ぎ、三罐を一箱となし尚ほ之を獣皮にて包み、またその上を麻布により外装し居りて、荷造りとしては殆んど完全なるものと云ふを得べし。

次に海関の統計によりて最近三ケ年間の輸入状況を見れば左の如し。

㈠　白皮土　Opium, Malwa　輸入なし
㈡　公班土　Opium, Patna　輸入なし
㈢　喇庄土　Opium, Benares　輸入なし
㈣　その他の種類

	一九二三年 担	一九二三年 価（海関両）	一九二四年 担	一九二四年 価（海関両）	一九二五年 担	一九二五年 価（海関両）
土耳古、波斯、埃及より	二四〇・〇〇	四三八、三〇〇	二六四・〇〇	三三三、八四〇	六三六・六八	六九四、七四三
日本（台湾を含む）より	六一・九三	三四、一五五	—	—	—	—
輸入総計	三〇一・九三	四七二、四五五	二六四・〇〇	三三三、八四〇	六三六・六八	六九四、七四三
再輸出	—	—	—	—	—	—
純輸入額	三〇一・九三	四七二、四五五	二六四・〇〇	三三三、八四〇	六三六・六八	六九四、七四三

各海関純輸入額

大連	三〇一・九三	四七二、四五五	二六四・〇〇	三三三、八四〇	六三六・六八	六九四、七四三
純輸入総計	三〇一・九三	四七二、四五五	二六四・〇〇	三三三、八四〇	六三六・六八	六九四、七四三

〔註〕上記の数量は租借地にて消費せるものなり。

尚ほ参考の為め最近の十ケ年間に於ける輸入海関別を示せば即ち次の如し。（単位担）

海関別	1916	1917	1918	1919	1920	1921	1922	1923	1924	1925
大連	二九八・六三	一七九・〇〇*	二七八・一一*	一四八・五〇*	一三六・二〇*	二九五・五〇*	—	三〇一・九三*	二六四・〇〇*	六三六・六八*
膠州	一一七・一三	四五・六三*	五五・〇〇*	七・五〇*	—	三七・二〇*	—			
九江	二七《カ》三・二六	一六一・三四	—	—	—	—	—			

上海	三七七・一四	六四五・三〇	四・四五	―	―	―	―			
汕頭	四・三八	一・九九	―	―	―	―	―			
広州	一三八・九一	四〇・一二	―	―	―	―	―			
北海	一・八八	―	―	―	―	―	―			
合計	一、《マ》五六一・三三《マ》	一、〇七三・三八	三三七・五六	一五六・〇〇	一三六・二〇	三三二・七〇	―	三〇一・九三	二六四・〇〇	六三六・六八

〔註〕＊印は租貸《ママ》地にての消費を示す。

第二節　阿片の栽培と雲南の財政

由来、支那産阿片の約十分ノ四は雲南、四川、貴州の三省が之を占め、その重慶を経由して輸出せられし額のみにても約四千五百万両と称せられ、一時は四川貿易経済上の大宗たりしことあり。而して雲南に於て阿片栽培の行はれたるは、咸豊、同治以後の事にして、当時の年産額は約三千余万両の巨額に達し、栽培地域は全省に亘り殊に北部及び西南部は全面殆んど罌粟畑なりしと云ふ。之により政府の収入もまた往時は一ケ年百五十万元以上と称せられ、実に本省の人民及び政府の主要なる財源なりき。然るに一九〇九年、支那政府は十年計画を以て之が栽培及び吸喫を禁遏し、而してその禁煙令発布以来、所謂煙族廓清の実を挙ぐるに至りしも、省民はその生活の途を失ひ、政府もまた財源を失ひ、余銭なく一時之が代用として、棉花、玉蜀黍、大豆、小麦等の一般農作物の栽培を奨励したるも、此の大なる損失を補ふには足らざりき。

されど禁煙令発布の裏面には、今尚ほ各方面の贈賄用及び癮者の吸喫用として他省に移出せらるゝもの杜絶するに至らず。現に毎年雲、川、貴三省に栽培せらるゝの額は依然として少なからざるなり。また、阿片栽培禁止の結果は著しく価格の騰貴を来たしたるが、之に反して品質の一般に粗悪となりしは、その初め煙族がその筋の眼を掠めて多く山間窪地の如き蔭地を選びて栽培せしが為にして、自然、苗種の発育良好ならざるによる。

偖、前述の所謂煙族なるものにとりては、右の如き省内密植の量にては到底満足し得ざる所なれば、民国二年より同六年に至る五ケ年間に年々英領緬甸より片馬方面を経て巨額の密輸入を見るに至り、殊に民国六年度の如きは緬甸よりの密輸入額約二百万両、価格約六百万元以上に達し、雲南の銀貨は続々として緬甸に流出せりと云ふ。斯くして雲南省の罌粟栽培は一時殆んどその跡を絶つに至れり。今その当時の相場を見るに即ち次の如し。

片馬取引地方	百両	三元五〇
雲南省城	百両	五元内外

尚ほ参考の為に重慶に於ける当時の毎百両の価格を示せば次の如し。尚ほ一両の小売相場は約九十文なりと云ふ。

今、左に上、中、下の三段に付きて之が年別表を掲示すべし。

年別	上等品	中等品	下等品
宣統三年	四五両	四二両	三八両
民国元年	九五〃	八七〃	八一〃
同　二年	一八〇〃	一六〇〃	一三〇〃
同　三年	二八〇〃	二七〇〃	二六〇〃

同　四年	二八〇〃	二七〇〃	二六〇〃
同　五年	二三〇〃	二一〇〃	一九〇〃
同　六年	三八〇〃	三〇〇〃	二八〇〃

以上の如く、その財源の涸渇せると、緬甸よりの輸入による銀貨国外流出の著大なるは、雲南政府の到底長く忍びざる所にして、民国六年以後、罌粟の栽培は殆んど黙認の有様となり、現在にては各地方とも盛んに栽培を行ひ、省当局は禁煙局なる一官衙を設立して税金の徴収に汲々たり。而して現時に於ける四川省との貿易は、老鴉灘釐金局（現在は塩津釐金局と称す）の報によれば次の如し。

移入　塩（自流井地方より来たるもの）　毎月約七万斤
　　川煙（長さ約三寸、直径四分製の葉巻煙草）　毎月約二万斤
移出　洋煙（即ち阿片）　毎年約五百万余斤

此の阿片のみにて雲南の収入は約三百万元なりと云ふ。

第一款　阿片の品質の鑑定

阿片の重要なる成分は所謂モルヒネ（morphin $C_{17}H_{19}NO_3 + H_2O$）を以て第一とし、日本薬局方はその含有量が十乃至十一％のものを採用す。その他ナルコチン Narkotin、コデイン Kodein、テバイン Thebain、またはパパヴェリン Papaverin 等の如きアルカロイドの十余種を含有す。またメコン酸 Mekonsäure なる一種の酸、メコニン Mekonin なる中性の化合物、護謨質、粘着質、砂糖、無機塩類を含有するを以て、正確なる品質の鑑定は必ず化学上の分析によりてその上下の区別を為さゞるべからず。然れども普通の取引は一般に肉眼及び香味の鑑定にし

て、その香味の良不良並びに高低を以てその上下を区別するを常習とせり。本品は最も高価なる薬品なるが故に、その受渡しには最も綿密なる注意と熟練とを要す。

純粋の阿片は近来は稀有にして、中には全くの偽物に属するものもあるが、普通に阿片六、七割と云へば最上等品とせらる。最近、右の阿片を混入せる所謂阿片膏の製造法を聞くに黄豆、豚皮、牛皮、秋蔡子、麦粉、杏仁、胡麻、麦芽等の原料を使用するは宜しからず。陝西産の棗と氷砂糖を混じて煎煮したるものを更に水にて煮たる後、之を濾過して火爐の上におきて黄色となるを待ち、銅鍋にて再び之を煮たる後乾燥したるものを以て上等膏となすなり。

第二款　密輸出の方法

密輸出の方法はその性質上、何人も容易に之を探知し得ざるが如き巧妙を極むるものなるが、陸路によりては多く節を抜きたる轎子の竹棒の中に蔵し、或は人目に触れざるやうに之を装身の内部分に匿し、または材木に穴を穿ちて之を隠しその上に塡木等を施すものあり。民船にありては節を抜きたる竹棹若しくは帆桁中、或は桐油篭その他の薬材篭等の中に隠匿するを常とす。斯かる軽量にして高価のものなるを以て、汽船の航行中にもまた船員と結托して盛んに密輸出を行ふと云はる。

第三節　栽培の状態

近年の雲南地方に於ける大飢饉は、一面、米作の凶作によると雖も、他面、その耕地の不足に依ることは看過すべからざる事実なり。往年、阿片の栽培の禁止せられてより農作物はやゝ増加せりと雖も、雲南省の如き山間には到底満足なるの収穫なく、加ふるに今や阿片取締りの弛緩すると共に農作物の田畑は漸次に減縮せられ、全省民は競ひて有利なる阿片の栽培を試みるに至り、全省殆んど阿片栽培地のみの状態に陥れり。蓋し雲南省内に於ける阿片は、産業上より観るもまた財政上より観るも極めて重大にして、箇旧の錫と共に雲南省の財源の殆んど全部を占むるものと云ふを得べし。

今、之が栽培状体をThe China Year Book 1926（pp. 642–643）を通じて観察すれば、本年に於ける報告は甚だ少量なれども、多少の変化を表示せり。此の阿片栽培区域の遠隔なることゝ、総政府の管理の自由なることゝは、非常に阿片の栽培を奨励し、従って雲南は現在支那に於ける第一位の阿片産地としてその地位を占めつゝあり。その雲南の阿片がその質に於て優良なるのみならず、その土地が阿片栽培に最も適せるが為なり。而してその阿片は水陸両方面よりして支那各地に運送せらる。上海は陸海軍によりて雲南より輸入し来たるの状体なり。印度及び印度支那は国境を通過して密輸入せらるゝことに関し絶えず苦情を申し立てつゝあり。緬甸に輸送せらるゝ雲南阿片の量は、支那政府の専売によりて売却せらるゝものよりも遥かに超過せり。多量の阿片はまた、香港及び馬来諸島にも密輸入せらる。支那の巡洋艦は上海に廻航するの途中に四百箱の雲南阿片を持ち来たるものと信ぜらる。

東部雲南　　昨年よりも多量に栽培せらる。

西部雲南　　本年は殆んど変化なし。阿片の栽培と使用とは、その生産の残部と略同一なり。

東北部雲南　　到る処に自由に栽培せらる。阿片を栽培すると否とに拘はらず政府は税金を課す。また、凡て一般的に喫煙せらるゝなり。

北部雲南　　罌粟栽培の面積は減少せず、耕作に適する土地の三分ノ二より半分までは全部阿片を栽培せり。

総ての階級を通じて喫煙せらる。

南部雲南　全般的に栽培せられ昨年と変化なし。供給充分なるを以て需要もまた甚だ大なり。天候が順調なれば政府の重税にも拘はらず百倍の利益を収むることを得るなり。

第四節　産　地

民国六年以後、阿片栽培禁止令の弛緩すると共にその栽培地域は拡張され、従前の如く山間僻地を選びて密植するものには非ずして、凡そ耕作しうべき土地には皆、罌粟の栽培が行はれつゝあり。此くの如く本省に於ける阿片の栽培が短日月にしてその隆盛を極めし所以は、蓋し阿片そのものが支那人の嗜好物たることは勿論なれども、実に本省の気候、地味の然らしむるところ、草原、荒野、山間または窪地と雖も皆、阿片の栽培に適し、植付けのみにて之を放任するも尚且つ充分に収穫するを得、而もその葉茎は燃料として農家に貴ばれ、如何なる他の農作物の栽培よりも有利なるを以て、利に敏なる省民の最も喜ぶ所なればなり。而して村落、市場、その他人の集まる所には常に罌粟の種子の販売せらるゝを見る。

今その主なる産地を列挙するに左の如し。

(一)　施西地方

順寧　雲県　鄧州　蒙化　騰越　永昌等

(二)　施南地方

広南　開化　習峩　臨安　元江等（品質もまた(一)と匹敵せり）

(三)　施東地方

産額は少量なりと雖も、海関報告によれば陸良一個所にても年産約四百万両あり。尋甸、宣威、馬竜、曲靖、邱北、地方に二百万両の年産ありと云ふ。されどその品質は劣等なりと云ふ。

以上、全省に於ける総産額を計上すれば一千噸以上にも及ぶと云はるゝなり。

第五節　喫煙の状態

第一款　価　格

阿片の価格は専ら苗質の良否によりて決定さるべきものにして、開化地方に産するものを以て上等品となし、大理方面に産するものを以て中等品となし、施東方面即ち貴州境に産するものを以て下等品となす。然れども此等の三地方の阿片にもまた各上、中、下の区別ありて一定せず。

是等について一般的に観察すれば、産地に於けると都会に於けるとの価格の差異は何等奇異とする所に非ざるも、その使用貨幣を異にする点は実に研究に値す。

産地に於ける価格　　毎百両に付き　　四十四元〜四十五元（現銀）

雲南省城に於ける価格　　同　　四十円、五十円、六十円（滇票）

第二款　吸　煙　者

貧富を論ぜず階級の如何を問はず、上は県知事、陸軍将校より下は一兵卒、苦力に至るまで殆んど癮者にして、雲南の人口の半数は皆之が吸煙者と称するも過言に非ざるべし。

山間僻地の茶店にも吸煙の設備ありて軍人、轎夫等絶えず出入するあり。而して之が吸煙料は一回一百文なり。その他公的吸煙所とせらるゝは各都会の旅館なれども、之等は表面上、皆、吸煙を禁止せるものなり。併し雲南省城に於ては夜十一時以後は警官の警備の下に吸煙し、一般民の入室を禁ずる処もありと云はる。

第三款　煙器の販売

雲南省城は勿論、各小都市に於ても店舗にて吸煙器具を販売し、また、毎夜開く所の露店に於ても之を陳列して販売せるを見る。併し這は公然たる販売に非ずして密売なり。官憲は之を発見次第、没収して罰金を課するの法規ありと雖もこれ空文に過ぎず。

第四款　阿片の販売

雲南省城に於て煙茶雑貨業は二百二十二戸ありと云はる。而して阿片の販売は専ら煙草舗にて行はるゝものにして、櫃上に直径約五寸、高さ七寸位の陶器に容れたる三、四種の阿片を目撃せり。省城に於ける煙草業者の内その約十分ノ三は阿片を販売せりと云ふも、実際はそれ以上に多からん。此の他に昭通、東川、大関、老鴉灘、等にては路傍にて販売せり。

雲南省に於ける阿片の栽培は名義上、薬用として許可し、その吸煙は禁止せるも有名無実にして、唐継尭氏は明年度よりは一般に栽培を禁止すると称するも、之れ単なる宣伝に過ぎざるや明らかなり。

第六節　阿片の取締り及び課税の状況

此の事情に関しては自分の調査せしものと昨年度、笹鹿氏の調査せるものと、何等の差異あることなし。依って左に昨年度のものを転記することゝしたり。

その栽培並びに販売は、民国刑法第二六六条の規定によるものとす。それには外国側の批難を恐れて政府は表面上、雲南禁煙総局なるものを設け、雲南全省の警察庁長を以てその督弁に兼任し、地方には禁煙委員を設置して烟苗の禁絶を標榜し、また警察官は往々阿片の販売並びにその吸煙者の処罰を為したることありたるも、その犯罪者の検挙は実は政府所定の徴税の犯則者に対して行ふものゝ如く、これ決して阿片取締法の励行には非ざるものなり。

阿片取扱ひの機関としては、民国五年に籌餉総局なる軍事費籌画の特定機関を設け、同局は各釐金局をして一般釐金の附加税及び阿片に対する釐金税を表面上、罰金名義にて徴収せしめ、更に各県の知事をして阿片栽培税を徴収せしめその経理を総管したるが、民国七年度は阿片一百両に付き釐金税四十元、栽培者には一畝に付き銀七元を徴し、その総額は一百余万元に上りしが、その後阿片価格の低落により徴税率を低減し、民国八年及び九年度は釐金税一百両に付き七元、栽培者には一畝に付き二元を徴せり（七年度は約二十万元、九年度は約十九万八千元なり）。

而して民国九年には籌餉局を取り消して全局の事務を禁煙局に引き継ぎたりしが、民国十一年度に入りて唐省長は軍餉委員会なるものを新設し、同委員会は全局の管掌事務の内専ら罰金の徴収即ち釐金の収入を掌り、栽培税事務は之を禁煙局に分担せしむることゝなしたり。現下、禁煙局所管の栽培税は一畝に付き四元にして、各県の知事をして之を代収せしめ、軍餉委員会所管の罰金たる釐金税は一百両に付き六元にして、省内六十四ケ所の釐金局をして代収せしむ。

此等の釐金税は、阿片に対し、表面上、各地の土産物の名義を附し、その土貨に対して課することゝなれり。阿片の土貨名は地方により二百余種ありと云ふ。また、省政府は対外輸出に対しても罰金名義によりて徴税し軍事費となし、こは省財政中にて最も重要なるものなり。

結　語

支那当局は、阿片栽培に対し今や積極的に禁遏の方針を採りつゝあるが、その裏面の状体は已に上述せる如くで貴州、四川の一部に於ても公然之が栽培をなし、官憲は暫く之を黙認し置きたる上、その収穫を待って威嚇し一斉に之を没収する等の醜体を演じ、その他隠匿事件も頻々として絶えず、甚だしきは土匪の保護の下に栽培を敢行せるものさへあり。

全省を通じてその栽培率は昨年と変化なきも、密運業者の精査せる所によれば、目下、川、雲、貴産の阿片にして重慶及び涪州に集散する年額は、今尚ほ最少限にても五百万両を下らず。此の内三百万両は主に宜昌、沙市等の下流地方へ移出せられ、残余は四川省内の消費となる。

目下、秘密栽培の最も多きは雲南省にして貴州、四川は之に次ぐと称せらる。四川省に於ける涪州の如く、雲南省城は雲南省に於ける阿片集散の中心市場をなし、その相場もまた省城を標準とす。而して此等の阿片は貿易上、経済上、今尚ほ隠然として一大勢力を認められつゝあり。

第十六巻　蜀秦政治経済調査

第五編　四川・陝西・湖北の都会と阿片

第一章　長江沿岸地方

第一節　宜　昌

第三項　農工商業

二、阿片の売買

宜昌と阿片とは不可分の関係にあり。従来の経過を見れば製品たる本品の取扱ひは公然の秘密にして、市中資金の融通は実に阿片の取引に依りて計らるゝが如き状体なり。されば昨年（民国十四年）中海関に没収せられし阿片は、海関報告によるに四担七三斤二両四銭にして、焼却せる数は十三年に没収せられて未だ焼却せられざるものを合して七担九四斤二両四銭なり。此の数を四川より来たり本埠にて公然販売せらるゝ多数の阿片に比すれば甚だ少なきこと驚くべし。目下、本埠の状況を見るに煙館は林立し、阿片の販売所は櫛比し、公然営業して毫も顧忌するなし。癮者は銀二角五分を以て易々として一服するを得、阿片を購入するには少しも困難を感ぜずと同報告の統計冊に記せるを見ても、当地に於て如何に多くの阿片の移出入せられつゝあるかを推知するを得べし。誠に宜昌は長江に於ける阿片の都市なりと称して可なり。

第六章　阿　片

緒　言

現今、支那の幾多の問題の中心はどこにあるか？　私は叫びたい「それは軍隊と釐金税と阿片にある」と。然り百般の事件と問題はすべて此の三者より生み出される。そしてその結果が或は風となり或は雨となって四百余州に荒れまはるのだ。而も此の三者には互ひに連絡連鎖があって殆んど異体同心だ。彼有るが故に此れ存し、此れ有るが故に彼は存する。

例へば何故上海は支那軍閥の垂涎の的となるのであらうか。勿論、上海は大商埠で大商人が多く、彼等商人の課税負担能力の大きい事も原因だが、もっと大なる原因は貨物の流通に依りて得られる釐金と、阿片の密輸入による収益だ。釐金の収入額は何程有るか知る由も無いが、阿片に就いては、此処に居て海軍と連絡を取って居さへすれば、商埠督弁の収入額は遊んで居ても年間二百万元以上と云ふから驚く。誰でも一ケ月間でも「上海の王」を望むのは人情だ。此れ程支那の大勢に重大な意義を有する三者の内、今、阿片に就いて、それも特に四川の阿片に就いて申し述べる。

四川省は人口も多く、面積も支那各省中第一であるが、其処には三十万と云ふ多数の有害無益、無職徒食の無頼漢の集まりである軍隊が居る。今、四川省の人口を五千万とすれば、千人中に六人の壮年の無頼漢が居る理けだ。此等多数の徒食の徒を何んで養って行くか。勿論、四川省は支那第一の富源の地には違ひないが、住民は主として農による。而も農の収益たるや想ふて知るべきのみ。然らば何によるか？　阿片だ。阿片によりて彼等は皆、養はれて居るのだ。

四川省を見る者、先づ此の事を参考にしなければならぬ。此の四川省の阿片を私は旅行の順路によって述べて行く。勿論、短き日月、それも都会調査の合間々々にやったので、とても大したものにする事は出来ぬ。唯だ煙館が至る処にあるのと、所謂禁煙局なる阿片吸飲、阿片栽培の奨励機関が如何なる山間にも有る事だけを見得たに過ぎないが、あれやこれやを集めて此の報告書を綴り上げる。

去る大正十四年七月、在支日本各領事館によりその管轄区内に於ける阿片に就いての貴重な調査があり、此れが私の此の調査に大いに力になった事を附言する。

宜昌に於ける阿片

一、罌粟栽培の実況

従来、罌粟を栽培する者はなかりしが、昨年（民国十三年）呉佩孚配下の援川軍が重慶下流一帯の地を占領し、軍費捻出のためその地域内に罌粟の栽培を奨励したる結果、四川省に隣接せる巴東施南府地方に於ても近来之が栽培を見るに至れり。然れども四川の生産額に比すれば極めて僅少にして云ふに足らず。皆上流より此の地に移入し、更に下流の漢口・上海に再移出したるものなるが、最近、援川軍なる呉佩孚配下の武将が四川全体を占領し、四川がその支配下に帰するや、軍費捻出のため罌粟の栽培を奨励せり。此れがため農民は盛んに此れを栽培し、万県より重慶に至る長江沿岸もその開花時には美観を呈すと云ふ。

二、阿片の生産

四川省の農民は多年の経験に基づき罌粟より生阿片を生産する方法を知得せるを以て、罌粟を栽培する農民は各自に生阿片を製造して地方の需要に充てる外、阿片仲買人の手を経て各地に移出す。

民国十二年中、宜昌に移入せられたるものゝみにても五百噸以上あり。十三年に入りては更に倍加して一千噸に達すと云はる。此れによりて見る時は四川省の阿片生産額は数千噸、その価額は数億元に達すべし。此の外宜昌に入る阿片には雲南・貴州産のものもあれど、その品質は農家の手製なれば四川品に比し劣等にして価額もまた低廉なり。

三、阿片の取引、輸出入、及びその取締法

生阿片の生産は前述の如く豊富なるを以て、当地方には外国品の輸入せらるゝものは絶えて無く、単に内国品の移出せらるゝものあるのみなり。而して四川・雲南・貴州等より宜昌に移出せらるゝ生阿片の数量は前記の如くなるも、その一部は当地にて消費せられ、大部分は漢口に再移出され、同地より更に下流の上海地方に移出さるゝなり。元来、罌粟の栽培と生阿片の生産を奨励するは、援川軍がその税収入を軍費に充つる目的に出でたるものなれば、毫も商人の此れを取り扱ふものなく、阿片を積める船には軍人を乗り組ましめて之を護衛し、他に軍隊専用の数十隻の支那民船と軍用汽船、揚威・騎江その他ランチ二隻ありて之が輸送に従事するものにして、四川より宜昌に阿片を移入するためには、当地の軍隊に於て前記の軍用汽船二隻に軍旗を掲げ軍人を乗り組ましめ、聯絡せる荷主に代り阿片の移入に当たらしむ。

また、その用船は全部純然たる軍用船なれば、税関は全く之に手を下すことを得ず。此の外普通の重慶航路の汽船にも積載せらるゝ事多し。之を積まざるは独り我が国の船なり。而して税関の検査を免れんがために、本船の宜昌入港に先だち軍隊常備の划子を宜昌の上流約十浬の竜王廟と称する地点に派遣し置き、夜陰に乗じ本船より阿片を移載して宜昌に入港し、軍人護衛の下に擱納所に運搬す。右擱納所は南門外頭駅の碼頭にありて済宜公司と称す。此の方法により宜昌に移入せらるゝ阿片には、荷主より一千両に付き百二十元の税を徴し、納税の証として一定の印刷の紙を交附し、各個の阿片貨物に之を貼付せしむ。此の印刷紙は文字を暗号となし、人目を避け且つ他人の偽造を防ぐため時々此れを改変すと云ふ。

宜昌より下流に移出するには、別に二隻の軍用ランチありて軍人之に乗り組み、直路漢口に輸送す。輸送の際はまた、煙土（阿片餅）一千両に付き銀五十元の税を徴す。

されば昔日の如く轎子を組み立て居る棒或は材木に穴を穿ちたるもの、または帆桁・竹棒中に阿片を塡充し、桐油篭・漆篭中に隠匿して密輸入をなし税関に摘発せらるゝが如き危険なる輸送をなすものは減じ、船員と結托するよりも安全なる軍隊輸送に依るもの大半を占むる現状なり。之を売買する商人は悉く支那人にして、軍人中にも之が取引をなし俸給以外の収入を計るもの多しと云ふ。また、上海在住の広東人が此の種の阿片を米国に輸出する由なるも、その額は僅少にして大部分は産地四川より上海に至る長江沿岸一帯の住民によりて消費せらる。価格は宜昌に於て生阿片一斤（十六両）銀十六元位なるが、各地の軍隊が移出入に際して課税するため、産地たる四川に於ては最も安価にして下流に至るに随ひ順次価格の昇騰あるを常とす。

斯くの如く重慶並びに宜昌に於ける阿片密輸出入の状況は世人周知の事実にして、税務局並びに総税務司に於ても十分之を承知せる筈なるが、軍隊が軍用船を以て密輸送を決行する以上、事実上、此れを如何ともすべからず。假に総税務司が支那軍隊の非行を疾呼すればとて、滔々たる武人の専制政治の腐敗は一朝にして改正せらるべきに非ず。茲に於てかアグレ氏の政府阿片専売制度説は起これるならん。

更にまた、重慶－宜昌航路に従事する英、米、伊、仏、各国の汽船特に仏国旗を借掲する支那汽船は、絶えず阿片を密輸送するの状態にして、甚だしきは仏国の軍艦の如き、支那人の荷主に代り阿片を重慶より宜昌に輸送し、その「コミッション」を以て在重慶水兵倶楽部の雑費に充て、或は艦長以下艦員一同に分配するとの風説、従来頻々と伝へられ、現に先年重慶に於ける阿片の荷主支那人が、我が国の軍艦鳥羽に対し宜昌まで阿片の輸送方を申し込み、仏軍艦による阿片輸送の事実を告げ、日本軍艦も別に差支へなかるべしと語りたるは有名なる話なり。而して右に対する当地税関検査官の態度を見るに（軍艦は別）、厳重なる手段を採るに於ては自己の生命を賭するの覚悟を要するを以て（荷主より短銃にて脅迫せられ、或は江中に投げらるゝ事ありと云ふ）、寧ろ生命の安全をはかり且つはコミッションを収得するため之を黙過する場合多し。而して禁制品密輸送の不正不当なるは勿論なるが、外国人の勢力下にあり殊に白人の検査官大部分を占むる支那税関は、各地共日本人の密輸者に対しては容赦なく之を検挙し、白人の密輸者に対しては或は寛大なる態度を示し、或は通報して、不正を働く場合多し。

四、煙膏の製造、取引及び売捌法

煙膏は吸飲者自ら生阿片を購入して製造するものなれば、煙膏として多量に売買取引せらるゝ事なく、製造上一定の制度なし。価額は生阿片より幾分高価なるのみにして、一両に付き一元五角内外を普通とし、上等品は三元位なり。而して煙膏を購入するものは単にその原料たる生阿片を購入する能はざる貧困者にして、此れが売捌者は阿片吸飲所即ち煙館営業者なり。

五、阿片吸飲の状況

当地方に於ては阿片の売買、吸飲は共に軍隊の公認する所にして、軍隊の支配下に在る地方官及び警察官は毫も之を取り締まる事なし。故に住民は漸次、阿片吸飲の風に感染し、吸飲者は少なくとも全人口の四割に達す。吸飲量は一人一日平均二匁位なりと云ふ。多くは生阿片を購入して自ら煙膏を製造し、自宅に於て何等不安なく吸飲をなすも、貧困なる下級労働者及び家庭に於て吸飲するを憚る一部の者は煙館にて吸飲するを常とし、宜昌市内には約二百戸の煙館あり。

六、阿片煙膏の収入、及びその用途

上流より宜昌の下流に移出せらるゝ生阿片は悉く一旦宜昌に陸揚げし、軍隊に於て済宜公司の名義を以て移出入税一千両に付き銀百二十元を徴収し、更に下流に再移出する時は同量に付き五十元の移出税を徴す。今仮に宜昌に移入せらるゝ阿片の数量を一ケ年五百噸とすれば、移入税は実に百六十二万元にして、之に下流に移出せらるゝものに対する移出税を加ふれば二百万元以上に達すべし。

尚ほ此の外、煙館営業者二百戸に対しては、吸飲器具一組に付き毎月三元を課税して吸飲を公許せり。

由来、支那の軍費は、中央政府に資力無きがため各軍隊に於て勝手に調達するを例とし、或は商会・銀行・商店に御用金の上納を命じ、或は種々の名義を以て税金を徴収するものなるが、最近、当地方に於ては阿片による収入前述の如く多額なるを以て、斯かる窮策を講ずるの必要なく、兵員も給料の不渡りとなる事少なく、住民は却って生活の安定を得たるを喜びつゝある状態なり。

阿片による収入は全部、阿片の移出入税なるを以て、別に煙膏に対する収入はなし。即ち納税済みの生阿片を購入する以上、之を以て煙膏を製するは各人の自由なり。只、煙館営業に対しては、軍隊に於て吸飲器具一組（ランプを主体とす）に付き一ケ月三元を課税し軍費に充当し居れり。当地に於ける煙館の数は上述の如く二百戸にして、器具即ち煙燈は一千個を下らざるべきを以て、本税もまた一ケ年三、四万元に上るべし。

癮者に対しては何等の施設も取締法もなし。

四川省に於ける阿片

一、罌粟栽培の実況、及び阿片の産額

罌粟は旧十一月、十二月の間に種子を蒔き、翌年三、四月の交に収穫し、阿片を製造す。尤も四川省に於ても丘陵地（最適地）に於ては旧十月上旬頃に植付けをなし、翌年三月下旬より四月中旬頃までに此れを収穫すと云ふ。

辛亥革命の後は、全国に亘り阿片の栽培を禁止したるため、不正の徒は雲南・貴州に接続せる山間僻陬の地に赴き、窃かに罌粟の栽培に従事せしが、その産出額は極めて少量にして一ケ年僅かに百担前後に過ぎざりき。而もその産出阿片の全部は省内各地の吸飲者に秘密に供給せられ、之が積出しは殆んど皆無の有様なりしが、民国四年以来、兵乱相継ぎ、匪徒は随時随所に蜂起して劫掠をほしいまゝにし、所謂無政府状態に陥りたる処、彼等は自ら義軍と称し官民の招撫を俟ちて自己の官職を獲得せんと期しつゝありしを以て、之が軍費は主として阿片の栽培、密売の課税により支弁せられたり。されば土匪の数益々増加すると共に罌粟栽培の区域は自づから拡大せられ、民国

八、九年以後はその額出毎年二万担を算するに至れり。而して之が軍餉は何れも商民の負担する所なるによりその疲弊困憊甚だしきを以て、罌粟の栽培及び取引の如きも軍隊自ら之を内職とするに至れるため、十三年に於ける当四川省の阿片産出額は実に十六万担の多きに達し、従来類例なき数量を示せり。

従来、四川に於ける阿片の産地は綦江、南川、酉陽、秀山、彭水、黔江、石柱の七県に過ぎざりしが、十一年以後は各地方至る処栽培盛んに行はれ、一面、軍隊側に於ても極力栽培を奨励したるにより、左表の如き増収を示すに至れり。

県名	産額	県名	産額
巴県	五〇〇担	鄰水	五、八〇〇担
至《ママ》県	一、六〇〇担	南川	一、〇〇〇担
開県	二、九〇〇担	屏山	八、〇〇〇担
梁山	四、五〇〇担	古宋	二、〇〇〇担
江北	五〇〇担	峨辺	六、〇〇〇担
途《達カ》県	三、五〇〇担	墊江	四、五〇〇担
納渓	二、七〇〇担	江津	六〇〇担
酆都	三、〇〇〇担	叙州	四、五〇〇担
涪陵	六、〇〇〇担	瀘州	五、〇〇〇担
綦江	六〇〇担	長寿	一、八〇〇担
威遠	三、〇〇〇担	合江	一、五〇〇担
大寧	一、四〇〇担	広元	五、四〇〇担

秀山	一、五〇〇担	大竹	五、一〇〇担
昭化	二、八〇〇担	馬辺	五、四〇〇担
雷波	四、六〇〇担	奉節	八〇〇担
雲陽	三、〇〇〇担	石柱	二、二〇〇担
黔江	一、八〇〇担	南江	四、三〇〇担
通江	三、四〇〇担	銅梁	五〇〇担
興文	八〇〇担	栄県	三、〇〇〇担
渠県	五、六〇〇担	筠〔連脱カ〕	二、三〇〇担
永川	一、四〇〇担	綏〔マ〕寧〔マ〕	二、八〇〇担
古藺	四、六〇〇担	南溪	一、八〇〇担
洪〔珙カ〕県	一、五〇〇担	万県	二、四〇〇担
忠州	三、二〇〇担	酉〔マ〕県〔マ〕	二、〇〇〇担
彭水	一、八〇〇担	剣州	二、八〇〇担
長寧	一、三〇〇担	壁山	八〇〇担
巫山	一、〇〇〇担	城口	四、八〇〇担
巴中	二、八〇〇担	高県	一、六〇〇担
合計	一六〇、〇〇〇担	県数	五十六県

此れを更に植付面積によりて見るに、

西川道　六、三六八畝（支那畝）　嘉陵道　五三四、二五五畝

建昌道　一九、四一一畝　東川道　一、五二八、七八八畝

永寧道　　七六、七三八畝
四川省合計　　二、一六五、五六〇畝なり。

而して一支那畝（本邦の約六畝）より平均八百匁の生阿片を取り得と云はる。尚ほ上述の耕地面積を四川省の全耕地面積に比較する時はその三分ノ一に当たると云はれ、その額の巨多なる事驚くの外なし。

また、阿片は収穫早々に此れを売却すれば、一両（十匁）に付き銀七角五分（民国十三年の最低相場――売早き《ママ》金融その他の関係上、新物は廉価にして三、四ケ月後に至れば一割内外の目減りを生ずるも価額に於て七、八割の騰貴を来たすを常とす）として一畝に付き銀五十六元の収入となる。此れを同期の作物たる小麦に就きて見るに、その一畝の収入は十二元に過ぎず。罌粟栽培の収益は一畝に付き銀十二元の植付税（懶捐）を支払ふも一支畝に付き四十四元の収益あり。

二、阿片の取引、移出入、及びその取締法

禁煙励行の当時にありては、四川省に於ける阿片の産額は極く僅少なりしを以て、毎年、貴州より多きは約一万担位の移入あり。故に従来当省より輸出せられたる阿片の大部分は殆んど貴州産のものゝみと云ふも大過なかりしが、大正十二年以来貴州との交通杜絶し、貨物の運搬危険となりしより阿片移入の如きも従って減少し、本年の如き僅かに四、五百担内外に過ぎざる有様なり。

然るに従来、秘密輸出の数量、少なきは四、五百担、最も多き時と雖も一万担を越ゆる事なかりしが、民国十三年に至り叙州地方の如き、生産額増加せるのみならず軍隊により直接輸出せらるゝが故に、同年七月末迄の輸出数量は三万二千担に達し、尚ほ本年末迄には更に多数《量カ》の輸入《出カ》を見るが如き有様なりき。阿片の売買は従来奸商の手に

より取り扱はれ、その多くは汽船乗組員と結託し税関員を買収して大々的密輸出をなし居りしが、阿片商には莫大なる利益あり、また、その取引は常に現銀の授受により決済せらるゝを以て軍隊または土匪の注目の的となり、彼等は互ひに爪牙を磨き之が発見に腐心しつゝある有様なれば、多量の取引をなさんとすれば勢ひ軍隊側と結託するか外商と提携せざるべからず。然るに外商との結託は徒に外国人の私腹を肥やすに止まり巨利を博し難きにより、密輸商人も稍之が輸出を手控へるに至り、現今に至りてはそは軍隊の独占事業に帰せり。外国商人としては先に米人ウイドラン氏の如き、太平公司を経営して表面、輸出入業を営めるも、その実専ら阿片を取り扱ひ、石青陽氏等と結托して種々の問題を惹起せしが、遂に駐渝領事より退去命令を受けて破産し、また、仏商吉利洋行の如き、阿片取扱ひ商中の巨擘にして常に豚毛を売買するものゝ如く装ひ、その実阿片を取り扱ひ以て今日の如き巨万の富をなすに至れるが、同国軍艦の後援与って力ありたるやの噂あり。更にまた、事旧聞に属するも、数年前、重慶有数の巨商等、共同出資して阿片を購入し之を米国軍艦の艦長に托し、之が運搬の報酬として銀十万元を支払ふべき約束をなし、内五万元を重慶城内の同吉糧食店にて交付し上海に送りたるが、同艦の乗組員は全部上海にて更迭したるため、右托送の阿片は全部行衛不明となりたるも訴へ出づるに由なく、泣き寝入りに終はりたりとの笑話あり。阿片は秘密売買に冒されたるの結果、従来多くは石油空鑵に詰めたりしが、密輸のためには各人各様の荷造りをなすが故に、その荷造方法の如きも一定せず。

阿片の価額は一両を以て建値単位となし、一両（十匁）に付き幾何と云ふ相場にして、一千両を以て一担となすが故に、一担の実際の目方は天平一万匁にして、我が九千五百匁即ち九貫五百匁に相当するものなり。

重慶に於ける阿片の相場は常に高低ありて一定せず。禁煙励行の時代に於ては一近《斤ヵ》十六、七両なりしも、最近はその産額の増加するに伴ひ価額低下し、最高一両に付き銀一元二角、最低五角にして、常にその間を上下しつゝあり。目下の相場は十二年物（古物は高く新物は安し）一元、十三年物七角見当なり。

三、煙膏の製造、取引及び売捌法

煙膏は吸飲者自身または煙館に於て製造し、自用または顧客用に供する以外之が製造をなすものなく、取引は何れも生阿片に限り、特に煙膏の取引、売捌きをなすもの等なし。

四、阿片吸飲の状況

当省に於ては前清末葉及び民国建立以来四年迄、中央政府の威令都鄙一般に行はれ、従って阿片取締りの如きも励行せられたる観ありしが、民国五年、雲南軍の侵入攻略する所となり、越えて六年に至るも兵火を弭むるに至らず、同八年、九年の二ケ年間は稍鎮静に帰せしも、同じく九年再び南北両軍の四川争奪戦行はれ、爾来、連年干戈を交へて今日に及べり。されば土匪随所に蟠居して劫掠を恣にせるも之を鎮圧するに由なく、省内は彼等の跳梁跋扈に委するの已むなきに陥りたるを以て、罌粟の栽培禁止、阿片の吸飲取締りの如きも之を顧みるの遑なく、今日に至りては重慶市中、各街衢毎に阿片煙館の設置あらざるなきが如き現状なり。また、個人の家庭に於ても此の趨勢より離脱する能はざるため、重慶城内約十二、三万戸の約十分ノ三は何れも一燈若しくは数燈を備へ、自家用並びに来客接待用の具に供し居る有様なり。禁煙令施行の当時にありては阿片吸飲者の数は極めて少なく、その消費量も一ケ年僅かに二百担内外に過ぎざりしが、前述の如く近年その取締り弛緩するに至るや、上下貧富の区別なく先を争ひて吸飲するの状態を呈し、従ってその消費量も年額実に四、五万担を越ゆるに至れり。

五、阿片収入及びその用途

阿片収入の用途は各地共、軍費或は市政費の一部に使用さるゝも、その収入高及び収入方法は各地に於て異なるを以て、今、阿片の大取引地たる重慶と成都に付きてその収入状態を示さん。

(イ)　重慶

㈠　罌粟の栽培には一株に付き小銭七、八文乃至十分の課税をなす。

㈡　阿片一担（一千両）に対し大洋三百四十元の移入税を課す。

㈢　阿片煙〔一脱カ〕両に対し銀元六分の印花税を課しつゝあり。

㈣　阿片吸飲者及び煙館営業者に対しては吸飲燈（煙燈）一個に付き一ケ月銀一元五角の税を徴収しつゝあり。

㈠は駐防軍、知事、公署、団防等により徴せられ、㈡は重慶禁煙査緝処に於て徴収し、㈢㈣は駐防軍及び警察庁より課税し之をその各官衙の経費に充当するが如く云ふも、大半はその長官の私腹を肥やすの料たるなり。

(ロ)　成都

㈠　植付に対する税金

罌粟の植付面積一畝（支那畝）に付き銀十二元の栽培税を課す。（一畝より約八百匁の阿片を徴穫し得るにより、阿片十匁に付き銀一角五分の税金となる）

㈡　阿片売買に対する税金

生阿片の取引は大都市の小邑に於て多く行はれ、その売買に対しては十匁に付き銀元六分の税金を課せらる。尚ほ罰金その他の名称の下に十匁に付き銀元四匁《分カ》を徴収せらる。更に成都入市に際しては禁煙査緝処に於て生阿片十匁に付き銀元六分を課し、之に対して十匁毎に銀元六分の印紙を交付し、且つ成都城防司令部は十匁に付き銀元三分、成都警察署は同一分の罰金を徴収す。

㈢　吸飲に対する税金

阿片吸飲に対する徴税方法として、阿片吸飲希望者に対し一ケ月を期限として戒煙証を下附し、一ケ月後に至り更に継続せんとするものには徴税の上、旧戒煙証と引き換へに新戒煙証を下附す。

戒煙証には甲、乙、丙、丁の四種あり。

甲　銀　六元
乙　銀　四元五角
丙　銀　三元
丁　銀　一元

尚ほ成都に於ける阿片税の徴収高を示せば次の如し。（一ケ年間）

阿片煙燈税（一個に付き一ケ月一元五角――一万八千燈）　三二四、〇〇〇元
入市印紙収入（一日の阿片消費高十匁、一年間六四、八〇〇貫、約四千担に対する印紙収入、十匁に付き銀六分）　三八八、八〇〇元
入市罰金（六四、八〇〇貫に対する罰金、十匁に付き銀四分）　二五九、二〇〇元
市附近の取引地に於ける税金及び罰金（十貫に付き十仙）　六四八、〇〇〇元
植付税（一畝に付き十二元、一畝に収穫八〇〇匁、故に十匁に付き一角五分）　九七二、〇〇〇元

合　計　二、五九二、〇〇〇元

癮者救済の施設に就きては、清末に於ては戒煙局の設置ありて相当癮者救済に努めしも、民国以来自然に消滅し現今にては之等の施設なく、その取締法は単に脱税を杜さんとする意志あるのみなるを以て徹底的ならざる有様なり。

六、騰落の経過

今、成都に於ける阿片騰落の状体を示せば次の如し。

一九〇六年以来	阿片十匁	一元内外	
一九一三年	〃	七元五角	罌粟の植付禁止のため
一九一六年	〃	低落	西南地方反乱のため
一九一八～二〇年	〃	二元	
一九二一～二四年	〃	一元二角	公然植付

七、煙館の阿片煙吸飲料

今、煙館に於ける阿片煙の吸飲料を概算すれば次の如し。

煙燈一個の収支計算

阿片両代		銀一元二角五分
煙膏製造に要する炭代	阿片一両に付き	三分

烟燈油代　一日に付き　三分

家賃　一日一燈に付き　六分

食費その他　（一燈一人掛として）一日一人に付き　一角五分

器具その他捐料利子等　（吸飲器一組に付き約一元）　三分

支出合計　一元六角《ママ》

煙膏十三匁に対する吸飲料　（二分に付き銀元三分）　一元九角五分

故に差引一日一燈の利益　三角五分

一燈一ケ月の利益　約　十元五角也

生阿片より煙膏を製造するに際し、最近、当地方に於ては生阿片十匁に煙灰（阿片煙を吸飲したる後に残留する灰）八匁内外を混じ居れる結果、全量の約三割を減じて約十三匁の煙膏を得る理なり。また、煙灰八匁は約八角の価額を有するも、最初、煙膏を製造するに際し一度購入せば、その後は十三匁の煙膏より吸飲後常に八匁内外の煙灰を生ずるを以て生産費中より之を除けり。

附記　重慶に於ける阿片

重慶に来たる阿片は多く涪州・墊江・梁山・万県より来たるものにして、その中最良のものは涪州のものなれば、他の地方産のものも一度涪州を通過し、涪州のものとして重慶市場に出さる。

更に外省より来たるものとしては雲南（南土）・貴州等より来たり、貴州のものは四川省産のものと合して川土と呼ばる。その価額は南土最も高価にして一担（一千両）九十六弗、川土は六十余弗なり。

貴州産の阿片の種類を上ぐれば次の如し。

施西　ビルマに近き地方より出づるもの

施東

施南　（人頭土）アンチンに近き地方に産し海路上海に行く。

畢節　最良品

遵義

重慶より移出さるゝ阿片に対しては、一担に付き江防費（五弗）・印花税（六弗）・禁煙稽査所《処カ》《脱文カ》（六十弗）等の諸税合計百四十弗を課せらる。

尚また、重慶の煙館に於ける点捐（阿片煙吸飲に用ふる燈に対する税金）は一ケ月七弗五角也。その内訳を示せば次の如し。

禁煙稽査所《処カ》	一・五〇弗
禁煙稽査総所《処カ》	一・六〇弗
赤十字社	〇・四〇弗
城防総司令部	〇・四〇弗
警察署	一・五〇弗
その他	二・一〇弗
合　計	七弗五角

また、附近の農民には一率に欟捐と称する税金を課す。こは表面上は阿片の《栽培脱カ》禁止税の如く見ゆれども、その実は

罌粟の栽培をなすと否とを問はず一様に課するものなるを以て、一種の罌粟栽培の奨励なり。

左に我が旅行経過地に於ける煙館の数、阿片一両に対する価額、禁煙局の有無、阿片一両に対する税金、及び一合（一回の吸飲）の価額等を一覧表となし示さん。

地名	煙館の数	阿片一両に対する価額	禁煙局の有無	阿片一両に対する税金	その他
万県	不明	〇・九〇元	有	計五分	宜昌の阿片の部参照。
重慶					四川の重慶の部に詳し。
合川	二〇〇	〇・九〇	有	計三分	此処も万県と同じく移出税なり。
大石橋	五	〇・八五	なし		此れより当分吸飲料は小合六十文、大合百文なり。
利沢場	五	〇・八五	なし		
古楼場	二	〇・八五	なし		
七間橋	三	〇・八五	なし		
香爐山	二	〇・八五	なし		
興隆場	八	〇・八五	有	不明	
万善場	三	〇・八五	なし		
砂入《沙牛カ》灘	一	〇・八三	なし		
烈面渓	無数	〇・八二	有	計一分五	移出税。
臨江寺	二	〇・八五	なし		
李渡場	数多	〇・九〇	有	不明	
渓頭垻	二	不明	なし		

青《ママ》居街	六	○・九○	有	不明	行人の荷物を検査す。
順慶	数多	一・○○	有	不明	順慶附近より各煙館は燈を掲げて牌子となし、その上に小合六十文、大合百文と書せり。此の附近は一帯の山地なれば阿片の収穫少なきが如く、而も町は山腹にあれば阿片の価額も高し。
金台場	六	一・○○	なし		
瀘渓場	不明	／	／	／	
永豊舗	三	一・一○	なし		
毛家舗《垻カ》	二	一・一○			
瓦店子	不明	／	／	／	
馬安畳《鞍塘カ》	三	一・○○	なし		
太平橋	五	一・○○	なし		
李祭《祺カ》寺	一	／	なし		
石竜場	三	一・一○	なし		
棗嶺	一	一・○○	なし		
老鴉岩	十以上	一・○○	有	不明	
双竜場	三	／	なし		
黄里埡	五	／	有		
馬学渓	なし	／	／		
保寧	数多	一・○○	有		点捐は毎月二元也。
上五里子	三	一・一○	なし		
下五里子	不明	／	／		
煙粉楼	五	／	なし		
六包埡	二	／	なし		

槐樹駅	二	／	なし	
伏公舗	五	一・一五	なし	
白鶴舗	一	／	なし	
辛店子	不明	／	なし	
上《ママ》五里子	五	／	なし	
印合山	不明	／	なし	
施添駅	一	不明	なし	
永寧村	一二	一・〇〇	なし	
清水舗	一	不明	なし	
柏林溝	二	／	なし	
金牛場	二	一・〇〇	なし	
石井舗	一	不明	なし	
梅嶺関	不明	／	なし	
梅石《樹カ》舗	二	一・〇〇	なし	
三元場	不明	不明	なし	
百仏寺	一	不明	なし	
竜潭	一	不明	なし	
三道拐	不明	不明	なし	
思賢舗	二	不明	なし	
大亜山	なし		なし	

広元	無数	良一・三〇	有	販売税（毎両四十文）	点捐は毎月五元。此の附近に至りては阿片の売買公然と露店に於てなされ、官吏は此処に来たりて売る阿片に一々税金を取れり。此の附近より吸飲料は大合百五十文、小合百文となる。
須家河	五	一・二〇	有	移出税三分	
大塘子	一	不明	なし		
蒲桃架	一	不明	なし		
沙河駅	二	不明	なし		
望雲駅	不明	／	なし		
楼房閣	一	／	なし		
朝天鎮	六	一・二〇	有	通過税一分	此の附近の煙館の牌子〈大棒子百 壹到煙館 小棒子五〉
乱石子	不明	／	なし		
窄脚舗	二	不明	なし		
斗門子	なし	／	なし		
富家平（坪カ）	一	不明	なし		
龍洞脊	一	不明	なし		
神宣駅	五	一・二〇	なし		
文家分	一	不明	なし		
紙房舗	二	不明	なし	通過税一分	
中子舗	六	一・二〇	なし		
小洞子	一	不明	なし		
転子舗	五	一・二〇	有	通過税一分五	
駮場垻	三	一・二五	なし		
関家坡	なし	／	なし		陝西省に入る。

黄坝駅	四	一・二〇	なし		此の附近にては罌粟の栽培盛んなり。
牢固関	二	一・〇〇	なし		
廻水舗	三	一・〇〇	なし		
境　脊	二	不明	なし		此処の牌子面白し。四角の提灯に、［生熟洋燈｜貨真価実｜上烟百移｜気爽神精］
洋〔揚カ〕盤市	二	不明	なし		
金家坪	一	不明	なし		
寧　羌	二〇	一・〇〇	有	移出税二分	
柏林駅	一	不明	なし		
七十舗	二	不明	なし		
清〔滴カ〕水舗	二	一・〇五	なし		
五丁関	一	不明	なし		
寛川館〔舗カ〕	三	不明	なし		
斬竜垭	一	不明	なし		
大安駅	五	一・〇〇	有	移出税二分三	
桑樹湾	三	不明	有		
石窩〔富カ〕金〔全カ〕	一	不明	有		
青羊駅	五	一・〇〇	有		
蔡　坝	三	一・〇〇	なし	移出税一分二	吸飲料は大合百二十文、小合八十文。
新舗湾	二	不明	なし		
銅銭坝	二	不明	なし		
炭城寺	一	不明	なし		

瀯〔沮カ〕水舗	二	不明	なし		
黄竜埡	一	不明	なし		
土関舗	二	一・〇〇	有		
汚県	多数	一・〇〇	有	通過税二分	此の附近の税金は一両一元の内に五百文含まると云ふ。点捐は毎月三元。
菜〔園脱カ〕渡	多数	一・〇〇	なし	通過税一分五	
三宮堂	三	不明	なし		
旧州舗	六	一・〇〇	なし		
沙河坝〔吹カ〕	不明	／	／		
柳樹営	三	〇・九五	なし		
橋東営	不明	／	／		
黄沙邑	三	一・〇〇	有	消費税三百文に当たる	
新街鎮	二	不明	なし		
扭〔鈕カ〕項舗	不明	不明	なし		
陳察〔蔡カ〕	一〇	不明	なし		
小固寨	二	一・〇〇	有	不明	
柏郷坝	三	不明	なし		
竜江舗	不明	一・〇〇	有	二分	
小店子	不明	／	／	／	
沙堰子	七	一・〇〇	なし		
漢中	九	一・〇五	有	入市税四百文	点捐は煙館は毎日三角、私人は二角。
胡家田坝	三	不明	なし		

七里店	三	不明	なし		
呉家舗	二	不明	なし		
下茅上垻	六	一・一〇	有	通過税二分三	
十八里舗	多数	一・一〇	有	不明	
新舗垻	二	一・〇〇	なし		
桃花店	三	不明	なし		
本街	二	不明	なし		
杜家名（店カ）	一	不明	なし		
西寨村	一	不明	なし		
城固	多数	一・一〇	有	落地税一分	
漢王鎮	二	不明	なし		
洋県	多数	一・〇〇	有	不明	
両河口	三	一・〇〇	なし		
茶鎮	三	不明	なし		
石泉県	多数	一・三〇	有	落地税五分三	此の附近の吸飲料は大合百五十文、小合百文。
油坊垻	三	一・五〇	有	落地税二分	
梅湖	不明	／	／		
漢陽坪	不明	／	／		
漢王城	不明	／	／		
宦姑灘	三	不明	有	不明	
紫陽	多数	一・五〇	有	入市税五百文	

洞河口	多数	一・五〇	有	通過税二百文	通過の民船に検査に来る。
大道河	三	不明	なし		
小道河	二	不明	／		
流水店	五	一・五五	有	不明	
興安	不明	一・五〇	有	落地税五分二	点捐は毎月七角（私人）、煙館は一元五角。
閭河口	多数	一・四五	有	不明	
洵陽	不明	／	／		
蜀〔濁カ〕河	多数	一・五〇	有	通過税二百文	船に検査に来る。
藍灘	不明	／	／	／	
白河	多数	一・五〇	有	通過税六分	船に検査に来る。湖北省に入る（煙館に牌子なし）。
羊尾山	不明	／	／		
天河口	二	一・六〇	なし		
鄖陽	多数	一・六〇	有	通過税一分二	
均州	不明	／	／		
青山港	二	一・六〇	有	不明	船に検査に来る。
老河口	多数	一・六五	有	不明	
樊城	多数	一・六五	有	不明	
流水口〔溝カ〕	三	悪一・三〇	なし		
利河口	二	不明	なし		
鍾祥	多数	一・五〇	有	不明	
沙洋	不明	／	／		

岳口	多数	一・五〇	有	不明	
仙桃鎮	多数	一・五〇	有	／	岸に検査所ありて荷物の検査をなす。
咏旺	不明	不明	有	／	
漢川	不明	／	／	／	
蔡甸	不明	／	／	／	

結

以上の如く四川・陝西には至る処に煙館林立し居れり。而して阿片は労働者の生活上の必須品にして、一日も此れなくしては生存し得ず。されば殊に旅人の往来頻繁なる要路にありては、如何なる寒村にも——たとへ其処には飯、茶の求むべきなきも——煙館のみは此れを有するの有様なり。

更にまた、阿片と労働者との関係を見るに、彼等の生活の対象は一に阿片、二に食物なり。人間自然の本能たる性欲は阿片によりて安価に且つ容易に満足するを得るなり。されば阿片吸飲の風は益々流行し、遂には全国民が此の風に染まんとするの有様なり。

人世を享楽する点に於て常に一頭地を抜きんでる中国人にして此の阿片有るは誠に当然の理なり。勿論、阿片の害の窮極は人類の滅亡にありと云ふも、直ちにその結果が斯くの如くなると云ふに非ざる以上、今更阿片を以て人道呼ばはりをなすの必要はなきが如し。此の点に於て私は米国の態度を笑ふものゝ一人なり。

昭和二年度調査報告書

第三巻　津浦経済調査

第五編　阿片調査

第一章　阿片の沿革

（前略）

而も文化の発達と共に阿片吸喰禁圧の輿論もまた支那に興り、光緒三十二年八月（一九〇六年、即ち明治三十九年）十個年計画の新阿片禁止令を出し、一方、英清阿片協約を締結し英国をして印度阿片の輸入を制限せしめ、且つ清国に於ては内地阿片の製造を漸減し以て阿片吸喰の積習を根絶せんとせり。

然るに事久しからずして清廷は覆り、中華民国として共和政治の布かるゝや、更に前朝の禁遏を踏襲すと雖も幾ばくもなくして欧州大戦の勃発に際会し、列国もまた戦前の締結を顧みず、且つ国内の戦雲は尚ほ収まらず、今日依然として世界の大阿片国たるの儘に放置せられつゝあり。

尤もその後、支那民間に於ける禁圧運動、且つは数次の国際阿片会議の開催等により、阿片問題の対策の講ぜらるゝものあるも、その効果の見るべきものまた少なし。

第二章　阿片の禁圧運動

阿片の国家社会に及ぼす弊害の甚大なるは万人の均しく認むる処にして、世界各国は之が禁圧に対しその神経を鋭敏にして対策を講じつゝあり。

支那に於ても数次に渉り之が禁止または取締りの法令の発布を見たるも、その結果は何等の効果を見ず、空文に止まれり。その政府の真意は勿論阿片の禁止にありたるも、国内国外の事情は依然として変はることなく、現状の如き光景を呈せるものにして、一九二五年ゼノヴァに於て阿片会議の開かるゝや、支那政府は列国に対し、国内に於ての阿片の使用をば如何なる形式を以てするも許可せず、絶対に之を禁止する旨を宣言し、而も此の鯨波の及ぶ所、全世界に駐在せる支那公使の口よりも盛んに伝へられ、また、支那代表は凡ゆる機会を捉へて此の旨を発表せり。勿論、吾人は支那政府の意の存する所を汲まざるものに非ずと雖も、現在の支那に於ては一法令を以て之が禁止を期待すること、方に木に縁りて魚を求むるの類に等しからずんば非ず。

今こゝに注意すべきは、民間に於ける中華民国《国民カ》拒毒会の出現是れなり。こは最近に於ける各種の民族運動の一つの顕現に外ならず、幾多の支那の先覚者は日を逐ふて此の運動を援助し来たり、青天の霹靂の如くにその効果を現はし来たれり。本章の第二節に於て右拒毒会の現状の概要を述べんとする所以なり。

次に世界に於ける阿片禁圧の大勢を見るに、漸次、国際的の色彩を帯びつゝあるは吾人の看過すべからざる事実なり。前に幾多の国際条約の制定を見、今や国際聯盟は此の問題に対して重大なる因子を成すに至る。本章の第三節に於て阿片の国際的禁止運動の概況を記せんとする所以なり。

最後に阿片の禁遏が如何に困難の事に属するかの一般を知らんが為に、民国十五年一月十一日、中華民国《国民カ》拒毒会に於てなされたる唐紹儀氏の講演の一部を紹介せん。

「往年、彭玉鱗氏はその部下の兵士に阿片の吸喰を厳禁し、若し犯すものあれば、その左手の親指を割去し、再び犯せばその食指を割去し、若し右手の二指をも割去し了れば戦争すること能はず廃者となるが故に死刑に処し、梟首して衆に示した。且つ二名の兵士をしてその首級を看守せしめたるに、こゝに最も驚くべき事実は、此の首級を看守する両兵士は各々その首級の下に於て煙具を置き、竟に呑雲吐霧毫も懼るゝ色なし。此に至って彭氏は始めて厳法を以てするも尚よく禁ずること能はざるを知れり。これより後犯者は首に銅牌を懸けて市中を游行せしめ以て大衆に警示したり。これより後犯者は漸く減少せりと云はる。遂に吸喰者の首に銅牌を懸けて市中を游行せしめ以て大衆に警示したり。蓋し吾人中国人は最も体面を重んじ、之に干する懲罰は却って斬首、断指の重刑よりも効力ありしなるべし云云」と。

第三章　結　論

阿片その他の麻薬類の弊害については今更之を喋々するの要を認めず。従ってまた之が絶滅に努めざるべからざるは勿論なり。その目的の為には已に述べたるが如くに種々の法令、政策、運動が行はれつゝあり。これ世界人類の為め真に慶賀すべき事なり。此に本調査を終結せんとするに当たり、以下、第一、第二の国際阿片会議に於ける日本代表加藤氏の言を引用し、尚ほ最後にこれに関し些か私見を述べんとす。氏は曰く、

「支那歴代の政府当局及び各種禁烟団体の阿片の禁遏に対する努力は真に敬服すべきものがある。之等政府及び民間有識者一般の禁烟に対する誠意と熱心とは大いに同情に値するものがある。然るにもかゝはらず支那

国の今日に於ける国情は阿片問題の解決に便ならざるを惜しむ。

惟ふに阿片問題の解決をなさんとするには、先づ不汚者の阿片の吸飲禁遏と阿片癮者の救療廃癮との二方面のあることを考慮せねばならぬ。不汚者に対しては厳重なる禁遏政策をとり之が断禁を行ふべきは当然なるも、阿片の癮者に対しては此くの如く簡単なるものではない。

前者については厳重なる取締りを為すと共にその教育及び指導に力を尽くせば之を禁遏することも出来るけれども、後者の阿片癮者に至りては啻にその肉躰に於てのみならずその精神に於ても已に堅固ならざるものあるを以て、一片の法令個々の罰則を以て之が禁遏をなすことは得て望むべからざるものである。現今支那に於ける癮者の数は之を詳らかにすることが出来ないけれども、今尚ほ意外に多数のものが存在し、而も近く減滅の様を見ざるやうである。而して之が解決は支那の現状に照らしてこれ蓋し至難のことであらう。

日本帝国の台湾に於ける経験に徴して、阿片吸飲の完全なる禁遏を期するには、断禁主義の下に漸禁主義を行ふにある。即ち一方、已に癮に陥り急速に廃癮せざるものに対しては適当に救療の方法を講ずると共に、他方、不汚者に対しては汚染防止に全力を傾注するにある。その方法としては、

㈠　阿片の吸飲は之を断禁すべし。只已むを得ざる癮者に限り吸飲を許可すべし。

㈡　癮者の認可に干してはその手続きを最も厳正ならしむべし。

㈢　阿片烟膏の取扱ひは最も厳重なるべく、癮者以外のものに対しては絶対に之を売り下げざるべし。

㈣　救療上必要なる阿片の吸飲量を限定し、その定量に対しては癮者をして安心して吸飲するの自由を得せしむべし。

㈤　一般の阿片習癖の防止に付いては、警察の取締り、教育、及び社会生活上の改善に依る等、各種の手

段を講じて各自をして阿片の弊害を自覚するの機会を与ふる事。

以上は阿片問題の解決につき最も正確なる成績を挙げ得たりと信ずる台湾の経験より割り出せるものなる処、列国がその領土内に於て夫々特殊なる事情に適応して最善の方法を考察し、その功を急がず正確なる成績を挙ぐるに努力をなし、支那に対して好模範を示せば、支那将来の憂患を一掃し得るの期を早むるに好個の刺戟たりうべしと信ず。云云」と。また曰く、

「魔薬類の濫用も阿片の吸飲と同様に一種の習癖性があり、その害毒は寧ろ更に大なるものがある。而してその癮者に就き詳細にその実状況を観察すれば、それには二つの異なりたる場合を発見するのである。

一は阿片の吸飲者にして魔薬の癮者となりたるは、阿片の吸飲を俄に抑止せられたる為め、その害毒の比較的に多大なるに拘はらず已むを得ず之に代ふるに魔薬類を使用し、遂に癮に陥りたる場合である。

二は阿片の吸飲と干係なく、魔薬類を疾病その他の事由により濫用せるに基因するものである。

果たして然らば、本問題に対してはその発生の原因を辿り、差別的の解決の方法を取るべきものと思考せらる。

前者に対してはその原因たる阿片吸飲者の問題を先決とし、吸飲特許制度等の励行によりて解決すべきものであって、右は已に第一会議に於て審議せられて居るのである。

後者の場合に付いては之を二様に取り扱ふを以て適当と考へるのである。一は取締りの励行と、教化その他の社会的の施設により魔薬類の濫用を防止して新癮者を発生せしめざる事、二は已に癮に陥りたるものに対する救療の途を講ずることである。彼等癮者は自制心に乏しく、如何に之に対して抑圧を加ふるも廃癮を制度《ママ》し能はざるべく、遂には密輸入の事実を誘致するに至るのである。云云」と。

最後に吾人は、本問題が人道上、また国家社会の存立上、看過す可からざる所以を自覚し、各人各国が私利私欲に惑はさるゝ事なく、国際的にその禁止運動に力を致すに非ざれば、その解決は到底不可能事なりと思惟するものである。

第四巻　京綏金福経済調査

第一編　都会及び阿片調査

第二章　阿片調査

第一節　阿片概説

第一款　阿片と罌粟

阿片とは罌粟の未熟なる果実より採りたる液汁を乾燥凝固し、更に吸飲、包装或は運搬等に便なる様種々必要なる加工を加へたるものなり。

ド・カンドル氏に拠れば、罌粟の原種は地中海沿岸に自生せるパパワーセテイゲラムなる植物にして、亜細亜には野生し居るものなしと云ふ。而して罌粟を最初に栽培したるは欧羅巴の南部及び北部アフリカにして、是れより亜細亜に伝はりたるものゝ如く、瑞西湖棲人の遺跡中にも罌粟を発見せりと云ふ。

罌粟の品種中阿片の原料として最適なるは印度並びに南支那に栽培せらるゝパパワーソムニフェラムなれども、

一般に罌粟は南は印度の熱帯より、北は満州、西比利亜の寒帯に至る迄栽培するを得るものなり。

第二款　阿片の製法

第一項　粗阿片（支那名阿片煙、英名ロー・オピウム）の製法

罌粟の落花後約十日を経たる可及的快晴の日の午後を選び、果皮に縦或は斜に果壁を穿通せざる様に注意し（是れ種子の稔熟を害せざらんがためなり）二、三箇所傷をつくる時は、果皮の組織内に存在する乳管破壊され白色乳状の液を浸出す。該液は空気に接触すれば次第に黄色を帯び更に赤褐色に変じて凝固す。是れを竹箆にて掻き集め巨塊にしたるものを粗阿片と称し包装して販売に供す。粗阿片はその外観黒砂糖の如くにして稍々粘着力を有す。

罌粟の果皮に傷つくる方法には縦に傷つくる方法と斜に傷つくる方法との二種あり。而して縦に傷つくる方法はその切り方極めて簡単なれども、露の多き場合には果実の表面に露が凝集し、流るゝ際に汁液を共に流失し去るの不利益あり。斜に傷つくる方法にはその憂ひなし。蒴によりては一回傷つくればその汁液の尽くるものあり。また、二、三回新たに切傷を付くるも尚ほ盛んに汁液を浸出するものあり。而して一回以上傷つくる場合には二、三日の間隔を置きて行ふを可とす。

上述の採取法は比較的大規模に集約的に行はるゝ場合の方法なるが、小規模の粗放的なる採取法としては次の如き方法行はる。即ち蒴の中央より稍々下部に横に一周せる一線の傷を付け、夫れより流出する汁液を直径一尺二、三寸乃至二尺、深さ一寸乃至一寸二、三分のトタン製の金盥を植物の根元に嵌め込みたるものにて受く。罌粟の栽培には果実に全精力を集中せしむる目的を以て、トマト栽培に於けるが如く不必要なる枝葉を剪除し置くが故に、採取の際枝葉のため汁液の金盥に落下するを妨げらるゝ如きことなし。若し金盥の外に伸長せる枝に結果せるもの

あるときは、その下に陶器製の直径二寸深さ三寸位の壺を置きて是れに汁液を滴下せしむ。

罌粟一個の蒴よりの産出量は平均粗阿片十グラムにして、多きものは一時に七十五グラムを産出すと云ふ。

第二項　吸飲用阿片（支那名阿片烟膏　英名プリペアード・オピウム）の製法

吸飲用阿片の製法は、各地方により各店により或は各人の嗜好により、原料の調合法に多少の相違あり。今、一例として大連市奥町震興厚小売所に於ける製法を説明すべし。

先づ粗阿片（各地産のものを混ぜるもの）九、料子一、灰三の割合にて混じたる原料に対し四倍（重量）の水を加へ、大なる銅鍋（その形直径二尺、深さ一尺位）に入れて煮沸し、可溶成分を全く浸出し尽くさしめ、水量百匁に煎じ詰めたるものを以て篭に濾紙を敷きたるもの丶中にて圧搾濾過す（篭の形直径一尺五寸、深さ六、七寸位）。而してその濾液は赤褐色の水飴状をなす。是れ即ち吸飲用の阿片にして、吸飲者自ら銅製の小器物に入れ、小燈にて乾燥し以て喫用に供す。吸飲用阿片を小燈にて乾燥したる膏薬状の物質は支那人間にて煙滄と称す。

右の調合原料中、料子と称するものは麦粉一袋即ち四十斤を水にて適度に混捏し、然る後大豆油八斤を混合して製するものなり。また、灰と称するは阿片を喫したる際に烟槍（煙管）内に残れる滓にして、普通の煙草の吸殻の如きものなり。灰は頗る高価なるものにして十匁に付き約三元なりと云ふ。

第三款　阿片の生理的に及ぼす作用

阿片の使用は羅馬の昔にその端を発すと云ふ。されど古くは鎮痛用、催眠用等医薬として使用され来たれり。而して阿片の使用による生理的作用は、主としてその中に含有せらる丶アルカロイド（モルヒネ）による。

モルヒネの少量を内服或は皮下に注射すれば、主として大脳に作用を及ぼし、暫時興奮の後、最初、痛覚中枢を麻痺せしめ、通常、口腔及び咽喉乾燥して渇を覚ゆ（故に阿片吸飲者は吸飲するとき何れもその枕元に茶器を備ふ）。次に所謂嗜眠状態に入る。阿片特有の快感を感ずるはこの時なり。阿片を常用せる支那人の語る所に拠れば、阿片を喫せる時の快感は酒と性欲とを同時に享楽する時より更に一層一種形容すべからざる快感あり。将に睡眠に陥らんとする時には、自己の欲するが儘の快夢を見ることを得ると云ふ。嗜眠状態に入れば呼吸及び脈搏は少しく増加し腸の蠕動を減退す。嗜眠の時間は各人の体質及び阿片の用量によりて異なるも普通、半時間乃至二時間に亘る。若し大量に用ふるときは興奮期甚だ短くして睡眠に陥り、瞳孔縮小し顔面紅潮して往々頭痛、悪心、嘔吐、尿閉、便秘、皮膚掻痒、食欲減退、身体倦怠等を生じ、更に多量（〇・〇六グラム以上）を用ふれば速やかに睡眠或は昏睡に陥り、顔面紫藍色を呈し反射機能絶滅し、脈搏及び呼吸は遅緩不整となり、体温下降、瞳孔縮小、呼吸及び心臓の働き休止することによりて遂に死に至る。

第四款　支那に於ける阿片使用の歴史

阿片使用の起源は未だ明らかならざるも、西紀五世紀の頃原料たる罌粟の栽培は既に羅馬人の間に知られ、埃及人及び波斯人こそ実に罌粟精使用の鼻祖にして、阿片吸飲の悪習に陥りたる最初の人種はセミチックなりと云ふ。亜剌比亜人は此の弊害を最も広く伝播し、第八世紀中に罌粟を支那に輸入し、支那人に罌粟の実の使用方法を教へたるものもまた此の亜剌比亜人なり。而して支那に於て阿片製造の行はるゝに至りしは十五世紀の前半なるも、当時は全然薬品として使用されたるに止まり、之が吸飲をなすに至りしは馬尼拉より煙草の輸入されたる以後の事にして、最初は煙草に阿片を混和して吸飲せしが、漸次、阿片のみを吸飲するに至り、その害逐年蔓延して全く収拾すべからざる状態を呈するに至らんとせしにより、支那政府は絶えざる努力を以て阿片輸入禁止の計画をめぐらせしが、英国政府は常に之に反対し、斯くて終に有名なる阿片戦争の悲劇を生むに至れり。

広東貿易時代に於ける支那輸入品の主要なるものは阿片にして、一八一八年より同二三年に至る六ケ年間の輸入総額約三億四百四十万弗の中、阿片の輸入総額は約一億百万弗、即ち全輸入額の三割四分を占めたるを見ても、如何に当時に於て既に阿片輸入の盛んに行はれしかを想見するに足るべし。而もそれ等は英商の印度、亜剌比亜より輸入するもの大部分を占め、一函二百磅の高価にて売り付け暴利をむさぼりたり。之がため英国政府が一八四〇年に支那と干戈を交へ、香港を割譲せしめて今日の阿片密輸入の根拠地となし、同国の阿片商に便宜を与ふるに至りしもまた理由なきに非ずと云ふべし。斯くして戦後の輸入量は一層増大し、同五九年以後には公然関税を徴して輸入を公許するの状態となり、阿片の害毒は滔々として全支那に普及するに至れり。

第二節　支那に於ける阿片の栽培及び吸烟の状況

第一款　概　観

一九二四年は、一九一八年以来再び台頭せる阿片栽培旺盛期中にありても最も栽培の膨張せし年なりしが、それ以後は二五年に於ても二六年に於ても大なる増減なく、栽培の減少を称へらるゝ省及び地方も相当ありと雖も、吸飲は年々一般に自由公然と行はれ、各階級を通じて無制限に増大しつゝあるより見れば、全体として栽培数量減ぜりとは思はれず。唯二五年より二六年にかけて栽培の大ならざりし理由二あり。

一は前年度よりの生産過剰によりて市場は供給過剰に陥り居れること、その結果として阿片の価格低廉なりしとなり。即ち或る省に於ては粗阿片を一オンス五角の割合にて手放さゞるを得ず、その上一畝に対して六元乃至十二元の地租を課せられ利益極めて尠なく、剰へ食糧品の高価なることにより栽培者の労苦も全く水泡に帰するの観ありき。二は一九二五年に於ける南支那及び西部支那の旱魃なり。此の旱魃は阿片の作に影響すること大なりしのみならず、一般穀類の作にもまた影響し、その結果食糧品は暴騰して饑饉状態を現出せし地方さへ少なからざりき。此の二原因により人民も食糧品の獲得を必要とし、一時、阿片の栽培を断念したるものも少なからざるべし。されど穀物の収穫にして良好となり、また、阿片相場の確実となるに至れば、百姓は直ちに再び阿片の栽培に向かふものと観測せらる。

今、支那全土につき栽培状況を一瞥するに、全然栽培の行はれざる省は山西省一省のみなるべく直隷、浙江両省も殆んど栽培を見ず。之に次ぎては綏遠、山東、奉天の各省にして、その大部分は未だ栽培せられたることなく、栽培地ありても省内の一小部分に限られたり。而して他の各省各地方に至っては多かれ少なかれ広く栽培行はれ罌粟の花を見ざる所なし。殊に甚だしきは四川、貴州、雲南、陝西、福建の五省にして福建、四川には軍隊の栽培を強制するあり。而して四川、雲南、陝西を以て支那の三大阿片産地となすべし。

然らば支那に於ける阿片の全産額は幾何なりや。支那阿片問題の権威たる万国拒土会の推定によれば、一九二四年の産額は一万二千噸乃至一万五千噸なるべしと云ふ。而してその根拠とする所は一九〇五年の比較的正確なる調査にして、その年に於ける産額三十七万六千担即ち二万三千噸と比較して各地各省の増減を検し、以上の推定に達したるものなりと云ふ。故に絶対的に正確なる数字とは云ふを得ざるも、広大なる支那各地に散在する栽培地の産額は、各地に会員を派して鋭意之が調査、防遏に努力しつゝある拒土会にして初めて近似数なりとも発見し得るものにして、此の点大いに賞讃に値するなり。唯遺憾なるは五・三十事件以来の排外運動は年々その猛威を振ひ、各地の万国拒土会々員も引き揚げざるを得ざるに立ち至り、一九二六年より二七年にかけては殆んど地方の調査行はれず、例年の報告も地方より来たるもの少なしと云ふ。

各地の吸飲状態につきては次款以下各省別に詳記すべきも、阿片の使用は一の例外なく全土を挙げて年々激増の勢ひを示し、多きは人口の八〇パーセントより少なきは四〇パーセントに至る吸飲者あり。此の儘に推移せんか「東方病夫」の前途には唯自滅の一途あるのみなるべし。

各地の栽培の現状及びその移動の経路を示せば次の如し。

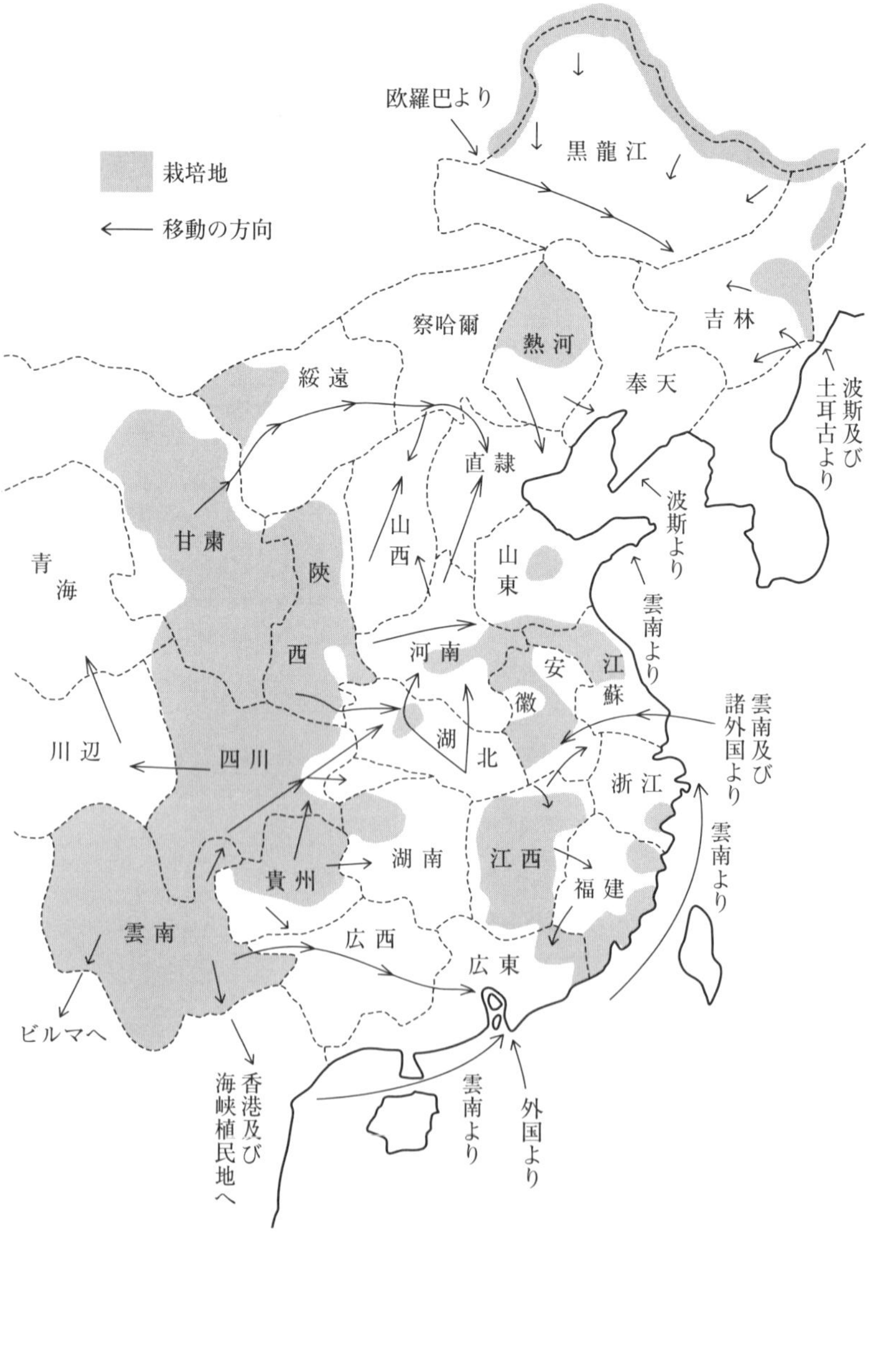
栽培地
移動の方向
欧羅巴より
黒龍江
吉林
察哈爾
熱河
奉天
綏遠
波斯及び土耳古より
直隷
波斯より
甘粛
山西
山東
青海
陝西
雲南より
河南
安徽
江蘇
雲南及び諸外国より
川辺
四川
湖北
浙江
雲南より
湖南
江西
貴州
福建
雲南
広西
広東
ビルマへ
香港及び海峡植民地へ
雲南より
外国より

第二款　直隷省

内乱による混乱のため阿片禁止の政策行はれず、首府を有する此の直隷省に於ても海関または警察によりて発見没収さるゝものあるを除きては、密売買に対して何等注意の払はるゝことなく、相当の秘密を保てば阿片の使用及びこれが少量の取引を行ふこと極めて自由なり。唯大量の取引をなさんとせば官吏と結托するを要し、前金を以て官吏の財政を援助せざるべからず。

一九二四年に全省五十七ケ所に於てモルヒネ製造者及び販売者に課せられたる罰金は六十九万元に達せしも、之等の罰金はなほ禁圧力なく、一九二五年に於てもモルヒネの密売量は減少を示さず、むしろ此の悪習は増加しつゝあり。此の省の大都会に於ける阿片の状態を見れば、混乱時に於ては阿片取引等全く考慮の外に置かるゝものなりと云ふ事実を看取し得べし。官吏間の吸烟は増加を見ずと雖も、また決して減少をも示さず、此の悪習は次第に都会の商人及び中産階級の大多数に拡大しつゝあり。婦人の吸烟者の増加しつゝあることもまた注目に値すべし。本省には阿片の栽培全くなし。

諸都会と対照をなし、地方に於ては阿片は多く使用されず、寧ろモルヒネの使用盛んなり。之れ隣省より大量の阿片が輸入せらるゝ南部地方を除きては、運搬に種々の困難を伴ふによる。南部地方にありては他省の商人によりて運搬せらるゝ阿片が常に到着し、殊に一九二六年には第三国民軍の手によりて巨額の搬入行はれ、自由に販売、使用行はれしため、従って価格は一オンス三元より二元に下落し、人民の之が使用をなすもの激増せることありき。

西部直隷――京漢鉄道と山西省界との間は、北は霊寿、行唐、南は臨城、平山に至る迄罌粟の栽培は勿論なしと雖も、阿片は依然広く行はれモルヒネ最も多し。但し以前より拡大せりとは思はれず。

北京――阿片の秘密使用は貧民を除きて有らゆる階級に蔓延しつゝあり。

一九二五年中は阿片の市中に入るを防止せんとする当局の努力あり。西直門停車場に於ては有名なる没収の一件ありき。当時、抜刀せし大部隊は停車場に列車を包囲し、阿片八百包四万六千オンスを没収せり。この阿片は甘粛及び陝西より運到したるものなるが、この没収によりて北京に於ける官吏の大団体と多数の鉄道従業員との間に連絡ありし事露見せり。此の大没収以外に、一九二五年に於て警察及び停車場税局に於て阿片を没収し之を焼棄せる事前後二回あり。その内容次の如し。

一九二五年三月

阿片	二万オンス
純モルヒネ	百四十八オンス
モルヒネ混合物	四百十三オンス

一九二五年十一月

阿片	二万二千百オンス
モルヒネ及びヘロイン	一千八百オンス
モルヒネ混合物	一千二百八十オンス
袋及び包に包まれたるモルヒネ丸薬	八百八万拉《粒カ》
吸烟道具（煙槍、煙燈等）	約一万

この二回の焼却に当たりて、阿片の量《ママ》の小袋に包装しある事実、及び烟槍、烟燈等の吸烟道具の品質劣悪なる点

は、内閣の一員が嘗て「我々は貧民に対しては法令を実施し得るも、官吏に対しては之を強制するを得ず」と告白せることを裏書きするものなり。

天津――一九二五年中、海関によりてなされたる麻酔薬の没収十八件あり。全部日本汽船より没収され、薬品も総て日本より輸出されたるものなり。没収額は、

ヘロイン　二、五八六オンス
コカイン　三〇〇オンス
モルヒネ　三〇オンス

之等の没収額は、北京に於て焼却されたる額の四分ノ一にも及ばず。されば此れ等の没収品に数倍する数量が無事通過するものなることは疑ひなし。

第三款　山東省

山東省に於ては罌粟の栽培殆んどなく、僅かに中部の青州及び土匪の巣窟たる南部の小部分に栽培あるのみ。膠済鉄道の沿線に於ては一ケ所も栽培せられ居るを見ざりき。されど阿片の使用は省内到る処に行はれ、道路或は鉄道によりて他地より運搬せらる。

此の省に於て最も注目すべきは省当局の阿片に対する態度なり。即ち阿片の取引に対して何等公式に制限を加へたることなく、また、免許制度による税金徴収の制度もなく、省当局は阿片及びモルヒネを公然とならずして而も自由に使用せしめ、それを以て財源となすが如き方法を行はず。之れ山東省は従来一般の課税重きを以て、財政は他省程逼迫せず、未だ阿片の課税によりて財政を豊かにするの必要なきに由来するものか。

南部は前記土匪の巣窟附近に於て、省城済南にある一製薬会社の指揮の下に耕作せらると称せらるゝ地方ある外は栽培行はれず。されど阿片は官吏自身非常なる吸烟者なるを以て、何等官の反対なく到る処に売られつゝあり。

東部には罌粟の栽培なし。阿片の取引も公然とは行はれず。されどその取引量は夥しく、之を手に入れること困難ならず。当地方に於ては現在、従前の如き多数のモルヒネ中毒者を見ずと雖も、使用の減少せられたる証拠なし。唯、吸烟者が使用を節約し以前の如き恐るべき耽溺の状態に至らんことを避けつゝあるのみなり。青島より密輸入せらるゝ阿片の没収さるゝ額は年により異同あるも、最近の統計によれば約一千四百オンスより二千オンスに達す。また、当地の海軍は雲南阿片の大々的交易をなしつゝありと新聞紙上に伝へられしことあり。

中部は前記青州附近の僅少なる栽培以外に栽培の行はるゝものなし。されど北方は黄河を境とし、南は博山に至り、東は青島、西は省城済南府に及ぶ一帯の地は、従前通り盛んに吸烟行はれ平原、滕県等は依然として巨額のモルヒネ取引の中心地たり。青州も阿片の消費量は驚くべき多額に上り、且つ日本人にして之が取引に従事する者ありと云ふ。

西部には栽培なし。阿片は一個の商品として極めて自由に売買せられ、館陶が西部地方に於ける阿片交易の中心をなす。済南の警察に於ても毎年没収しつゝあれど、逮捕せらるゝ者は総て貧民階級の者に限られ有産者の密売は一も発見せられず。年々麻酔剤の交易により約四十万元の利益を得ると称せられ、広く「阿片王」として有名なる阿片商も差し押へられず。当地にて没収さるゝ阿片はその数量四、五百封度を出でざれども、阿片の外コカイン、カフェイン、キニーネ、乳糖（ミルク・シュガー）等モルヒネ、ヘロイン等に混じて使用せらるゝものも多量に没収せらる。

北部は本省中阿片の使用量も少なし。されどモルヒネは相当多量に用ひらるゝものゝ如し。唯、北部の中心たる徳州に於ては、特に地方の有力者または指導者の使用盛んなるため、阿片に対する公式の禁止運動を開始すること不可能なり。

第四款　山　西　省

阿片及び麻酔薬の絶対的禁止は依然として全省を通じて支持せらる。本省の最大苦痛とする所は阿片及びモルヒネの密輸入にして、一九二五年の如き戦争状態にある場合は密輸者は一層大胆となる。本省にて吸飲せらるゝ阿片は陝西省より供給せらるゝものの大部分を占め、河南省は之に次いで阿片及びモルヒネを供給す。

反阿片教育としては、治療所の設置、官憲の監督、警察の密輸取締り等を主なるものとし、盛んに阿片吸飲の匡正を講じつゝあり。而して田舎に行はるゝ官憲の監督方法としては、高級官吏より下級官吏に至る迄を数等の監督官に分かち、最下級の監督官は数家族の行為に対して責任を持つの制度を採れり。斯くの如き制度を採用し過去十年間に於て不撓の努力を続け来たれる閻錫山は大いに賞讃に値すと云ふべし。唯、彼自身の統計によりても改革は何等の進捗を見ず。密輸は依然、防止不可能の状態にあること真に遺憾なり。

一九二五年中に万国拒土会の会員は一万八千九百名に増加せり。而して同年中治療所に収容されたる中毒者は男子九万三千名、女子九千名、少年四百名にして、警察によりて逮捕せられたる密輸者は二万一千人に達す。

本省の全人口は一千一百万にして、吸烟者及び中毒者の数は一九二五年に於て約十万人なり。故にその割合は一パーセントに達せず。之を他の省が全人口の四十乃至八十パーセントの阿片使用者を有するに比すれば、本省が支那全国中抜群の好成績を示し居ることは明らかなり。

阿片防止事業中、教育方面の方法の主なるものは次の如し。

一、山西省教育庁は命令を出し、学校教育の課程中に反麻酔薬の教科書、図画、唱歌等を挿入すること。

二、万国拒土会支部及び分会の委員をして村民、学生等に対し阿片及び麻酔薬使用の害に付き講演せしめ、或は伝単の配布をなさしむること。

第五款　河南省

戦乱及び土匪の害を受け阿片の栽培は減少しつゝあるが如きも、その使用は増加を示し、従って隣省よりの輸入は一層盛んとなり居るもの〻如し。モルヒネ使用の悪習も減退の模様なし。

河南省は由来政変多く、一年の中にも数回首脳者の交替あり。官吏は何れも在職中有らん限りの誅求をなすを例とし、財源の窮乏するや軍費調達のため禁煙局の設けらる〻ことあり。省城開封の市中にては「何処其処の阿片店には陝西本場の阿片あり。御求めに応ず」と云ふが如き無数の広告を見る。市中の旅館、客桟、遊女屋等は鑑札を買へば阿片を具ふることを許され、免許に対する代価は一等、二等、三等の各等に応じて異なる。最近、禁煙局は命令を発し、阿片に対する一切の罰金及び税金は一ケ月毎に開封に送付すべしとせり。また、阿片取扱業者は一千元乃至五千元を支払へば、三ケ月間を限りその地方に於ける専売権を獲得することを得。

黄河の南、彰徳附近に於ては阿片以外の麻酔薬流行す。

南部河南

南陽――南陽に於て消費せらる〻阿片は頗る巨額に上り、何れも四川省より輸入せらる。従前は四川阿片にして河南省に入るものは密輸入の方法によりしが、現在は公然と大量に通常一千オンス位づつ輸入せらる。輸入阿片は一オンスにつき二角の課税を受く。

確山――此の県には罌粟を見ず。

舞陽、方城――此等の県にも罌粟の栽培は行はれざるが如し。されど阿片は自由に吸飲せられ、事実、如何なる兵営にも烟燈の運搬されざる日なしと云ふ。阿片税局は全市に亘り、税吏は軍隊の任命する所なり。而れども任に当たる軍隊の土匪と選ぶことなき間は、阿片吸飲の状態に就いて何等改革の望みなし。

東部河南

沈邱――相当量の阿片栽培せらるゝも、周囲の各地に比すれば約四分ノ一に過ぎざらん。

周家口――阿片の販売は秘密に行はるゝも、一オンス三元にてたやすく手に入れることを得。烟館の数も極めて多し。但し営業は秘密に属す。阿片の取引は軍隊の手中にあり。此の地の南四十哩の地は阿片の栽培も多く販売も公然と行はる。烟館の存せざる村落なく、取引も何等の妨害を受けず、人民の十パーセントは吸烟者なり。河南省の現在の病患は土匪にして、その害劇しきため、阿片の如きは単なる一瑣事にすぎざるなり。

淮陽――此の地方には相当の阿片作付あるも、全面積の半ばを越えざるべし。百姓は栽培の許可を得るためには一畝八元の納税を要す。

太康――罌粟はなし。阿片は多し。

上蔡――罌粟の栽培はなきも吸烟は多し。人攫ひの身受けにはモルヒネが身受金の代用をなすことありと云ふ。

襄城――罌粟の栽培相当に多し。官吏は黙許するものゝ如し。過去十年間に於て一九二六年程多く栽培せられたることなし。

中部河南

開封――陝西省よりの輸入が極めて公然と且つ自由に行はる。交易は軍隊の手によってなさるゝが故に、鉄道係員の干渉も全く無効なり。此の地方の阿片は益々低廉になりつゝあるを以て、吸烟者の数も増加しつゝあり。

扶溝——一九二六年、民国成立以来始めて栽培を見たり。耕地は多く軍人及び官吏の所有に属するを以て、官憲も之に手を下すを得ず。

鄢陵——栽培も交易も激増しつゝあり。土匪は代償として阿片を指定するを常とす。

郾城——罌粟の栽培は少なし。吸烟は自由にして取引も大量に行はる。

許昌、葉県——此の地方には罌粟の植ゑられたることなし。但し西方には栽培する所あり。阿片は到る処に自由に行はる。京漢線の列車中に於ては、阿片の吸飲による瓦斯のため口を開くこと能はざる程なりと云ふ。河南省に於て軍隊の勢力の優越なる間は、何等救助の見込みなかるべし。

鄭州——罌粟を見ず。地味の適せざるがためならんか。安徽の北部亳州より開封に至る鉄道の沿線には、列車中より罌粟の栽培せらるゝを見るを得べし。

北部河南

滎沢——此の県及びその附近には罌粟の栽培なく、阿片の中毒者も多からず。

武安、温県、孟県、武陟——栽培行はれず。数年来モルヒネの製造及び販売の大中心たり。現在取引の範囲頗る広し。

修武——栽培行はれず。阿片の吸飲は多く、モルヒネの使用も流行す。

第六款　江蘇省

此の省の阿片に対する態度に関しては、各地よりの報告一致せざるを以て断定を下すこと困難なり。省内各地の報告は省当局が取引を禁止すべく積極的方法を講じつゝありとするに反し、上海中華国民拒毒会は新たに一年間総額四千万元を獲得しその中一千五百万元を軍閥に割り当てんとする専売制度設立の議ありとして之に反対の意を表せり。而れども一九二六年に省当局が次の如き佈告を発せることは事実なり。

「中央政府は飽く迄阿片抑圧の意を表明しつゝあるも、若し斯くの如き法令にして直ちに実施せんとすれば阿片吸飲者に対しては大なる苦痛を蒙らしむべく、寧ろ全阿片吸飲者に対する課税の方法により抑圧を始むべきなり。従来は単に烟館にのみ課税せるも、家庭に於ける吸烟者をも同様に取り扱ふを至当とす。有産階級の吸烟者は一ヶ月三元、その他の者は二元、貧民階級は一元の納税をなすべし。唯、文官、武官共に官吏の大部分は阿片の吸烟者なれば、一ヶ月僅かに三元の課税を以てしてよく之を禁止せしむるを得るや、或は此れ等の課税は却って一般の歓迎する所となり吸烟を助長するに非ずや、疑ひなき能はず。

一九二六年正月、南京の有名なる阿片取扱業者が軍警の手によりて逮捕せられ八、一八四オンスの阿片及び弾丸を没収されたるが、これは阿片を所有し居るが故に非ずして不正なる販売方法を採りたるによりて逮捕せられたるなり。

孫伝芳が若し中央集権的専売制度によりて阿片禁圧に努力し、それによりて罪悪的なる取引を根絶せば実に注目に値する功績なりと雖も、その専売制度が軍費調達のための徴税を目的とするものならば、これ大いに非難攻撃すべきなり」

次に省内各地方及び著名なる都市の売買及び吸烟状況を分説すべし。

西北部江蘇――一九二五年には軍隊の占領によりて罌粟の栽培行はれ、また、軍隊の手によりて外省より入来せる阿片の広汎なる取引行はれたり。一九二六年に至りては官は厳重なる命令を発して罌粟の栽培及び阿片の吸飲を三ケ月内に全部禁止せんとし、栽培の禁止は当時罌粟の収穫後なりしを以て励行せられたるも、吸飲の禁止は恐らく実行不可能なりしなるべし。

東北部江蘇――此の地方は嘗て阿片の大栽培行はれたることなく、散在的なりし栽培も近来漸次、廃止さるゝの傾きあり。阿片その他の薬品の転送は従前の軍閥治下にありても自由に行はれ、軍隊自身も大規模の運送を行ひしが、孫伝芳の勢力下になりてよりはこの状勢一層甚だしくなれり。阿片の販売は今猶ほ依然として行はるゝも、万国拒土会々員たる警察庁長は鋭意調査の結果、取引禁止に対して相当の計画を有すと云ふ。罌粟の栽培は未だ行はれずと雖も、一般より云ふときは吸烟は増加の傾向ありと云ふべく、殊に軍隊内に於ける蔓延甚だしきを見る。海州附近は然程の増加なきも罌粟の植ゑらるゝを見る所あり。

中部江蘇――此の地方は南京、無錫、江陰、鎮江等の河港及び楊州、泰州、宝応、興化、東台、高郵、等の諸都市を包含す。而して罌粟の栽培は僅かに内地の諸都市の近郊に於て行はるゝのみなるも、阿片吸飲者の増加は終に人口の十分ノ四に達せりと云ふ。但しやゝ誇張あるに非ずやと思ふ。使用者は商人及び労働者階級に最も多く、主として阿片価格の低廉（一オンス二元）なることゝ禁令の弛緩せることに起因す。江陰の官吏は強圧手段を用ひて阿片の販売を除かんとし、中毒者収容所を開設して患者を強制的に収容せり。鎮江城内も警察の警戒厳重にして吸烟も秘密に行はる。大運河沿岸二百哩の間は罌粟の栽培なし。南京に於ては巨額の阿片消費せられ、販売は軍隊の専売によりて行はるゝが故に手に入れる事容易なり。阿片は主として安徽、四川より来たる。附近の村落の吸烟者は警察の完全なる保護を受くるが如き観あり。無錫、江陰には栽培なし。但し販売及び使用は全く一般的に行はる。官は最近に至りて抑圧を試みたることあるも、賄賂によりて官紀弛廃し失敗に帰せり。官吏に対して若干の贈賄をなせば、運送に対して保護を受くること確実なり。一九二五年に軍隊の自由取引ありてより以後は、阿片の使用頓に増加せり。

南通――一九二六年に至り、前二ケ年より取引は一層盛大となれり。而して取引せらるゝ阿片は四川、広州、青島及び海外より来たり、南通の外港に陸揚げせられ、軍隊の護送の下に自働車によりて運搬せらるゝと云ふ。江蘇省教育会の調査委員は、一ケ年の売行き四万箱に達し、一箱に付き一千元の利益ありと推定するも、此の推定は多きに過ぐ。而して支那新聞はまた五百箱以上の一回の積荷は約五十万元の利益を獲得すと報告せり。

上海――上海は実に世界最大の阿片取引の中心地の一《ママ》にして、当市の阿片は支那全省及び海外より参集す。

一九二五年五月、中央政府は一委員会を上海に派し阿片の隠情を調査せしめたるも何等得る所なかりき。同年六月には、警察と軍隊とが阿片の所謂「戎克路」奪取のために屢々干戈を交へたり。一九二五年の間に起りたる上海の阿片事件は枚挙に遑なしと雖も、無慮数百万元は阿片より捻出することを得べく、内乱《鎮定脱カ》及び軍隊維持の資金調達地として最好適なることを述ぶれば足る。阿片の数量は無限なるを以て、従って需要もまた無限なり。上海に於ける烟館数は依然として明瞭ならざるも、現在判明し居るものとしては城内に於て官憲の黙認の下に公然と営業しつゝあるもの数十の外、仏租界に於て秘密に販売を行ふもの三十余軒ありと云ふ。

従来屢々外国人の阿片密輸者及び麻酔薬取扱者に対する態度寛大なりとの非難ありしも、之れ香港に於ける阿片密輸者が殆んど英人なることよりして上海に於て此の誤解を生じたるなるべく、一九二六年万国拒土会の要求に対し上海工部局の答へたる報告によりて見るも、かゝる非難の全然根拠なきことは明らかなり。工部局警察内の阿片防止課は、阿片及びその他の麻酔薬の密輸出入に対しては厳重なる取締りをなし、彼等の活動は賞讃に値するものあり。その報告の一節に曰く、

「当警察の調査の示す所によれば、上海に密輸入せらるゝ阿片の総ては事実殆んど決定的に支那官憲の援助或

は黙許の結果として招致せるものにして、多くは支那官吏、陸海軍々人、塩密輸監視隊或は浙江省水上警察等の運送またはその護送の下に行はるゝものなること、及び阿片の売買に対する戦ひが未だ嘗て支那官憲の注意を喚起し《せずカ》またはその援助を受けたることなきは実に遺憾に堪へず」と。

上海は阿片に於けると同じく、一般の薬品に於ても供給の一大中心地たり。

第七款　安徽省

本省は一九二四年の抑圧手段により著しき衰退を来たせり。万国拒土会地方支部等の熱烈なる運動の結果は、一九二三年に設立せられて栽培地税、運送税、販売税、烟燈税等三百万元の収入を挙げ全省耕地の約五分ノ一を罌粟の栽培に使用せしむるに至らしめたる専売制度も漸次終息することゝなれり。万国拒土会々員の調査によれば、一九二四年に於ては此の一大阿片産地の罌粟の収穫を約八十パーセント消滅せしめ得たりと云ふ。

されど一九二五年に至りては更に目覚ましき栽培の再興あり。但し一九二二〜二三年度に於けるが如き全省に亘れる組織ある専売制度は見られず。百姓は各自随意に栽培するを得るのみなり。また、此の省に侵入し来たる軍隊は常に大量の阿片を携帯し来たり、退省の際は多くの阿片を没収し去るを例とせり。安徽省産の阿片は品質良きため売行きも極めてよし。

中部安徽――罌粟畑の多くは他の作物例へば小麦、大豆等と一畦隔に植付を行ふ。これ阿片栽培禁止令の施行されんとするや直ちに阿片を引きて他の作物を残し、また、禁止令の出でざるときは小麦その他の作物の相当生長せるを抜きて阿片を成熟せしめんとする用意なり。而して数千の手をして罌粟を引かしめ、阿片の害をして著しく減少せしめ得るは、地方軍憲の単なる一令を要するに過ぎざるなり。されば軍当局にして意志だにあらば、全省に亘りて阿片の産出を絶滅せしむる事、実際に於て易々たる事業なり。以上の如き状態なるを以て、阿片の使用は飛躍的勢ひを以て蔓延し、現在に於ては上は富豪より下は一賤民に至る迄之に感染し居るの状態なり。廬州よりの報告によれば、一九二六年度に於ては前年に数倍するの産出を示し、阿片は有らゆる階級を通じ到る処に使用せられ、吸飲は罌粟栽培以上の速度を以て増加しつゝありと云ふ。

北部安徽――本省の北部一帯に亘りて恐るべき栽培の再発を見、一九二六年には前年より多量に栽培せられ、阿片の価格も前年の二倍に達せり。またコカイン、モルヒネも多量に取り扱はれ、ために多数の商人は莫大なる利益を得つゝあり。亳州、蒙城、太和、阜陽等、省の西北部にある諸県より上る阿片税は二百万元なりと云ふ。

南部安徽――長江の南には阿片の栽培殆んどなし。されど之が吸飲者数は非常なる増加を見たり。六年前に於ては苦力中に於てさへ吸烟者を見ること稀なりしが、現在は普通にして轎子苦力の半ばは吸烟すと云ふ。阿片の販売は禁止され居るも、啻に阿片店のみならず招牌を掲げざる個人の家に於ても手に入れるを得べし。烟館の数は多きも公然と営業を行はず。市中の露店に於て烟燈、煙槍等の全く公然と売られ居ると面白き対照をなす。六年前に於ては之等使用道具の販売をなす者と雖も牢獄に送られたりき。揚子江通ひの汽船の船室及び喫煙室に於ても阿片の吸飲は普通に行はる。一般官吏の大多数にして既に患者たる以上は、この取引を絶滅せしむる事全く望みなし。省の南端に於ては阿片の使用広く行はれ、地方官吏が吸烟免許証の売付けにより莫大なる収入を得つゝある都会あり。

東部安徽――此の地方に於ては罌粟の栽培甚だ少なく、地方民は南京に本部を有する阿片密売者の手を通じて上海より阿片を得。此の地方に於ては如何なる村落に於ても買ひ求め得らるべく、烟館もまた何等の妨害なくして開店す。

蕪湖に本部を有する陸軍の専売は再び開始せられ、販売免許証及び烟燈税の二種の税金を徴収す。営業免許を得るためには二千元の納付を必要とし、以後、営業中は毎月二百元を納めざるべからず。この税金額の莫大なるによりても、烟館営業の利益が如何に巨額に上るかを知るべし。輸入阿片は一オンスに付き一角五銭を、烟燈は一ケ月に三元を課せられ、之等の諸税より上がる徴税金は七十万元に達す。滁州は耕作地の一パーセント罌粟の栽培あり。栽培地は街道よりも村落の入口よりも望見せらる。阿片の吸飲は全階級に蔓延し、学校の教師、商人、乞食に至る迄悉く耽溺者なり。

第八款　江　西　省

一九二四年以来は個人の阿片使用増加し来たり、省内の数地方に於ては人民の十乃至二十パーセントが吸飲しつゝある旨の報告あり。

各大都市には烟館の数多く、雲南及び貴州よりの輸入極めて簡便なるを以て阿片の栽培は少なし。吸飲の漸次増大しつゝあるよりすれば、阿片の輸入は必ず巨額に達せるなるべく、一九二四年の三ケ月間に於て軍隊の手によりて輸入され売り捌かれたる阿片は約一百《ママ》オンスに上り、吉安県の如きは僅か一県にて一ケ月に二十万オンスを売り尽くしたり。

軍隊の専売廃止以後は自由販売の制度広く行はるゝに至り、烟燈及び烟館に課税さるゝことゝなれり。

第九款　浙　江　省

浙江省は一九二四年迄は全然阿片の栽培なかりしものと思はる。最近に至り支那一官吏の談によれば、浙江省に於ても全然栽培なしとは云ふべからず。唯多くの官吏が之を黙認し栽培なしと称するのみなりと。されど実際、浙江省に於て現時栽培せられ居ると思はるゝは東部海岸に近き台州附近に限られ、而もその量も決して多からず。唯、阿片の吸飲は年々蔓延し来たり、一九二四年の如きは軍隊の雲南阿片を寧波の北方に当たる一小港より陸揚せしことあり。その価格は種々伝へられて一定せざるも、一千万元乃至二千万元と推測されたり。

東部浙江――数年来罌粟の栽培はなかりしが、一九二六年には例外的に栽培行はれ、台州附近に於ては街道を遠く離れたる峡谷にその栽培を見たり。而して吸烟は非常なる勢ひを以て流行し文官、武官共に阿片に耽溺し、ために人民に対する禁令は全く行はれず。此の地方に運到さるゝ阿片は海門、上海、寧波間の沿岸航路に従事する汽船によりて運搬さるゝものなりと云ふ。

北部浙江――信ずべき筋の調査によれば、杭州には現在少なくとも二百個所の阿片販売所ある旨報告され居り、且つ寧波、上海間往復の乗客は喫煙室にて阿片を吸飲すると云ふ。また、最近紹興の一仏教寺院にて行はれたる一富豪の葬礼には、参礼客の接待のため二千元に達する阿片を使用せりと云ふ。寧波港への阿片の密輸入は益々増大しつゝあり。此の地方に於ては阿片撲滅運動を起こさんとするも、知識階級の多数は阿片の吸飲者なるを以て、彼等よりは何等の援助をも得ず。吸烟は有産者間に蔓延しつゝあるも、貧民は今猶ほ多量には使用せず。

西北部浙江――罌粟の栽培はなし。吸飲は数年前に比し一層蔓延しつゝあり。警察も相当の納金あれば之を黙認するの態度をとり、唯納金せずして吸烟する者のみ逮捕処罰す。

西部浙江――阿片吸飲の慣習は近時再発し、密売買広く行はれ、到る処の村落に於て販売せらる。

第十款　福　建　省

福建省に於ては一般に軍隊の強制により栽培を余儀なくせらる。而して法外なる栽培税が課せられ、食糧の価格高きに反し農夫の手より売らるゝときの阿片の価格は或る所に於ては一オンス八角と云ふが如き低廉なるを以て、軍隊の強制にして弛緩せば百姓は決して阿片を栽培せざるべし。

一九二六年に於ける万国拒土会福建支部の報告に曰く「本年は全省を通じて大量の阿片栽培せられたり。之等の栽培は多くの場合軍人の強制により、人民は殆んど絶望し居れり。軍司令官の政策に対して反抗する者は直ちに逮捕せらるゝか、或は阿片取引に連累《ママ》するとの廉を以て不当なる科料に処せらる。故に省内に於ては阿片栽培に反対の声を挙ぐる者なし。また土匪の跳梁も省内に甚だしく、之れまた阿片栽培を助長せしむる原因たり」

今、北部より順次各地の状況につき詳説すれば次の如し。

光沢、泰寧、建寧、順昌、邵武地方――罌粟は全く栽培せられず。阿片の使用は増加しつゝあり。相当多量なる阿片が此等の諸県に流れ込む。主として江西省より閩江の水運によりて搬ばるゝものなり。

福安――耕地の五十パーセント乃至八十パーセントは罌粟を栽培せり。

福州、南台島――一九二六年二月、阿片工業会社省城に設立せられ、全省に亘りて支店を置く。その目的は阿片を一度買ひ上げて之を販売するにあり。最初は消極的に資本金二十万元五百株にて開始せり。此の会社は阿片の買占めをなして供給の独占をなし、更に売価を普通相場より一オンスに付き二元増して販売するを以て、阿片の小売商人には一大打撃を与へたり。而して吸烟者は総て此の会社を通じて買ひ入れざるべからざるを以て、一ケ月約十万元の利益を挙げつゝありと云ふ。

永泰――此の地方に於ては阿片は公然と販売せらる。而して之等の阿片はこの数年間豊作を続けたる南方の興化地方より来たるもの多く、此の地には軍閥の移動後、この数年間罌粟の栽培を見ず。

興化――罌粟は興化地方の到る処に植ゑられたり。此の地方にては「人民は穀物の代りに阿片を食はねばならぬ」と云ふ俗語のある程多量に栽培せられ、畑の七十パーセント乃至九十パーセントは罌粟を植ゑたり。此の附近数哩平方の地は全く白色の花を以て覆はれ、空気はその香気に重苦しき感じを起こす程なりと云ふ。小麦の栽培は之がため殆んど行はれず、阿片の使用また日々に盛んなり。

仙遊――一九二六年に於ける栽培は前年に比しはるかに多く、或る地方は罌粟の花耕地の半ばを占むと云ふ。村民は阿片を栽培すると否とを問はず一畝に付き二十元の納税を強制せらる。

泉州、南安、恵安――此の地方の阿片税は厦門の一商人之を請負ひ総額一百万元なり。軍隊は村民に対し罌粟の栽培を強制するために送られ、之を拒絶するものは逮捕、罰金に処せらる。

金門――阿片専売制度ありて、官吏及び紳商によりて組織せらるゝ資本金二十万元の株式会社請負ひをなす。此の会社の大株主は官吏なり。

厦門――厦門より徴収せらるゝ税金は一ケ月二万元に上ると称さる。之等の烟館は烟燈の数に応じて階級を附せられ、一ケ月十六元乃至三十元の税金を支払ふ。

同安――阿片税の点より云へば同安は南部福建の第一に位し、此の一地方のみより二百万元を徴収し得べし。

漳浦――此の県の徴税額は税吏の着服するを除き六十二万元なれば、一般人民は約百万元を納税するものと推測せらる。徴税には有らゆる強制的方法採用せらるゝを以て、税金を支払ふこと能はざる者は税吏の来るとき家を棄てゝ此の地方を去り逃ぐるに至る。税額は各村、各個人につきてその額を異にし、一家族につき三元乃至四元なるものあり、また一労働者に対し八十元を課するが如き酷なるものもあり。一般に有力者、有産者程納税は少なく貧民は之に反して多し。

第十一款　湖北省

此の省の種々なる状況は一九二四年以来大なる変化なし。一九二五年には長江を下りて溝口に至る軍隊輸送の阿片一覧表発表せられしことあり。軍隊の輸送する夥しき阿片の没収は従前と何等変はりなきも、其等の没収は常習的となり、今や世人の注目する所とならず。陸軍及び警察本部は依然として漢口に禁煙局を設け、課税及び免許の制度を有す。

宜昌は今猶ほ阿片積出港として下江向け交易の中心をなし、阿片を運搬する汽船及び戎克は数噸の四川省阿片を乗せて当地より漢口に下る。当地には交易検査員ありて輸入税存し、下流への運送に対しては更に高率なる課税をなす。斯く揚子江は四川省及び貴州省よりの自由通路にして、全交易は軍憲及び官憲の掌中にあり。故にその交易には何等妨害、反抗等のある事なし。

阿片の専売及びその収入のみにては満足せざる当地方の官憲は、モルヒネより金策を講ぜんがために麻酔薬専売局の設立を慎重に計画せり。水陸交通の中心をなす漢口に到着する麻酔薬の数量は巨額なれば、此の専売局は極めて有望なる一大財源たるべし。

東部湖北

罌粟はなきも吸烟は一般に行はれ、阿片の販売も公然と行はる。

徳安――阿片の使用量は公《共カ》私等に激増せり。軍費調達のため烟槍税一ケ月四角を課す。

随県――一九二六年に県衙門より種子の配給ありて始めて阿片の栽培行はれたり。阿片の栽培地に対する地租は普通の土地に課せらるゝ地租の四倍高なり。

武穴、広済、蘄州――罌粟の栽培はなし。唯、阿片の吸烟は広く行はれ烟槍、烟燈等は大商店の店頭に陳列され汽船、旅館、茶館等に於て公然と使用せらる。

漢口――阿片は到る処に流行し、上は当局者より下は一般人民に至る迄総ての使用するところたり。阿片の価格は北京または上海に於けるよりも低廉なり。阿片は小箱につめてその上に地方政府の官印を押すものなるが、之等の官印のつきたる箱の空となりたるもの到る処に多数棄てられあるを見る。阿片さへショー・ウインドーに陳列さるゝありて、「良質阿片あり」と云ふが如き看板を掲げたる店多し。それ等の店にては街路に面せる店先にて阿片を煮るものあり。

一定率の阿片税は湖北二十万の軍隊維持のため全省に亘りて徴収せられ、多くの地方にては之が栽培すら百姓に対して軍隊が強制するあり。徴税事務は軍司令官之を掌り、一大組織を有し、莫大なる収入は一定比率を以て彼等の間に分配せらる。湖北の軍隊により阿片に関して徴せらるゝ税は一ケ年間に二千万元と称せられ、之等は上は督弁より下は下級の将校に至る迄分配に与るものとす。

消費者に売らるゝ阿片に対する課税は一オンスにつき三角と確定せるも、此の外地方軍隊によりて他の苛税を課せらるゝこと云ふを俟たず。烟館税は一燈に付き一ケ月五元にして、私宅吸飲者の烟燈税も同様一ケ月五元なり。

黄安、黄陂、黄岡――此等の地方の官吏は阿片に反対して吸烟者を逮捕し来たり、県衙門にて体刑を加へしことあるも、地方政府は之を禁止するに非ざるを以て販売を防止し得ざりき。各河川を往来する船舶中にては吸烟を認めらる。

西南部湖北

交易は依然盛んにして宜昌、沙市は軍当局の黙許の下に輸出入の中心をなす。運送税は距離によりて一定せず。宜昌、沙市間は一千オンスに付き一百元、宜昌、漢口間は二百五十元を徴す。漢口の海関にては没収することあるも、多くは軍隊保護の下に転送さるゝものなれば海関の勢力範囲外にあり。一九二六年の如き宜昌に於ける没収額は僅かに阿片三千ポンドにすぎざりき。

沙市――輸入方法、軍隊の徴税方法等、従前と変はりなし。阿片は市場に於ける最も低廉なる貨物の一たり。

北部湖北

鄖陽――栽培は極めて少なし。地方の消費及び軍隊の保護の下に行はるゝ輸送は甚だ盛んなり。阿片は漢水のはるか上流地方及び四川省より来たる。吸烟道具は市中に販売せられ、各階級之に耽溺せり。

棗陽、随州、樊城、宜城、南漳、荆門、荆州、潜江、老河口地方――罌粟は僻遠の地に僅かに見るのみなり。唯、棗陽附近のみは広大なる地域に亘りて栽培せらる。他の諸県も何れも恐喝的に栽培を命じつゝあるも、此の強制は永続せざるべし。吸烟状態は如何と云ふに、城内に於ては阿片の使用せられざる家庭少なく、田舎は然程ならず。交易及び吸烟の公然となさるゝは軍隊の援助ある以上当然にして、兵士の多くは一日の食費を阿片の税金より得ると云ふ。阿片は四川省及び北方より来たる。老河口は陝西省より漢水を下る阿片の大輸入地たり。

第十二款　湖　南　省

一九二五年には省政府の阿片専売が公然と且つ強制的に施行せられたり。政府の佈告によれば、総ての阿片は運送の許可を得るため一オンスに付き二角の納税をなし、監督機関の税印を荷造りに貼付するを要す。而して取引商が更にその貨物に対して確実なる保護を受けんとすれば、一日一元を支払ひて兵卒を雇ひ貨物に附かしめ、特定の陸軍管轄区を通過せざるべからず。

一九二四～二五年度に於ては、湖南省当局は罌粟の栽培に対し干渉をなさゞるに至れり。之れ近省よりの輸入極めて容易となり、専売制度は一層統一的に行はるゝに至り、栽培地登記の費用を省くを得るに至りたるを以てなり。本省に於ては阿片の取引及び使用に対し、税金の支払はるゝ限りは寧ろ奨励し保護を加へつゝあり。

本省は栽培比較的少なく、北部にやゝ行はるゝに過ぎず。

北部湖南

慈利――罌粟の栽培は減少の途を辿りつゝあり。附近の田舎に於ては今猶ほ栽培せらるゝを見るも、慈利城の近郊に於ては栽培を見ず。されど阿片の吸烟者は日々にその数を増加し、城内に於ては六十パーセント乃至七十パーセントの吸飲者あり。唯、田舎に於ては幾分少なきものゝ如し。

大庸――一九二六年の栽培は前年に比し減少せるも、猶ほ相当広く栽培せらるゝを見る。小麦の栽培等は極めて少なし。大庸城内の阿片の売店は約百軒に達し、また城中は烟館にて充満し居れり。

烟燈《ママ》は殆んど煙草のパイプの如く取り扱はる。

益陽――栽培なし。但し阿片を手に入るゝ事は極めて容易にして、その使用も極めて普通なり。

東部湖南

攸県――南方より来たる多量の阿片が専売制度関係の軍隊の保護の下に此の地を通過す。此の附近には罌粟の栽培なく、市中にも烟館を見ず。唯、有産者の吸飲あるのみ。

茶陵――東南の山地一帯に罌粟の栽培あれども産額は不明なり。

南部湖南

衡州地方は阿片の売買極めて少なく、且つ公然とは行はれず。従って罌粟の栽培も云ふに足らず。此の地の軍隊は鉄棒を携帯して取締りを行ひ、その取締りの厳重、真面目なること他に類を見ず。

西部湖南

芷江地方に於ては一九二六年、第一旅長が佈告を発し、軍隊及び警察を維持するためには烟燈税を必要とすと述べ、若し此の納税を拒む者あるときは厳重なる刑罰に処すべき旨を公告する所ありたり。

第十三款　陝西省

一九二四～二五年度に於ては、陝西省全体が一大罌粟栽培地と化し、終に供給過剰に陥り、阿片一オンスの値は三角五銭に低落せし程なりしが、更に一般の観察によれば二五～二六年度の栽培高は前年度の収穫高を突破せりとの報告あり。若し此の報告にして真ならんか陝西は雲南、四川の両省と共に支那に於ける阿片の三大産地と称するを得べし。

陝西省の中殊に栽培の盛んなるは西部一帯の地にして盩厔、渉《ママ》県、興平、武功の諸県は阿片栽培の好適地と云はる。一九二四～二五年度の生産額の如き一千万元を越えたるならんと推測せらる。また、西境に近き隴州も一大中心地にして、罌粟の栽培地は一千畝を下らざるべし。市場には常に阿片充満し、一オンス約一元半の相場なり。

以上の如く全省に亘りて阿片の栽培盛んなるため、省当局の阿片より得る収入はまた莫大にして、栽培地に課せらるゝ軍税は一畝に付き十二元より十八元迄の等級に分かたれ、此の種の税金中に於て支那全土中最高の税率なり。而して課税斯くの如く重き結果は、納税のため人民の窃盗を働く者を出すに至れり。また、阿片収入の莫大なるによりて、阿片の監理は軍隊に委ねられ、之が輸出に当たりても軍隊の護送の下に近省との取引行はれ、一九二六年には阿片税及び阿片による収入を争ひて第二国民軍と甘粛軍とが干戈を交へたることさへあり。如何にその収入の莫大なるかを知るべし。

本省に於て吸烟の広く各地に蔓延し居るは言を俟たず。

第十四款　甘　粛　省

西部の回教区域を除きては全省を通じて自由に栽培せられ、北方涼州地方の灌漑よき土地全部は阿片栽培のために用ひられ蘭州、安定、金県等の山岳地及び南方狄道の諸地は何れも阿片栽培の中心地たり。但し西部は回教の統治下にあり阿片の栽培は絶対に禁止せらる。されど此の地方に於ても阿片の売買は極めて自由にして、商店に於て販売せられ、また広く吸烟せらる。これ政府の利益に帰するを以てなり。

一九二四〜二五年度に於て、本省の徴収したる阿片に関する諸税及び罌粟栽培税は二千万元に達し、八十万人に及べる軍隊の維持に使用されたり。阿片の栽培地には一畝に付き十五元の税を課せられ、岷州の如きは一県にて十六万元の阿片税を納む。

甘粛省は最近に於ては阿片の大産出省の一となれり。阿片の価格は低廉なるにより各階級之を使用す。

此の省が馮玉祥将軍の部下によりて、隣接せる綏遠と共にその治下に置かるゝや、従前の輸出路は絶たるゝに至れり。事実、最近の内乱によりて此の両地方の統治者に変更なき限り、両省の阿片栽培及び取引は急速に終息を告ぐるに至るべきものと思はる。

第十五款　四　川　省

四川省は数年来、雲南省と共に支那に於ける阿片の二大産地たり。殊に省内を横断する長江は他省に於て有せざる大輸出路となり、本省の阿片をして支那全土にその販路を見出さしむるなり。阿片に対する諸税は巨大なる地方軍隊を支持する必要上、益々重課せられ、軍隊は阿片或は阿片税のためには領土の獲得と同じく干戈をも辞せざるの状態なり。

四川省東部

夔州――栽培多く、軍隊は阿片の産出高に応じて重税を課し、耕地に罌粟の栽培をなすことを欲せざる者は栽培免除のために税金を支払はざるべからず。

万県地方――最近十六年間栽培行はれざりしが、一九二五年に至り軍隊は栽培をなすべきことを命令せり。されど一般人民は栽培を拒絶し、之に対して全額五万元を納付せりと云ふ。吸烟もよく行はれ、登記納税によりて開かれたる烟館は八百軒を下らず。万県を通過して運ばるゝ阿片は極めて多く、其等は内地の都市及び河港より来たるものなり。一人にて八十斤を運搬する苦力五十名より成る一隊が、軍隊の護送を受けて一週間に二回通過する故に、汽船によりて運搬せらるゝものを除きても一ケ年に約百噸を下らざる阿片が此の市に入るものと見らる。禁煙局は県城の各門に設けられ、総て罰金（課税と云ふ方事実に近し）を徴し居れり。

開県地方――この地に於ける罌粟の栽培状況及び阿片吸飲の状態は唯驚くの外なしと云ふ。農夫は軍隊により栽培を強制され到る処に罌粟を見る。河南、湖北両省よりの阿片取扱商人は仕入れのため当地に来たる。一九二六年に於て重慶の督軍に支払ひたる税金は五十万元に及ぶ。当地方の阿片吸飲が如何に恐るべき状態に至れるかを示せば、或る村の如きは全村百七十二家族中喫烟せざるものは僅かに二十七家族にすぎずと云ふ。家庭及び学校に於て児童が吸烟に耽るあり。

忠州――忠州附近に於て栽培せらるゝ阿片は僅少なるが酆都、石硅附近には多量に産出せらる。一九二五年には罌粟が米作に極めて強く影響し、米価は一ブッシェル九元に騰貴せしことありと云ふ。吸烟も到る処に行はれ烟館はよく繁昌せり。

四川省西部

雅州――栽培は益々増加し来たり、罌粟畑が学校の構内の境迄押し寄せたりと。

会理――此の地より雲南に至る一帯の地も年々増加の傾向あり。

寧遠――阿片の取引が猛烈に行はれ居れども、表面には然程現はれず。

打箭爐（省外）――海抜八千五百呎なる此の地には罌粟の栽培を見ずと雖も平原には豊富なり。打箭爐の城内には三百の烟館あり。当地には西蔵向け阿片の大口の取引行はる。西蔵人と物々交換の売買を行ふと云ふ。西蔵人の吸烟は年々増加しつゝあり。当地の官憲は何等禁令を佈告せず。

四川省南部

涪州――省内有数の栽培地なり。一年間の阿片諸税は六十万元の巨額に上る。

瀘州――一般に広く用ひらる。烟館は到る処にあり。

叙州――叙州及びこれより以南雲南との省界附近は、省政府の佈告によりて栽培を強制されつゝあり。而して叙州城内に於ける喫烟も増大し、免許を受けたる烟館の数は実に三千に達すと云ふ。阿片の転送は此の地に於ける生業の主たるものにして、且つ収入の本源をなす。雲南より来たる阿片は隊商によりて此の地に運ばる。

四川省中部

成都――省内に於ても産出多き方なり。成都及びその附近の都市には烟館の数極めて多し。

綿州、彰明、江油、羅江――街道に沿ひて西側に夥しき罌粟の花を見ると雖も山蔭には一層多し。「禁烟章程」と見出しのつきたる招牌《ママ》が到る処に見らる。而してこの招牌《ママ》は阿片の販売及び烟館の営業をなさんとする者は納税すべきことを公示せるものに他ならず。吸烟は到る処に公々然と行はる。

中江――当地の課税は甚だ重きに過ぎたるを以て、此の危険を冒して栽培する百姓は殆んどなし。但し阿片は豊富にして市中に約五百軒の烟館を有し、之等の烟館の烟燈は一個につき一ケ月二元を、また家庭の烟燈は四元を支払はざるべからず。納税証なくして吸飲する者は重税を課せらる。取引は一切軍隊の監督下にあり。

仁寿――省内に於て最も盛んに栽培せらるゝ地方なり。

合江――人民は一般に栽培を欲せざるが如く、十中の八、九は何れも強制的に栽培を余儀なくされたるものなり。

第十六款　広　東　省

本省に於ては阿片は広く栽培せられず。唯僅かに東北地方は福建南部とその土質を等しくし、支那に於ける最良品の産地たり。而して栽培の行はるゝ地方は何れも軍隊の命令に従ひたるものとす。

広東政府の首領数名及び故孫文氏の家族は、数年前迄、万国拒土会の支部を広東に設け居りしが、後には共産派の要求によりて撤廃せられ、改革の試みは全然抛棄されたり。

現在、阿片の売買は白昼に行はれ、阿片商人は開業税五千元及び阿片一オンスに付き八十パーセントの附加税を課せらる。禁煙局は到る処に設けられ阿片、賭博、遊女屋等よりあがる収入は一ケ月二百万元と称せらる。されど最近の財政窮乏は広東政府をして阿片及び賭博より更に二千万元乃至三千万元の捻出を計画するに至らしめたり。

此の省の中部、南部及び西部は貴州より来たる阿片を以て充分なる供給を受け、西部の或る都会に於ては一オンス二元三角と云ふ低廉なる価格にて売買せらるゝが故に、此の地方の百姓は敢へて罌粟の栽培をなさず。北方及び東方はその供給を福建に仰ぐ。広東省内の河川用汽船は例外なく軍隊によりて阿片運搬のために使用せらると云ふ。

第十七款　貴州省

全体として栽培減少の兆ありと雖も、依然として支那の阿片産出地中有数なるは争ふべからず。政費たると軍費たるとを問はず、当局の収入は総て阿片に課せる税金より調達せらる。強制的栽培は一般に行はれずと雖も、阿片の市場に於ける相場頗る有利なるを以て、常に全省に亘りて栽培行はる。唯、最近幾分減退の傾向あるは他省に対する輸出の容易ならざること、及び食糧たる穀物の不作勝ちなることの二原因による。即ち一九二五年の如きは百姓が何れも阿片の栽培に走りたるため、その結果は終に悲惨なる饑饉に苦しめり。

北部――遵義を中心とする一帯の地は、一九二六年に於ては穀価の騰貴著しかりしため、前年に比し産額減少せり。当地方の栽培は人民の自発的になすものにして、栽培地に対する税金は軍資の漲落によりて一定せず。阿片の売価は一オンス半元、吸烟者数は成人数の九十パーセントを占む。従って烟館の数も此の地方のみにて二千を算し、烟燈税は一ケ月一個につき一元二角なり。

東部――銅仁附近は一九二五年に於ける夏季旱魃のため、二六年に至りては小麦の栽培を余儀なくせられ、罌粟の栽培は前年の四分ノ一に過ぎざりき。されど一九二五年に於ける産額の余剰は、二六年の需要を満たすに充分なりき。此の地方も栽培は強制的ならず。唯栽培の利益大なるにより、百姓は之が栽培を怠らず。また、鎮遠、思南附近の栽培は然程広汎に亘らず。一九二五年に米作が全然失敗に帰したるため、食糧不足し特に地を割きて罌粟の栽培に当つるの余裕なし。

中部――貴陽、安平を中心とする中部地方は、一九二五年の饑饉のため半ば以上の栽培地を失へるものありと雖も、以前通りの栽培をなしつゝある地もあり。此の附近の烟燈税は烟館に於て一燈に付き一ケ月三元、自宅用燈は一個に付き一ケ月一元の割合なり。

西部――黔西より以西大《大方＝大定カ》唐、畢節、赤水の地にありては、何れも烟燈税の賦課はなきも、罌粟の栽培地に対しては課税せらる。

本省の栽培は上述の如く最近、一時的現象としてその産額減少せしも、軍人及び官吏は栽培地に重税を課し、栽培を強制せんと努力しつゝあれば、或は此の饑饉の状態回復すれば、また以前の如く盛んなる栽培を現出するに非ずやと懸念さる。

第十八款　雲南省

此の阿片産地は僻遠の地にありて、中央政府の勢力が全く及ばざる点より、その栽培は益々盛んとなり、現在にては四川省と一、二を争ふの阿片産出省なり。

雲南阿片は品質最優良にして、殊にその地味が栽培に適せり。故に此の阿片は陸路若しくは海路によりて支那の各地に運搬せられ、陸海軍の雲南より上海への輸入に対しては、その国境を通過してなさるゝ密輸出につき印度及び仏国の抗議あり。また、雲南阿片の緬甸に輸入せらるゝ量は緬甸政府専売の量を超過すと云ふ。多くは香港及び海峡植民地に密輸出せらる。

雲南省に於ては省内の殆んど全部に亘りて栽培せられ、且つ盛んに吸飲せらるゝものなれば、茲に之を各地方に分けて詳説するの必要なし。唯北部に於ては政府の課税は阿片の栽培あると否とを問はず行はれつゝあるを以て、一層栽培を助長しつゝある所あり。

第十九款　満　州

東三省に於ては阿片及び麻酔剤の売買は広く行はると雖も、罌粟の栽培あるは吉林、黒竜江両省のシベリヤ及び朝鮮の国境に沿へる地方のみに限らる。各省に就きて分説すれば次の如し。

奉　天　省

奉天省南部の錦州、興城、綏中、錦西、豊楽、義県の諸地には何れも罌粟の栽培なしと雖も、消費せらるゝ阿片の量は極めて多し。而して此等の阿片の大部分は熱河の隣接せる地方より来たるものなり。

北部の法庫門を中心とせる地方にも罌粟の栽培はなく烟館も極めて少なし。但し此等の少数の烟館は日本人経営のものなりと云ふ。吸烟は極めて秘密に行はれ、吸烟者は紳商または官吏に限られ、耽溺者は其等の全数の約二十パーセントを占む。

省城の奉天は奉天当局の相当なる監督行はるゝにも拘はらず、城内は麻酔薬密売買の一大中心の観あり。

関東州租借地に日本政府の阿片専売が行はるゝ事は広く知らるゝ所にして、吸烟者の登記、違犯者に対する罰則等、台湾の制度に倣へり。州内には勿論栽培はなく、州外に於ても筆者の陸行せし金州、大孤山間に於ては罌粟の栽培せられたるを見ること僅か数回にすぎず。而も何れも極めて小面積なるを以て、此の地方に消費さるゝにすぎざるべく、該地方の官憲に之を訊すも罌粟の栽培は殆んどなき由を答へたり。

関東州内専売用の阿片は波斯より輸入せられ、最近十年間大連に輸入せられし額は平均一ケ年三万二千封度なり。

吉林省

満州に於ける罌粟は赤花、白花共にあれども白花のもの多し。吉林省に於ける阿片の産地は東部国境に近き東寧、穆林《稜カ》、寧安を中心地とす。その栽培面積、生産額等は多く秘密栽培なるため詳らかならざれども、その収入は四百万元を上下すると云ふ。即ち此等の地方に於ては罌粟の栽培は小麦、大豆等よりも重要視せられ、阿片の栽培期には多数他地より来集するが故に、僻遠の寒村も遽に活気を呈し、種々の興業物、雑貨店、飲食店、女郎屋等が之等の栽培者を目当てに開かるゝと云ふ。

当地方の栽培は従来官の保護を受け、地租及び吸烟税の徴収行はれたり。されど次の信頼すべき報告より判断すれば、栽培は漸次逓減しつゝあるを知る。

一九二三年	約八四、五五〇畝
一九二四年	約四三、五五〇畝
一九二五年	約二八、四〇〇畝

一九二五年の推測はやゝ内輪の見積りなるも、之より約五十噸の阿片が得らるべく、それ等の大部分は吉林その他の都市に運ばるゝものとす。本省は東方、浦潮斯徳と接近し居るため、該港に於ける波斯及び土耳古阿片の巨額の取引は自然本省にも影響を及ぼす。また、哈爾賓は欧羅巴より来たる麻酔薬取引の中心をなし、コスモポリタン

の都市としてその吸烟の盛んなることは筆紙に尽くし難し。

黒竜江省

満州の最北端に位する黒竜江省に於ては、国境を越えて露西亜側に特に広く栽培せられ、阿片は公然と売られ、吸烟の慣習も普く蔓延せり。

第二十款　熱　河

北部――一九二五年に罌粟の栽培は最近の最高記録を示せしが、翌二六年には更にその記録を破りたり。此の地方の経済的窮乏は全く阿片及び軍隊に原因するものなるが、一般人民は猶ほ彼等の損失を挽回せんとして栽培をなしつゝあり。

中部――罌粟は広大なる範囲に亘りて栽培せられ、現在の統治者は之を禁ぜず。官吏は人民の貧窮を救はんがため敢へて禁ぜずと称す。馮玉祥は嘗て土地没収の刑罰を加へて之が栽培を禁ぜんとせしが、当地方を退去せざるべからざるに至りて止めり。故に現在に於ては百姓は栽培自由にして、軍閥は収穫期に至れば腹を肥やすを常とす。

第二十一款　綏　遠

此の地方は従来、馮玉祥の治下にありて、阿片の栽培は絶対に禁止され居れり。但し軍隊に対しては阿片及び煙草の喫煙を許さゞるも、一方、阿片の輸入に関しては何等の制限を設けざりしため陝西、甘粛の両省よりは之が輸入盛んに行はる。また従来、罌粟の栽培なかりし綏遠も、最近、西北部に於ては一畝に付き十二元の税金を納めて栽培を行ふ者あるに至れり。当地方に於ける阿片の価格は一オンス二元なり。此の西北地方に行はるゝ栽培は、膨張し来たれる軍資金の調達に資せんとして新たに試みられたるものなるが、未だ産額は大ならず。主として有産、有閑階級の使用にあてらる。阿片の売買、輸送等は全く公然と行はれ、吸飲用烟槍、煙燈の類は街路の露店商人によりて売らるゝの現状なり。

第六巻　東部隴海経済調査

第一編　北支・北満に於ける阿片の取締り

第一章　緒　　論

阿片の取締りにつきては、雍正七年（一七二九）以来今日に至る迄約三百年、歴代之が禁煙に努力せるも、尚且つ良好の成績を挙ぐるを得ず。今、その理由につきて一言せん。

一度阿片の味を覚えたる者は之を遠ざくること容易の業に非ず。一服を貪り復た一服、回を重ぬるに従ひ益々その美味と快味を覚ゆるを以て、一回は一回毎に深渕に陥り、三度の食事を二度、一度にしても阿片丈けは止められざるに至るを初めとし、遂に甚だしきは癮者となり、阿片は離す可からざる必要剤となるに至る。一度覚えたる阿片の吸食は、非常の克己心と努力とのなき限り、到底之を絶つこと能はず。之れ到るところにその需要者を生じ、従ってその供給者現はるゝ所以にして、阿片吸食の弊は一片の法令を以て根絶し能はざるなり。

而して彼の道光二十二年（一八四二）の南京条約こそは、実に支那の阿片断禁を半世紀遅引せしめたるもの、而して該半世紀こそは、誠に他日の数世紀に当たると云ふも過言に非ざるべし。

上記の条約による阿片輸入の認許の結果、吸食者は決河の勢ひを以て増加し、ために国貨の流出甚だしきものあるを以て、支那政府は国内に罌粟の栽培を認可し、土産の阿片を以て外国品の輸入を防止せんとせり。そのため輸入阿片の量は減少せしも、こは却って吸飲の弊を助長するあり。爾来、栽培禁止の令は吸食・販売禁止の令と共に頻発せられしも徹底を欠き、今や私植は禁煙問題に対する一大支障の因をなすに至れり。

今一つの原因と称すべきは、宣統三年に革命ありてより兵乱相次ぎ、中央の威令また清朝時代の如く行はれず。恰も我が国の封建時代の如く、督軍各地に割拠し、各地に兵を養ひ、そは宛然独立国の観を呈し、晨に北方に動乱あれば、夕に南方に相衝突し、互ひにその勢力の扶殖を企図せり。斯くの如き時代の軍隊は、その勢力大にして常に文官を凌駕するは勿論、督軍は行政官庁を支配し、軍隊の行く処何人たりとも之を如何ともなす能はず。而して之に対処する中央政府には厳然たる実力の存する事なければ、政令の行はれざる蓋し当然の帰着なりと云ふを得べし。

而してこの督軍が兵を養ふためには、云ふまでもなく巨額の経費を必要とするが、既に求むべき財源を悉く渉猟し尽くしたる今日、他には搾るべき財源を有せず。然るに阿片は穀類の何れよりも利益莫大なる上、栽培もまた之に適するを以て、各地の督軍等は陰に陽に相争ふて罌粟の栽培を奨励し、煙苗（罌粟）または阿片に課税し、以て軍費に当つ。之れ支那に阿片の栽培、吸飲、密売等の根絶せざる重なる原因の一なるべし。

第二章　吉林省の阿片取締り

第一節　軍　隊

北満地方の軍隊を大別して吉林省陸軍と奉天省陸軍とす。吉林省陸軍は更に地方駐屯部隊と鉄道守備隊とも称すべき東省鉄路護路軍に区分することを得。また、地方駐屯部隊は駐屯隊及び勦匪隊または山林游撃隊に分かつ。護路軍は字の示す如く鉄道の守備を任務として各駅に駐屯し、大部分は専ら線路の保護に当たるも、その内の幾分は独立、《隊脱カ》勦匪《隊脱カ》または山林游撃隊と称する隊に分かる。而して該護路軍の守備区域は東支鉄道線路の左右各三十支里（十支里は我が約一里）、地方駐屯軍は護路軍の管轄区域外の地方の維持に当たるものにして、上記の山林游撃、勦匪《隊脱カ》または独立隊と称するは共に馬賊討伐隊なり。

奉天省陸軍は張作霖の腹心の部下の中より選ばれ、監視の意味に於て山林游撃隊として各地に分駐し、また時としては独立の勦匪隊を組織して北満に出動せしむる事もあり。

第二節　警　察

警察には東省鉄路護路警察、東省鉄路特別区警察及び県警察の三あり。東省鉄路警察と称するは東支鉄道線路の保護警察にして、各駅構内の治安維持に当たり、特別区警察は各駅構内を除く東支鉄道附属地内の警察事務を取り扱ひ、県警察は上記警察の所管以外の地方警察事務を取り扱ふ。以前は県知事が警察署《処カ》長を兼任し、現在に於ては特に任命せらるゝに至りしも、警察署《処カ》は事実上、県知事に従属し、その重要なる一機関なり。而してその員数は最少限度一等県三百人、二等県二百人、三等県一百人なりとす。

第三節　類似の補助機関

官憲・軍隊に類似の補助機関と称すべきものに保衛団、附団、商団及び農団等あり。北満地方に於ける類似の補助機関は各県共に大同小異なれば、便宜、吉林省寧安県内の各機関につきて記す可し。

『保衛団』　治安よからざる市街、または警察なき部落、郷、鎮には警察の補助として各その地方住民により保衛団が組織せらる。民国十二年十月迄は吉林全省四道（吉長、浜江、延吉、依蘭の四道）の各道に一督練処の設けありて、延吉道を以て例へば、道内一千五百名を定員とし、本部を寧古塔に置き、孟福徳その処長なりしが、同十年《同年十月カ》之を撤廃し、十一月県内に保衛団を新設し、定員を六百名となし、県内六ケ所に分駐せしめ、本部を寧古塔に置き、団長を大隊長と称し、その部下に六隊長あり、各隊の下に三名の排長あり、即ち三十三、四名にて一排長を頂き、之を一排と称し、三排は一隊長を仰ぎて一隊と称し、三隊《六カ》は一大隊長を頂きて一団となるも、現在に於ては団員五百名ありて六箇処に分駐す。各套筒銃と称する三十年式様のものを携帯す。大隊長は軍隊に於ける営長、隊長は連長、排長は排長格にして、軍衣帽共に軍隊同様のものを着用し、左腕に赤色「く」の腕章を附し、以て官兵と区別す。

保衛団長は地方保安の責任者たる県知事之を任命し、隊長、排長、団員は団長之を任命したる後、県知事の承認を受く可き事とせり。

而してその任務は、関係者及び外来者の登録、出産死亡、来往転任者等の調査、犯人の監視捕縛、馬賊の討伐等にして、団員の訓練は隊長指揮の下に重に農事の閑散なる時を見計らひて行はれ、全団の演習は大隊長之を定め、他団との演習は県知事の選定に委する事となり居るも、他団との演習の如きは殆んど行はれたるを聞かず。

『附団』　県内警察、保衛団の外に城外警察四区を更に八郷に分かち、以て保衛団の補充となして附団といひ、本部を寧古塔に置き、その長を団総と称す。各郷に保董一名、各保董の下に五甲長を置く。即ち十名にして一甲長を戴き一甲となし、五甲に一保董を戴き一保となし、八保に一団総を戴き団《附脱カ》となす。定員は四百名なるも現在は一保董の下に三名の甲長を置きて処理せしめ居れり。

団総は営長格、保董は連長格、甲長は排長格なり。軍衣帽は共に官兵同様にして左腕に「〈」の腕章を附す。而して団総の任免は県知事之を行ひ省長に申告す。保董、甲長は団総之を任命し、団員には重に兵卒、保衛団または狩猟の経験ある者を雇ひ入れ別に訓練をなさず。

『商団』　上記の如き軍隊、警察、保衛団、附団等の外、更に商務会の経費に於て商団を組織し、以て治安維持に当たるあり。寧古塔の如きは目下、百名を雇ひ入れ、長を団長と称して全般を総理し、その下に隊長を置きて部下に対し直接監督をなさしむ。団長の任命は県知事之を行ひ、隊長以下の任命は団長之を行ひ、後、知事の認可を受く。

『農団または民団』　各地方の農務会に於て農団または民団を組織す。軍衣帽共に軍隊同様にして商団と大同小異なれば之を略す。

上記の治安維持に関する各機関を図解すれば左の如し。

- 軍隊
  - 吉林省陸軍
    - 地方駐屯軍
      - 地方駐屯（大部分）
      - 勦匪または山林游撃隊（小部分）
    - 東省鉄路護路軍
      - 護路軍（大部分）
      - 勦匪、独立または山林游撃隊（小部分）
  - 奉天省陸軍
    - 山林游撃隊として各地に分駐（監視の意味に於て）
    - 勦匪隊（時として独立の勦匪隊を派遣することあり）

- 警察
  - 東省鉄路護路警察処
  - 東省鉄路特別区警察処
  - 各県警察処

- 類似の補助機関
  - 保衛団または砲手
  - 附団
  - 商団
  - 農団または民団

現在、北満地方の大部の市街地は塹壕を繞らし、交通の要路には看視所を設け、以て一々出入者の取締りをなし、夜間の交通を禁じ、万已むを得ざる場合は提燈を点じて携行する外、尚ほ旅宿、妓楼、旗亭等の巡察を怠らずして、挙動不審の点ある場合は何の容赦もなく之を捕縛するを常とし、専ら治安の維持に腐心し居れり。而して上記の各機関の外、更に火磨（製粉所）、焼鍋（焼酎醸造所）、油坊、銀楼、その他大商農家は、都市村落の別なく各自に堅固なる土壁または木柵を繞らし、砲台を築き、その他大小に応じて十数人乃至数百名の砲手を雇傭し不時の事変に備へ居れり。

第三章　奉天省の阿片取締り

第一節　奉天省禁煙局章程

第一条　本局は阿片を禁絶し、強国富民をその目的とし、名称を奉天全省禁煙総局となす。

第二条　将来、各県に分局を添設し、分局長は各該県知事より之を兼任す。その重要各県にありては総局より重要職員を派遣す。各分局は総局と同一内容にして唯だ之を縮分せるものとす。

第三条　総局及び分局の当軍経費は収入数目より之を支出し、省当局よりその額を酌定す。但し創業費は各地方より支出せしめ、将来之を償還す。

第四条　創業費は各地方より総局に請申《申請カ》して認可を受け始めて施行し得るものにして、専擅処埋するを許さず。禁煙の進行は次の四項とす。

(イ)　禁運

(ロ)　禁販

(ハ)　禁売

(ニ)　禁吸

第五条　中外の人民にして若し私かに運煙を業とせる者を発見せば、支那人は新章に照らして科罰し、外人は総局より当局に申請して各該国方面に厳重交渉し、或は引渡しの上処罰せしむ。
第六条　中外の人民にして私かに阿片の販売を業とせる者を発見せば、前第五条に照らして之を処分す。
第七条　中外の人民にして若し私かに吸煙具を備へて客に供し、または自ら吸煙する者を発見せば、第六条に照らして之を処分す。
第八条　支那人の私かに吸煙して商人なる時は科罰し、若し現在文武官なる時は総局或は分局より該管主官に通知して懲罰せしむ。但しその違反の情形を軍民両署に報告するものとす。
第九条　総局及び分局は事務の繁閑に応じて稽査員若干名を設け、専ら私運、私売、私吸の調査をなす。但し該稽査員は資格充分にして訪問輯文の能力を有し、詐偽行為等のなき者を以て合格となす。
第十条　本局は先づ私運、私売、私吸の取締りより着手し、その他官《マ》許煙《マ》管及び吸煙の許可等はその後に於て着手す。
第十一条　本局は総務、懲罰、会計、調査の四科を暫設し、将来その他の各科を酌量の上設置す。
第十二条　総局《は脱カ》一切の事件は《をカ》直接省長と弁理し、各分局は総局に伺ひの上処理す。
第十三条　各分局の罰金収入は翌月の十日迄に省署に送附し、遅引するを得ず。
第十四条　各分局は毎一年間の罰金額の多少を比較して一、二、三等に分かち、該分局長及び所属職員の奨賞をなす。
第十五条　各分局は若し重要なる阿片犯罪者を発見せば直ちに奉天に送附し、総局に於て之が処分をなす。
第十六条　各地の軍官、士卒、警用《甲カ》、憲兵及びその他の司法機関等は、総局または分局に対して理由なく干渉するを得ず。

第十八条　総局及び分局は若し匿名の申請書または郵信に接せば、相当の人員を派遣してその真偽を調査すべきものとす。

第十九条　総局または分局の人員にして事件に際し詐欺行為をなし、他人より挙発されまたは控訴されし際は、官庁に送附し、重きに従って処罰するものとす。

第二十条　本章程に若し不十分の点あらば、随時之を修正することを得。

尚、上記章程の制定と同時に、十日以内に各種煙者、販売者、運煙者、吸煙者は、附近の局所に届出をなし、章程通りの罰金（許可税）を納付すべし。若し期日通りに届け出でざる者は厳罰に処する旨の佈告を一般に発したり。

編者注　第十七条は原文脱落。

第二節　奉天省禁煙局施行細則

第一款　禁　吸

第一条　吸煙各戸は各該管局所成立し《すればカ》、布告の日より十日以内に一律に届出をなして戒煙証を受領し、一定期限内に戒除するものとす。

第二条　吸煙者の年齢三十才以下の者は一律に戒除を命じ、三十才以上の者は三個月を限りて戒除せしめ、四十才以上は四ケ月、五十才以上は五ケ月、老年多病の者は酌量の上、期限を延期す。但し期限毎に許可証の交換をなすものとす。

第三条　戒煙証の受領には一通に付き奉天洋二十元を納付せしめ、戒煙期内《限脱カ》の吸煙を許可す。

第四条　戒煙証を所有せずまたは期限に至り新証と交換せず私かに吸煙する者は、本章程第十七条の規則によりて之を処罰す。

第五条　各所《局カ》所は所属区域内に下附せる戒煙証の月報を作製して報告するものとす。

第六条　所有《アラユル》禁吸証費及び罰金は各分局より随時総局に報告するものとす。

第二款　禁　売

第七条　凡そ煙土を販売しまたは私蔵するものは該所管局《管局所カ》に届出をなし、銷毀証の下附を受けて後、禁煙薬品として製造販売する事を得。若し期日内に銷毀証の下附届出をなさゞる者は、本章程第十九条により之を処罰す。

第八条　銷毀証を貼付せる薬料は各分局に於ては之が検査抑留をなさず。

第九条　本省の区域内は人民に禁煙薬店の開設を許可す。但し分局より許可証を受くるものとす。許可証の費用は、資本並びに貼《販カ》売高に依り、甲乙の二等に分かつ。左の如し。

甲等許可証　　毎月六百元

乙等許可証　　毎月四百元

第十条　本項の許可証を有せず禁煙薬店を私開するものは、本章程第二十二条の規定に照らして処罰す。

第十一条　分局没収の阿片薬は随時報告をなし、毎月一回呈送するものとす。若し隠匿または品質の交換等をなせるものあらば、本章程第二十六条の規定に照らして処罰す。

第三款　禁　種

第十二条　各分局は春耕の時期に際して委員を派遣し、地方の警甲と共同し各区に分赴して調査をなし、若し煙苗を種する者を発見せば一定期限の中に禁種せしめ、尚ほその花名、畝数等の報告をなさしむ。

第十三条　各分局は立夏後更に委員を派し、原報告の花名、畝数等を厳査し、若し禁種期限を経過して尚ほ剷除せざる者あらば、毎畝、奉天洋三十元の罰金を科し、その罰金数、花名、畝数等を表に記入して報告せしむ。

第十四条　分局より表を報告するの後、総局は委員を派して調査し、若し隠匿、遺漏その他の弊情を発見せば、本章程第二十七条の規定により処罰す。

第十五条　分局の職員にして職務に異常の励精をなし成績顕著なる者は総局より呈請して奨励す。

第十六条　分局の人員にして職務を執行するに際し、若し溺職その他の不法行為をなさば厳重に処罰す。

第四款　罰　則

第十七条　吸戸にして戒煙証の下附を受けず私かに吸煙する者は、納入すべき普通証費の十倍以上二十倍以下の罰金に処す。戒煙証の下附を受けず他人の戒煙証を借用して吸煙し、若しくは戒煙証を他人に貸与して吸煙せしむる者もまた同様に処罰す。

第十八条　吸戸にして已に禁絶期限に達し、未だ新戒煙証の下附を受けず私かに吸煙する者は、第十七条第一項の規定を準用して処罰す。

第十九条　凡そ省外の市場より販運しまたは省外の市場へ運搬儲蔵する煙土、並びに私土にして銷燬《ママ》証を購貼せざる者は、普通銷毀費の二十倍以上五十倍以下の罰金に処す。

第二十条　銷燬《ママ》証貼付の阿片にして戒煙証を所持せざる者に売与し吸煙せしめたる際には、所売原価の五倍以上十倍以下の罰金に処す。

第二十一条　戒煙薬店にして戒煙証を所持せざる者に薬品を売与せる際には、前条の規定によりて処罰す。

第二十二条　許可証の下附を受けずして禁煙薬店を私開せる者は、所有の薬品の全部を没収する以外、該没収品の原価の三十倍以上五十倍以下の罰金に処す。その銷燬《ママ》証を貼付せざる戒煙薬品を購入せる際には、第十九条一項の規定により処罰す。

第二十四条　銷燬《ママ》証を偽造せる者は該管行政官署に送致し、法律に照らして論罰す。その偽造銷毀証を他人に転売して利益を得る者は、法律に照らして論罰する以外、その所得利益の二倍以上十倍以下の罰金に処す。

第二十五条　偽造の銷燬《ママ》証を行使して偸税を希図せる者は、前条の規定を準用して処分す。

第二十六条　各局の員役にして薬品の違法没収をなせる際には、賠償せしむる以外、法律によりて処罰せしむ。

第二十七条　凡そ罌粟を栽種して報告せず、または多種少報して科金の減少を希図する者は、普通税額の五倍以上十倍以下の罰金に処す。

第二十八条　各区村長にして私栽種者を庇護する際には、私栽種者を章程に照らして処罰する以外、該区村長を同等の罰金に処す。

第二十九条　凡そ禁煙章程に違犯し検査または処罰を受けざる者、及び該管行政官署に申請して強制検査または処罰をなすに際し理由なく抵抗する者は、法律に照らして処分することを得。

第三十条　本章程は省長公署に呈出し、認可の日より施行す。

第三十一条　本章程に若し不充分の点あらば、随時呈請して修正す。

編者注　第二十三条は原文脱落。

第四章　黒竜江省の阿片取締り

第一節　黒竜江省禁煙総局禁煙章程

第一款　禁　吸

第一条　凡そ本省管内の各地方人民にして従来、阿片吸食癖あり、未だ禁煙する能はざる者を吸食者とし、当該分局分所成立布告《すれば脱カ》より十日以内に全部姓名を届け出て戒煙証を受領し、期限通り禁烟すべし。
前記の戒烟証は総局より印刷の上、各分局分所に送附す。一枚に付き証書費、大洋四元を納むべし。

第二条　吸烟者の年齢三十才以下の者は全部禁烟を命ず。三十才以上の者は戒烟証受領の日より三箇月を禁烟の期間とし、期間内の吸食は之を査究せず。若し事実、体質虚弱なるか或は老年にして多病なるため期間内に禁烟する能はざる者は、期間満了三日前に当該分局分所に延期方を申し出づる時は取調べの上更に戒烟証を発給し、以て以后の検査に便す。

第三条　戒烟証は自己一個人の用とし、他人に貸与し或は他人より借用するを得ず。期間満了後未だ禁烟し得ざる者は旧証を使用するを得ず。

第四条　各分局分所は所属区域内の戒烟証受領者の姓名、住所を毎月表に作成し、総局に報告し取調べに備ふ。その収入せる証費は随時報告し、毎月総局に送金すべし。

前項の表の様式は総局之を規定し、各分局に書き入れ報告する様命令す。

第二款　禁　售

第五条　凡そ烟土を運販しまたは貯蔵し居る者は、全部の数量を当該分局分所に報告すべし。検査の結果、報告と相違なき時は、銷燬《ママ》証を発給し戒烟薬品として販売することを許す。届出をなさずして直接他人に吸食せしむる事を許さず。前項の銷燬《ママ》証は総局より印刷の上、各分局分所に送附す。薬一両に対し銷燬《ママ》証一枚を添布《ママ》すべし。銷燬《ママ》証一枚に付き大洋四角を徴す。

第六条　凡そ銷燬《ママ》証を貼付せる薬品は、之を他所に運送する時は直ちにその通過を許すべし。

第七条　本省内にては禁煙葯店を設くることを許す。但し細則の規定に依るべく、当該分局分所に願ひ出で許可証を受領せる上に非ざれば営業を許さず。その種類及び証費は左の四等に分かつ。

甲等許可証　　一ケ月に付き　　大洋百四十元

乙等許可証　一ケ月に付き　大洋百　元
丙等許可証　一ケ月に付き　大洋　六十元
丁等許可証　一ケ月に付き　大洋　三十元

前記の許可証は総局より印刷の上、各《分脱カ》局分所に送附す。薬店を開設する者は一ケ月毎に許可証を受くべく、その際同時に証費を納むべし。

第八条　各分局分所に於て煙土を運送または貯蔵する者、或は薬店を開設する者の中、本章程第五条乃至第七条の規定に違反する者を発見せる時は、罰則により処分する外、関係薬品は之を没収することを得。没収薬品は随時報告すると共に毎月総局に送附すべし。但し仲継者に於て隠匿、若しくは掏り換へるを得ず。

第三款　禁　種

第九条　各分局は毎年、清明節後二十日以内に人を派して地方警団と協同し、各区の村屯に赴かしめ、区村長と相談の上、一軒毎に調査をなし、若し罌粟苗を発見せる時は期日を限り栽培を禁止し、一畝に付き罰金大洋一元五角を課し、罰金受領証を支給す。尚ほ花名、畝数を調査して之を表に作成し、総局に報告して取調べに備ふべし。

前項の受領証は総局より印刷の上、各分局分所に送附す。表の様式は総局より規定して之を通令す。第十条の受領証また同じ。

第十条　分局は夏至後二十日以内に更に人を派し、原報告の花名、畝数に依りて再応厳重に調査すべし。若し禁種期限を逾えて尚ほ栽培を中止せざる者に対しては、一畝に付き大洋二元五角の罰金を課し、罰金受領証を発給し、以て懲戒す。尚ほ罰金額及び罰金を課せられたる花名、罌粟栽培面積《の表脱カ》を作成し報告すべし。虚偽の報告をなすべからず。

第十一条　分局の報告後、総局は隠匿、遺漏及びその他の弊害を防ぐため、人を派して取り調ぶるを得。

第四款　賞　罰

第十二条　分局の職員中、職務に精励し成績優良なる者より順次に賞与の支給方を稟請することを得。

第十三条　分局の職員中、若し公金を私消し職権を濫用し、或はその他の不法行為ありたること発覚せる者は、追徴金を課し法律により処罰す。

第十四条　分局の職員にして薬品を没収せる際、若し転匿しまたは掏り替へたることある時は、追徴金を課し免職すると共に銷燬《ママ》証費の十倍以上二十倍以下の罰金に処す。

第十五条　分局所属の人員が弊害を醸し、または不取締りの事より局長が之を知らず他方面より発覚せる時は、総局は分局長に対し事情の軽重如何により大過または過と記録に留め懲罰す。

第十六条　三十才以上の吸食者にして左記の行為の一に該当する者は、事情の軽重により戒煙証の金額の十倍以上二十倍以下の罰金に処す。

(一)　吸食者にして戒煙証を受領せず吸食せる者、または他人の戒煙証を借りて吸食せる者

(二)　吸食者にして自己の戒煙証を他人に貸与し吸食せしめたる者

(三)　吸食者にして既に禁煙期《限脱カ》に達するも新たに戒煙証を受領することなく依然吸食する者

第十七条　煙土を運搬または貯蔵する者、或はその他の者にして左記の行為の一に該当する者は銷燬《ママ》証の十倍以上二十倍以下の罰金に処す。

㈠　吸食者にして戒煙証を受領せず吸食せる者、または他人の戒煙証を借りて吸食せる者

㈡　吸食者にして自己の戒煙証を他人に貸与し吸食せしめたる者

㈢　銷燬《ママ》証を貼付せざる戒煙薬品を購入せる者

第十八条　一度貼附せる銷燬《ママ》証を剥ぎ再度使用せる者は、銷燬《ママ》証費の二十倍以上五十倍以下の罰金に処す。

第十九条　煙土を運搬または貯蔵する者、或はその他の者にして左記の行為ある者に対しては、売却原価の五倍以上十倍以下の罰金に処す。

㈠　銷燬《ママ》証を貼附せる煙土を癮者治療の目的を以て売らずして、戒煙証を受領せざる者に吸食せしめる者

㈡　戒煙証を受領せずして吸食の目的にて戒煙薬品を購入せる者

㈢　禁煙薬店にして戒煙証を受領せざる者に戒煙薬品を売却せる者

第二十条　許可証を受領せず禁煙薬店を私かに設けたる者は薬品全部を没収し、没収葯品原価の三十倍以上五十倍以下の罰金に処す。

第二十一条　禁煙薬店販売の葯品には全部銷燬《ママ》証を貼附すべし。違背せる者は納むべき証費の二十倍以上三十倍以下の罰金に処す。

第二十二条　銷燬《ママ》証を偽造せる者は有価証券偽造と見なし、当該行政官署に引き渡して法律により処罰す。

偽造銷燬《ママ》証を他人に転売し利を得たる者、または偽造銷燬《ママ》証を行使して脱税を計りたる者は、法

律により処罰すると共に利益金の二倍以上十倍以下の罰金に処す。

第二十三条　罌粟の栽培者にして全然報告をせざる者、または罰金（即ち栽培税）の減額を計らんため故意に少なく報告せる者は、納付すべき罰金（即ち税金）の五倍以上十倍以下の罰金に処す。

第二十四条　各区村長にして情を知り幇助または陰蔽せる者また同等の罰金に処す。

第二十五条　禁煙章程に違反して検査を受けざる者、或は罰金に処せられたる者に対しては、同地の行政官署に通知して強制執行を行ふ。事に借口して故意に違反せる者は当該規則により処罰す。

第二十六条　本章程は省長の許可ありし日より施行す。

本章程中、明確ならざる処あれば、随時修正を稟請す。

第二節　禁煙分局組織簡章

第一条　本局は禁烟事務の取扱ひ上、本省所属の各県及び設治局地方に禁煙分局を設立するを得。尚、繁華重要なる市鎮には各々分所を設け、分局之を管理す。

第二条　分局の局長は本局より任命す。

第三条　分局は本局の命を受け一切の禁煙事務を取り扱ふ。公文に付きては、総局に対しては呈文を、各県局には函文を、各分所には令文を用ふ。

第四条　分局の局長は任命後適当なる保証人を立つべし。総局が右の保証人を適当と認めたる後に非ざれば就任するを得ず。

第五条　分局所管の分所は、分局長地方の状況により若干所を設け、総局の取調べに資するため之を報告すべし。

第六条　分局の官印は総局より発給す。分所の官印は総局之が様式を定め、分局より発給せしむ。但し拓印を総局に送附し記録に留むべし。

第七条　分局に文牘、会計各一名を置き、別に検験所々長一名、稽査二名を附設し、尚ほ傭員、巡査《視カ》若干を酌量し使用する事を得。但し分局長は事情を酌量して使用人員を総局に報告し之が許可を受くべし。経費は別に之を定む。分所には分局《所カ》長一名、傭員一名、巡視二名を置く。その経費は分局より受け取るものとす。

第八条　分局は職務執行の必要ある時は、地方行政長官に通知したる後、警察、保甲及び区村長等と協力して処理する事を得。区村長にして禁烟事務に精励せる者は、分局より手当の支給を稟請することを得。

第九条　分局分所員にして職務執行上若し人民を欺瞞したる等のことあれば、被害人民より指名して処罰方を訴ふることを得。分局員と協同して弊害を醸せる者は発覚次第、当該地方官署に引き渡し章程により処罰す。

第十条　分局及び所属の分所が烟犯を逮捕し罰金に処したる時は、随時報告すると共に毎月表に作成し罰金を総局に送金すべし。

第十一条　本章程は省長の許可あると同時に施行す。

第十二条　本章程中、不完全なる所は随時呈請して修正す。

第五章　北京に於ける阿片の取締り

第一節　概　況

阿片に付きてはその輸出入、製造、販売等、法令の上には絶対に之を禁じ居れり。その取締りの状況を精査するに、先づ密輸入者に対しては多くその輸送中に発見するを便とし、汽車の発着毎に税吏及び軍警の手にて貨客を検査し、且つ軍警督察処より将校をして二、三の兵卒を連れて列車内に乗り込ましめ、乗客中疑はしき者に対し検査を行ひつゝあり。また、市内に於ける密売者に対しては、私服の巡警、密偵等により検挙に力め居れり。

その検挙数は一日平均二十件内外に達すると云ひ、而してその処罰方法は阿片犯に対しては刑法の阿片罪の条項を適用し、その輸入者販売者、吸食器具を貸与して利を図る者等を重く処罰し、共犯者と雖も三、四ケ月の懲役に処し、自ら吸食する者に対しては稍々軽罰を科し、その既に中毒に罹り居る者は医治の方法により手当をなしたる後、刑の執行をなす。

以上の如くその取締りをなす時は稍々完備せる取締りをなし得るも、之れ全く形式的なるに止まり、而も一部分にのみ適用せらるゝ極めて不徹底なる取締りをなし居る事は、幾多の事例によりて証明せられ、実にその取締りの大任ある警察総監すら歴代、皆、阿片を食せざるなしと云ふ事を以ても之を推知するを得べく、彼の日々検挙せられ処罰を受けつゝある者の如きは、何れも市内に居住の貧乏人、小資本商人等の部類のみ。而も一歩北京を去る田舎に到れば、殆んど公然と敢行され何等の制裁なき有様にて、市内と雖も少しく勢力ある者に対しては毫も法令の威力及ばず。一例に過ぎざるも、過般、東停車場に於て奉天直通の列車が着駅の際、係軍警等が一個の阿片包容木箱を発見し、一部分を破りて内容の阿片たることを確かめ、何人の携帯品なりやを物色中、某大官一名の従者を連れてその場に来たり、之は我が輩の物件なりと云ひ、豪然として従者に荷はせ持ち去りたるも、軍警等は之に対し一言もなく、只手を束ねて互ひに顔を見合はすのみなりしとて、此の事を目撃し居りたる支那人は憤慨して軍警等を罵倒しつゝ去りたりと云ふを聞けり。万事、黄金勢力のために法を枉ぐるを意とせざる支那人の性、殊に下級の巡警等が主として直接取締りの任に当たり居るを以て、上例の如きはその取締りの一斑を窺知するに足るべし。

第二節　鴉片煙罪

第二六六条　鴉片を製造し、或は販売し、或は販売を意図して私蔵し、或は外国より販運する者は、三等より五等に至る有期徒刑に処し、併せて五百元以下の罰金を科す。

第二六七条　鴉片吸食の器具を製造し、或は販売し、或は販売を意図して私蔵し、或は外国より販運する者は、四等以下の有期徒刑或は拘役に処す。

第二六八条　税関の官員或はその佐理にして外国より鴉片を販運し、或は《以下ママ》吸食し鴉片煙器具を或は他人をして販運せしめたる者は《以上ママ》、二等或は三等の有期徒刑に処し、併せて一千元以下の罰金を科す。

第二六九条　館舎を開設して人に鴉片煙の吸食を供する者は、四等以下の有期徒刑或は拘役に処し、併せて三百円以下の罰金に処す。

第二七〇条　鴉片煙の製造を意図して罌粟を播種する者は、四等以下の有期徒刑或は拘役に処し、或は三百円以下の罰金に処す。

第二七一条　鴉片を吸食する者は、五等有期徒刑或は拘役或は一千元以下の罰金に処す。
第二七二条　巡警官員或はその佐理にして職務施行の時に当たり前六条の犯人有るを知りて故意に相当処分を与へざる者もまた前六条の例に照らして処断す。
第二七三条　専ら鴉片煙吸食の器具を収蔵せる者は一百元以下の罰金に処す。
第二七四条　第二六六条より第二七二条に至るの罪を犯す者は公権を褫奪する事を得。若し官員に係れば並びに現職を免ず。

第六章　北満に於ける阿片と鮮人

北満地方に居住する鮮人は甚だ多く、今やその数は十数万に達し、彼等の過半は阿片の私植、阿片、モルヒネ、コカイン等の密売、密移輸出入に従事すと称せらる。遊惰安逸の性質と射利的僥倖心に満てる彼等には些かの堅実味なく、嚢中あれば飲酒、賭博、游蕩に耽り、再び窮するに至るや国禁を犯して密移輸出入、密売または仲介等を行ひ、私利のためには何物をも顧みざる有様にして、更に自己の向上に志す者なく、適々之れ有りとするも売名に過ぎずして何等根底あるなく、従って永続するを得ず。在住者多数なるに比しその勢力の貧弱なる事、実に遺憾に堪へざる次第なり。

最近に至り支那官憲は是等の鮮人の取締りに付き漸次厳重の度を加ふるに至り、現に浜江県の如きは下の如き布告を発せり。即ち哈爾賓傅家甸に居住する鮮人は、正当の職業なく平素専らモヒの密売、阿片の密輸入販売を以て生計となすため、爾今一律に鮮人に対し家屋の貸与を禁止す。既に居住の鮮人に対しては随時、転住せしむるの法を講ずべし。若し違反する者に対しては相当に罰すべき旨を家主に対し厳重に申し渡し、且つ一般に対しても此の旨を通知し、一方、警察をして厳重に取り調べ励行を期せしめ居れり。而して既に処罰せられし家主もある次第なるを以て、早晩此の取締法は沿線各地の鮮人の不正品取扱者に及ぶべき形勢あり。

第七章　結　論

北満地方に於ける阿片問題は、目下、官民共に覚醒の第一歩にあること明らかなる事実にして、阿片専売局の施設また当然過ぎる程必要に迫られ居り、一日も早く之が実現を希望して止まざるも、その施設、方法、処理宜敷きを得ざれば、却って有害無益となるは明らかなり。官憲・軍隊の監視充分ならざるのみならず腐敗堕落せる支那、陽に禁煙禁種を唱へ陰に栽培を奨励する地方あるが如き支那、殊に監視取締りにとかく不充分なる北満地方に於て良好の成績を挙げんには、特に深甚の誠意と努力を以て監視し取り締まらざる可からざるなり。現在の状態にては先づ良果を治め得る事、難事中の難事なるべく、また仮に東三省及び直隷省のみ如何に取締りを厳重にするも、接壌地よりの密移輸入を監視防止する事は甚だ困難にして、充分の取締りは到底望み得られざる可し。即ち支那は表面、阿片禁止国にしてその法令等間然する所なきも、実際に於ては世界に於ける一大阿片国たるに鑑み、東三省に於てもその因って来たる所を究め、その轍を踏まざらんこと緊要なるべし。幸ひに現今、支那の各方面に亘り之が自覚せられつゝあるは喜ぶべき現象なり。

第八巻　南支経済調査

第十二編　阿片及び煙草

第二章　阿片の密輸状況

阿片は一九一七年四月の禁煙以来その消費を減退したれども、現在尚ほ相当の数量有るは疑ひなく、その需要は依然として尽くる事なし。然して関税《マ》警《マ》察はその取締りに尽力し賞与制度さへ設け居るも、猶ほ密輸は盛んに行はるゝ状態なり。その密輸入の仕出しは澳門・汕頭または香港等より多く行はる（汕頭方面の分は台湾より来たる再輸出品ありと云ふ）。また、近年は福建省に於て多量の阿片の生産あるが故に、同省の沿岸より広東方面に行くもの少なからざるなり。然して香港より広東方面に密輸出さるゝ阿片の容器は主として中形の罐入とし、その他のものは大小扁平の罐入あり。小罐は五銭入と一両入とし、また二両及び十両入あり。但十両入は少なく、最も多きは一、二両入または五銭入とす。中には糖蜜または棗のエツキスを以て製したる模造品あり。

密輸の方法は各地方大同小異にして、近来発見されたる中最も新奇なる方法は、例へば婦人の月経帯（越中褌様のもの）の中に入れたるものあり、靴の底に敷きたるものあり、洗濯石鹸の中を円形に穿ち入れたるものあり、机の引出しの奥を二重仕掛にして入れたるものあり、行李の竹縁におさめたるものあり、その他ボートのタンクに入れたるものあり、ブリキランプの箱底を二重にして入れたるあり、船のサイドを二重にしてまたは船のプロペラーのトンネルに隠したるものあり、殊に水に《衍字カ》パイプ内の真鋳鑵に入れたるものありと云ふ。その他種々雑多なる方法ありて、発見せられたるもの丶中には一驚を喫する程の手段あり。斯くして人智の進歩するに従ひ、密輸入業者は巧妙なる方法を案出し巨利を納めんとしつ丶あり。

第三章　阿片の税関警察による取締り及び処分

現在、支那に於ける阿片の取引額を精密に知る事は至難と云はざるべからず。何となればその密輸額の莫大なるが為にして、税関警察は厳重に之を取り締まりつ丶あるも、密輸入業者は巧妙なる手段を用ひて当局の眼を逃れつ丶あれば、到底完全なる効果は挙げ難く、従って犯罪の防止よりも寧ろ検挙と処分に力を尽くしつ丶あるは蓋し已むを得ざる事と云ふべし。

その取締方法としては、不完全ながら外国貿易汽船に乗船して行ふ。而して外洋汽船には二人で監船するを例とす。尚、船舶輻湊の際には数隻を掛持ちして監船する事あり。埠頭または桟橋等には時々副総巡が巡視す。之を Visiting Duty と称す。また、その監督の下には三等総巡（監視）が各自受持ちの船舶を巡回しつ丶あり。

船内検査は監吏の一団より成る捜索隊 Searching Party に依ってなす。然してその編制は支那人及び外国人の監吏三名を以てし、更に一名の婦人を交へる事あり。之を監吏の上級者が指導引率せり。

また、密輸多き時はその汽船の発着毎に必ず乗船し、全部に渉りて綿密に検査捜索するものとせり。外洋汽船に対しては特殊の船舶に限り之を実行す。監吏は機関夫の風体をなし、機関室・石炭室等に至る迄捜索し、毎日物件を押収せざるなし。

捜索隊の乗船人員は必ずしも一定せず。その時期または船舶に依りてその数を確定するものなり。而して彼等が反則事件即ち密輸を検挙せる後はその処分を如何にして行ふか。以下、それに就いて述べん。

反則事件の処分には没収と罰金とあり。前者は犯則に関係したる物件を没収する規定に依り、内外人に対して一様に適用すれど、後者は支那人に対するのみにして、外国人に対しては従来よりの慣行上之を適用するを得ざるものと認め居れり。その結果強ひて支那人《外国人カ》に対しても外国人《支那人カ》同様に先づ犯則に係る物件を没収し、後に売渡しの形式に依って罰金とその内容を同じくする事として居る。大体に於て売渡しに依る方その割合多き傾向あり。而して没収《品脱カ》の処分に就いては、大体に於て普通貨物の場合と、阿片・米・藍等の禁制品の場合とに依り是れを区別す。

第一、阿片・米等に関する場合には、犯罪の用に供したる関係物件は全て之を没収するものとす。殊に阿片及びその他の薬材を密輸したる際には、容器は素より悪意ある場合には船舶自体をも没収する事あり。但し小船に限るを例とす。没収したる阿片等は海関監督所属の官吏の立会の上にて之を焼棄し、監吏は之を監務署に引き渡す。而してその付帯物件は海関に於て競売処分とす。

第二、一般貨物の場合には犯則者の願ひ出に依り、副税務司は之を検査し、官吏の評価に附し、情状を酌量し価格を定め、多くは之を売り渡すものとす。その価格は所属の海関の評価に依りて異なるものなり。然れども普通は約五割内外にして、高きは七、八割に達し、低きは罰金額該当として二、三割とす。また、価格十両以下のものは同一の手続きを要せず。本人の直接の申請に基づき副税務司が認定して Pay Duty の奥書を検査し官吏に廻付したる時には、普通の税金を納入せしめて貨物の引取りを許可する事とす。

而して罰金の場合には税金を追徴すれど、売渡しの場合には税金を含むが故に別に課税せず。之を要するに全て積荷目録に記載せざるものは犯則物件と査定するものとす。

△犯則を検挙する方法として、支那海関は現在尚ほ密告者及び吏員に対する賞与制度を設け居れり。密告賞与の率は従来比較的多く、支那政府の出費の多額に上りたるを以て、最近之を減額せり。

その割合は左の如し。

第一、普通品の場合には売買価格の三割なるが、官吏に対しては一割とす。

第二、阿片その他の薬品に対しては通常左の如く之を定む（一九二一年改正）。

	船長発見の時	官吏発見の時	密告者
土産生阿片一両（十匁）	四〇仙	一〇仙	二〇仙
外国生阿片一両（十匁）	八〇仙	二〇仙	四〇仙
阿片膏	一二〇仙	二〇仙	四五仙
ドロス	二〇仙	五仙	一〇仙
モルヒネ	三〇〇仙	六五仙	一三五仙
コカイン ヘロイン	二〇〇仙	四五仙	九〇仙
罌粟種	一二仙	八仙	一四仙

第三、監に対しては左の通り之を定む。

官吏三銭　　密告者三銭七五

船長は前二者と同じ。

第四、武器・火薬類は価格小なるものに対しては官吏はその十分ノ一乃至二とし、密告者は十分ノ三乃至四とす。価格大なるものに対しては官吏はその十分ノ二乃至三とし、密告者はその十分ノ四乃至五とす。

前記の如き割合に依り賞与を給せらるゝも、各自、右の標準率を取得するに非ず。同一額を全員に分配するものなり。然れども密輸多き処に於ては捜索隊の官吏はその収入一ケ月に四、五十弗を下らず。多き者は一ケ月に九十弗の収入あるものもありと云はる。また、下級外勤の監吏は外支人を問はず船員その他類似の階級の出身者多く、収賄その他の不道行為少なからず、犯則の摘発上一大障碍をなしつゝある実況なり。密告者中には前身が監吏の者あり。また、監吏は犯罪捜索の方法として密偵を使用し、自身が給与を支出しつゝあり。而して日本の如く監吏としての特務あるものなし。

第四章　厦門に於ける阿片の状況

厦門に於ける阿片の輸入は一九一二年頃には尚ほ千六百余担の輸入ありたれど、翌一九一三年には四百八十担に減少し、その後輸入の杜絶すると同時に福建省の一帯に於ける阿片の密植は甚だしきものありき。

一九二〇年頃には全省の約四分ノ三は罌粟を栽培し、阿片に対する課税収入は約七月《百カ》万元に上りたりと称するものあり。同年三月には厦門、漳州間の厦漳鉄道沿線附近一帯に熾んに罌粟を植ゑて居れり。然して此の一事を以てするも、遠隔地方には尚ほ莫大の収穫あること明らかなり。厦門海関税務司の報告に依るも、多量の阿片が地方消費として密輸入され、また、二大集散地の香港及び上海に密輸出され、現に同年押収したる分のみにても五十三担、二十二万元に達せりと云はる。その後こは国際問題となり、英米等の抗議ありて、当地紳董の監督の下に禁煙会の組織あり、大いにその防遏に尽力しつゝありと雖も、一面、肥料たる豆粕の輸入は一九一八年には約三十七万余担に過ぎざりしが、一九二〇年より後には約百万担近くに増加したりと云ふ。または地方盗賊の減少せるも、阿片豊収の証左なりと云ふを得ん。

第五章　厦門禁煙取締章程

厦門に於ける禁烟章程を見るに次の如し。

一、凡そ厦門に居住し禁烟に関係する者は、本章程施行の日より起算して五日以内に当所に願書を提出し、願書面に貼付せる印紙に消印を受けて許可の証となす。

許可を受くる者は左の如し。

イ、阿片輸出業者

ロ、阿片卸売業者

ハ、阿片小売業者または煙館経営者

ニ、丸薬（阿片を包含せるもの）製造業者または販売者

ホ、阿片吸飲者

二、本章程は施行の日より起算して六ケ月を以て粛清し、その後は何人に対しても阿片の販売または吸飲を許可せず。
三、何人と雖も本所の許可の証なくして阿片を吸飲し、または阿片若しくは丸薬を販売するを得ず。
四、凡そ阿片の輸出、卸売、小売等、従来許可証を交附せられ居る者にして尚ほ今後引き続き営業をなさんと欲する者は、該許可証に規定の印紙を貼付して消印を受くべし。右の許可証に関しては当所は本章程に依り許可せしものと見做す。
五、凡そ丸薬を製造しまたは販売せんとする者は、当所に願ひ出て許可を受けたる後に営業を開始すべし。
六、凡そ阿片を輸出せんとする者は左の区別に依りて印紙を貼用すべし。
　イ、烟膏一両に付き三分
　ロ、烟餅（粘土の塊）一斤に付き五角
　　右の数量に満たざる端数は之を繰り上ぐ。
七、凡そ阿片営業者は卸売、小売の別なく左の区別に従ひ印紙を貼付すべし。
　イ、土産烟漿（阿片の汁）半斤に付き一角五分
　ロ、土産烟餅半斤に付き三角
　ハ、船来烟餅半斤に付き六角
　ニ、料膏（烟膏に混入せるもの）一斤に付き一角
　ホ、烟膏一両に付き一角
　ヘ、烟膏一銭に付き一分

右の数量に満たざるものは之を繰り上ぐ。

本条イ、ロ、ハ、ニ、の各項に記載せる物件にして移入後七日を経過せざるものは印紙の貼付を免除する事を得。

八、先条の規定に依り貼付したる印紙面には、営業管理者または商号の印章を以て消印すべし。右の印章を以て消印せざるものまたは貼付不足のものに対しては、その消印せずまたは不足部分に照らして之を処罰す。

九、国内各地より阿片を移入しまたは携帯渡来せるものは、左の規定に依り印紙を貼付し検貨所の検査を受くべし。

イ、舶来烟餅半斤毎に一元

ロ、土産烟餅半斤毎に七角五分

ハ、土産烟漿半斤毎に五角

ニ、烟膏一両毎に一角

ホ、料膏半斤毎に二角

右の数量に満たざるものは之を繰り上ぐ。

十、烟館業者は住所、姓名、営業者所在地または国籍を明記し、当所に願ひ出て許可を受けたる後開業す可し。営業許可手数料は八元以上二十元とす。

十一、凡そ吸飲を願ひ出る者あるときは左の区別に従ひ許可手数料を徴収す。

イ、特種	六ケ月限り	三十六元
ロ、甲種	一ケ月限り	八元

ハ、乙種　〃　四元
ニ、丙種　〃　二元
ホ、丁種　〃　五角
ヘ、別種　〃　二元
ト、外国人にして寄留するもの　八元
チ、旅館止宿人　一ケ月　六元
リ、貸座敷の遊興客　一ケ月　四元
ヌ、倶楽部その他の集会客　一ケ月　十元
ル、臨時許可証　三日限り　一元

十二、特種及び甲種許可証を有するものは、自己の場所を制限せらるゝ事とな《なくカ》り自由に吸飲し得。
十三、乙種許可証を有するものは、自己の家庭または烟館以外にて吸飲する事を得ず。
十四、婦人には丙種許可証を下付し、家庭または煙館に於てのみ吸飲するを得。
十五、別種許可証は轎夫に下付し、篭宿または烟館に於てのみ吸飲する事を許可す。
十六、丁種許可証を有する者は、烟館以外に於て吸飲する事を得ず。
十七、外省人の寄留所、旅館、貸座敷、倶楽部、その他の集会所は、当所にその旨を願ひ出でて客用の許可証を受くべし。
十八、国内の他の地方より来たりし旅客は、当所の許可証を受くるに非ざれば阿片を吸飲する事を許さず。
十九、当所より下付せられたる阿片に関する各種許可証の効力期間は、特種及び臨時許可証を除く外は三十日を限りとす。

二十、臨時許可証は期間満了の際、保証人より当所に返納すべし。

二十一、阿片に関する許可証は携帯すべきものを除く外、之を見易き場所に掲げ置くべし。然らざれば無許可者と同一の取扱ひをなす。

二十二、禁烟関係者にして本章程に違反するときは、違反に係る器具を没収し情状を按じて罰金に処す。

二十三、本章程は発行の日より之を施行す。

第九巻　雲南事情調査

第五編　雲南省に於ける阿片及び薬材調査

第一章　雲南省に於ける阿片

第一節　阿片栽培の実況と阿片

雲南省に於ける罌粟の栽培は前清の咸豊年代以後に始まりたるものにして、当時は省内到る所罌粟の栽培を見ざるなく、年額三千万両（一両は重量にして我が十匁強に当たる）の巨額に達し、政府の阿片税の収入は年百五十万元に上り、実に本省の人民及び政府の重要なる収入なりき。

然るに宣統元年（明治四十二年）禁煙令の発布せられてより以来、罌粟の栽培は漸次減じ、殊に民国六年に至りては殆んどその跡を絶つに至ると称せられ、一般省民はその産品と生活方途とを失ひ、政府また主要なる財源の涸渇を来たし、上下共に一時非常なる困窮の状を呈したれば、一面之が代用物として棉花、玉蜀黍、大豆、大小麦等、一般農作物の栽培を奨励したり。然れども到底俄に此の巨額の損失を償ふに足らざるのみならず、多年阿片吸喰の習慣に馴致せられし省民の需要を満たし、並びに他省への移出貿易を為さんがため、民国二年より六年に至る五年間は年々英領緬甸より国境片馬方面を経て盛んに緬甸阿片を密輸入し、就中、民国六年度の如きはその密輸入額二百万両、五、六百万元以上に達し、之が支払のために省内の銀貨は続々緬甸に流出し、一時金融界は動揺を見るに至ると伝へらる。

右の罌粟栽培の禁止に因る財源の涸渇と、緬甸阿片の密輸入による銀貨流出の巨額なるは、雲南政府の到底長く堪へ忍ぶ能はざりし所なるを以て、民国六年以後、政府は漸次省内に於ける罌粟栽培の禁を解き、省民また翕然として之を謳歌し、再び罌粟の栽培を見るに至り、初めは人目に付き易き都会地附近を避け辺僻の地を選びしも、現時に於ては殆んど省内至る所栽培を見ざるなく、また人の之を怪しむ者無きが如き状態を招き、禁令発布以前の盛況を彷彿たらしむ。之れ課税を以て栽培を官許せるに起因する事勿論なるも、雲南省の大部分は水利の便なく農耕に適せざる丘陵地にして、その地味極めて罌粟の栽培に適し、如何なる草原荒野と雖も植付けをなすのみにて何等の手数なく放任的に成育し、且つ果汁を阿片に製するの外、枝葉は薪木に代用し得らるゝを以て、之が栽培は省民の最も喜ぶ所なることもまた与りて力ありと云ふべし。

第二節　阿片の産地及び産額

現今、省内に於ける阿片の産地は騰越道一帯の地方、即ち順寧、雲、鄧川、蒙化、騰越等の諸県にして、品質最も優良と称せられ、これに次ぐは広南、開化、㟁峩、臨安及び元江等、蒙自道に属する地方とす。而して滇中道産は、その品質上述の諸地方に比して稍々劣れりと云ふ。

今、当領事館が内密に当地の禁煙局より得たる材料に拠り最近三ケ年間に於ける罌粟栽培の地畝並びにその平均産額を掲ぐれば次の如し。

雲南全省罌粟栽培地畝及び阿片産額表

(イ)滇中道

県名	民国十一年 畝数	民国十一年 産額	民国十二年 畝数	民国十二年 産額	民国十三年 畝数	民国十三年 産額
昆明県	五、〇〇〇	一五〇、〇〇〇両	八、六五〇	二五九、五〇〇両	一二、〇〇〇	三六〇、〇〇〇両
富民県	三、〇〇〇	九五、〇〇〇	六、五〇〇	一九五、〇〇〇	九、六〇〇	二八八、〇〇〇
宜良県	五、〇〇〇	一五〇、〇〇〇	六、七八〇	二〇三、四〇〇	九、六三〇	二八八、九〇〇
呈貢県	三、〇〇〇	九九、〇〇〇	六、六七〇	二〇〇、一〇〇	八、八八〇	二六六、四〇〇
羅次県	三、三〇〇	九六、七五〇	六、〇〇〇	一八〇、〇〇〇	八、五六〇	二五五、八〇〇
禄豊県	二、九五〇	九八、五〇〇	六、七一〇	二〇一、三〇〇	八、七九〇	二六三、七〇〇
易門県	二、八五〇	八五、〇〇〇	五、三〇〇	一五九、〇〇〇	七、五〇〇	二二五、〇〇〇
嵩明県	三、二〇〇	九六、〇〇〇	六、五四〇	一九六、二〇〇	八、五八〇	二五七、四〇〇
晋寧県	三、五〇〇	一〇五、〇〇〇	六、四〇〇	一九二、〇〇〇	八、五七〇	二五七、一〇〇
安寧県	二、六五〇	七九、五〇〇	五、六六〇	一六七、八〇〇	八、二三〇	二四六、九〇〇
昆陽県	二、三〇〇	六九、〇〇〇	五、四七〇	一六四、一〇〇	七、八九〇	二三六、七〇〇
武定県	二、四五〇	一二、五〇〇	五、〇〇〇	一五〇、〇〇〇	七、八六〇	二三六、八〇〇
元謀県	二、〇〇〇	六〇、〇〇〇	四、五〇〇	一三五、〇〇〇	七、八七〇	二〇六、一〇〇
禄勧県	三、二四〇	九七、二〇〇	六、七八〇	二〇三、四〇〇	八、四七〇	二五四、一〇〇
曲靖県	四、五〇〇	一三五、〇〇〇	八、五〇〇	二五五、〇〇〇	一四、五〇〇	四三五、〇〇〇
平彝県	三、三三〇	九九、九〇〇	五、一三〇	一五三、九〇〇	八、六七〇	二五一、一〇〇
宣威県	五、〇〇〇	一五〇、〇〇〇	七、二八〇	二一八、四〇〇	一、二四〇	三七二、〇〇〇

霑益県	二、三〇〇	六六、〇〇〇	四、九六〇	一四八、八〇〇	五、三二〇	一五九、六〇〇
馬竜県	一、八五〇	五五、五〇〇	四、〇〇〇	一二〇、〇〇〇	六、三〇〇	一八九、〇〇〇
陸良県	三、八〇〇	二四、〇〇〇	六、八五〇	二〇五、五〇〇	一二、八〇〇	三八四、〇〇〇
羅平県	三、二七〇	九八、〇〇〇	七、二四〇	二一七、二〇〇	九、二五〇	二七七、五〇〇
尋甸県	三、二五〇	九七、五〇〇	六、七八〇	二〇三、四〇〇	八、五六〇	二五六、八〇〇
巧家県	三、六七〇	一一〇、一〇〇	七、九六〇	二三八、八〇〇	一五、八七〇	四七六、〇〇〇
東川県	二、六五〇	一九、五〇〇	五、〇〇〇	一五〇、〇〇〇	七、〇〇〇	二一〇、〇〇〇
昭通県	六、二〇〇	一八六、〇〇〇	九、四〇〇	二八二、〇〇〇	二二、〇〇〇	六〇〇、〇〇〇
永善県	三、九〇〇	一一七、〇〇〇	七、八六〇	二三五、八〇〇	一三、四〇〇	四〇二、〇〇〇
綏江県	二、七〇〇	八一、〇〇〇	四、八五〇	一四五、五〇〇	六、七五〇	二〇二、五〇〇
魯甸県	二、〇〇〇	六〇、〇〇〇	四、三九〇	一三一、〇〇〇	六、五四〇	一九六、二〇〇
大関県	二、四〇〇	七二、〇〇〇	四、六三〇	一三八、九〇〇	六、八四〇	二〇五、二〇〇
瀓江県	一、九六〇	五八、八〇〇	四、二三〇	一二六、九〇〇	六、八四〇	二〇五、二〇〇
玉渓県	四、八〇〇	一四四、〇〇〇	九、七三〇	二九一、九〇〇	一九、六七〇	五九〇、一〇〇
路南県	二、三七〇	七一、一〇〇	五、一〇〇	一五三、〇〇〇	七、五〇〇	二二五、〇〇〇
江川県	二、八〇〇	八四、〇〇〇	四、八八〇	一四六、四〇〇	七、五八〇	二二七、四〇〇
鎮雄県	一〇、〇〇〇	三〇〇、〇〇〇	二五、〇〇〇	七五〇、〇〇〇	四五、〇〇〇	一、二五〇、〇〇〇
塩津県	一、二〇〇	三六、〇〇〇	三、八五〇	一一五、〇〇〇	四、五八四	一二五、五二〇
彝良県	二、〇〇〇	六〇、〇〇〇	三、〇〇〇	九〇、〇〇〇	七、八五〇	二三五、五〇〇
楚雄県	三、五〇〇	一〇五、〇〇〇	七、四〇〇	二一二、〇〇〇	八、七九〇	二六三、七〇〇
広通県	二、七〇〇	八一、〇〇〇	三、二三〇	九六、九〇〇	七、八九〇	二三六、七〇〇
摩谿県	一、八七〇	五六、一〇〇	三、四五〇	一〇三、五〇〇	六、八四〇	二〇五、二〇〇

県名	民国十一年 畝数	民国十一年 産額	民国十二年 畝数	民国十二年 産額	民国十三年 畝数	民国十三年 産額
牟定県	一、九五〇	五八、五〇〇	二、八七〇	八六、一〇〇	五、七六〇	一九二、八〇〇
塩興県	一、七五〇	五二、五〇〇	三、六七〇	一一〇、一〇〇	七、二三〇	二一七、二〇〇
威信行政区域	二、〇〇〇	六〇、〇〇〇	二、六〇〇	七八、〇〇〇	五、〇〇〇	一五〇、〇〇〇
普思第一行政区	二、〇〇〇	六〇、〇〇〇	四、二三〇	一二六、九〇〇	五、九六〇	一七八、〇〇〇
同第二	一、三六〇	四〇、〇〇〇	二、七八〇	八三、四〇〇	四、六三〇	一三八、九〇〇
同第三	一、四七〇	四四、一〇〇	二、八九〇	九八、四〇〇	四、五三〇	一三五、九〇〇
同第四	一、六八〇	五〇、四〇〇	三、六八〇	一一〇、四〇〇	四、〇〇〇	一二〇、〇〇〇
同第五	一、七〇〇	五一、〇〇〇	二、八九〇	八六、七〇〇	四、六五〇	一三九、五〇〇
同第六	一、三八〇	四一、四〇〇	二、〇〇〇	六〇、〇〇〇	三、二八〇	九八、四〇〇
同第七	一、三三〇	三九、九〇〇	一、八六〇	五五、八〇〇	二、八七〇	八六、一〇〇
同第八	一、二〇〇	三六、〇〇〇	二、〇〇〇	六〇、〇〇〇	二、五〇〇	七五、〇〇〇
小計	一四六、三九五	四、三九一、八五〇	二八三、七五〇	八、五一二、五〇〇	四三九、一一四	一三、一七三、四二〇

(ロ)蒙自道

県名	民国十一年 畝数	民国十一年 産額	民国十二年 畝数	民国十二年 産額	民国十三年 畝数	民国十三年 産額
建水県	五、〇〇〇	一五〇、〇〇〇	八、七五〇	二六二、五〇〇	八、八五〇	二六五、五〇〇
蒙自県	四、〇〇〇	一二〇、〇〇〇	六、七八〇	二〇三、四〇〇	五、二三〇	一五六、九〇〇
通海県	四、五〇〇	一三五、〇〇〇	八、〇〇〇	二四〇、〇〇〇	八、二三〇	二四六、七〇〇
河西県	三、八〇〇	一一四、〇〇〇	七、八七〇	二三六、一〇〇	六、五四〇	一九六、二〇〇
嶍峩県	三、五〇〇	一〇五、〇〇〇	七、八九〇	二三六、七〇〇	六、八七〇	二〇六、一〇〇
石屏県	四、二三〇	一二六、九〇〇	六、九三〇	二〇七、九〇〇	五、四三〇	一六二、九〇〇

県名	民国十一年 畝数	民国十一年 産額	民国十二年 畝数	民国十二年 産額	民国十三年 畝数	民国十三年 産額
阿迷県	三、七五〇	一一二、〇〇〇	七、五六〇	二二六、八〇〇	五、七八〇	一七三、四〇〇
黎県	三、九六〇	一一八、〇〇〇	七、九六〇	二三八、八〇〇	八、二三〇	二四六、九〇〇
箇旧県	三、〇〇〇	九〇、〇〇〇	三、八〇〇	一一四、〇〇〇	四、五〇〇	一三五、〇〇〇
文山県	九、〇〇〇	二七〇、〇〇〇	一八、〇七〇	五四二、一〇〇	三六、七〇〇	一、一〇一、〇〇〇
曲渓県	三、二〇〇	九六、〇〇〇	四、九六〇	一四八、〇〇〇	五、八六〇	一七五、八〇〇
西疇県	二、八〇〇	八七、〇〇〇	五、九六〇	一七八、八〇〇	五、〇〇〇	一五〇、〇〇〇
馬関県	七、二〇〇	二一六、〇〇〇	一二八、五〇〇	三八五、五〇〇	一八、九六〇	五六七、八〇〇
広南県	四、三八〇	一三一、四〇〇	七、九四〇	二三八、二〇〇	六、四五〇	一九三、五〇〇
富県	四、〇〇〇	一二〇、〇〇〇	八、五六〇	二四六、八〇〇	八、九六〇	二六八、八〇〇
滇瀘西県	八、五〇〇	二五五、〇〇〇	一五、六七〇	四七〇、一〇〇	二〇、〇〇〇	六〇〇、〇〇〇
弥勒県	三、六七〇	一一〇、一〇〇	七、九〇〇	二三七、〇〇〇	八、〇〇〇	二四〇、〇〇〇
師宗県	二、五〇〇	七五、〇〇〇	四、七五〇	一四二、五〇〇	五、一〇〇	一五三、〇〇〇
邱北県	三、四二〇	一〇二、六〇〇	八、五六〇	二五六、八〇〇	一三、四八〇	四〇四、四〇〇
舎阿行政区域	一、八〇〇	五四、〇〇〇	三、二五〇	九七、五〇〇	二、五〇〇	七五、〇〇〇
靖辺行政区域	二、三六〇	七〇、八〇〇	三、〇〇〇	九〇、〇〇〇	二、〇〇〇	六〇、〇〇〇
小計	八八、五七〇	二、六五七、一〇〇	一六七、〇一〇	五、〇一〇、三〇〇	一九二、六七〇	五、七八〇、一〇〇

(八)普洱道

県名	民国十一年 畝数	民国十一年 産額	民国十二年 畝数	民国十二年 産額	民国十三年 畝数	民国十三年 産額
思茅県	二、九五〇	八八、五〇〇	四、五八〇	一三七、四〇〇	五、三四〇	
寧洱県	二、六〇〇	七八、〇〇〇	四、八六〇	一四五、八〇〇	四、〇〇〇	

県名	民国十一年 畝数	民国十一年 産額	民国十二年 畝数	民国十二年 産額	民国十三年 畝数	民国十三年 産額
他郎県	三、〇〇〇	九〇、〇〇〇	七、二五〇	一八一、五〇〇	五、二〇〇	
景谷県	三、七〇〇	二一一、〇〇〇	七、二五〇	二一七、五〇〇	四、五〇〇	
元江県	五、八六〇	一七五、八〇〇	八、三〇〇	二四九、〇〇〇	九、〇〇〇	
新平県	四、〇〇〇	一二〇、〇〇〇	八、八三〇	二九四、九〇〇	六、四〇〇	
瀾滄県	三、二〇〇	九六、〇〇〇	七、〇〇〇	二一〇、〇〇〇	三、八〇〇	
鎮沅県	三、〇〇〇	九〇、〇〇〇	六、五〇〇	一九五、〇〇〇	四、四三〇	
景東県	三、八〇〇	一一四、〇〇〇	七、五六〇	二二六、八〇〇	四、三〇〇	
緬寧県	四、三〇〇	一二九、〇〇〇	七、二五〇	二一七、五〇〇	二、四五〇	
猛丁行政区域	一、六〇〇	四八、〇〇〇	二、五〇〇	七五、〇〇〇	一、二〇〇	三六、〇〇〇
猛烈行政区域	一、二〇〇	四八、〇〇〇	一、八五〇	五五、五〇〇	一、〇〇〇	三〇、〇〇〇
小計	三九、二一〇	一、一七六、三〇〇	七三、五三〇	二、二〇五、九〇〇	五二、六二〇	一、五七八、六〇〇

㈡騰越道

県名	民国十一年 畝数	民国十一年 産額	民国十二年 畝数	民国十二年 産額	民国十三年 畝数	民国十三年 産額
騰越県	四、八六〇	一四五、八〇〇	五、五六〇	一六六、八〇〇	八、七五〇	二六二、五〇〇
保山県	六、八五〇	二〇五、五〇〇	九、七八〇	二七三、四〇〇	一四、七〇〇	四四一、〇〇〇
永平県	三、八五〇	一一五、五〇〇	五、七三〇	一七一、九〇〇	七、八六〇	二三五、八〇〇
鎮康県	三、六七〇	一、一〇一、〇〇〇	六、五七〇	一九七、一〇〇	九、二〇〇	二七六、〇〇〇
竜陵県	四、〇〇〇	一二〇、〇〇〇	六、八五〇	二〇六、一〇〇	七、五三〇	二二五、九〇〇
大理県	四、五〇〇	一三五、〇〇〇	六、三五〇	一九〇、五〇〇	九、五三〇	二八五、〇〇〇
祥雲県	四、二三〇	一二六、九〇〇	六、八五〇	二〇五、五〇〇	九、五〇〇	二八五、九〇〇

洱源県	五、六七〇	一七〇、一〇〇	七、二八〇	二一八、四〇〇	九、四八〇	二八四、四〇〇
鳳儀県	五、四八〇	一六四、四〇〇	七、二三〇	二一六、九〇〇	九、八〇〇	二七四、〇〇〇
鄧川県	六、八三〇	二〇四、九〇〇	七、八六〇	二三五、八〇〇	一二、三〇〇	三六九、〇〇〇
雲竜県	四、三二〇	一二九、六〇〇	六、四七〇	一九四、一〇〇	七、六四〇	二二九、二〇〇
弥渡県	六、七一〇	二〇一、三〇〇	七、〇〇〇	二一〇、〇〇〇	八、五八〇	二五七、四〇〇
麗江県	五、三六〇	一六〇、八〇〇	六、六三〇	一七八、九〇〇	七、八八〇	二三六、四〇〇
蘭坪県	三、二三五	九七、〇五〇	六、〇〇〇	一八〇、〇〇〇	七、五〇〇	二二五、〇〇〇
鶴慶県	四、七五〇	一四二、五〇〇	六、五〇〇	一九五、〇〇〇	九、三〇〇	二七九、〇〇〇
剣川県	三、四四〇	一〇三、二〇〇	六、四五〇	一九三、五〇〇	八、六四〇	二五九、〇〇〇
維西県	二、〇〇〇	六〇、〇〇〇	三、六八〇	一一〇、四〇〇	四、六七〇	一四〇、一〇〇
中甸県	一、五〇〇	四五、〇〇〇	二、五六〇	七六、八〇〇	三、二三〇	九六、九〇〇
蒙化県	九、八七〇	二九六、一〇〇	一二、三〇〇	三六九、〇〇〇	三二、〇〇〇	九六〇、〇〇〇
漾濞県	五、六三〇	一六八、九〇〇	六、四五〇	一九三、五〇〇	八、四三〇	二五二、九〇〇
永北県	六、四五〇	一九三、五〇〇	八、〇〇〇	二四〇、〇〇〇	一二、三〇〇	三六九、〇〇〇
華坪県	三、七〇〇	一一一、〇〇〇	六、二三〇	一八六、九〇〇	八、五六〇	二五六、八〇〇
姚安県	三、二三〇	九六、九〇〇	五、三〇〇	一五九、〇〇〇	七、四八〇	二二四、四〇〇
鎮南県	三、二〇〇	九六、〇〇〇	六、一七〇	一八五、一〇〇	八、〇〇〇	二四〇、〇〇〇
大姚県	三、四〇〇	一〇二、〇〇〇	五、六七〇	一七〇、一〇〇	六、二〇〇	一八六、〇〇〇
永仁県	二、一〇〇	六三、〇〇〇	四、五〇〇	一三五、〇〇〇	五、一〇〇	一五三、〇〇〇
塩豊県	一、八〇〇	五四、〇〇〇	三、〇八〇	九二、四〇〇	五、〇〇〇	一五〇、〇〇〇
順寧県	四、九六〇	一四〇、七〇〇	七、五八〇	二二七、四〇〇	九、八七〇	二七六、一〇〇
雲県	二、六〇〇	七八、〇〇〇	三、八五〇	一一五、五〇〇	七、八六〇	二三五、八〇〇

芒遮板行政区	一、二〇〇	三六、〇〇〇	一、三〇〇	三九、〇〇〇	一、五三〇	四五、九〇〇
濾水行政区	一、七八〇	五九、四〇〇	二、五〇〇	六五、〇〇〇	二、〇〇〇	六〇、〇〇〇
干崖行政区	一、〇〇〇	三〇、〇〇〇	一、二〇〇	三六、〇〇〇	一、五六〇	四九、五〇〇
盞達行政区	八〇〇	二四、〇〇〇	八〇〇	二五、五〇〇	八〇〇	二四、〇〇〇
隴川行政区	七〇〇	二一、〇〇〇	八五〇	二五、五〇〇	八〇〇	二四、〇〇〇
猛卯行政区	五〇〇	一五、〇〇〇	六〇〇	一八、〇〇〇	八〇〇	二四、〇〇〇
小　計	一三八、四五〇	四、一五二、五一〇	一九八、六九〇	五、九六〇、四〇〇	二八三、五七〇	八、五〇七、一〇〇
合　計	四一二、五八〇	一二、三七七、四〇〇	七二二、九八〇	二一、六八九、四〇〇	九六七、九七四	二九、〇三九、二三〇

備考　上表の産額は一畝平均三十両として計算せしものなり。

第三節　阿片の取引及び輸出状況

雲南省に於ける阿片の取引は殆んど公然且つ自由に行はれ、その品質他省産に比し極めて優良なるを以て、啻に省内の需要を満たすのみならず広東、四川、貴州方面へ輸出せられ、就中、陸路広西省を経由して広東へ輸出するもの巨額に達す。

近年、貴州及び四川は自省より阿片を産出するを以て、該省への輸出は減少したるも、広東への輸出は依然盛んにして、その輸出は平時広西省の政情安定し危険の恐れなき時は陸路同省を経由して各地の駐屯軍隊保護の下に行はれ、政情紛糾し地方治安の紊乱せる時は時々盗難押収の厄に遭ふを以て之を見合はすを常とす。然るに屢次の政変により広西路不通となりしを以て、仏国官憲との密約の下に滇越鉄道により仏領東京を経て広東へ輸出し、若しくは仏領に於て取引販売するの方法講ぜられ、その利益大なりしを以て、仏国商人にして自ら阿片の取引をなすもの簇出し、年々仏支商人相連絡して仏領東京に輸出し、雲南政府及び仏領印度支那政府は之に課税して黙認し、その輸出額は民国九年五百噸、十年七百噸、十一年百三十噸、十二年五百噸の多量に上れりと云ふ。今その輸出状況を聞くに、阿片の輸出は毎年三月頃行はるゝものにして、雲南政府は輸出阿片に対し数量百両毎に四十元を課して輸出許可証を下附し、阿片商人は之に土貨名を付して鉄道により輸出し、仏領印度支那政府は阿片百両の価格に対し百分ノ三十を徴収して仏領東京の通過を承認するものゝ如し。

輸出は初め極秘裡に鉄道によりて行はれたるが、大正十年末より英国その他外国側の注目厳重となりしため、秘密の漏洩を恐れ雲南省と仏領東京との国境を流るゝ紅河を利用して河口附近の螞蝗より河船に積載し、下航して仏領老開に輸送し、或は陸路同地附近の国境を経て密輸出し、巧みに河口に於ける税関の検査を免れ無事仏領を通過することを得と云ふ。また最近、英国領事の談によれば、雲南阿片は従来滇越線の河口の隣駅たる南渓より陸路国境を越えて老開に密輸せられたるが、目下は陸路広西省に入り、同省と仏領との近接地点たる東興より海路北海を経由し広東に移出し居るとのことなり。今、当地に於ける阿片の取引会社及び商人を挙ぐれば次の如し。

1　広雲公司　雲南政府と阿片商人の会合。十一年成立。資本金百二十万元（政府五十万元と称するも実は唐継堯出資す）。広東・東京に輸出す。

2　隆興公司　資本金百万元。表面は雑貨輸出商。富滇銀行副総理劉若遺経営し、当地一流の官、商投資す。

第四節　阿片吸食の状況

当省は古来名高き阿片の産地にして、品質優良、価格低廉、且つ中央政府との関係無き故、禁煙方針至って散漫なり。その状況を示せば凡そ次の如し。

省城の人口十五万の中七割は吸飲者にして幼、青年に至る迄吸飲するに至れり。即ち小学生の癮者さへ二パーセント乃至三パーセントに及び、中学生の癮者に至りては実に六十パーセントの多数に上ると云ふ。之に対し地方は比較的吸飲者少なく、四パーセント位なりと云ふ。

また、一人の阿片吸入《煙カ》料を調査せしに大略次の如き報を得たり。

一回一銭（我が約一匁強）多きは一両乃至二両、煙館は市中至る所にありて上、中、下の三等に分かたれ、その吸煙料は大約一銭に付き一角の割合なりと云ふ。

第五節　阿片の収入及びその用途

罌粟栽培の禁止後、雲南省には禁煙局なるもの設立せられ、総局を省城に禁煙委員を地方に置きて烟苗の禁絶を標榜し、また警察官は往々阿片の販売者及びその吸飲者を処罰せし例あるも、反則者の検挙はその実、政府所定の徴税の反則者に付きて行はるゝものにして、禁烟の励行として挙ぐべきものはなかりき。

然るに民国五年には別に軍事費調達の特設機関として雲南籌餉総局なるものを創設し、省内の各釐金局をして一般鳌金の附加税及び阿片に対する鳌金税を徴収せしめ、また県知事をして阿片栽培税を徴収せしめ、その経理を総管するに至り取締り厳重となりしも、同九年には籌餉総局を取り消して同局取扱ひの事務を全部禁煙局に引き継ぎたり。次いで同十一年、唐継堯の回雲後はまた軍餉委員会なるものを新設して之に右禁烟局所管の事務の中、鳌金収入及び省外輸出阿片税の収入を分掌せしめ、栽培税の徴収のみを禁烟局に於て取り扱はしめたるが、十二年度には更に軍餉委員会を廃して之を禁烟局に合併せり。禁烟局は表面、罌粟栽培税を禁種罰金と称し、各県知事をして代収せしめ居れるが、一畝に付き民国七年には銀七元、八年以後には阿片価格の低落に依り徴収率を低下して一畝に付き二元を徴収し今日に及べり。その鳌金税は即ち阿片運輸税にして、禁煙局は表面、禁運罰金の名目を付し、生阿片百両に対し七年には四十元、八年、九年には七元、また現今は六元の割を以て同省六十四箇所の鳌金局之を代収し居れり。

此等の鳌局は、阿片収入税を徴収せし事実を隠蔽せんため、生阿片には各地の産物の名義を附し、帳簿上は土貨に対して課したることゝして記帳し整理し居れり。而して阿片に冠する土貨名は各地方によりて異なり、総計二百余種に達す。

次に、栽培税は一畝に付き二元、鳌金税は百両に付き六元として、前節の産額表により之を計算すれば禁烟局の総収入は左の如し。

	民国十一年	民国十二年	民国十三年
栽培税	八二五、一六〇元	一、四四五、九六〇元	一、九三五、九四八元
鳌金税	七四二、六四四元	一、三〇一、三六四元	一、七三二、三五三元
計	一、五六七、八〇四元	二、七四七、三二四元	三、六六八、三〇一元

然して右記の栽培税及び釐金税を納入したるものに対し、禁烟局関係は一定の領収証を附与し、その取引販売に対しては何等の税金を課することなきも、外国及び省外への輸出に対しては輸出税及び通過税を課すること第三節所載の如し。而して上記の栽培税及びその他の諸税に依る雲南政府の収入は一千二百万元にして、その内訳概数を示せば次の如し。

地租及び附加税	四、〇〇〇、〇〇〇元
阿片収入（栽培税・釐金税・輸出税）	三、〇〇〇、〇〇〇元
塩税	二、五〇〇、〇〇〇元
錫税	一、〇〇〇、〇〇〇元
その他	数十万元

即ち阿片収入は本省政府収入の第二に位し、全収入の四分ノ一を占め居るものにして、従来、籌餉局若しくは軍餉委員会取扱ひの時代には何れも専ら軍事費に充当せしが、現今は禁煙局に於てこれが収納事務を掌り、同収入は富滇銀行に預入し、財政司の命令により軍、政費何れにも支出し居れりと云ふ。

第六節　阿片の品質鑑定

阿片の重要なる成分は所謂モルヒネ（$C_{17}H_{19}NO_3+H_2O$）Morphine なり。日本薬局方はその含有量十乃至十一パーセントのものを採用す。その他ナルコチン Narkotin、コデイン Kodein、デバイン Thebain、パ、ヴェリン Papaverin 等のアルカロイド十余種を含有す。また、メコン酸 Mekonsure なる一種の酸、メコニン Mekonin なる中性の化合物、護謨質、粘着質、砂糖無機塩類を含有するを以て、正確なる品質の鑑定は必ず化学分析によりてその上下の区別をなさゞるべからず。

第十三巻　北満・間島経済調査

第六編　東三省に於ける阿片

第一章　緒　言

支那に於ては古くより阿片を吸烟し、或は服用する習慣あり。未だこの歴史を詳らかにせざるも、唐の玄宗が愛妃楊貴妃の死後、恋慕の余り彼の女の魂なりと称して阿片を吸烟せるを始めとなすとも云ひ、また一説には南部支那の一青年が、結婚に先だち急死せる許嫁の遺言より、その墓土に生じたる紅白花の美草の果汁を飲みて思慕の念を抑へ、独り身を守りつゝ世を終はれるに始まるとも伝へらる。

而れども之を伝来の上より見るに、抑も阿片の原料たる罌粟は、古来、園草として欧州並びに東洋に於て賞美せられ、また価値ある一薬草として取り扱はれたり。阿片としての最初の使用者は希臘人・波斯人にして、菓子または葡萄酒に混じ催眠剤として用ひられ、その後東西民族の接近する毎に東漸し、印度及び支那に輸入され、最初支那に輸入せられしは西暦七二六年頃と伝へらる。即ち支那人と亜剌比亜人との交易頗る盛んとなるに従ひ、阿片使用の風習も伝播し、殊に和蘭人が東印度会社を設立して以来、瓜哇方面へ阿片の販路を拡大したるため、土人の吸飲者激増すると共に同方面に交易する支那人もまた漸次、その弊風を本国に輸入し、広東・福建及び寧波等は悉くその主要なる互市場と化すに到れり。而して一度此の弊風の伝はるや、恰も燎原の火の如く支那全土に行き渡り、今日に至りては興奮剤、刺戟剤または麻酔剤として使用せられ、その害毒は遂に亡国の因をなすと迄云はる。

今、その概要を述べんに、山東地方に於ては、昔時は家督の相続人或は官公金の管理者に煙《吸脱カ》中毒者を特定し、または吸煙を強制し、以て僅少なる阿片吸喰費により酒色賭博等に伴ふ乱費の弊を抑へ、また、寡婦に対しては必ず阿片を与へて再婚を防ぎ、家名を汚すことなからしめたりと云ふ。また、支那の子女は殆んど他家の異性と交際せざるは勿論、同室するさへ不可とせられしを以て、良家の子女程深窓に閉ぢ篭もりて出でず。女子は男子に対して何等の了解なく、識別眼なく、その上子女に対する教育は誠に低級なるを以て、青春に近付くに従ひ異性愛に対する醜関係を惹起し易く、ために上中流の家庭に在りては子女に対し却ってその父母より阿片の吸飲を勧め、以て貞操を保たしめんとする風あり。斯くの如き状態なりしを以て、禁煙の法令なかりしは勿論、官庁は応接請客の用に供し、中産者以上は慰安社交の具とし、街上には売煙館ありて軒を並べ繁栄を競ひ、今日の煙草と何等選ぶ所なかりき。

明末に到り支那政府は阿片の害毒の怕る可きを見、崇禎元年に禁煙令を発せしも、時は恰も明朝の晩年なるを以て法令は一片の空文と化し、吸飲の弊は滔々として止まる所を知らず。而して清朝の雍正七年には再び阿片吸飲の禁令を下せしも、些かの効果も認む可きなく、却ってその輸入量は増加する一方なりしを以て、一七九六年更に禁煙令を発せしも、その伝播は此の期待に反比例せり。茲に於て江蘇《マ》巡撫《マ》林則徐は《英船脱カ》三十《三は二カ》二隻に満載したる阿片二万八《二百カ》千八十三箱、価格三千一百万元を焼却するの挙に出でたり。此れ即ち有名なる阿片戦争の原因にして、その結果は一八四二年八月二十九日、遂に南京条約となりて屈辱的講和を締結するに至りぬ。

その後、光緒三十二年（明治三十九年）には禁煙章程を発布し阿片吸飲の根絶を図りしも、永年の宿痾は已に膏肓に入り、俄に之を癒す可からざるは勿論、大官は殆んど吸飲するにより、官憲之を好みては下之に相習ふの理にして、今尚ほ有資名門の家には（田舎には無産者の家にも各家）吸煙の器具あり。また、中産以下の民衆は半ば公然たる魔窟に出入し、甚だしきは祝祭のため最上の饗応として阿片の吸喰を勧むるの弊、依然として改まらず。されば交際広きものは大半中毒者にして、多数起臥する所には吸煙の習ひ必ず伴ひ、延琿地方に於ては支那人の八割は阿片の嗜好者にして、四割は中毒せる準廢疾者と見るを得、阿片吸飲は支那国家の一大病根なりと称せらる。

第二章　北満に於ける阿片栽培の沿革

北満沿海地方に於ける阿片栽培開始の時期は明らかならず。但し今を去る三十余年前、支那人の手に依りて露領に栽培せられたるは明らかなり。而してこれに成功したる支那人は、率先して此の栽培に従事し、沿海州のポグラニーチナヤより決河の勢ひを以て此の北満に伝播し来たれり。

今、その沿革を叙せんに、西暦一八八一年（光緒七年）二月十一日には、露支陸路通商改訂章程第十五条により、阿片が輸出入禁制品として取り扱はれ、之に違反する場合には没収せらるゝ事となりしもその効なく、更に一九〇九年には、満州里及びポグラニーチナヤ両駅に於ける清国税関事務施行細則により、阿片が両駅を通過する場合には之を密輸入と認めて没収することゝせり。然れども一九一〇年には、東支沿線地方の開拓せらるゝに伴ひ、露支両国間に新たに協定を結び、露領内より支那に《阿片を脱カ》輸出する交換条件として、支那領土内に酒類を醸造して之を露領に輸出することゝせり。

編者注　ポグラニーチナヤは、綏芬河のロシヤ名。

而るに利に敏き支那人は辺境防備の不十分なるに乗じて多量の酒類を密輸し、莫大なる利を得たるために、露国官憲は条約違反及び利益の二点より黙許《阿片の輸出を脱カ》するに至れり。一方、支那は阿片の使用を根絶することの不可能なるを知り、各種の政策に依り之が使用禁止を励行したれども更に効なく、明治四十四年頃より山東省及び満州地方に於ける栽培は益々盛んとなり、ために政府は厳重なる禁令を発し、該地方は一時減《其の産脱カ》じたるも、辺境なる露支国境地方は頗る盛大となり、特に欧州大戦の勃興は愈々之が流行を助長して今日に至れり。

斯くして露支国境附近即ち東寧県三岔口、ポグラニーチナヤ及び露領ニコリスク附近の阿片栽培は主として支那人に依り行はれたりしが、漸次、鮮人の手に依り行はるゝに至り、今や此の地に在留する鮮人の三分ノ二以上は斯業に関係を有すと称するも過言に非ず。而して国境附近の露領地に阿片を栽培し意外の好結果を収めたるに鑑み、同じ地質たる当地方にも罌粟の試作をなして等しく好結果を得、爾来、罌粟を栽培する者あるに至れり。然るにその価格高くして収益の大なるを目算したる羨《脱文カ》ましく、遂に収賄して之が栽培を暗々裏に許可したるを以て、急に支那領なるこの地方に阿片の栽培流行し、年と共に隆盛を来たし、阿片特産地の称あるに至れり。

且つまた、欧州大戦前に於ける阿片の価格は一斤二元乃至三元にすぎざりしも、従来《大戦中より脱カ》盛んに栽培せし露国の生産減退して北京・広東・寧波・上海方面に対する輸出杜絶し、之と同時に印度の年産額六百五十万瓩、土耳古の五十三万瓩、波斯の十八万瓩も共に打撃を蒙り、ために阿片は一躍して一斤十二元乃至十五元となりしが、加之浦塩のメルクロフ政府は、財政緩和策として人道上背徳行為たるにも係はらず之が栽培を無制限に許容し販売を公認するに至りしを以て、阿片の栽培は決河の勢ひを以て伝播し、今や満州に於ける一名物と称せらるゝに至れり。而して一度（大正十二年）露領内に於ける栽培を禁止するや、北満東北部に於ける栽培はことに甚だしく、東支鉄道東半部地方の如きは鉄道沿線の至る所に栽培せられ、特に甚だしきはポグラニーチナヤに於ける張宗昌の如き、国家禁制品の栽培を公許せしのみならず、軍隊を使用して公然栽培し、住民また自家の構内に栽培しつゝある者少なからざるに至れり。然るに十三年に入るや、東支鉄道護路軍総司令官朱慶瀾大将は、阿片栽培を厳禁し、違反者は死刑に処する旨を厳達せしも、従来かゝる禁令は恰も年中行事の一の如き観のありしと、前年は殆んど黙認の姿なりしに鑑み、十三年度にも更に大規模に栽培せんと沿海各地何れも準備し、既に栽培せし者も少なからざりしが、朱大将は人道問題及び国家救済の見地よりその部下をして取締りを励行せしめ、違反者の中に死刑に処せられし者海林、磨刀石両地に於て各二名を出し、ために鉄道に近き個所に於ける栽培は杜絶せるが如きも、同地方及び沿海州共に官憲、軍隊の目の及ばざる奥地には栽培せらるゝこと言を俟たざる所なり。

第三章　満州に密培の盛んなる原因

北満名物の一たる阿片もその産地は比較的に制限されてゐる。そは東部北満即ち吉林省の東北部にして、国境に接する東寧・穆稜・寧安（寧安地方は数年間は厳禁されてゐたが、今年はまた頗る盛んである）地方を主産地とし、特に阿片郷として有名なり。之等の阿片郷に於ける植付面積及び生産高の額数は、そが禁制品なるを以て勿論知るに由なきも、最近に於ける状体より推知すれば、概ね例年の植付面積は約五千晌地（一晌地は我が六反七畝）、その収入は四百万元を上下す。唯、本年、奉・黒二省は禁煙章程を設け栽培を許したるも、吉林省の阿片郷は何等その恩恵を蒙らざるを以て、之により急に作付反別を増すとは考へられず。而して北満に阿片が公然の秘密として多量に栽培せらるゝに至りし理由を挙ぐれば次の如し。

一、土地が栽培に適すること
二、土地僻遠にして官憲の目を逃るゝに便なること
三、短期間に成熟し、寡労多利にして副業的栽培に適すること
四、沿線の守備手薄なること
イ、大正六年、前吉林督軍孟思遠対張作霖の問題急を告げ、東支沿線の軍隊南下せしこと
ロ、孟督軍が私財捻出のために部下の将卒をして密培をなさしめたること
ハ、大正七年以来、日支共同出兵により沿線の守備手薄となりしこと
ニ、大正八年、孟督軍野に下り、鮑貴卿着任し、孟督軍部下の軍隊・保衛団等馬賊に変じたるもの多数ありしこと
ホ、大正十一年以来の戦争のため、尚ほ一層警備手薄となりしこと
ヘ、以上、軍隊手薄のため、馬賊の保護の下に禁制品の密培が盛んに行はるゝに至りしこと
五、山東方面よりの出稼人が、吉林官吊の下落と不景気に依る商況不振の結果、比較的短時日に多くの利益を収め得る阿片の密培に走りしこと
六、馬賊は分け前収得のため栽培を保護すること
七、農家の金銭に最も不自由なる季節即ち未だ穀物の収穫に至らざる旧六月中旬に阿片を採取し現金に換へ得る便あるのみならず、彼等の三大決算期たる旧八月十五日仲秋節の資となし得ること

以上の理由により、多少の危険を冒して密培に走るもまた已むを得ざる所なり。密培者は初め荒地の開拓に可なりの苦心と努力を要するも、二年目よりは保護者との連絡も十分にして他に土地を譲渡することも可能となり、一

方、密培保護者は此の阿片の栽培期間中勢ひその縄張りの維持に懸命となる。

右様の次第にして阿片の栽培は逐年増加し、近年に至りては阿片作柄の豊凶は直ちに北満一帯の市況に影響を及ぼし馬賊、兵士、砲手、巡警及び下級労働者の懐具合は、直接、その収穫の如何に左右せらるゝに至れり。

第四章　栽培・採取従業者

阿片の栽培・採取に従事する者は、主として東支鉄道により来たれる山東地方の苦力にして、その数は詳らかならざるも約一万人と称せらる。之に次ぐに浦潮を経由して此の地方に入り込む鮮人約一千人ありと。また、昨年（昭和元年）の雪解け頃より本年の春にかけて清津を経て間島琿春に行く者二万人、雄基を経て入りし者三千五百人、此の数の中、間琿地方に止まりしものは少なく、間琿地方の住民にして此等の移住者と共に土們《門カ》子を経て沿海州方面に押し出したるもの合計二万人と云はれてゐる。

更に之等の移民の赴く所に付いて考へて見ると、露国のケシが今年は解禁されたゝめだと云はれてゐる。ポグラニーチナヤの如きは今年は非常に盛んであると云はれてゐる。之に依ると朝鮮移民の大部分は、間島の農場に来たのではなく、北満・沿海州の阿片栽培に来たのだと云ふことが出来る。

此等の中には阿片の栽培に古き経験を有する者もあり、その収入多大なるが故に、夏期、之等の苦力の該地方に入り込むと同時に、之に附属する商人も来住し、一時人口が激増して一般に活気を呈すると雖も、冬期には之等の苦力が退散して商況は閑散を告ぐ。従って一年の所得は夏期の短期間に収むると云ふ。

鮮人が此の方面に移住せしは約五、六十年も前の事にして、瘠土の朝鮮内地に在りて農業に従事せし彼等は、地味肥沃にして収穫豊富なる地方に来たりて生活の安定を得たるに満足せり。されば彼等が農作以外に何等手を出さざりしは、その特徴たる遊惰安逸の性情に鑑み寧ろ当然の事なる可し。

然して国境附近が生活の安定を得易き楽土なる事を聞知せる鮮人の中、特に生活に窮する者が此の楽土に移住せんと希ふは当然なるも、国境を越えて移住する事は国禁なるがため容易の業に非ず。云はば命を的に移住するものなれば、相当の生計を維持し得る者は敢へて斯かる危険を冒さざる可し。即ち来住者は生活の脅威を受けたる者のみと云ふを得可く、陸続として国禁を犯し来住する者の多くは無資力、無智の者にして、彼等は鮮人の許に寄食するか、または鮮支人に雇傭関係を結ぶ者も少なからず。一方、国境附近《の脱カ》露人を中心として来住し農業に従事する支鮮人多きを加へ、従って穀価、一般に安値を来たしたると《ママ》、如何に地味肥沃なるにせよ、施肥せずんば従来の収穫量を得る事能はざるに至れり。また、鮮人中支那人に雇傭せられて阿片の栽培に従事し、阿片栽培の有利なるを知りし者は、漸次、自ら栽培に着手するに至り、その試作の結果が何れも良好にして、短時日の耕作期間に巨利を博し得し事がその国民性に合致するを以て、彼等は年と共に阿片栽培に従事し、また之を販売するに至れり。

右の如く北満の鮮人と阿片とは、恰も癮者と阿片との如き悪縁を有し、人類を毒し国民の品性を傷つけ、遂には一身一家を破滅せしめる等その弊誠に大なり。哈市の如きは在住鮮人の約九割は阿片関係者にして、彼等は多年斯業に従事して心身共に堕落し、且つ少数者を除く外は財力に乏しく、之を正業に導くこと一朝一夕にして出来るものに非ず。さりとて官憲の弾圧によりて之を止める時は、一時その影を潜むるも恰も飯上の蠅の如くなれば、一面に於ては警察力を以て取締りを加ふるも、一面に於ては彼等に新たなる生活の道を与ふ可く、その与ふ可き職業に付いては細心の注意を拂ふ事必要なり。

以上に述べたる外、阿片の栽培者として煙匪あれども、煙匪に付いては後に詳述す可し。尚ハルピンに於ては、夏期は黒竜江省に赴いて阿片の栽培に従事し、冬期はハルピンの工場にて職工として働く所の季節的に移動する労働者少なからず。

次に阿片栽培に従事する所謂地主なる者は、多くは山東人または支那に帰化せる鮮人にして、流入せる苦力を使役し、多くは馬賊に保護せられて栽培並びに販売をなし、巨万の富を有する者多し。而して之等は馬賊の跳梁に、或は不逞鮮人の養成に、その資を供しつゝある者少なからず。即ち阿片の害は独り支那にのみ止まるに非ざれば、之を対岸の火災視する事能はざるなり。

唯、茲に希望を繋ぎ得可き事あり。阿片の栽培は仔細に観察する時はその純益は第三者の見る如く大ならず。即ち採取者への報酬、諸々の税金、官憲に対する贈賄、また馬賊との了解、現品運搬中の危険等を考へる時は、その安定性は遂に水田事業に及ばず。且つ鮮人は元来、水田事業に対して特別の技能を有し、近時、該事業に専念する者漸く多からんとする機運に在り。之に乗じ之を奨励保護して、彼等に生活の安定を得せしむるに於ては、逐次彼等の堅実なる発展を期待し得可し。斯くすればハルピンに於ける斯業関係者もまた此の方面に於て救はるゝ可能性あり。

第五章　本年度に於ける罌粟栽培の状況

阿片烟の原料は罌粟の未熟の果皮を傷つけた際に浸出する乳白色の液である。De Candole氏に依れば、罌粟の原産は地中海沿岸に自生せるPapaver setigerumという植物にして、亜細亜には野生して居るものがないと云はれて居る。而して罌粟を始めて栽培したのは欧州の南部及び北部阿弗利加にして、是れより亜細亜に伝はったものらしい。詳細は第一章に既に述べたるが如し。また、瑞西の湖棲人の遺跡中にも罌粟を発見したと云ふ事である。

罌粟の品種中、阿片の原料として最も優良なるものは印度並びに南支那に栽培せらるゝパパワーソムニフエラムである。満州には白と赤との二種あり。而して白花のものが多く栽培せられる。罌粟は南は印度の熱帯より北は満州・西比利亜の寒帯に至る迄栽培することが出来る。

白花の罌粟は一株に一花を結び、阿片烟はその実より採取す。栽培地は若干、鉄道または都市を離れたる森林地帯を開拓せしものにして、密培者は先づその地方に根拠を有する軍隊または馬賊、炮手（馬賊と大差なく、地方の治安に任ずるために編成せられたる特種権力者）と植付より収穫に至る迄の保護並びに之に対する報酬に付いて協定す。斯くの如くして四月に植付を行へば、爾後は時々草取りを行ふのみにして四ケ月間に成熟し、この間に一般の下級労働者の三、四年間の努力に相当する利益を獲得し得るを以て、国法に違反する危険を犯して密培する者多し。

密培者は初墾地の開拓には相當の苦心と努力とを要するも、二年目よりは保護者との連絡容易となり、且つ土地の耕作権を他に売却するを得るを以て、年を経ると共に耕作は容易なり。密培保護者は罌粟の繁茂期間中は勢力範囲の維持に腐心し、ために此の期間中は一般住民の被害著しく減少す。而して密培者の最も苦心するは七、八月の収穫期にして、彼等はこの間に他より妨害を受けざる様、なる可く短期間に採取せざる可からず。此の際二人よりなる一組（把力）の中、一人は罌粟の結実、罌粟坊主に螺旋状の傷を入れ、他の一人は傷口より滲出する白汁を採取す。而してそが一定量に達する時は、之を鍋中に煮てビールの空瓶に密封して地中に埋没し、所要に応じて少量あて取り出すを例とす。而して阿片を製造する時、油紙上にて天日にさらし蒸発せしむれば最上のものを得可しと雖も、時日延引のために不慮の妨害の起こるを恂れて鍋中に煮るを常とし、地中に埋没するは一時に搬出すること不可能なるに依る。以上は罌粟栽培の一般的状況なるが、今、東支鉄道東部線地方の実況を記すれば次の如し。

東部線の中概ね西半部地方は、主として鉄道沿線を離れたる山地または森林内に栽培せられ、汽車中より之を望見し得るもの稀なり。然して東するに随ひ逐次露骨となり、鉄道沿線、山麓、山腹、林間等、至る所に栽培せられて美観を呈し、特に綏芬よりポグラニーチナヤに至る間（張宗昌の管轄区域）は最も極端にして、住民の家の構内に栽培せらるゝもの尠なからず。是れ張宗昌が直接部下の軍隊を使用して栽培し、且つ一般に対しても暗に之を励め居たるためにして、罌粟の栽培が国法に依りて禁止せられ、且つ護路軍総司令の厳禁あるに係はらず、一部将にして斯くの如き実状に至れるは矛盾不統一も甚だしと云ふ可し。然れどもまた一面より考察する時は、大部分馬賊よりなる軍隊を抑留し、支給不充分なる経費を以てその軍隊を保持せんがためには、罌粟の栽培による収益を以て最も簡易有効とし、支那軍隊統帥者の苦心また同情に値する者ありと云ふ可し。

寧古塔附近に於ては三、四年前迄は北満の阿片郷と称せられ、山間各地至る所に罌粟の栽培を見、開花時には随所に大花園の美観を呈し、また寧安県は、陸軍旅長李振声の着任以後、極力取り締まりし結果、大正十四年に至り殆んど栽培の跡を絶ちしが、同旅長の転任後は再び栽培する者あり。本年（昭和二年）の如きは西山地方、南湖頭方面を中心に、県下の植付二千晌地に達する見込みにて、各所に美麗なる花園を現出してあり。この趨勢にては寧安県は往時の阿片郷を再現するならんと思はる。

寧安より百草溝に至る間には一本の罌粟をも見るを得ざりき。而れども相当道を離れたる場所には、所謂煙匪に依りて栽培せらるゝものありと云はる。百草溝を中心としたる地方は官憲の禁止厳重なるものゝ如く、山間と雖も栽培せらるゝ事稀にして、この方面に使用せらるゝ阿片は他地方より輸入せらるゝものなり。

間島地方なる大なる範囲より之を見る時は、最も盛んなるは敦化県に接する一帯及び和竜県に接する延吉地方、安図・撫松県もまた盛んにして、煙匪は自ら森林を焼きまたは伐採して後に阿片を栽培す。而して竜井村、局市《子カ》街地方に於ける支那人刑余の者にして、自力を恃んで匪徒の群に投じ、罌粟の栽培に赴く者あり。而れども斯くの如き者は結局行方不明となり、再び家郷に帰る者は稀なりと。

額穆、敦化附近の罌粟もまた頗る盛んにして、多く烟匪の栽培せる所なり。本年夏季、該地方に根拠を有する匪徒は、端午の節句を迎へるため五月上旬以来附近の支那人豪族を脅迫し、豚・麦粉等を強要掠奪せり。馬賊の頭目双竜の一派約七十名の賊団は、五月中旬に南下し、和竜県界の五道・楊岔附近に来たり、同地に根拠をおく頭道、黒竜の一派約五十名と合同し、黒竜一派の賊団の播種せし罌粟畑二十余晌の手入れに着手せりと。而も本年は比較的降雨多く、阿片畑は雑草繁茂して除草に手間取るため、賊団は約一里半を隔てゝ周囲四ケ所に展望哨を設置し、官憲の来襲を警戒しつゝ除草に従事したと。以てその一斑を窺ふことが出来る。

また、最も栽培の盛んなる安図県一帯の烟匪に付いて一言すれば、予て馬賊討伐のために出動中の敦化県城駐屯軍第七団本部楊排長以下五十名の討伐隊は、去る六月二十六日午前四時頃、樺甸県樺樹林子の森林内に於て怪しき支那人二人を逮捕し、七月三日帰隊の上取り調べた結果、右の二人は元仁義軍並びに王洪徳の部下となって行動中、王洪徳が戦死したので安図県知事に帰順し、爾来、娘々庫に居て労働に従事して居たが、阿片の収穫期を見込んで安図県の大甸子附近で行動中の頭目鉄雷の下に走り、目下その密偵となりて使はれて居るもので、逮捕当時は樺甸県の県庁所在地附近及び間島平野の警備状況を偵察するために赴く途中、既に日が暮れたので前記の森林地帯に宿泊しやうとしたものであると云ふ事が分かった。而して目下、頭目鉄雷の率ゐる百二十名、靠山の率ゐる六十名は、安図県の金銀壁に根拠して、予て栽培した阿片約三十日晌の収穫に忙殺されて居り、頭目占九州の配下約六十名、小双子の配下約三十名は、同県の五道・楊岔に潜拠して阿片二十日晌の収穫に全力を尽くし、また頭目両広の配下九十名、南狭の配下五十名、義順の配下三十名、上中好の一派二十余名計百九十余名は、和《竜脱カ》県界の小窩・集嶺に根拠して阿片約九十日晌の収穫に忙殺されて居るが、一ケ月間位（七月中、下旬より八月上旬）は行動を見合はせ、その間に有力な密偵を各枢要地に派して諸般の偵察をなし、阿片の収穫が終はり次第各頭目連合の上、一挙に樺甸県城及び間島平野並びに頭道溝の襲撃を計画してゐる旨をも自白せりと。因に右二名の措置に関しては、都合により陸軍側の密偵に使用するかも知れぬと云ふ噂を聞いた。

尚、五月二十二日、二道溝・泉水洞奥地の森林内で木皮を採取中、馬賊に拉致されて六日間彼等賊団と行動を共にし、漸く放還された二道溝南の日流溝に居住する一鮮人の談を転聞するに、彼等は全員十六名で長銃四挺、拳銃五挺を有し、普通支那服を着して居るが、彼等は該鮮人を伴ひ山間の渓谷を転々し、その間諸般の雑役に使用した。而して彼が賊と共に行動中実見した所によると、各処に罌粟が栽培せられ、その附近には必ず四、五名からなる一団の馬賊らしき者が潜在し罌粟畑を監視してゐたと。尚、該賊団中の一名は彼に向かひ、我々は頭目占九州派に属し、当部隊を指揮する小頭目は五年福と称すると語ったと。而しその服装の貧弱である事と携帯武器の不均一な所から、統一ある賊団の一味ではないらしく、罌粟栽培に従事する浮浪の徒が烏合して、官兵の討伐に備へんがために殊更に大頭目の名を挙げて居る様である。而して此の種の不良者の数は夥しく、渠等は連合して平野進出云々等と誇大な宣伝をなし、軍警の出動を牽制する傍ら、附近の部落及び行路者を脅かして居るとの事である。

以上、吾人は海林より寧安、百草溝、竜井に至る沿線及び沿線以西に於ける大体の状況を記した。故に以下には該沿線以東の状況を記し、その一斑を窺ふに便しよう。

第一節　東支沿線東半部に於ける状況

先に東支沿線の状況に付いては大体之を記したが、尚ほ序でに補記すれば、東支沿線は由来匪徒の巣窟にして、また阿片の産地として知られる。即ち年々同地より産出する阿片の量は頗る多く、熱河特別区域と同様に一定の栽培税を課し、綏寧鎮守使公署及びその他の地方官憲は之に依りて莫大なる利益を受くるため、表面禁止するも暗に奨励し、以て私腹を肥やしつゝある状体である。また、大正十二年に於ける罌粟栽培の状況に付いて見るも、某英国人の調査せるものにして支那新聞の報ずる所によれば、東部線の東半部のみにて三万晌内外に達し居るものゝ如くである。尤も此の数量は鉄道を去れる小間辟地《山間僻地カ》に於ける栽培を除外して居るから、之を合すればその産額の如何に莫大なるかは想像するに難くない。今、参考のために大正十二年に於ける栽培地及び栽培反別を列示すれば次の如くである。

綏芬河	約一万	東寧県	約五千四百
穆稜	二千五百	八站	一千八百
烏吉密	一千四百	一面坡	一千二百
横道河	一千一百	海林	九百五十
小綏芬	八百五十	駅馬	八百
石頭河子	八百	磨刀石	七百
葦沙河	七百	特月河	六百

細林《鱗カ》河　五百　牙不力　三百五十
阿什河　三百五十　唱免山《帽児山カ》　百八十
合　計　三万八《百脱カ》十晌地

而るに近年に至りては、引き続き東三省を挙げて戦争に明け暮れるため、右の各地に於ける取締りは益々弛み、私腹を肥やす者は益々多くなり、右表に現はれたる数字よりも漸次増加の傾向にあるは、已に該地に居住する日本人によりて信ぜらるゝ所である。且つ煙匪のその間に於ける活躍も益々露骨となり、汪清県春井《耕カ》郷に住する鋪王は、悖《ママ》子森林中に根拠する頭目双山の部下三十を率ゐ、五月二十六日、汪清県春和郷の転角楼・二岔《子脱カ》溝の森林地帯を経て敦化県の沙《河脱カ》掌に到って予め同地で阿片栽培中の馬賊双洋一派と合同したり（昭和二年七月上旬）。

第二節　露領に於ける阿片の栽培

露領特に国境地方に於ける阿片の栽培は頗る盛んであるが、左記は今春、阿片栽培の目的で露領に赴いた一鮮人が、その栽培の情況を認めたものである（昭和二年夏）。

（前略）入露当時はその手続き法を知らず随分困却したが、漸次、親友等の紹介に依り青年会を経て栽培の許可を得、約三反歩程に播種した所、成績頗る良好で、目下、秋風大材堂のみでも鮮人の栽培に係るものが約八町歩を算して居る。露領一帯に於ける栽培地の総面積は知り難いが、之等は全部青年会より高麗部を経て更に露西亜共産党沿海道執行委員会行政部に登録、播種期より採汁期迄は青年会員及び「ケベウ員」が現場に出張して視察をなし、採汁後は全部青年会及び高麗部を経由して阿片専売局に委託販売をなすことになってゐる。

右の如くであるので、その利益は昔の如くでなく極めて少ない。然し矢張り他の農作及び労働に比しては遥かに有利であるので、之が栽培は盛んに行はるゝわけである。唯或は専売局に委託すると途中で損失する心配があると云ふ向きもある様だがそれは杞憂で、一々現品と文書とを引き替へ、若し重量等の胡魔化しまたは横領等のある場合は告訴する事になって居るので至極安全である。専売局は浦潮・ニコリスクの二個所にある由であるが、同所には露、鮮、支人の役員がゐてあらゆる便宜を計ってゐるとの事である。……金致三

大体右に述べた所に依り、北満・間島・沿海州に於ける罌粟栽培の状況を知り得るであらう。

（参考のため）極東革命委員会は、大正十三年六月三日付を以て、労農政府の命令に依り労農露国々境より支那共和国に阿片の輸出を禁止するため、国境方面に於て罌粟の栽培をなす事を取り締まる可く命令を発せり。その要旨は次の如し。

第一条　極東国境方面に於て阿片製造の目的を以て罌粟の栽培をすることを禁止す。

第二条　阿片製造の目的を以て罌粟を栽培する時は、その耕作に従事する者及びその耕作地の所有者を処罰す。

第三条　罌粟の栽培は執行委員会または執行委員会責任官吏の許可を得たる後、面積を限り許可す。即ち各農家は薬園の½デシャーチン面積を栽培することを得。

第四条　罌粟の栽培は本件に関係ある土地委員・財政委員・保健委員の指導佈告に従ひ遂行す可し。

編者注　デシャーチン dessiatine　一デシャーチンは二・七〇エーカー＝一〇九・二五アール

第三節　吉林省内の阿片禁止令

阿片の官営については当地、傅家甸方面に於てもその準備を進めて居るが、同じく官営と云ふものゝ吉林省内は奉・黒両省とは稍その内容を異にしてゐる。即ち吉林省督弁張作相は、阿片の官営に付いては独り反対を唱へて居たこと周知の通りであるが、その後、同督弁も何故か方針を改め、他地より入り込む生阿片に対しては比較的重い落地税を課す事とし、他省の如く阿片の栽培を奨励することは絶対になさぬと云ふことにした。今度傅家甸に設けられる機関もこの落地税の徴収が主なる仕事であると云ふ。

而して張督弁が阿片の栽培を奨励する事に反対する理由は、同督弁は従来阿片栽培を厳重に取り締まり来たりたるため千名近くの犠牲者を出し居るに、今俄に之を解禁し且つ奨励をなせば、之等千名の刑死者に対し面目なしと云ふに在り。

また、吉林当局は左記七ケ条の規定を各地の道尹公署及び鎮守使署、知事その他の官署に送付し、禁煙の実行を命じたりと。

一、吉林省内に於て、絶対に阿片の販売及び栽培を禁止す。違反者は処罰す。

二、奉・黒両省に於て販売するものは領域の通過を許可するも、本省の禁煙証・銷毀証を要す。

三、吉林省の各地に検査所を設置し、専ら銷毀証下附の事務をなす。但し同証下附の場合は一両毎に大洋四元を納付するものとす。

四、奉・黒両省に於て販売するため省内を通過する阿片は、当省内に於て売却するを得ず。且つ滞留を禁ず。

滞留期間は鉄道に依る場合は五日、他は十日を以て限りとす。

五、前項の場合一人の携帯数量は五十両以内とす。但し該限を越過したる場合は一倍以上十倍以下の罰金を徴す。

六、奉・黒両省に於て販売す可き阿片が省内に入りたるを発見したる場合は検査所に届け出づ可し。

七、本規定は宣布の日より施行す。

而して更に昭和二年四月中旬に至って禁煙章程二十条を制定発布したが、この禁煙章程に付いては後章に於て詳述する。

第六章　阿片の栽培及び採取

陰暦四月に播種し、雑草の芟除をなすこと両三回、小白花は六月上旬、八叉、大青稭は六、七月の頃開花し、後十二、三日にして門元《ママ》状の実を結ぶ。之れ即ち罌粟坊主にして、阿片はこの罌粟坊主に傷を付け、その傷口より滲み出る白汁を集め之を乾燥せしめたるなり。その採取には普通二人一組となり、一人は罌粟坊主の周囲に沿ひ半面宛小刀またはブリキの箆を以て外皮に傷を付け、之を開刀と称す。他の一人はその傷口より滲み出る白汁を指頭にて丹念に拭ひ取り、ブリキ製の壷または牛角の中に溜む。此の一組を一把頭と云ふ。開刀期間即ち収穫期間は小白花にありては一週間、大青稭にありては二週間、八叉にありては三週間乃至二十五日を要し、坊主より白汁の出でざるに至る迄、十回乃至十五回採取す。而して天候は収穫に大なる影響を及ぼし、液汁の量の多少、濃度に密接な関係がある。即ち雨天・曇天には一般に作業を中止するも、連日に亘る場合は雨天に非ざる限り採取す。然らざれば成熟期を逸するを以てなり。只此の場合には折角、罌粟坊主の発育十分なりとも、液汁の量少なきのみならず濃度稀薄にして品質悪し。故に一般に風吹かず酷暑焼くが如き炎天の下を歓迎す。また、天候の如何に依りて付傷に手加減を要し、且つ傷の上下、深浅、曲直によりて液汁の出方に差違あるのみならず、十五回に亘り採取し得るものも拙きものにありては五、六回にて早くも萎縮硬化し採取し能はざるに至る等、大いに技術を要する所以にして各人各様の秘伝あり。大面積の栽培者はその技術の優秀なるものを雇傭するに苦心し一日三、四元、時としては一日の労銀阿片一斤と云ふが如き高価を以て招く場合あり。

傷口より泌み出る液汁を煙水子と称し、好天気の際に採取すれば煙水子三匁より煙土即ち阿片一匁を得るも、曇天の際には煙水子五匁より僅かに一匁の煙土を得るに過ぎず。而して一晌地よりの阿片の収穫は小白花にありては約十斤、八叉にありては二十五斤乃至三十七、八斤、大青稭にありては十六斤乃至二十五斤、平均二十斤内外なり。以下、煩を避くるため最も広く栽培せられて居る大青稭につきて記せん。

大青稭の最も成熟佳良なる際には、一把頭にて一日約一畝半を収穫するにすぎず。一晌地に七把頭を要することも有れども、平均三把頭内外にて従事す。一把頭一日の採取煙水子の量は二斤二合乃至四斤半なり。

採取に用ひる器具類を示せば、小刀は長さ一寸、幅三分の薄手のものにして一ケ二、三銭。砥石も小形に相応する小形のものにして、作業の際は常に之を携帯す。汁液の容器は円柱形の武力製にして耳朶形の柄を付したる粗末なものなり。五両を容る。一ケ五銭。及び上記少量の煙水子を集める容器あり。之れまた武力製の円柱桶にして蓋を付し、携行に便にするため提柄を付す。約百五十両ないし二百五十両を容る。一ケ二十五銭内外なり。

一般に播種より収穫直前に至る迄の苦力の食料は主食品として粟を食するものゝ、採取期に入れば粟と麦粉を半々とすなすが如きは、一年の書き入れ時なるを以て大いに栄養吸収に努むる所以なる可し。

第一節　罌粟の果皮を傷つける方法

罌粟の果皮を傷つけるに二つの方法がある。即ち縦と斜との二種である。縦に傷つける方法はその切り方頗る簡単なれども、露の多き場合には果実の面に露が凝集し、流るゝ時に液汁も共に流出するが故に不利益である。斜に傷つければその憂ひがない。蒴（果実）によりては一回傷つければその液汁の尽くることあり。また、十数回傷つけるも尚ほ液汁を滲出することあり。一回以上傷を付ける場合にはその間隔を三日置いた方が好い。北満地方では集約的な採取として右に述べた方法をとるが、粗放なる方法としては次の如き方法もある。蒴の中央よりも稍下部に横にぐるりと円形を画き只一個の傷を付け、夫れより流出する液汁を植物の根際に嵌め込みたる直径一尺二、三寸乃至二尺、深さ一寸乃至一寸二、三分のトタン製の金盥で受けるものである。

罌粟の栽培には果実に全勢力を集中せしむる目的を以て、トマト栽培に於けるが如く無駄な枝葉を剪除するが故に、此の際液汁が枝葉のために金盥に落下するのを妨げらるゝが如きことは無い。若し金盥の外に伸長せる枝に結果せるものある時は、その下に陶器製の直径二寸深さ三寸位の壺を置いて之に液汁を漏下せしむるものである。罌粟の一個の蒴からは平均一〇グラムの粗阿片を得れども、多きものは一時に七十五グラムを産出すると云ふ。

第七章　阿片の製法及び精製

阿片液は空気に接触すれば次第に黄色を帯び、次いで赤褐色に変じて凝固する。かく凝固したるものを粗阿片と称し、包装して販売に供する。之れ即ち阿片煙にして、その外観は黒砂糖の如く、次に之を煙館に於て精製するのである。

第一節　阿片煙の製造

上記の如くにして得られた液汁即ち煙水子が一定の量に達したる場合、愈々阿片煙即ち煙土を製造する。その製造法に二あり。一は日晒法となし他は煮詰法となす。

第一款　日晒法

日晒法とはその文字の如く夏の天日に晒し水分を蒸発せしむるものにして、先づ木の小枝を井形に組み合はせたるものを炎天の下に置き、その上に油紙を乗せ、その凹みたる油紙の個所に採取したる白汁を移し、木の箆を以て徐に掻き廻す。然る時は天日に晒されたる煙水子は漸次水分を蒸発し、淡黄色より黄色に、夫れより次第に黒褐色を呈し餅様のものとなる。之れ即ち阿片（煙土）也。

第二款　煮詰法

煙水子を鍋に移し、木炭のとろ火にかけ、徐に掻き廻せば水分次第に蒸発し淡黄色より黄色となり、黒褐色の餅状を呈するに至る。

右二法の中、煮詰法よりも日晒法の方が光沢、色彩、品質共に佳良なるも、煮詰法に比し幾分多くの時間を要する。されば遷延の結果が齎す不慮の故障、妨害を怖れ、短時間の中に処分せんとして一定の量に達するを待ち鍋の内にて煮詰め、その傍よりビールの空瓶に密封し、目標を付して之を土中に埋没し、必要に応じて少量宛取り出す。埋蔵して必要の数量だけ搬出するは、蓋し危険率を軽減する所以也。ビール瓶一本に阿片約二斤半を入れ得。支那人の多くはビール瓶三本（約七斤半）位を人の知らざる個処に穴埋めし、価格の最も高き旧上《正カ》月前後に至り売却し、次年度の阿片栽培資金となし、その間、懐具合悪しき場合に他人より融通を受けるとも、此の分を栽培資金以外他に流用することは殆んどなし。

第二節　料子の製法

日晒法または煮詰法にて出来上りし阿片は夾雑物を有せず。然れども市場に売買せらるゝ普通の阿片には之に料子と称する不純物を混入す。此の料子には種々のものあり。麦粉、糯米、林檎等の外、蛇の皮、豚の皮等を用ひる事もあれど、最も普通に行はるゝは白麺料子なれば、今は此の製法に付いて一言せん。

白麺を水中に入れ、盛んに掻き混ぜた後沈澱せしめ、更に水を換へ掻き混ぜ、之を反覆し漂白して沈澱したるものを麺觔と称す。而して豆油を入れある鍋の内に此の麺觔を入れ、下より木炭のとろ火にかけて煮る。淡黄色より黄色に、夫れより褐色となりて取り出す。之を再び水も油もなき乾きたる鍋に入れ、とろ火にかけて煎る。乾燥するを待ちて粉末となす。更に水を入れたる鍋に此の粉末を入れて煮る。沸騰したる液を布にて濾過したる後、再び鍋に入れて煮餅の状体となるに至りて止む。之れ即ち料子にして、阿片の如き匂なきも色彩、粘着性等は殆んど識別し難し。此の料子の製出さるゝ割合は麦粉一斤より十匁、即ち十六分ノ一内外を製出す。料子一斤は大洋六元内外なり。麦粉二十九斤、大洋二元五十仙より料子一斤・八一、価格大洋十元八十六仙を得る計算となり、十匁（一両）は三十七仙五厘となる。此の一両につき三十七、八仙のものが阿片として二元乃至三元に販売せらるゝことゝなる。

阿片に此の料子を混合するは二十五％即ち四分ノ一を最大限度とし、夫れ以上に達すれば発見され易し。斯くの如き混合物あるものは不正品として胎裡懐と称し居れり。然れども商品たる阿片の中には、料子を含有せざるもの皆無と称するも過言に非ず。之を鑑定するに、その道の専門家は匂と色彩、粘り具合等により何割混入し居るかの見当を付くるも、素人目には至難なり。銀棒を挿入して粘着の度合を見てその良否を検し居る者もあれど、経験の力に及ばざる事遠し。

第三節　煙土の精製

精製には阿片塊を銅製の鍋に入れ、水を加へて攪拌しつゝ六、七時間煮て水に溶解し、特種《ママ》の濾過用紙を以て濾過す。然する時は水に溶解されたる純阿片分は濾過紙を通して容器内に止まり、料子の如き混和物は紙上に残る。この混和物は尚ほ数回煮沸し、阿片分の全くなきに至る迄濾過す。濾過したる阿片は容器中にて静止する時、純阿片分子は沈澱し水分は上水となるが故に、此の上水を捨て阿片は四匁宛となるが如く目割を施せる板上に流して凝固せしめ、一目割（四匁）量を一包として巻煙草の巻紙の如く《きカ》紙《に脱カ》三個宛包む。この一包は時価により高低あるも、凡そ三十銭にて吸飲用に販売す。この精製作業は煙館に於てなすものとす。

第八章　収益、労銀及び分配

阿片採取直前の手入れには人手を借らざる可からず。此の場合一晌地につき幾干として請負となすことあり、また、一日幾干として日雇となす事もある。而して右賃銀の支払方法は、貨幣の場合もあり、阿片を以て之に替ふる場合もありて一定せざるものなり。

愈々収穫期に至りての苦力の雇入方法は、上記栽培時の如く種々なるも、採取量の何分と歩合計算に依る場合多し。此の歩合計算も各把頭別に歩合計算をするものもあれど、最も普通に行はるゝは毎日の収穫に依る歩合計算也。一把頭二分主人八分、乃至は四分六分にして、二分八分の場合には食費は主人負担なるも、三分七分、四分六分の場合には普通、食費は把頭負担なるが如し。而してこの場合官憲、馬賊に対する報酬とも称す可き上納品は主人負担とす。また、食費は主人負担にして、一把頭三分または四分を負担する場合もあり。例へば前者の場合一晌地より二百両の阿片収穫ありとし、分配の歩合を二分八分とすれば、四十両は一把頭の労銀、残余の百六十両は主人の所得にして、その内より官憲、馬賊に上納することゝする。官憲、軍隊に上納するを官刀と称す。後者の場合は八十両は一把頭の労銀にして、百二十両は主人の所得也。而して上納費即ち官刀及び馬賊への報酬も矢張り四分六分の割合を以て把頭、主人共に各々之を負担するが如し。上納品の割合は時、所、人等に依りて一定せざるも、官刀は大体左の見当なり。

即ち一晌地に対し、その地方の主力官憲、または軍隊に十八両乃至二十両、以下の官憲に二両乃至三両、溝頭・保衛団等に一両半乃至二両で、計二十一両乃至二十五両を強制的に徴収せらる。尚ほ特記す可きは、その際使用する度量衡なるものは、彼等軍隊、官憲の手製のものにして、普通のものに比し五割以上の差あるものを用ふるを以て、二十両とするも実際は三十両以上の官刀となる。今、一晌地に対する播種より収穫迄の経費並びに軍隊、官憲の黙許税、馬賊の保護税及び収穫残高等の大略を示せば次の如くである。

	最少作	中作	最上作
一、晌地の収穫	十五斤	二十二斤	三十斤
一、地代及び栽培費	一斤二合	一斤半	二斤
一、採取者への報酬	三斤	五斤	九斤
一、諸税	四斤	四斤	四斤
一、差引残高	七斤八合	十一斤半	十五斤

尚この外官刀を上納し、及び馬賊に報酬を与へなければならぬ。

右の表にて見るとき、阿片の価を二十元～三十元と仮定すれば、資本主人の所得は最少作の場合百五十六元乃至二百三十四元、最上作の場合三百元乃至四百五十元となる（上納を除く）。而して一般に官憲、軍隊は横暴を極め、開花時期に至れば密偵を派して阿片の生長の良否、面積の測定等をなさしめ、乱暴にも此の区画の地より何十両を納付す可しと高飛車に苛酷の官刀を要求すると云ふよりも強要し、栽培者に於て情理を尽くして哀願するも听訴せざるのみならず却って狼藉を働き、剰へ禁制品密培者として処罰するに至る例少なからず。加之一度官刀の上納を完了するも部下兵卒のゆする者少なからず。之が常態なるを以て栽培者は官憲、軍隊よりも馬賊の保護を希ふ有様なり。

之を要するに沿線附近の軍隊の勢力大なる場合は、総収穫を百とすれば資本家・苦力四〇、軍隊三五、馬賊二五にして、奥地に於ける馬賊の勢力大なる場合は資本主・苦力五〇、馬賊三五、軍隊一五、全く官兵の力及ばざる場所にては資本家・苦力七〇、馬賊団三〇等の率を以て分配せらると称せらる。尚、民国十二年ポグラニーチナヤ附近の如きは罌粟栽培料金、手数料、阿片税金、その他莫大なる金額に達せしが、その一半は保安総司令に送られ、四分ノ一は護路軍費に、残額は鎮守使の私財となりし由伝へらる。

尚、参考のため浦塩附近のカンガウスに於て密栽する場合の例を示せば次の如し。

（作付反別五デーシヤ）

支出		
人夫賃	一〇〇円〜（脱カ）	一〇〇円（脱カ）
酒代	四五	五〇
収入		
阿片	九五斤〜（脱カ）	一一〇斤

浦塩に於ける収支計算

支出		
地主へ	五〇円〜（脱カ）	五〇円（脱カ）
人夫賃	九六	一〇五
雑費	一二	一八
収入		
阿片	一七斤〜（脱カ）	二四斤

第九章　阿片の密送及び販売

第一節　阿片の密送及び集散

第一款　満州土産阿片の密送及び集散

ポグラニーチナヤ及び東寧を中心とする東満及び北満、沿海州一帯に密培せらるゝ罌粟畑の面積は大約二万晌乃至六万晌にして、その生産高は三十六万斤乃至百十万斤、価格は大洋七百二十万元乃至二千二百万元に達す。而してその地方の消費に充てらるゝは約五分ノ一にして、残余五分ノ四は各処へ輸送せらると云ふ。

ポグラニーチナヤ一帯にて収穫せし阿片の大部はポグラニーチナヤ及び小綏芬に、その一部は尼市及び東支東部線の各駅に搬出せられたる後、東支鉄道を経て哈爾賓、長春、奉天、大連等に出で、該地方裏面の繁盛の資料となる。ポグラニーチナヤにては公然の秘密とも云ふべき品なるを以て、山地より同地に搬出する為には同地を距る十数町の山地の各道に馬賊の監視哨を配置し、此等の監視哨に若干の輸出税を仕払ひ、その保護に依り搬出すれば容易なり。若し之を鉄道に依り各地方に輸出せんとすれば官憲の監視頗る厳重なり。只、官憲は公然厳格に取り締まるが如く云ふもその実は全くなし。一度ポグラニーチナヤに搬出されたるものは、他の混合物を調合して各地に輸送せらる。密山より穆稜、寧古塔、額穆を経て吉林に達する道路が比較的整頓してゐるのは過半此処に因すと伝へらる。

他の阿片即ちポグラニーチナヤ以外の阿片もその輸送方法、送り先は大体同じく、その移出さるゝ経路は浦塩、吉林、哈爾賓、長春または之等の地方を経由し奉天、営口、大連、安東県、朝鮮、天津、北京、山東、上海等に輸送せらるゝものにして、某紙の調査に依るに、長春を経由する阿片は毎月約三十万円也と。而して上記の阿片は普通の場合、長春に到着すれば価格は倍額となり、山東、上海等に到れば三倍となると称せられ、三度に一度は没収せらるゝも損得なしと云はるゝ程なれば、斯かる一攫千金的商売はまた他に見出すこと難かる可し。

而してその輸送に従事する者はポグラニーチナヤ在住の露、支、鮮人及び北満、ハルピン地方の支、鮮人にして、北満に於ける鮮人富豪は全部阿片成金也と云ふも過言に非ず。殊に奇とする所は支那将校中には阿片の密送をなさんがために志願せる者また尠なからずと。密送の方法には種々あれども、今、その知り得たるものを示せば次の如し。

一、紳商を装ひ公然とトランクの底に入れて密送す。多くは二重底也。
一、酒樽の中に密閉し鑵詰とせるものを装置し密送す。
一、価格を表記して密送す。
一、衣服または蒲団に縫ひ込み密送す。
一、二重底の靴の中に入る。
一、木材を刳りその中に詰め込み密送す。
一、鉄管または米俵に詰め込み密送す。
一、原料牛骨の内に詰め込み密送す。
一、機械器具の内に詰め込む。

一、胴巻の内に縫ひ込む。
一、小荷物として官憲に託し密送す。
一、車掌またはボーイと結託して密送を計る。
一、支那官吏殊に軍人と結託して密送す。
一、厳重に油紙を以て包み胴、腰部または脚に巻き付く。
一、鞄を二重底とす。
一、長靴の内に。
一、柱時計の裏面に詰め込む。
一、毛皮・外套の間に縫ひ込む。
一、扁額の裏板に塗り付く。
一、ペンキを入れたバケツの下部に入る。
一、手荷物の中、古着の中に。
一、飴鑵の上部に飴を入れ、下部に阿片を入る。
一、蜂蜜をバケツに入れたる下部に阿片を入る。
一、大豆、小麦その他の雑穀の輸送に当たり、麻袋に目標を付し密送す。
一、古新聞の梱包を切り取り、その中に阿片を塡充し、梱包を厳重にして輸送す。
一、西瓜・南瓜を巧妙にくりぬきて塡充し密送す。
一、駅員と連絡す。

一、汽車の燃料庫に隠匿す。

一、篭に卵を盛りその下部に。

一、駅構内の売店と車掌その他列車の乗組員を利用す。

以上の外あらゆる手段を講じて密送を計る。大々的密送の方法としては、機関車の乗車夫と協同して密送するものあり。之は該石炭車の最下層に私かに阿片を入れ置き密送するを例とす。故に列車の到着後、発車前には、必ず税関吏は長さ一丈余の鉄棒にて石炭車内を捜索し検査をなし、若し阿片の香気を該検査棒に感ずれば直ちに石炭全部を取り卸して捜索をなす。当地の列車の発車時間が一時間乃至二時間遅延し、停車時間一定せざるは之がためなり。

彼等は駅構内にては鵜の目鷹の目の税関吏、駅員、巡警、軍隊等の目を欺瞞し、列車の人となりては更に車掌、乗車の巡警、軍隊の目より脱れざる可からず。而して之等の軍官、車掌等は、阿片の検挙を唯一の楽しみとし役得とし細心の注意を怠らず、万一発見せらるゝや之を没収するかまたは妥協するを常とす。此の場合、衆人環視の中に於ける没収は形式上、所属部処に提出して予め行はるゝ分配率に依り分配せられ、焼却せらるゝが如きことは殆んど之なしと称するも過言に非ず。衆人環視の中に非ざる際の没収はその一行の私腹に収めらるゝものにして、妥協は現品の分配または金銭の贈賄により成立す。

一般に阿片、モヒ、コカイン等の禁制品の売買に際しては売買契約書、領収証等、証《拠カ》書の残る如き授受の方法を取らず、現金引替に授受せらるゝを常とす。

性質悪しき者に引っ掛かりし折は、同一の阿片が幾回となく同一地方を往復することあり。即ち従来より阿片の取引をなしつゝある者か、または取引者の紹介状を持参する者に非ざる限り、密売者側より見て、或は官憲の密偵または夫等に連絡ある者に非ざるや識別し難きを以て、その取引は困難に陥ること尠なからず。斯く何等紹介なき所謂新顔に対しては一般に取引するを欲せず、買手は心焦り売手を物色する内往々にして奸商の手に陥る事あり。奸商は巧言を以て買手の熟練、不熟練を験し、不熟練者と見たる場合には混合物（料子）多きものを売り付けて巨利を占むるが如きは茶飯事なり。また、阿片鑑定の眼ありとも、彼等奸商は予て連絡あるその地または各地の要所にある車掌、官憲に密告しまたは打電して没収せしめ、更に買手多き東支東部沿線に之を逆送す。斯くして一塊の阿片が何回となく同一地方を往復する事実あり。また、買手新顔の場合には、愈々商話成立し、いざ現物と現金と引換へを行はんとする刹那、予め連絡ある官憲または軍隊を現場に踏み込ましめ没収せしむる如き、或は見本に依り商話成立し現金と引き換へに劣等品を引き渡し、いざ品質を鑑定せんとする際、一味の者をして官憲来を告げしめ、周章狼狽裏に受け取らしむる等、実に言語に絶する如き事実あり。斯くの如き魔手に罹るも、如何せん対象物が禁制品なる以上訴ふるに所なく、泣きの涙に葬る外致し方なきを以て、素人は必ず手を焼くものと覚悟せざる可からず。

　阿片の密送は本人之を行ふ場合もあれど、代人を以て行はしむる場合もまた少なからず。此の場合は全く対人信用に待つものなれば、没収せらるゝ外、持ち逃げまたは虚偽の申し立てある場合ありとするも、公然の沙汰とする能はざる弱味あるは勿論なり。大正十年夏、東支線の太平嶺駅附近に於て馬賊が列車を襲撃せし後、旅客列車に対しては必ず装甲列車を連結し、以て列車の保護に任ぜり。而して同十一年八、九月の交、邦軍が北満を撤退せし後の該装甲列車は阿片密輸送車の観を呈し、ポグラ――哈爾賓間は一斤に付き大洋四元、ポグラ――長春間は七元を以て運送を引き受けたり等の噂あり。

　またポグラその他の列車常《乗カ》務員中、同様輸送に当たる者少なからずとの噂あるも、恐らく事実なる可しと観測さる。今左に列車内にてその輸送の発見せられたる一例を記せん。

大正十四年の二月、満州里駅に於て、浦塩よりモスコー行直通の万国寝台列車中より、二十五個の阿片が税関吏に依って発見せられ没収せられし事実あり。右は哈爾賓に居住の一阿片商が、前記列車のボーイに五十余個の阿片、価額三万余円のものを依頼せしに、該ボーイは変心し、哈爾賓駅に到着前、病気を装ひて列車長に下車方を願ひ出で、一方、阿片の輸送方を他のボーイに依頼し哈爾賓に於て下車せり。既に下車せるボーイは浦塩より依頼されたる阿片の一部上等品十六袋、価額約一万円を横領し、之を南満地方に輸送せり。而して残余の阿片を依頼せられしボーイはハルピンに於て荷卸しする機会を逸し、遂に満州里迄運び、同処にて持ち出さんとせし際、税関吏に発見せられ没収せられしなり。而して露紙の報ずる所に依れば、万国寝台列車のボーイは常に浦塩より阿片を密送し居るのみならず、寝台車に秘密の運搬所を設け居れりと。右は密輸送に関する一例に過ぎざるも、種々の手段、方法講ぜられ、諸種の事件、悲喜劇の生ずることは枚挙に暇あらざる所なり。

第二款　外国品の密輸入及び輸入

北満に於て消費せらるゝ阿片の中、外国より密輸入せらるゝものは唯、露国品あるのみなり。而れども露領沿海州及び黒竜江省接界地方に於ける阿片の栽培は頗る盛んなれば、阿片の支那領に密輸入せらるゝものもまた莫大なるものと推測せらる。また、外国よりの輸入は正々堂々、大連より税関を通じて行はるゝものとす。

一、露国よりの密輸入

極東革命委員会は、民国十三年六月三日付を以て、労農政府の命令に依り、労農露国国境より支那共和国に阿片の輸出を禁止するため、国境方面に罌粟の栽培をなすことを取り締まる可く命令を発したり。この事は既に阿片の栽培の章に於て述べたる所なるが、その後、露国よりの阿片の密輸入は依然として已まず。遂に張作霖の阿片輸入禁止令の発布を見るに至りたり。即ち張は民国十四年九月十五日、東三省の官憲に対して、労農露国より阿片の輸入を厳禁することに関し次の如く命令を発せり。

労農露国よりの阿片輸入禁止令

東三省に於ける罌粟の栽培の禁止は、隣国が故意に之を輸送するため更に効果なし。東三省外交部側の情報に依れば、労農露国に於ける本年の罌粟の栽培は著しきものにして、「ボリシユウイキー」は莫大の阿片を輸送せんとしつゝあり。労農露国が罌粟の栽培を奨励しつゝあるは、支那官憲の白系露人に対する態度が寛大なるため、之に対する政策上の復讐と営利とを目的とするものなり。此の目的を以て彼等は沿海県《ママ》及び黒竜県《ママ》に於て罌粟を栽培しあり。斯くの如き共産党の悪辣なる政策に対し何等かの手段を採るに非ざれば、支那はこの致命的害毒に犯さる可きを以て、張作霖は労農露国よりの阿片輸入を厳重に取り締まる可く東三省の官憲及び軍警に対し厳命を発せり。之に違反する者は新法律第二百六十条に基づきて処罰し、また警察官及び軍人にして該命令に違反せる者は軍事野戦裁判に附す可し。而れども右の命令は唯の空文にして、その後も依然として密輸入行はる。而してそのあるものは国境を守る支那軍人に没収されつゝあり。

昭和二年六月二十二日、間島時報の記載に『琿春県下教信郷の郷長郭某が、黒頂子駐屯第三営第十連の兵士の横暴を琿春第二十九団長に告訴したる告訴文の内に「露支国境の巡査の勤務に服する兵士は、密行者または阿片密輸入者を発見次第直ちに身体検査を行ひ、阿片金銭を着服し云々」とあり』以上の一文に依りても此の間の事情を推知し得可し。

二、大連市に輸入せらるゝ生阿片

1．辺　土

該品は北満州・西比利亜地方の産にして、一包七〇〇匁に包装し、手触り柔軟にして恰もチユウイングガムの如く赤褐色を呈して居る。辺土と云ふ名称を付したる所以は、支那中国を中華と称し、その周囲を野蛮の僻地となして、是等の地方より産出せらるゝとの意味なり。辺土に対して支那本国産の阿片を土薬と云って居る。大連に於ける辺土の公定価格は十匁に付き一等品は五円、二等品は四円、三等品は三円位である。該品は品薄のため市価昇騰せるも、普通はペルシヤ品等よりも各等共に一円程安価である。現在は公然と輸移入せらるゝものなく、没収品の払下げ或は密輸入品の供給を受けて居るのださうである。

2．ペルシヤ阿片

該品は大連地方の支那人の嗜好に最も適するものにして、一包一英斤（実は百二十匁包）、長方形に赤紙を以て包装しあり。一箱百八十個入りなり。

その外観は乾電池の内容物の如く黒褐色を呈し、手触り稍固き飴の如きものである。該品は公然と海関を通過して輸入せらるゝもので、十匁、金三円四十銭の相場である。

3．トルコ阿片

該品は喫煙用としては品質ペルシヤ阿片よりも劣等なれども、モルヒネの含有量多く製薬用としては上等である。外観は乾燥したる牛糞の如く蒴、殻、花弁、その他の夾雑物を多量に含み手触りが粗剛である。目下の相場は十匁、二円五十銭位である。

第二節　北満阿片の販売

阿片の販売は地方の時価に依りてその鞘を利するものにして、大資本を以てしては却って失敗に終はる事多しと。之れ大口の取引を行はんとすれば多方面より集荷せざる可からず。従ってその間に官憲、税関等の密偵あり、是等に内応して分配に預らんとする奸商ありて、危険故障起こり易く、且つ遠距離の運搬は途中危険率多き上に資金の運転便利ならざるを以て、勢ひ危険率少なき比較的近距離にして信用ある相手方を見出し運転を敏速ならしめる要あるに依るならん。某国人三名が合資し、二千五百円を集めて僅々十五ケ月間に三万円に達せし如きは近来、同業者の羨望の的となり居れりと。また、三度に一度は没収せらるゝも結局、損得なしと称するを以て、如何に此の売買に利益多きかを知るに足る可く、故に一度是れを取り扱ひし者は仲々止むる事難しと称せらる。

次に阿片販売業者をその業態に依りて区別し説明すべし。

第一款　卸売業者

相当資力ある者之を行ひ、東寧県地方の集散市場たるポグラニーチナヤ及び沿海州の集散中心地たるニコリスク地方より搬入しつゝあり。

第二款　運搬業者

近来多く露人を使用し、鮮人従業者は少なし。彼等運搬業者が如何なる手段を用ひて密輸送するかは既に前節に於て詳述せり。而して彼等は運搬数量に応じて手数料を受け幇助し居れり。運搬者の報酬は呢市、哈市間、八百匁塊一個につき二十五円乃至三十円を普通とするも、往々小麦粉、豚油、土粉等を混入し数量を胡魔化す者あり。

第三款　仲買業者

卸売業者と消費者との中間に介在して手数料を得る者にして、一斤に付き一円乃至二円の手数料を受くるを例とす。

第四款　煙　館

阿片吸煙場にしてその得意は支那人なり。此の事に関しては章を改めて述ぶ可し。

第五款　満州に於ける日本人の販売者

大連市に於ける阿片の販売人を挙ぐれば、

卸売商　　一人（宏済善堂）
小売商　　二十九人

買受量　一二、三一〇、九九〇貫
小売量　一四、一九四、四八二貫

買受量より小売量の多いのは種々の夾雑物を混合するからである。

輸入数量　（昭和元年）　一斤＝百六十匁

ペルシヤ阿片　二四、〇〇〇斤
トルコ阿片　六、一九三斤

大連管内に於ける吸煙者数届出延人員

大正十二年　一四四、七四八人

然し右は何れも警察署に通告されたる数で、密売買者、密吸煙者の数を入れたならば更に大なる数を示すであろう。

但し此処に注意す可きは、関東州阿片令中の改正勅令案は、七月四日、枢府に諮詢の手続を取られたが、その改正の内容は、従来、関東州では医者に対する薬用の程度で、大連市愛宕町の宏済堂なる慈善団体をして取り扱はして居たが、今回はそれを国際阿片条令《例カ》に依り、売捌きを関東庁の直営事業とするための関係事項の改正である。而して右の諮詢は九月に到って許可されたのである。

第六款　奉天に於ける日人の密販売者

或る奉天通で、而も十分信ずるに足る地位の人の話に依れば、奉天市に於ける大きな日本人の商店は、或は大呉服屋にせよ、大薬店にせよ、殆んど総てが阿片の密売者と見て差支へなかる可し。彼等は今や満州の大商人と自任し居るも、彼等をして今日あらしめたるものは阿片にして、尚ほ今日実業家としての体面を保持し居るものもまた阿片なりと。

而し今や彼等に対して恐る可き時代が到来した。それは奉天省戒煙局の設立である。此の戒煙章程に依れば、一定の税を上納する時は公然と比較的安価に便利に阿片を吸ふ事が出来る様になり、以前の様に高く日本人より密買する必要がなくなった。故に商埠地に於ける密販売人も従来の如き利益を得ることが出来なくなり、此の局面の打開策として、此等満州の不正商人は、利害を共にする或る特種《殊カ》支那人を煽動し、彼等をして附属地に於てもある条件（恐らくは戒煙章程に類似の章程を作り）の下に阿片の吸煙を許さるゝ様、日本当局者に願ひ出さしめたりと。抑も関東庁にては、附属地に於ける支那人個人の有する阿片を没収したる時は、之を焼却せずして免許を有する商人に払ひ下ぐ。さすれば該商人より吸煙許可書所有者に、許可書所有者より許可書不所有の支那人に、更に日本官憲の手により関東庁にと循環し、その利益は頗る大にして、関東庁の治下に於ける道路、官衙の修繕等は、之を以て余りありと云ふ話である。

然らば一方、日本人密売者に対する我が官憲の態度は如何！日本人密売者に対する態度は頗る緩慢である。そは若し日本人密売者に対する取締りを厳重にする時は、さなきだに人口減少の傾向にある在満日人の勢力を衰へしむるの恐れあれば也。即ち実に国策上より出でたるものにして、現在では支那官憲により挙げらるゝ日人密売者もあり、日本官憲は已むを得ず之等の日人を罰するに止まる。

第七款　東支沿線に於ける日人の密販売者

ハルピンに於ては主として不良鮮人之に従事し、日人にして之に従事するものは少なし。

その他の地にては日本人即ち密販人の観を呈す。而も彼等は日本人の増加は却って商売敵の増加と見て、内地人一般の融和を欠き居るが如し。余が嘗て海林にて出会ひたる一日本人の密販者の言に曰く、

満州地方の商人で白（モルヒネ、白色で角砂糖の様な形をしてゐるために白と称す）黒（阿片、黒砂糖の様になってゐるから）鉄砲を取り捌かない者は居ません。この辺の日本人は鉄砲を取り扱はぬ丈けでも未だ罪が軽いのです……。支那の兵隊や巡捕に見付けられた時ですか？以前は三週間の禁固でしたが、去年より一週間になりました。つまり二週間だけ軽くなった訳です。

以て該地方の日人密売者の状況を察す可し。

第三節　阿片と総商会

東支沿線地方特にポグラニーチナヤの総商会は、阿片を主なる商業取引品としつゝある関係上、軍警に贈賄してその後援に依り阿片の売買をすると同時に栽培者の保護をなし、以て同会々員等は巨額の利を占めつゝあり。之を知れる馬賊は年々莫大なる金品を同会に向け強要しつゝあるも、幸ひ今日迄は常に拒絶し事無きを得居れり。

而して阿片が国家の禁制品にて人道に反することゝ、南北満州を通じて馬賊、強盗による被害を受け惨劇に遭ふ殆んど全部は、モルヒネ密売者または之に関連せる者なることを記憶す可し。

第十章　北満の煙館及び売瑪琲的

第一節　煙　館

阿片吸煙者の出入する場所を普通、煙館と称し、東支鉄道沿線至る所の市街地に経営せられ、小部落または農家にも各戸殆んど準備せざる所なき状態なり。市街地に於ける経営者は多く支那人なるも、鮮人もまた尠なからず。哈爾賓の傅家甸に於ける八十余軒の煙館の一日の消費量は八百フント内外なり。一フントの重量は一〇九匁なるも、阿片屋にては一〇八匁を一フントとして計上す。而して煙館に出入する者は多く中流以下の者にして、夫れ以上のものは自宅に於て吸煙するか、または友人と共同して吸煙所を設け居るを普通とす。従って飲屋と称する煙館の構造は普通、土間の温突の上にアンペラまたは蓆蓙を敷きたる極めて粗末の部屋にして、吸飲に必要なる器具は煙槍、煙燈、煙針子なり。而して煙槍の数に依り木枕の用意をなす。五、六本より多きは二、三十本の備付けある個所あり。此の外何等の装飾あるに非ずして、簡略粗末の一室が彼等吸飲者にとりては楽園にして且つ天国なり。アンペラまたは蓆蓙の上に置かれたる煙燈の左右に木枕をなしつゝ吸飲するものにして、その状恰も母の乳房を含む赤子に彷彿たり。左にその器具につき一言せん。

煙槍とは、阿片を吸飲する煙管にして普通、管の直径約五、六分、長さ一尺二、三寸なり。短きは吸煙に際し体を前方に屈するを以て、老年に至り体が前方に屈すと云はれ、七束の長さのものを七把槍と称し最も歓迎さる。煙槍の一方の飲み口の（以下落丁。但し「蓋し偶然に非ざる可し。」の段落まで昭和三年度第八巻第二編第八章第一節第一款中の文により補完）長さ二寸内外並びに他の一方の約三寸内外は共に金属製、玉石、琥珀、角または骨等を嵌めあり。飲み口の反対の端より二寸内外の個処には無花果形の金属製の煙頭あり。之を煙斗と名づけ天とも称し、抜き插し出来る装置しあり。天の下部を地（端より三寸内外の箇所まで）と称し、地の端より飲み口までの全部を人と称す。

煙斗は山海関以南、関裏にて多く婦人の手にて作製せられ、一箇の卸価は四、五十仙にして作者の銘を打つを普通とす。管は竹または木を普通とし、烏《鳥カ》の目の如き木理ある木製の老呱《狐カ》眼煙槍と称するものあり。鳳眼竹煙槍と称するは使用するに従ひ鳳凰の眼の如き斑紋を生じ一本四、五十元以上のものあり。また万年号煙槍と称するものは俗に治病に使用せらる。玉石煙槍を有す《ママ》と云はれ代々家宝として取り扱はる。従ってその価格の評価す可きものなしと云ふ。

煙槍の新品は八十銭乃至一元なるも、種々の彫刻即ち金銀、翡翠、琥珀、象牙、玉等を用ひ象眼を施し意匠を凝らしたるものありて、煙槍として使用せられし年代永ければ永い程油脂の付着具合に得も云へざる風味、口触りを生じ色彩、光沢、手触り共に良好となるのみならず、事実に於て新管三服と古管一服とが相当するものとせば、価格の高下は問題に非ざる可く、況んや玲瓏鏡の如き光沢ある奇石珍木の煙槍が宝物として珍重せらるゝは蓋し偶然に非ざる可し。

煙槍に二種あり。正味の阿片を吸飲する煙斗は無花果状を呈し、阿片の吸殻を更に吸飲に供しまたは阿片の中に混用する場合多きを以て、煙灰を取るに便利なる様無花果状の煙斗が更に中央に突起したる煙斗《槍カ》あり。その他の構造は何等差異なし。吸煙に際し煙土の内外《脱文カ》即ち天の個処に焦げ付く漆様の吸殻を煙灰と称し、地の個処にある油脂を海底と称し、人の個処にある油脂を大煙油子と称す。夫れまた高価のものなり。更に煙灰に付きて左に記せん。

煙灰の出る量は新土に比して旧土に多く、従って煙館に於ては旧土を喜ぶ。煙館の主人は吸飲を終はれば丁寧に煙灰を掻き集め置き、買手ある場合は之を売り、自家用とする場合は更に他の阿片に混入して目方を増す。而して煙灰は身体に有毒にして、阿片中毒を促進する主因は、此の煙灰を幾回となく回を重ねて吸飲するか、煙灰の混合して居る阿片を吸飲することである。之れ蓋し下級労働者には已むを得ざる欲望なるも、遂には労働に堪へざるに至る。

煙灰の採れる割合は新土にありては五割～六割、旧土にありては六割～七割にして、第一回の吸煙に付き焦げ付きたるを頭篇灰と称し茶褐色を呈し、之を吸煙し更に焦げ付きたるを二篇灰と称し稍黒褐色を呈す。頭篇灰、二篇灰は之を油心味児と称し吸心地よきも、第三回よりは煙灰と称せず火灰と称し、回数を重ぬるに従ひ粘着性を失ふ。

煙館に於て売る煙包（普通、二分八厘の重量ある阿片の一包）は、煙館に於て吸飲する場合は重量二分八厘なるも、煙館以外の個処にて売り出す場合は二分内外に軽減し、之を同一価格にて売る。之れ阿片八厘内外に相当する価格が煙館の所得となるを以てなり。此の方法は一般に阿片館に於て行はるゝ慣習なり。

煙燈にはアルコール洋燈式、豆洋燈式、カンテラ型等ありて、一般に豆油を容れる個処が倒れざる様に多少大きく作られあり。錻力製の至極安価なるものもあれど金属製、陶器、玻璃製等ありて一ケ五十銭内外なり。山東省膠州の煙燈は最も有名にして真鍮製一ケ五、六元也。

煙針子とは編物に使用する金属製の棒様のものにして長さ四、五寸、紡錘状を呈しその一端は吸飲時に阿片を熔かす際と、煙斗に填充する折にも使用せられ、他端は幾分篦状をなし吸殻即ち煙灰を除去する場合に用ふ。価格は十銭内外なるも、山東省萊州府の張胖子の作りしものは一個二、三元にして、その子の作りしものは張二胖子製と称し一本一元内外、共に夫々銘を打つ。

上記の如き器具あれば、煙館を開くための備品は略整ふ。此の後は如何なる家屋と運転資金を用意するかが問題なり。阿片の購入資金並びに家屋賃の前渡しを合算し先づ五十元内外にて充分なる可く、是れに気転の利く客引きを傭ひ入るれば陣容は完成し営業を開始するを得。客引きは普通、阿片吸飲者を好しとす。従ってその報酬も煙包を以て渡さる。衣食は自己の負担なるも、阿片の吸飲が先づ自由なると、顧客のポチに依り煙館主人の頤使に甘んずる有様なり。而して煙館の営業時間はその客筋に依りて一定せざるも普通、九時及び十一時乃至《カ》頃より開き、客足は午前、午後の二回に多し。下級労働者は午前の少憩時間を利用して一寸一服に元気を恢復せしむる者あるも、煙包一包二分八厘が三十銭内外なるを以て午後に出入する者多し。煙館に出入する客の種類は千差万別にして大商店の番頭、手代、小商人、軍人、巡警、苦力等の各階級を網羅す。彼等は先づ飲料三十銭内外を手渡し以て煙包一包を受け取り、温突の上にある煙燈に火を点じ徐に横臥し、紙に包みある阿片を取り出し指頭にて丸め、煙針子に付け煙燈の上に焙り、焙りては指頭を以て揉み丸め数回之を繰り返へす。その状如何にも楽し気に見ゆ。幾回となく焙りては指頭を以て練り廻す。その中に表面が沸騰状態を呈するに至るを待ちて煙針子にて煙斗に塡め、燈火と共に焦しつゝあるその煙を吸ひ込むものにして、一包の阿片は普通二口に吸ふ。吸ひ終はれば静かに嗜眠状態に陥り、至上の快楽を貪りつゝ夢路を辿る。労働者は官憲の闖入を恐れ、一服早々仕事場に行く者多し。而して客足多き煙館にありては阿片の煙にて朦朧たる場合多く、煙燈の淡き光を透視すれば恰も死骸の横たはれるが如し。また、その匂は一種異様にして、生臭き臭気強きを以て嗅ぎ出され易く、ために室は密閉せらるゝ関係上、初心の人々は頭痛、嘔吐を催すに至る。されば特別の例外を除く外、煙館内のものは悉く阿片に中毒したるものなり。即ち阿片を吸飲する主人は言はずもがな家付きの猫、鼠に至る迄中毒者にして、朦朧たる煙の中に於て活動し居るを見る。之れ長時日の体験により不知不識の間に阿片に中毒したるものなる可し。尚、夏期に煙館内の蒼蠅は元気よく盛んに飛び廻りつゝあるも、翌朝に至るか休業せし場合には、飛び廻る元気なきのみならず殆んど死体の如き観を呈す。而して室内に阿片の気あるに至れば再び元気よく飛び廻るを常とす。之れ蒼蠅の中毒せしものなり。

　東支鉄道沿線地帯の阿片栽培が従来、国禁なるに拘はらず殆んど黙許の有様なりしため、勢ひ煙館もまた黙認せられたりと称するも、その地方のみの軍隊、官憲との妥協が成立し営業をなすとするを妥当とす可し。従ってその黙認料の如きも各地方に依りて一定せず。或は煙槍の数に依り、或は煙館の大小により定めらる。大正十三年の春以来、沿線一帯に於ける罌粟の栽培と売買は共に厳重に取り締まりたれば、現在はよほど官憲に了解あるに非ざれば黙認せられず。然れども吸飲者の已に中毒したるものは吸飲せざる可からず。茲に於て巡警等は阿片密培者を通じ需要者側に対して遺憾なく之を供給するのみならず、殆んど各戸を訪問し押し売り同様にしてその鞘を利し居れる有様なり。

　哈爾賓の如き都市にありても普通、煙館の生活を営むには一日十円の売上げあれば充分なるも、財界不況の近年は売掛け多きと官憲の圧迫、巡警のゆすり等一層激しく、従って好景気時代の如き売上げの割合に利益少なしと称せらる。然るに煙館の別途収入とも称す可きものあり。阿片の中毒者たる小盗鬼《児カ》は、目当たり次第掻攫《脱文カ》ひ来たり以て阿片の資とす。煙館にては之を二束三文に買ひ倒すの利益あり。煙館の主人は商売柄、阿片の品質に対する鑑識はあるも、嗜好を有するや否やは問題にして、経営者が鮮人ならば固より中毒者に非ざるも、支那人なる場合はその大半は好んで阿片を吸ふ者である。

　而して日、鮮人は飲酒に嗜好を有するを以て、阿片を吸飲する者は殆んどなし。之れ阿片と酒とは両立せざるを以てなり。

第二節　間島の局子街及び琿春に於ける煙館とその経営者

哈爾賓の傅家甸には約八十の煙館ありと称せらるゝ如く、北満の各地に付きて洽く煙館の数とその経営者を調査するは至難のことなり。故に今は間島の局子街及び琿春に於ける煙館の一覧表を示し、以てその一斑を見んとす。

第一款　局子街に於ける煙館一覧表

売煙者			吸煙者の種類	摘要
氏名	職業	前身		
呉学青	以前警察に奉職す	以前警察に奉職せり	下士階級及び地方の有志	本人の伯父は延吉県下の有力者にして郷長代表の現職にありその勢力により官署を買収せり
劉与同	県署の書記		県所属の官憲	延吉県署の書記室内にて売煙す
李某		不良者	軍人	鎮守使趙某の下に共同経営
楊富貴		軍人	下士以上排長以下	第九団長朱雲福出資の下に共同経営

朱　某		軍　人	下士卒 地方人	
董　某		軍　人 排　長	将　校	第九団第三営某連長出資の下に共同経営
王芝揚		商務会会長	官公署の幹部	
胡金声		揖《緝カ》私隊排者《長カ》	地方人	高等警察某科長出資の下に共同経営
王　某	監獄所長		服役中の囚人	
宮時允		軍　人	将　校 各機関の要職者	揖《緝カ》私隊排長劉致山出資の下に共同経営
楊　某		不良者	兵　卒 労働者	
李鳳詳		保衛団総隊長	将　校 地方有力者	
外二十七ケ所	地方人 下士卒		地方人 下士卒	小　館

備　考

一、右の外疑はしきもの十二、三ケ所あり。
二、支那の遊廓十二、三ケ所は煙館を兼ぬ。
三、局子街の人口八、〇〇〇、戸数一、一〇〇に対し売煙館は計約六十三戸。
四、下士卒及び地方人相手の売煙館はまたモチ屋をも兼ぬ。

第二款　琿春に於ける煙館一覧表

売煙者 氏名	売煙者 職業	売煙者 前身	吸煙者	摘要
汪清林		軍人	将校 地方人	第二十団々部書記官と共同経営
金宴《寡カ》婦	某連長の母		兵卒 巡警 労働者	琿春警察所《ママ》雇員・書記と共同経営
趙某	洗濯業	軍人	労働者	
孫某		不良人	兵卒 労働者	第一営某下士と共同経営
揚《ママ》老人	靴修理		兵卒 地方人	第二十九団々長・中下士と共同経営
某女	現に国兵部騎兵長の妻なり		将校 地方人有力者	
王宴《寡カ》婦	郵便配達人の母		地方人	
史書客		司務長	将校 公《ママ》官署の幹部	某排長と共同経営
何某		巡査	巡警 地方人	琿春警察署揚《ママママ》科長と共同経営

某		支那楽器店	労働者	
外十二戸			労働者	小店にして調査不能

備　考

一、疑はしきもの四、五ケ所あり。

二、支那遊廓十戸は売煙館を兼ぬ。

三、琿春の人口四、五五二、戸数八四六に対して売煙館は計約三十七戸に達す。

四、下士卒、地方人、労働者相手の売煙館はモヒの販売を兼ぬ。

第三節　売瑪琲的

阿片を吸飲するは、主としてモルヒネ――塩基の作用に中毒して之を嗜好するに至りたるものなり。従ってモヒを服用または注射する時は阿片を吸飲したると同様の作用を呈し、その作用は阿片に比し更に顕著、劇烈なり。

売瑪琲的は一名、モヒ屋、サシ屋または白屋と称す。モヒ屋の内幕は煙館と大差なく、モヒ中毒患者が出入するに便利なる家屋を選み、部屋としてはモヒ屋の家族の部屋とモヒ注射を行ふ二室あれば足る。而して室の境界は恰も停車場の出札口の如く小さき窓口を開き、此の口よりモルヒネ、コカイン等の一包を現金十銭内外と引替に渡す。右の薬品を受け取りたる連中は、別室アンペラ敷の所にて小皿または匙に水を入れ、之に少量の食塩を交へ、その下よりマッチまたは蠟燭の火にて暖む。さすれば見る間に溶解す。之を適当の個所に注射するものにして、器具と称するは注射器二、三本と小皿または匙に過ぎず。外に食塩・脱脂綿の少量あれば足る。中毒者は此の注射により人間らしき気分となりその目的を果たす。而して此の注射も酒、阿片と同様、漸次その量を増加せざれば効果なきに至る。従って初期は一日一回、少量にて事足りしものが漸次その量を増し、更に回数も二回、三回と増加するに従ひ、働く時間は減少するに反し浪費する時間は増すに至る。

而してモヒ患者に二様あり。一は重に日本の売薬行商人が医術の幼稚なる鉄道沿線より漸次奥地に入り込みモヒ、コカインを戒煙剤と称し、且つ平素之を用ふる時は心身共に健康を保ち不老不死の霊薬なりと宣伝し、また実際、即座に腹痛その他の疼痛を癒するを目撃または聞知せしめ、ために沿線並びに奥地の支那人方面に歓迎せられ、中流以上の家庭にて常用剤として使用せらるゝに至りしものなり。今一つは阿片の吸飲者が多年の吸飲によりてその量を増し、毎日のその吸飲料に窮するの余り、廉価にして効果あるモヒを注射するに至りし道程のものなり。

実際、阿片を如何に多量に吸飲せしものも、モヒなれば初期の間は一日一包十銭内外にて充分にして、且つ阿片の吸飲と同様の快楽を貪り得るを以て、阿片による中毒者は金銭に拘はらず注射をなし、漸次その量を増加し、遂には一日大洋五、六元の注射をなすものあるに至る。北満地方に於ては露貨及び官吊の下落により、または事業の損失により、破産せる者少なからざりき。是等の失敗者は何時迄も一日数元の注射代を支出すること能はざれば漸次、家財家具、身の廻りの物を処分し、遂には乞食となり末には注射せんがために小盗鬼《児カ》となれる者少なからず。而して注射に際しては一般に消毒を施さゞるを以て、針の跡は藍黒色の斑点を生ずるかまたは水腫れを来たし、その状目もあてられず。中毒者の蒼白なる顔色は、他界に旅立つを暗示するものゝ如し。瑪琲療養所と称する慈善的施設なきに非ざるも、之に収容せらるゝ患者は九牛の一毛に達せず。能ふ可くんば小盗鬼《児カ》となり下がるも療養所へ収容せらるゝは本意に非ざるが如し。

モルヒネの種類は多く角砂糖の如き形をなし大、中、小によりて各その名称、価格を異にす。即ち大角は鮮物と称し一瓩に付き一千六百円見当、中角は星物と称し一千五百円内外、小角は一千四百円内外なり。更に独乙メルク商会の製品はメルクと称し、独乙ウインクと共に一千百円内外の時価にして、是等をド角と称し居れり。日本製の小角を《ママ》一瓦二十二、三個、メルクは六個、ウインクは三個見当なり。

而して質の堅軟に依りても区別せらる。星製薬のホシ、大正製薬の大正角、東亜製薬の東亜角等は軟角にして独乙物のメルク、ウインク、スミス等は堅角に属す。欧州大戦当時には独乙物はその本国に於て一瓩三十円内外なりしが、浦塩・ハルピン地方では八百円の高価なりき。利に敏き猶太人は独乙、浦塩、ハルピンに連絡を保ち、二万円の資本を三ケ月に二十万円になしたりと称す。然れども今日に於てはかゝる濡手に粟式の金儲け方は至難なり。煙館・モヒ屋は官憲の了解あると雖も本来が不正品の家業なるを以て、巡警その他により脅かさるゝ事多く、従って袖の下を贈らざる可からざる点より大した利益を見ることは殆んど不可能なりと称せらる。

第十一章　吸煙による中毒及び止煙法

第一節　吸煙による中毒

支那上流社会に於ける阿片の吸煙は相当に行はれ、且つ自宅に阿片の製造所を設け、数奇を凝らせる煙館を建てゝ惰眠を貪るのみならず一面、興奮剤としても用ひらる。而して上流社会の吸喰者にその害毒の急激に現はれざる原因は食物に在るが如し。即ち濃厚なる滋味の肉食は阿片の毒に打ち勝つ力ありと称せらる。彼等の吸する阿片は上製にして、吸殻の如きは棄てゝ一顧だも与へず。故に阿片の毒は体力に抑止されて表面に現はるゝ事なく、老衰に及んで幾分その徴候を現はすに過ぎず。然るに下級労働者の吸煙する煙土には二割乃至四割の料子を混入するを以て、その体力を損するのみならず、彼等の常食は高梁、玉蜀黍、粟、粥等の類なれば、栄養不良にして中毒の症状は青壮年の期に已に歴然として現はれ、その中毒者は下層に至るに随ひ著しく出現す。

一般に日々吸煙を継続して三十日を経れば、吸煙後半日にして全身流汗し悪寒を覚え、生あくび連出して全身(特に腹・脚部)に疼痛を訴へ、身体全く倦怠し茫然として思考力を失ひ虚脱の状態に陥る。之れ煙効保有時間の経過したる証拠なり。此の際更に吸煙する時は身心爽快にして倦怠の気一掃せらる。之れ阿片中毒の症状にして、真の吸煙者たる資格を有する者なり。斯くの如くにして阿片中毒者は日々に体力衰弱し顔面蒼白となるに至る。彼等労働者は営々として労働し手にし得たる賃金の殆んど全部を阿片吸飲費に浪費し、体力を補充するの余裕なきに至るを以て也。而も恐る可き煙灰迄も貪り吸ひ、または阿片中に煙土を混入しあるを以て、その中毒は速やかに来たり体力心身《気カ》共に衰弱消磨せらる。彼等は一日、大洋五銭乃至十銭にして十分に生活し得。然れども阿片吸煙のためには一日三十銭を投ぜざる可からず。之に依り彼等は一日の慰安を得、更に翌日の元気を養ふものなり。如何せんエネルギーは毎日消耗され、中毒の症状は日を追ふて深きを加ふ。斯くして彼等は労働者としての能力を失ふ一方、阿片吸煙の量は増加し遂には小盗鬼《児カ》に迄惰落する。而して阿片の吸飲には比較的高価を要するを以て、比較的安価なるモヒの注射に移りモヒの中毒となり、遂には野垂れ死する順序となる。

また、強度の中毒者夫婦の母体より生まれし子供は胎元と称し、出産と同時に阿片の煙をその顔面に吹きかけざれば殆んど呱々の声を挙ぐる力なしと称せられ、生後約一ケ月間は一日七、八回吹きかけるを常とす。且つ乳房の周囲に阿片を水に溶解せしめたる液体を塗り、乳汁と同時に嚥下せしむ。然らざれば発育覚束なしと称せらる。即ち強度の中毒者は単に自己一人のみならず延いてその子孫に迄もその毒を遺すを以て、その害毒の恐る可きや知る可し。

原来、阿片はアルコール性と相容れざる性質を有し、阿片吸飲者の快感は飲酒により打ち消され、泥酔の折に一服の阿片を喫すればその酔ひは極めて迅速に醒む。支那人の妻妾となりし娘子軍の中に阿片の中毒者尠なからざるは、四囲の環境が自づから脱線的道程に向かはしめたると、飲酒に趣味を有せざるがためなる可し。南北満州に活動しつゝある支那人には山東・直隷の者最も多く、上海附近の者また少なからず。彼等は多く家族を携行せず、従って家庭に於ける慰安の方法少なく遂に打つ、買ふ、吸ふ等の弊に陥る。且つ一般に売買せらるゝ阿片は上述の如く殆んど全部に亘り不純物を混合するを以て、身体に及ぼすその害は大なり。斯くの如くなれば支那人の大多数は殆んど中毒者にして、阿片吸煙の資を得んがために労働に従事する苦力も尠なからず……是等は吸煙に依る中毒者なり。

而して支那に於ける阿片の中毒には三種ありと称するを得可し。即ち第一は栽培中毒、第二は売買中毒、第三は吸煙中毒なり。第一の栽培中毒、及び第二の売買中毒と称するは、詮ずる所その心理状体は異なるなく、泥水稼業と選を同じくし、一度突き込みたる足は仲々抜き難きものなり。栽培者も販売者も共に国禁を犯し苦辛惨憺して之に従事する者なれば、終生之に従事せんと欲する者はなし。他の営業に相当の目算はあるも資金なき者が、その所期の資金を得んとするも阿片の栽培、販売の如き利益の大なる仕事は到底他に見出し得ざるため、遂に馬賊、軍隊等の了解を得て栽培に手を染むるかまたは販売に従事し、幾多の紆余曲折の末に小資本を得、正業に就く順序なるも、固より悪銭身に付かず、不熟の商業にて失敗したる結果はまた国禁を犯すに至る。

第二節　止煙法

中毒者と雖も堅実なる意志の下に漸を追ふ時は止煙し得るものにして、その法は漸次、吸煙の度を減少して阿片の小丸を服し、その量を節すると共に医療（塩酸ストリキニーネと硫酸アトロピンとの混合液を毎日〇・一グラム宛、皮下注射すること約一ケ月に及べば中毒止まる。但し加療時《期カ》間は正に《止脱カ》烟し安静にするを要す）を施すか、或は酒に転ぜしむ（阿片を溶かしたる酒を少し飲み、後、大酒して之を反復する間に漸次飲酒に傾くと云ふ）。但しこの間、阿片または吸煙を見る時は、中毒による肉体的苦痛よりは寧ろ所欲の圧へ難きを動機として吸煙に復する者多し。

第十二章　北満に於ける阿片の取締り及び禁煙章程

第一節　阿片の一般的取締り

阿片は已に述べたる如く、或は官憲の黙許、或は官憲より公然の秘密として許されたるも、支那は阿片禁止国なるを以て表面は甚だ厳重を極め、北満地方も毎年解氷期に至れば督軍、省長、道尹、県知事、剿匪司令官等の署名を以て各地各所に大略左の如き意味の取締令発せらるゝを見る。本年にはまた禁煙章程発布せられ、制度の上に於ては已に一大改革を見たるも、その法の効果に到りては尚ほ疑ひなきを保せず。恐らくは後来とても以前と同一な

りと見るを得可し。而して

一、阿片の栽培、吸煙、販売を厳禁す。之を犯せし者は厳重に処罰し、密告者に対しては賞与を供す。

一、罌粟の密培は匪賊を増す。之を犯す者は賊を以て律す。

一、煙土百両以上を売買せし者は死罪とす。

一、阿片を吸食する者には百元以上の罰を課《科カ》す。

等の布告は解氷期の近付くに従ひ各処に貼付掲示せらるゝを常とするも、商民もまた之を殆んど年中行事の一として見、何等の効果なきが如し。蓋し阿片根絶のための第一要因は国民の自覚にあり。従って教育の普及を図り以て健全なる国民を作る事及び廃督裁兵にあるは勿論なるも、さし当たり現状よりすれば、先づ吸煙を取り締まるには販売を、販売を取り締まるには私植を、私植を取り締まるにはその保護者たる馬賊を撃滅せざる可からず。馬賊を討伐するには軍隊、官憲並びに軍警類似の機関あり。私植、密培、吸食及び治安の取締りは官憲、軍隊の力によらざる可からず。

北満地方の治安維持、警備に支那当路者が如何に苦心し、如何に莫大の国帑を費やし居るかを見れば、思ひ半ばに過ぐるものあらん。而して斯くの如く阿片の横溢する裏面には馬賊の存する事また明らかなる事実にして、之等馬賊を取り締まるために各種の機関即ち軍隊、警察、類似の補助機関あり。

第二節　禁煙章程

第一款　奉天省に於ける禁煙章程

禁煙局の開設と章程の内容

奉天省当局は最近、奉天票価の激落に狼狽し、財源捻出のために種々なる方策を廻らしつゝ在りしが、何れも焼石に水で何の効果もなく、奉天票は日々崩落を告げ財界益々窮迫を来したるにより、曩に財源捻出の三大計画を立てたり。第一の計画としては阿片専売法の実施を見つゝあり。第二の計画は近《日脱カ》彩雲《票カ》発行の計画にして、該両案に対しては約五千万元を捻出することに決定し、更に最後の計画としては奉天省に中央銀行を設置せんとする意向なるも、該銀行の設立は従来の官銀との関係上、実現に至る迄には相当の曲折が伴ふものと見做されてゐる。

第一の計画として阿片専売法はその後着々と進捗し、既に省内の各地に阿片禁煙局を設置し、鉄嶺県下に於ては已に昭和二年二月十日より北門裡の農商儲蓄会内に鉄嶺禁煙局を開設し、県下の宿北屯、大甸子その他八ケ所に分局を設置し、或は民間の希望者に対しては保障《証カ》金六千元を納付せしめて之を許可し、更に従来禁止し来たれる罌粟の栽培は公然之を認め、一畝に付き小洋三十六元の課税をなすことゝし、新たに奉天全省禁煙局禁煙章程なるものを制定して愈々之を実施せり。即ち之に依れば、従来の阿片吸煙者に対しては奉天洋二十元を即納せしめて之に戒煙章《証カ》を交付し、一定の期間内吸煙するを許可するものにして、之に対する阿片煙土には新たに制定せる銷燬証なるものを貼付して販売を許可する等、その章程の如き詳細を極めたりと雖も、事実、事務の開始に到りては官民両者の間に融和を欠き、之に加ふるに吸煙許可証の交付に際しては、負担過重にして堪へざる等、種々の口実に依り之を廻避するの状態にして、従って申込希望者意外に少なく、之がため同局に於ては市中の一般吸煙者に対し厳重なる調査をなせしも、当然、初期《ママ》の目的を達することを得ざりき。

且つ該令実施の際は将来、対英国との国際条約の上に違反する所を生ずと見ることを得可し。嘗て英国が阿片戦争後に於て支那と締結したる条約の中に、若し支那側にして阿片の公開をなす場合には英国に対して多額の罰款を納入し、英国側にして支那内地に阿片の輸入をなしたる場合には多額の罰款を取得する旨の記載あり。かゝる国際条約の存立する以上、例へ奉天省が特別区域なりとは云へ、将来、該令の実施に関しては事態相当困難なるものあらんと思はる。

今、奉天省禁煙局禁煙章程なるものゝ訳文を示せば次の如し。

第一章　禁　吸

第一条　凡そ阿片を吸煙せんと欲する者は、該管各局が成立の佈告をなしたる十日以内に一律にその人名を届け出でて戒煙証を受け、期間内に（阿片の中毒を）戒除す可し。

第二条　凡そ吸煙者にして三十歳以下の者は一律に処罰して戒除せしめ、その年齢三十歳以上の者は三ケ月内、四十歳以上の者は四ケ月内、五十歳以上の者は五ケ月内に戒除せしめ、若し実際に老齢或は病疾にして期限を定め戒除し能はざる者は酌量して展緩す。但し期限に至りて須らく戒煙証を取り換へ以て稽考（詳しく調査する）に便す可し。

第三条　凡そ戒煙証一枚を受領するには、須らく奉天洋二十元を納むるに依りて《べくか》戒煙期限内に吸飲するを許す。

第四条　凡そ未だ戒煙証を受領せず、または已に受領せる戒煙証の戒除期限の満了せるも未だ戒除せず、且つ章程に従ひ新証を受領せずして吸飲する者は、本章程第十七条の規定に従ひ之を処罰す。その戒煙証を他人に移転して吸煙せしむるか、または他人の戒煙証を借りて吸煙したる者皆同じ。

第五条　各局は所属区域内に於て戒煙証を受領せる者に対して毎月報告をなし以て調査に便す可し。

第六条　所要の禁吸煙証費及び罰金は、分局より随時に報告し月々之を彙報す可し。

第二章　禁　売

第七条　凡そ密輸及び収蔵せる私土は直ちに該管局所に届け出で、銷燬証を受領したる後之を売却して禁煙薬品を製することを得。未だ銷煙《燬カ》証を受領せざる者は本章程第十九条の規定に依り之を処罰す。

第八条　凡そ消《銷カ》燬証を貼りたる薬料は各分局に於て之を発行す可し。

銷燬証は毎一両（十匁）薬料に一枚を貼り、毎枚に奉天洋二元を徴収す。

第九条　本省の区域内に在りては、人民に於て各分局の許可を受け禁煙薬店の開業をなすことを得。但し之が許可証の費用は資本と販売数に照らし之を二種に区分すること左の如し。

甲種許可証に対しては毎月六百元を徴収す。

乙種許可証に対しては毎月四百元を徴収す。

第十条　凡そ許可証を受けずして私に禁煙薬店を開きたる者は、本章程第二十二条の規定に依り弁理す。

第十一条　分局に於て没収せる薬料は随時詳報し毎月之を送致す可し。若し之を隠匿または取替をなしたる者は、本章程第二十六条の規定に依り弁理す。

第三章　栽培の禁止

第十二条　分局は春期《ママ》の耕作時季《ママ》に人を派して地方の警甲と協力し、各区村に赴き、各区村長と共に各戸別に調査す可し。若し罌粟を栽培せる者ある時は直ちに期限を切りて栽培を禁じ、而して依然その氏名、畝数等を査明報告し以て之を調査の証憑に資す。

第十三条　分局は立夏後に再び派員して原報告の氏名、畝数に照らして厳重に調査し、若し已に禁煙期限を越えて尚ほ戒除せざる者ある時は、毎畝に奉天票三十元を罰し以て懲戒し、その罰款の数目と被罰者の氏名、並びに栽培の畝数は、依然として確実なる報告をなす可し。

第十四条　分局より報告ありたる後、総局より派出して之を詳査することを得。若し之が詳査の結果、隠匿その他不正行為を発見したる時は、本章程第二十七条の規定に依り之を罰す。

第十五条　分局の職員にして職務執行に非常に尽力し著しく成績ある者は、総局より上申して奨励することを得。

第十六条　分局の職員にして執務の際に若し瀆職その他不法行為あること発覚したる時は法律に依り厳罰す。

第四章　（章名欠）

第十七条　吸煙者にして戒煙証を受領せず私かに吸煙したる者は、その納む可き戒煙証費の十倍以上、二十倍以下の罰金を科す。戒煙証を借りて吸煙せる者また同じ。

第十八条　吸煙者にして禁絶期間に至るも戒煙証の返還をなさず依然吸煙する者は、第十七条第一項の規定を準用して之を処罰す。

第十九条　凡そ外埠より密輸しまたは外埠に密輸し、或は私土の貯蔵をしながら章程に遵ひて報告及び銷燬の〔証脱カ〕貼用をなさざる者は、銷燬証費の十倍以上、二十倍以下の罰金に処す。

第二十条　銷燬証を貼用せる煙土にして之を製薬品として売らず、戒煙証のなき者に販売し吸煙せしめたる者は、その原価に照らし五倍以上、十倍以下の罰金に処す。

第二十一条　禁煙薬店の戒煙証なき者に対し戒煙薬品を販売したる者は、前条第一項の規定により之を処罰す。

第二十二条　凡そ許可証を受領せずして禁煙〔薬脱カ〕店を開設したる者は、その所有する薬料を没収するの外、該薬料原価の三十倍以上、五十倍以下の罰金に処す。

第二十三条　禁煙薬店に於て販売する薬料には須らく銷燬証を貼用す可し。若し違反したる者はその納む可き証費の二十倍以上、三十倍以下の罰金に処す。

且つ銷燬証を貼用せざる戒煙薬品を購入したる者は、第十九条第一項の規定を準用し之を処罰す。

第二十四条　銷燬証を偽造したる者は該管行政署に送致し法律に依りて罰す。若し偽造の銷燬証を他人に売却し之に依りて利を得たる者は、法律により罰を論ずるの外、その取得したる利益の二倍以上、十倍以下の罰金を科す。

第二十五条　偽造銷燬証を使用したる者は前条の規定を準用し之を弁理す。

第二十六条　各局役員にして没収の薬料を隠匿したる者は、之を追賠せしむる外法律に依り之を罰す。

第二十七条　凡そ罌粟を栽培し隠匿して報道せず、或は詐称して減罰を図りたる者は、その納む可き罰金原価の五倍以上、十倍以下の罰金を科す。
第二十八条　各区村長にして隠匿庇護をなしたる者は章程により罰金を科す。
第二十九条　禁煙章程の違反者にして検査または罰金に服せざる時は、該管行政署に請ひて強制して検査または罰弁をなす可く、尚ほ之に違抗する者ある時は法律により之を罰す。
第三十　条　本章程は省長公署に呈請し許可を経たる日より施行す。
第三十一条　本章程に若し尽くさざる事項ある時は、随時呈請して修正することを得。

第二款　吉林省に於ける禁煙章程

吉林省に於ても奉・黒両省に倣ひ禁煙局を設置することゝなり、二十七条よりなる章程の草案を作成し研究、修正中なりしが、右は名は禁煙なるも事実は阿片の吸煙を許可するの規定なりしなり。然るにその後、省当局者に於て数回に亘り協議を重ねたる結果、吉林省は奉天・黒竜江両省に反し主として張督弁の意に依り事実禁煙することに決したるため、右草案全部を廃し、更に別紙訳文の如く「吉林省禁煙章程」を制定し、全省の刑務所、及び省内の道尹公署、並びに各県の知事衙門等に対し厳重施行方の訓令を発したる由なり。

吉林省禁煙章程
（昭和二年四月中旬発布）

第一条　本省亜片の栽培、運搬、販売、吸煙に対する一切の禁令は、総て従前の法令に従ひて弁理し変更する所なし。

第二条　本省は奉・黒両省の銷燬証を貼付する禁煙薬料に対しては、通過を許すも販売、吸飲を許さず。
第三条　本省は奉・黒両省の辺界及び□通の衝要地方の県知事・警察庁長に於て禁煙薬料検査所を設置し、一切の検査事務を弁理し、その組織章程は各該県庁に於て別に訂定し省長署に報告す。前項の検査所は警察庁の設置しある地方は警察庁長之を組織す。
第四条　凡そ運搬及び携帯せる奉・黒両省銷燬証貼付の禁煙薬料にして本省轄境の通過を欲する者は、先づ検査所に到りて報道し通過証を受領貼付す。その証式は別に之を定む。
第五条　通過証は各禁煙薬料一両に付き永大洋四元を納付す。
第六条　通過証は禁煙薬料の重量、出産地、銷燬地、経過地、通過期限並びに承達《運カ》人の姓名、住所をその証内に記載し脱漏することを得ず。
第七条　重量は一包五十両を限度とし、出産地は奉・黒両省のものに限る。奉・黒両省の出産に非ずして奉・黒両省の銷燬証を貼付せるものもまた奉・黒両省の出産を以て論じ、銷燬地は奉・黒《両脱カ》省の轄境に限る。銷燬地に到る経過地は必ず奉省轄境内の直行線路を経過せしめ、その経過期限を鉄道交通地は五日とし、陸路交通地は十五日限りとし延期することを得ず。
第八条　通過証は各禁烟薬料一包に付き一枚とし、堅固に貼布《ママ》し契印を押捺す。その効用は一回限りとす。
第九条　証を貼付し納金を完了したるものにありては、指定の経過地方及び規定の通過期限内は検査の上之を許す。
第十条　凡そ奉・黒両省の銷燬証を貼付せざる禁煙薬料を本省の境内に運入せし時は、没収するの外法により処罰す。

第十一条　第二条の規定に違反し本省を通過せず蔵匿、運搬、販売、吸煙せし者は、その薬料を没収する外法により処罰す。

第十二条　第四条の規定に違反し検査所に至りて報告し通過証を受領、貼布《ママ》せる者は、之を補貼せしむるの外、その納入金格《額カ》の十倍以上、二十倍以下の罰金に処す。例へ通過証を貼布《ママ》するも不足せるものは之を補填せしむるの外、その不足格《額カ》に対しては前例に依り処罰す。

第十三条　第七条の規定に違反し重量五十両を越ゆるものは之を分包せしめ処罰せず。本省内に於ては勿論、その薬料を製造或は運搬、販売、吸飲するものは之を没収し法に依り処罰し、若し指定線路以外及び通過期限または規定期日を経過したるものは、通過証を貼布《ママ》しあるものと雖も均しくその薬料を没収し法に依り処罰す。

第十四条　第八条の規定に違反し契印を押捺したる通過証を再び他に転用したる者は、之を補貼せしむるの外、納金格《額カ》の十倍以上、二十倍以下の罰金に処す。

第十五条　通過証を偽造したる者は法に依り処罰し、偽証を行使したる者はその薬料を没収するの外その納金格《額カ》の三十倍以上、五十倍以下の罰金に処し、その自ら偽造し自ら行施《ママ》したる者は之を没収し罰金を収する外法に依り処罰す。

第十六条　没収せる禁煙料は毎月本省に送致したる上銷燬を実行す。

第十七条　証金の収入はその百分ノ八を県庁に保留して公費に充当し、残余の百分の九十二は毎月本省に送致して省庫に保管す。

第十八条　罰金の収入はその百分ノ三十を県庁に保留して公費に充当し、残余の百分ノ四十は毎月本省に送致して省庫に保管す。
第十九条　本章程は若し不備の点あれば随時之を修正することを得。
第二十条　本章程は公布の日より実行す。

昭和二年五月の『間島時報』に依れば、

「奉天省で曩に財政捻出の一策として施行したりし阿片禁煙令は、その後黒竜江省にても実施せるに、独り吉林省にては実施せざる故に、今般、張作霖より張作相に対し、吉林省にても該禁煙局を設置する様勧告したり」と。

之を見るに、吉林省禁煙章程の公布は四月中旬にして右の勧告は五月なるを以て、右の禁煙章程を改めて奉、黒のそれの如き章程になさしめんとして勧告したるものと思はる。

第三款　黒竜江省に於ける禁煙局

大旅行の範囲が単に奉、吉の二省に限られたるを以て、残念ながら黒竜江省に於ける禁煙章程は手に入るを得ざりき。

黒竜江省は本年より阿片の専売制を認め、禁煙薬店を公許し阿片の栽培を許可せしより、罌粟の栽培をなすもの頗る多く、民間貯蔵の罌粟の種子では不足なるため、禁煙総局では特別の護照を作り、人を新民屯・開魯等に送り多くの種子を取り寄せたる程なりき。且つまた、禁煙薬店を開設するもの及び阿片を吸喰する者夥しき数となれり。

一、罌粟栽培の面積

本年五月の播種期以前に於て、黒竜江省禁煙総局に全省三十余県より罌粟の栽培を申し込みたる者二百八十余名あり、その面積は約六万晌地に達したり。然るにその後実際の面積に付きては各県より未だ報告なきため之を知るに由なし。哈爾賓近くの或る分局長の語る所に依れば、その主なる地方に於ける植付面積は左の如しと。

県名	面積概数
竜江	三千晌
訥河	二千晌
克山	二千晌
嫩江	一千晌
呼蘭	一千晌
安達	一千晌
鉄驪	一千晌
布西	一千晌
蘭西	一千晌

〔備　考〕東支線及び洮昂線の列車より眺め得る地方には殆んど栽培するものなし。

二、阿片の収穫

本年、比較的良好なりしは克山地方にして訥河、嫩江、竜江、拝泉の各県之に次ぎ、他は殆んど不作なりしと云ふ。

本年は品質不良なるも多量の産額ある可しと一般に予想されたるにより、七月下旬より八月初めの初荷の出廻り時期に於ては、上等品一両（日本の十匁）平均二元二、三十仙（上等品の取引相場は一両五元内外を普通とす）に下落したり。然るに近来、露領方面よりの密輸困難となり、収穫また予想よりも少なく、また買占めをなす者現はれたる等のため価格昂騰し、目下、三元乃至四元五角位にて取引されて居ると。

三、斉々哈爾附近に於ける栽培並びに収穫の状況

播種は五月の後半にして、収穫は七月二十日前後なり。今年の成績は良好ならず。煙胡蘆（罌粟坊主）小なりしため収穫高割合に少なし。採取は一日普通、二回採取す。

一煙胡蘆に付き

大は二十回　六、七十刀

小は十五回　三、四十刀

一畝地の平均収穫

上作　二十両

中作　十両

下作　六両

一畝地に対する耕作費（収穫迄を含む）

上地平均　十元五角　七人手間

中地平均	七元五角	五人手間
下地平均	六元	四人手間

〔備　考〕手間賃は一人平均一元五十仙にして食費は主人持とす。

四、禁煙薬店

禁煙薬店は阿片煙膏の販売及び吸飲をなさしむる所にして、之を四等級に分かち、禁煙局の査定に依り左の如く税額を定む。

甲種	一ケ月	大洋一四〇元
乙種	一ケ月	大洋一〇〇元
丙種	一ケ月	大洋　六〇元
丁種	一ケ月	大洋　三〇元

管内各地の禁煙薬店は左の如し（昭和二年七月末）。

斉々哈爾	一六二戸
昂々渓	三二戸
安達	六八戸
満溝	七二戸
富拉爾基	四戸
札蘭屯	五戸

博克図　　七戸

泰来　　三六戸

是等の中には甲種なく、丁種大部分を占め乙、丙種のものまた少なし。禁煙薬店は益々増加の傾向あり。斉々哈爾に於ては目下（同年九月）三百戸を超過すと云ふ。

各地ともその土地の軍人、官吏その他有力者が関係し、禁煙局の許可を得ることなく勝手に営業をなすもの少なからざる模様なる故に、実際の数は前者の倍以上に達する見込みなり。

第四款　奉天省の禁煙局所在地と局長

禁煙総局に於ける経費は毎月、大洋一万二千三百一十元の予定で、更に臨時費は一ヶ月に付き二千元の予定で事務が開始された。

左に総弁、局長及び分局の所在地を記せん（但し吾等が奉天に行きし時已に完成せしものに限る）。

奉天省戒煙総局は奉天同滙泉焼鍋旧址にあり。総弁は馬義鬼《ママ》。

県名	局長名	所在地
興京	趙世思	奉天省興京
瀋陽	王蘭湘	瀋陽北門裡永会皮店之楼房
四平街	王仲純	奉天省四平街
台安	方子珍	台安永和祥市房
鉄嶺	張嗣良	八郷禁煙任《ママ》

錦	李　某	
錦西	張漢卿	錦西財安廊院内
綏中	王樹棠	奉天省王樹県城
洮南	唐福奉	大街路北張副官院内
遼陽	趙子秀	西街石牌楼前胡同路西
西豊	張耀東	北門裡路西和興
営口	陳　某	埠東商会地址
新民	趙佑臣	商務会西隅
遼中	張栄九	奉天省遼中県城内
鳳城	王樹勲	鳳城七聖祠廊傍
西安	李慣渟	小什字街西路北徳興
海城	李春泉	海城県内李公館
法庫	陽宇山	
開原	張雨田	
安図	波権中	

而して各県はまた之を各区に分かち支局を設置す。今、台安県下の例を示せば、

局長　方子珍

三区　分所長　孫仲堯

四区　分所長　方樹林

五区　　分所長　　栄　閣
六区　　分所長　　方思波
七区　　分所長　　周更波
八区　　分所長　　不明、後師長の推挙に係る。
尚、一、二区に所長なきは地沙薄く種煙未だ設くる能はざるに依ると。

第十三章　烟　匪

第一節　馬賊の種類

北満の馬賊は之を二大別して梟匪と煙匪とすることが出来る。梟匪といふ勇猛なる集団の中には、次の様な事情によりなりし者が多い。

(1)　官紀の紊乱による官憲の圧迫、苛斂誅求に憤激し、決然立ちて地方人民を保護し、その報酬により自立せんとせし義賊的の者

(2)　大官たらんとする野心よりする者。従来、官憲・軍隊が懐柔策をとり、招撫帰順せしめて高級武官たるの栄誉を与へたるに依り、一躍大官たらんとする馬賊

(3)　軍人より馬賊に投ぜし者

(4)　鮮人中の刑余の人及び鮮人中の排日家

(5)　已に法を犯したる者が逮捕を免れんためになりし者

而して彼等は精鋭なる武器を有し、軍隊と交戦し都会を襲撃し人質を取る等、兇暴の限りを尽くして軍隊、富豪には最も恐れられてゐる。就中、吉林省の鏡泊湖附近に根拠を有する賭《ママ》子一派は最も有名にして、機関銃二挺を有すと云はれてゐる。

然るに煙匪は梟匪とその性質を異にする。彼等は自ら阿片を密培するか、または密培者を保護してその報酬を得るを第一の目的とし、そのために武器を備へて消極的に官憲に抵抗するものにして、一頭目を中心とし、種々雑多な不良分子よりなる堅固な集団である。彼等の目的とする所は飽くまで阿片の密売または密培者の保護である。而し時あってか阿片収入が少なくその団体を支ふるに足らざる時は、遂に凶悪なる梟匪となることが少なくない。而して彼等は生活の糧を他人の財に求めんとするのである。本年（昭和二年）の夏は北満・間島方面の阿片は連日雨のために収穫不良にして、鴨緑江東岸の馬賊団は冬籠りすることが不可能となり、その対策として朝鮮対岸の長白県の山奥で各団体の頭目が集合して頭《目脱カ》会議を開き、各団一《ママ》隊に《ママ》同盟して襲撃を計画し、ために間島局子街の第九旅、敦化瑪屯の第七旅の兵に出動を命ぜられたるが如きはその好適例なり。

第二節　煙　匪

北満地方の馬賊（煙匪）の一ケ年の収入の大部分は阿片にあるを以て、此の阿片の収穫の大なる時はその収穫が終はって解散を行ふ場合あるも、普通は穀物の収穫時に於て一寸副業をなしたる後解散す。但し阿片・穀類に依る収穫少なくして冬期六ケ月間坐食するの資なき団体は解散する能はず、已むを得ず掠奪強要等により活動を継続す。而して解散に際しては、山中の各自の根拠地附近に頭目の外二、三名の腹心の部下が立会ひ彼等の武器を埋没し、時としては監視役として腹心の者を残し、翌年春期《ママ》の解氷期を約して解散す。その解散に際しての一人の分配所得は最高六、七百円に上り、少なくとも二、三百円を下らずと称せらる。彼等はその所得金を以て翌年四月頃迄帰郷するか、または他地方の都市に出て遊興に賭博に心行く迄耽溺し、活動時の苦労を忘れ、且つ次回の活動を待つ。而して彼等の仕事は命を的に働くものであるが、僅々半ケ年にして上記の如き貯蓄をなし得る仕事なると、如何にも男性的と誤られ易き性質なるを以て遂に已められず、斯くして毎年同一の事態を繰り返す。即ち馬賊は結氷前またはその期間内に翌年度の阿片栽培者と予約をなし、植付けより収穫迄鋭意之を保護す。如何となれば北満馬賊一ケ年の収入の大半は、前に云へるが如く阿片の収穫税に待つを以てなり。而して多くの場合は、結氷前に一部の監視人を止めおき、更に翌年の解氷期を待ちて集合するを以て、自作農《彼等馬賊は脱カ》の如き態度を以て臨む。故に彼《阿片栽培者は脱カ》の官憲の保護によるより温情ある馬賊の下に働くを希望する次第にして、普通《馬賊は脱カ》、一晌地につき八両乃至十二、三両を徴収し、その部下の無断強要する者は重刑または死刑に処し、以て己の縄張りの取締りをなす。一般に官兵に比し馬賊が歓迎せらるゝは之がためなり。彼等は命を的にする仕事だけに細心の注意を払ひ、彼等の同志は官兵となりて入り込む事あり。また、常に都市、村落に多数の密偵を派し、或は茶館、或は料理屋を開業し他方、情況の偵察、宿泊並びに物資の購入に供する外、到る処に連絡者を設けて不時の変に備ふ。

大部隊の行軍に際しては普通、宿営地点より五十支里、近くも二十五支里の四方に、五支里乃至十支里毎に歩哨を配置するは勿論、軍警の駐屯地その他の要所に派し、或は軍《警脱カ》その他の各機関と連絡を取りて常に之等の討伐行動を探知し、行軍に際しては一日行程或は一部落の前方に密偵を派し、障碍の有無を探りつゝ前進するを常とす。その注意の周到なる事斯くの如し。

之を各地方に付いて見るに、煙匪の最も猖獗するは吉林省の東北隅を占むる依蘭道である。依蘭道は東はウスリー江を以て露領沿海州に境し、北は黒竜江を隔てゝ露領黒竜州に対し、西は松花江を隔てゝ黒竜江省に境し、南は吉林省の延吉道及び賓《浜カ》江道に連なり、その間を東支鉄道東部線が縫ふてゐる。此の地方が支那に於ける最大の阿片産地の一であるが、それは⑴芥子の栽培が公許されてゐた。清朝時代には寧古塔が有名なる阿片の集散地であり、この市場を中心として罌粟の栽培が行はれてゐたが、後に禁令発せらるゝや漸次北上したると⑵東支鉄道の終点駅なる綏芬河「ポグラニーチナヤ」が昔の寧古塔を数十倍にした程の阿片市場となり、その取引年額が日本の二十万円、三十万円にも上るために、益々罌粟の栽培を奨励する結果となった事による。

次に依蘭鎮守使李杜氏の報告文を略記して烟匪の状態を窺へば左の如くである。

『依蘭及び勃利の二県に於ける罌粟栽培禁止の成績は頗る顕著なるものがある。樺川、宝清、富錦、綏遠、同江の各県では尚ほ禁絶されてゐない。また、虎林、饒河の二県は辺鄙なる上に深山密林に覆はれてゐる所から罌粟栽培地の多い事は想像の外に在る。虎林県に付いて調査したる所では「煙溝」が今年発行した小票は三千余件に上り、饒河県の事情も大体之に同じ。

右二県の知事からの報告に依れば、県下の煙溝が有する大小銃器は三千挺内外との事であるが、別に探偵からの報告に依れば八千挺以上との事である。正確なる数字は査明し難い。且つ煙溝には夫々溝視がありて官憲の行政権が溝内にとゞかぬ事多く、煙匪の勢力は真に驚く可きものあり。該地方の巡防隊は実力が乏しいから取締りを加へる事が出来ず、若し優勢な軍隊を指し向けて圧迫を加へる時は彼等の反抗を促し、単に罌粟の栽培を禁止し得ないばかりでなく、却って彼等を土匪（梟匪）たらしむる恐れがある。之は嘗て先任者たる李夢庚の陥った失敗で、地方人民は斯かる失敗の繰り返さるゝ事を非常に恐れてゐる。』脱カ煙溝とは罌粟栽培者の縄張りのことで、一煙溝毎に窩煙なる頭目が居る。罌粟の栽培を望むものは窩煙に渡りを付けて小票の交付を受く。小票は縄張り内に於ける許可証である。窩煙は許可を受けたる者に対して耕地を指定する。煙溝内の要所々々には煙卡と名付くる関所を設け、武装せる煙匪が之を守りて通過する人及び物に対して厳重なる検査を行ふ。多くの関所を設け警備の手段が行き届いてゐるため、仲間の者でなくては入り込む事は出来ぬ。

現在、依蘭鎮守使の意見に依れば、煙匪に対し圧迫を加へるのは上述の如く不得策であるから、向かふ二ケ年を限りて各戸に二方宛（即ち一千五百畝）、単独の者には一方宛の荒蕪地を与へ、武器を差し出したる者にはその代価を給し、また軍警志願者に対しては最寄りの部隊に編入すること〻したら漸次、効果を収むる事が出来様との事である。而して吉林督軍張作相は此の意見を採用して速やかに実行させる事にしたさうである。

寧安の東方に位する磨刀石の東北約二十五支里、台馬溝の西北約二十五支里にある転心湖（東南約四十支里）附近は有名なる阿片の産地にして、転心湖は四面山を以て繞らされ恰も擂鉢の底の如き平野にして、同地方のみにても約七百晌地四〇〇、《ママ》町歩の阿片栽培せられ、尚ほ磨刀石、台馬溝間の鉄道線路の左右には二、三十支里に於て約二、三百晌地我が約一千六百十《ママ》歩の阿片栽培せらると称す。馬賊はこの鉄路に面せる南方の山嶺に砲塁、山麓に塹壕を築造し機関銃を備へ防備をなせりと。

斯くして馬賊の実収も約五千両に達すと云はれ、第二奉直戦争の時は軍隊の移動激しかりしため容易に之を奉天方面に密送し五、六百万円の収入を得たりと。

局子街方面に於ける罌粟栽培の取締りの厳重なることは已に述べたる所なるが、今、その煙匪に付いて云へば、馬賊は多く奥地に於て阿片を栽培し、之に対し官憲は八月頃にその討伐をなす。之れ蓋し八月は罌粟の花満開し最も発見し易きに依る。而して附近の人、行客は馬賊の報復を恐れてその阿片の栽培地を官憲に告ぐる事なしと雖も、時恰も花少《罌粟の花以外の脱ヵ》なき時なるを以て、蜜蜂はその花の香を慕って集まり来たり、その蜜蜂の道案内により進み行きて馬賊と交戦する事あり。故に煙匪は最も蜜蜂及び官軍を警戒してゐる。歩哨を各関所に立つるは勿論也。その上附近の部落民よりは強制的に米、粟、麦粉等を借り、若し部落民の一人が密告する様な場合には絶対に借りたる貨物は返却せず、之に反し恙なく阿片の収穫をなしたる時は礼を厚くして返還す。之れ部落民より自然と口止料を取るものである。

第十四章　阿片と軍隊

阿片はその生阿片なると阿片煙膏なると薬用阿片なるとを問はず、共に青臭き麻酔性の芳熏を有す。その中に含有する塩基類、殊に約四五%を含有するモルヒネ塩基は脳体神経の麻痺作用を顕含す。故に之を吸食する時は中枢神経の麻痺を来たして半麻睡状態となるも、また之を適宜服用すれば腸の蠕動を制する良剤なり。

第一節　吸煙の動機

吸煙者中には、軽度の腹痛、頭痛、風脚《邪ヵ》、下痢等の快癒を促す薬餌として吸煙または服用し、その度を重ぬる間に遂に中毒せるものありと。好色家の精力を増進する効果あるに依り吸煙を始め、或は吸喰者と接触する間に好奇心をそゝられ、或は吸煙者の誘惑により之を親しむに至りし者最も多し。之れ即ち煙友にして、また一家人の吸煙が直ちに全家に伝播する所以也。

吸煙量

一回の吸煙量及び一日の吸煙回数は、吸煙を重ね且つ中毒程度の高上すると共に逐次逓加す。例へば初吸者は一回五分にして麻睡したる者も六、七回に到れば一匁を要するに到り、煙効の保有時間は漸次短縮して初めは二十四時間以上を保てる煙効も十時間以内に減じ、日に二回吸煙せざる可からざるに至る。斯くの如くにして延吉方面に於ては、初吸者は一日一円五十銭の吸煙費を要するも、そが一週間ならずして日額六円（阿片十匁の市価）の吸煙費を要する等、吸煙費は幾何級数的に逐次逓増す。

第二節　軍人の阿片吸飲の状態

軍隊の内情の一斑

多数の青少年が常時、集団起臥し居る軍隊に対し、阿片吸煙の習癖の侵入せずんば非ざるは、已に第一節に於て述べたる如く、支那人の集団生活に於ける必然の結果として防ぎ難しとなす。

苟も国家の干城となる可き軍隊が、支那国家の大害と認められたる此の阿片問題に対し如何に考察し措置しつゝありや、また阿片吸喰の状体は如何なるやを研究せんと欲せば、先づ支那軍隊の内情の一斑を知るの要ある可し。

傭兵は満十七〜二十五才の身体強健、品行方正にして、刑法に触れたる事なく、成る可く文字を解する者を採用する規定なるも、軍隊の給養甚だ粗薄なるのみならず、「軍隊都是狗、没有一個好東西」として侮視せらるゝにより、素質善良なる者は志願することなし。現に身体《元ヵ》保証人あればその年齢、素質の如何を問はず傭入し、多くは失敗せる商人、失職せる労働者、或は吸煙費なき阿片中毒者、脱走せる馬賊等の不良分子にして、目に一丁字なき者多く、排長以下もまた之等の兵卒の鰻上りに昇級せる者大部分を占め素質宜しからず、新聞を読み得る者は四割に過ぎず。

而して団部（聯隊本部）等の所在地に在りては形式的に毎日一時間位の教練を行ふことあるも、地方に分散せる部隊に在りては殆んど教練を行はず。また、営内に於ける下士卒は休日の外、外出を許さゞる規定なるも、多くは公用に託して外出し、僻地にありては食事及び朝夕の点呼の時の外は随時外出す。営内に於ては下士卒雑居して横臥、惰眠、雑談、放歌、賭博に耽り実に紊乱の極みなり。

吸喰者の比率

入隊を志願せる中毒者及び脱走せる馬賊の中には、暴戻なるこの軍権を藉りて阿片の吸飲に便ならしむるを目的とし兵卒となりたるもの少なからず。彼等は已に入営しある中毒者と共に新入者をも駆りて吸喰の習ひに誘惑す（入営後吸煙に到る者約半数）。従って将卒を通じ約八割は吸喰者にして、約六割は癮者に近き中毒者なり。而して相当素養ある青年将校中には吸煙者比較的少なきも、大尉以上の軍官に至りては阿片に親しまざる者殆んど皆無にして、一般支那人に比し軍隊に於ける吸煙者の数は著しく大なり。

吸煙の場所

此等の吸煙者中、将校にして営内に居住する者はその居室に吸煙器を備ふるもの多く、営外に在る者は出勤中は営内居住者の具を借り、退庁後はその隊内の将校または友人が内職として経営せる売煙館に於て吸煙す。下士卒は殆んど売煙館に至るを常とするも、僻地の軍隊に在りてはその約一割は阿片煙館を有し営内に於て吸煙す。吸煙の時刻は一律ならざるも通常、午前十時〜十一時三十分、午後は四時〜六時の間にして、殆んど教練を行ふことなく事務また頗る乱雑なるにより出勤或は勤務中と雖も吸煙の時間を求むる事は難からず。

兵卒中外出し得ざる者は、常時、準備携帯しある阿片丸を服用し苦痛を忍ぶを常とす。

第三節　軍隊に於ける煙毒とその余弊

煙中毒に侵されたる者は既述の如く身体著しく衰弱を来たし、気力また失はれて甚だしき倦怠を覚ゆるを以て、殆んどその業に服する事難く、然も吸喰の習ひは急速に他に伝播するにより直ちに全員を挙げて廃痼たらしむるに到る。吾人はその害の大なるに戦慄せざるを得ず。然るに延琿地方に於ける将卒の給養は前記の如く粗薄なるにより、吸煙の資は全く他に之を求めざる可からず。その方法の顕著なるものを示せば次の如し。

一、家人を使用しまたは友人と協同して売煙、売薬等の内職をなす者あり。売煙業を行ふ者は多く将校にして、協同する地方人もまた多くは旧将校等軍職に在りし者なり。現に将校の出入繁く、恰もその集合所たるの観を呈す。官憲の手を下すこと能はざる売煙館あり。而してその売品には馬賊の討伐または地方の巡検の際の押収品を軍人より廉価に入手したるもの尠なからず。爾余の内職に到りては多くの軍人（一般官吏を含む）が殆んど公然之を行ひ団長、営長にも金の貸借、雑穀の仲買、その他の事業に投資する者少なからず。

二、自宅または友人の宅に於て相結託して賭博を開く者あり。前項に同じく治外法権の存するに似たり。

三、兵器の密売をなす者あり。将校中には馬賊の討伐、地方の巡検等の際に押収せる武器の数或は之に使用する弾の数を欺きてその差額を私する者あり。

四、部下の現員数を欺き俸給を私する者あり。班長以上は必ずこの不法を行ふと云ふ。一中隊の定員約百二十人に対し現員六、七十名に達せざる所以は、一は利得のために努めて減員してゐるためなり。

五、地方人より軍用と称して金品を強徴し之を私消する者あり。地方に分散せる部隊長等が兵舎の修理を口実として木、石材等を集め、或は薪炭を徴して売却または私消す。

六、新応者を苦力として地方農民に提供しその傭費を私する者あり。現に琿春県土門子の第二営に於ては屢行はる。

七、阿片を発見し没収または収賄する者あり。戒厳令の布行中は勿論、軍隊の地方巡察等の際には尋問、検査するを第一義とし、阿片の所有者または運搬人を発見する事甚だ多し。その際阿片は半分を没収（着服）するか或は収賄し、本人は之を釈放するを例とするも、頑強に拒む者は官署に引致す（官署に於ては全部の阿片を没収して罰金を徴し、その大半は官吏の懐に入ること勿論なり）。

此れに依りて之を見れば、軍隊経理上の不正行為も将また、地方民の信頼を失墜する原因も、共に此の吸煙費の捻出に依るものと謂はざる可からず。

売煙店は軍警の幹部に贈賄してその保護を受くること既述の如くなるが、一方、下士卒の中には之等の商人に対し阿片の無料提供を唆し、或は脅迫し、尚ほ肯んぜざる時は多衆を藉りて暴行する事ありと。故に売煙者は警察権を行施《ママ》する警官よりも却って兵卒を恐るゝ者多し。殊に毎年夏秋の候に於ける阿片の芟除及び馬賊の討伐の際には、将卒共に一年を通ずる唯一の収穫期なれば、阿片等の押収に没頭するの弊ありてその言《害カ》特に甚だし。

斯くの如くにして武器は廃し警戒予防の意気なきは勿論、将校は部下を統御する声望を失ひ、兵卒は上官に対し信頼服従の念なく、軍紀頽廃して有事の日活動し得ざるは勿論、匪賊の警備もまた頼む可からず、却って軍隊は不良分子の集合体に異ならずとの感を抱かしむるに到る。阿片吸喰の齎す害毒また大ならずや。

第四節　軍隊の阿片芟除

罌粟は毎年四月下旬に下播し七、八、九月中に収穫するものにして、附近の地方官憲の取締り厳重なるにより人目を引かざる山谷森林の中を選び土民の不良者等数人が共同して之を密耕するも（煙匪に非ず）、深山には馬賊の襲来を恐れて煙匪の外には密耕者少なく、総て山深く進めば皆馬賊の保護を受く。

密耕取締法

密耕の取締りに付いては已に述べたる所なるも、北満の軍人の取締法について一言すれば、元来、密耕の取締りは地方官憲の仕事なれど、少数微力なるに依りその手及び難きのみならず、地方軍警は多く密耕者の買収する所となり、然も密耕者は馬賊と密接なる関係を有するを以て、《軍隊は脱カ》毎年出動して馬賊警備の傍らその取締りを補助す。即ち六月上旬より七月下旬迄、連長・排長等の指揮する小部隊は奥地山間を踏査、検査す。故に密耕の取締りは地方官憲よりも寧ろ軍隊の手中に在り。

密　耕　地

阿片の耕作地は例年多く同一にして、芟除出動の前には予め密偵を放つか或は一日行程前に斥候を派す。而して稍山深くして人猿の通過ある可しと思はるゝ密林の小路を辿る時は、大抵密耕地を発見することを得可しと云ふ。

密耕者は多く独身者にして、各地を流浪する労働者の群その大部を占め、稀に土民を含むことあり。阿片の耕作及び入手は他の農作物に比すれば簡単にして収穫大なるにより、地方官憲の買収費を出すも尚ほ余利多し。従って年と共に耕作者は増加しつゝありと。

罌粟を芟除するには通常、銃剣を以て実及び花を払ひ、または土民をして兵の監視の下に根より抜き取らしむるを例とす。然るに兵員の大部は前記の如くその生命にも換へ難しとなす煙中毒者なるのみならず、阿片の原産地に芟除のために出動するを唯一の目的として入隊せし者さへ少なからざるを以て、出動の将卒は寧ろ阿片収得の好機として活動し、芟除の任に努むる者は皆無に近く、密耕地を発見すれば必ず若干の私利を求めずんば止まず。懐にすること多ければ黙許し、少なければ百方手段を講じて耕作者より金品を搾取し、時には更に刑罰を付加して芟除を断行する等、その暴状言語に絶することあり。

即ち来住者の目視し易き密耕地は、後難を怕れて特に多額の贈賄を受けざる限り芟除するを常とするも、目に付き難き僻地に在りては収賄の上之を黙認す。収賄する金品なきか或はその額の予想額に上らざる時は、共同耕作者の一人を極刑に処し他を脅迫して弥が上にも強徴す。然る時、極刑者の耳を帰営の際に携帯すれば軍功の証となり、軍の上司の賞与に与るを以て二重の利を得ることゝなる。また、一地方に於て数日滞在し、帰路再び同一地方を通過するが如き場合には、兵の若干名をして耕作者を監視せしめ且つ収穫せしめ阿片の分配を強請す。

軍隊の強徴する賄賂も多く阿片を以てし、之等の阿片の一半は指揮官に、一半は下士卒に分配し、一小部分のみ帰隊報告の上、上官に提供す。上官は更にその一小部分を賞与として与ふ。之等の阿片は更に転々として近き所の煙館の売品となるや勿論なり。

斯くて軍人が一年を通じて収入最も大なる書き入れ時は此の芟除出動期にして、中には此の期の活動と常時の内職とにより在隊両、三年にして小財産を作るに至る者さへありと云ふ。

第五節　馬賊の討伐と阿片

支那馬賊の大部分は阿片中毒者なり。彼等は深山密林中に生活する者なるが、阿片を以て唯一の娯楽とも医薬ともす。蓋し遠距離の行軍、夜間の活動に加へ官憲の極刑に脅かさるゝを以て、心身の疲労頗る大なるに拘はらず暖房美食が彼等を待てるに非ず、慰安の道も絶無なるに、一度病を得んか医療の道さへなし。故に陶然として虚脱の境を楽しみ麻睡、鎮痛を喜ぶに至るはまた已むを得ざる事なる可し。彼等馬賊間の規律は予想外に厳重にして、特に女禁の制を格守せしむるに依り、自然、吸煙に親しむに至ると云ふ。

馬賊が常に吸飲しつゝある阿片は密耕者より徴収したるもの、また襲撃の際の掠奪品なるは勿論にして、中には彼等の一部が夏季に活動の余暇を利用して森林中の土地肥沃なる地点を選定して合同栽培せる収穫品を用ふ。之等の阿片は各地に游動する彼等にとりては一種の貨幣に同じく、阿片を携へて下山し市井に密売して兵器及び生活の必需品に換へつゝあり。従って襲撃の際は他の金品と共に掠奪の一要品と目せられ、特に阿片を目的としその収穫期を待ちて密耕地方を襲撃することあり。

僻地に於ける高級軍官中には馬賊の帰順したる者少なからず、兵卒中には脱走せる馬賊を雇傭しつゝあること前述の如し。故に軍隊と馬賊の間には相互の朋友、親族少なからず、自づから意志の相通ず可きは勿論、軍隊は戦闘のための私兵にして、馬賊は掠奪のための私兵なり。単に頭目その他若干の者容を異にし官と民と名を一にせざるも、また何の思《恩カ》怨なしとの観念は軍人、馬賊の大部の脳裏に浸潤しつゝあるを以て、相見ること友団の如く、軍隊にして馬賊と連絡を有せざる者は皆無なり。従って両者相接すとも互ひに相助け相譲り合ひ、敢へて戦意を抱く者なし。任を討伐に受けて出動したる軍隊が馬賊の所在地附近に至れば、隊長は直ちにその一幹部を密使として賊首の下に派し、「上司の命に依り已むを得ず出動せり。時所を定めて頭目と相会したし」と旨を伝へ、通常、頭目は直ちに一、二名の部下を帯同して隊長を往訪し、両者は酒食をとり吸煙しつゝ両者の行動を密議す。而して数日にして交渉纏まらざる時は、互ひに対陣しつゝ去来往復し、煙親を結ぶこと兄弟の如し。

また、若し前記の如く会商密議する暇なく交戦する時は、互ひに道を譲りて相争はず。唯、特に上司が多く金品の賞を掲げて討伐を命ずるが如き場合には、会商を求めて拿捕するか或は優勢なる軍隊を以て真に討伐を行ふも、その実例は極めて稀にして、数人の小団たる鼠賊が時々討伐せらるゝにすぎず。

軍隊と馬賊と密耕人との関係

奥地に於ける密培者の中には元馬賊たりし者少なからず。彼等は密かに馬賊と連絡して収穫品の幾割を提供する契約の下に耕作しつゝあり。また、数ケ村の村民が馬賊に対し収穫阿片と日用物資との供給を約し、その保護に依りて密耕する者あり。賊団との関係を有する之等の密耕地にありては、地方軍警が手を付くることなきは勿論、軍隊と関係を有する所にもまた賊団は手を染めざるを常とす。蓋し馬賊と軍隊との関係は前記の如く密接なるを以て、その保護しある阿片の耕作地を通報するに依る。斯くの如きを以て、両者が関係なき密耕地に於て阿片徴収中、不意の遭遇を来たすことあるも、直ちに協定してその利得を偏せず、却って互ひに相譲ることさへあり。

討伐と地方民の損害

馬賊討伐のための往復及び出動中は、軍隊は地方の物資と家屋とを徴発して給養し宿営をなす。その支払ふ物価の如きも市価を考慮することなく、然も時には不払ひを免れざるに依り、長きは半年に亘る出動中、地方民の蒙る損害は頗る大なり。更にその間、軍隊の暴行、掠奪頻出し、住民は却って馬賊の襲来に勝る苦痛と疲労を来たすに依り、甚だしく軍隊を厭悪す。故に討伐は軍隊のための討伐にして（阿片徴収と上司の高等政策に基づく命令とのための）、安民のための討伐に非ずと云ふを適当とす。

討伐の利用

馬賊討伐の間には軍人が地方民と結託し、討伐に名を藉りて公然、阿片を送受すること少なからず。之を要するに軍隊は却って馬賊の後援者にして、馬賊は寧ろ軍隊の支持者たるの奇観を呈す。此の悪縁を結ばしむるは主として阿片をめぐる煙情なり。此くの如く馬賊の討伐は却って阿片の討伐に終はり、例年の出動は数月に及ぶも遂にその効力なし。地方民が匪徒の禍に苦しめらるゝ所以は、大半は阿片の致す所にして、先づ保境安民の実を致さんとするには、阿片の害を軍隊より一掃してその改造を計らざる可からず。

第六節　結　言

軍人にして阿片を吸喰する時は身体を損ひ、持久力を減じて兵業に服すること能はず、士気また衰へ軍紀頽廃して戦闘に堪へざるは勿論、余弊百出して累を社会に及ぼし、却って国家を毒するに至る。而して今や支那軍隊は上下を通じてこの煙鬼と化し、已に内は国民の信望を失ひ外は馬賊を制するの力なく、却ってその存在を呪はるゝに至る。即ち保護安民の実を挙げんと欲すと雖も百年河清を待つに等しく、真に支那をして国家たらしめんと欲すれば先づ軍隊を改造するを要し、軍隊を改造せんと欲すれば煙習を駆逐するを要す。

産を傾け家を破るも尚ほ脱し難しとする執拗なる煙習をして軍隊より一掃せんと欲すれば、幹部は断然止煙して範を部下に示し、以て部下の弊習を矯正し、兵卒の補充資格を確定し、給与待遇の法を改善するを要す。斯くて煙情の誘惑なくして始めて軍隊は馬賊と交戦し、阿片の芟除を断行することを得、また良警官を助けて吸煙、売煙を取り締まり、国民の協力と相待ちて止煙を徹底せしむることを得可し。

然れども斯くの如きは実情に疎き一の理想論にして、軍隊の煙害は容易に一掃し得べからざるや論なし。然らば我等は現状の支那軍隊に対し作戦上、如何に考慮せざる可からざるか。阿片中毒者は飲料を要求すること夥しく、寒さを覚ゆること夥しく、また煙効保有の時間は彼等の能力に大なる関係を有す。故に支那軍隊に於ては行軍、戦闘に休止するの余裕を与へず、数時間に亘り連続之を強行するは最も苦痛とする所にして、薄暮と払暁とは煙効失せて他に乗ぜられ易きの時也。また、冷気を覚ゆる早春、晩秋の候を忌み、寒中は飲料の不足と相俟ちて最も苦痛とする所なる可く、特に阿片の補給状態の如何なるやは、吾人が支那軍隊と共同しまたは対決する場合、その煙習に関して考慮す可き特種の要点也。

軍隊とモルヒネ注射

第一節に於て云へるが如く、阿片の吸喰は主としてモルヒネ塩基の作用に中毒して之を嗜好するに到りしものなり。従ってモヒを服用または注射する時は、阿片を吸喰したると同様の作用を呈し、その現象は阿片に比し更に顕著なり。

故に延琿地方に於ては、約二十余年前よりモヒを注射せるもの多く出で、その後、阿片中毒者中、漸次モヒ注射に転ぜし者多く、尚ほ吸煙と同じく朋友の勧誘或は罹病等を動機として麻睡の趣味に耽けるに到り、その度を重ぬるに従ひ遂に中毒者となり、一生を虚脱状態裡に終はる者少なからず。

注射の方法は約二％のモヒ水溶液に微量のコカインを加へたる後（注射に依る疼痛を感ぜざらしむるため）、注射器により皮下に注射す。従って吸煙《注射カ》の法は至って軽便なるのみならず、時間もまた大いに節約するを得。

吸煙者がなる可く官憲取締りの眼をのがれんと欲すれば、器具の携帯、その準備及び施術の方法の容易なるを可とす。また作業、労働の能率を挙げんと欲すれば、施術の時間を単縮《短カ》するを要す。之れ吸煙者が注射に移る所以にして、また中産以下の者の注射する者多きを加へつゝある所以也。

然るに注射は前に記したるが如く、中毒を惹起すること迅速に、且つ注射量の逓加率大なるを以て、経済上、打撃を受くること大なるのみならず、心身の疲労消耗も甚だ顕著也。而して多くは溶解法乱暴にして消毒法不完全なるにより、化膿して未だ廃者に至らざるも已に皮下は癩病の如く糜爛し、手足の自由また十分ならざるに至る者あり。

軍人の如く規則ある生活をなし営内に居住せる者は、上記の主旨より大部分はモルヒネを注射し、口曜等放縦の生活をなすを得る時は、煙燈に親しみて恋々虚脱陶酔の境に向かふを常とす。従って両毒相待ち中毒の病勢は最も速やかに増進し、注射に伴ふ肉体の破壊は（営内に於ては消毒不便）地方人に比して特に甚だしく、街路に於て遭遇する兵卒の不自然なる歩み様、窮屈なる挙手は、殆んど此の注射による傷部の疼痛に依るものにして、兵業に因る外傷とは全然その趣を異にす。

第十五章　北満に於ける反阿片運動

中華拒毒会が万国拒毒会の向かふを張って上海に旗揚げしてより已に数年、之も近年流行する民族意識の一にして、後者が外国の宣教師及び有志家を中心としつゝ支那を活動舞台とせるに反し、前者は専ら支那人のみの事業として出発したる事が抑も全国的人気を博せし所以なり。

降りて満州にては先づ奉天に於て商務総会、市政公所、基督教青年会、道徳研究会等相呼応し、以て拒毒会の連合運動を行ひ、全国的に阿片・モヒの害毒駆除の宣伝運動をなすに決し、国際的に中華民国の名誉を保持するために一致協力し、国際禁煙大会を助長し、㈠各商店に煙毒の遂に国を滅亡せしむる意味の旗を掲げしめ、㈡各公共団体を通じて民智の開発に努め、㈢各新聞・雑誌等、通信言論機関を利用し、阿片・モヒ疽《阻ヵ》毒のため、国際禁煙大会に右の阿片栽培及び産出制限の法案を通過せしむる運動を執り、㈣各学校ボーイスカウトの集合団体を以て、各省に於ける軍民長官、公署、議会等に拒毒の布告をなさしめ、汽車・汽船等一切の交通機関に支・英両語を以てその実悪《害ヵ》の警告文を貼付せしめ、㈤活動写真を写し或は劇に上演して実際の宣伝を行ひ、その大成功を期する計画にして、大正十三年十月迄に設置せられたる会は百二十九個所に達し、その後設立せられしものまた三十余個所ありと称せられ、北方に於ては哈爾賓青年会中心となり之が組織に奔走せしが、大正十三年九月には哈爾賓拒毒会の設立を見、各方面、各階級を通じて積極的行動に出でたり。而して同年九月二十八日には傅家甸の浜江公園に於て哈爾賓全市の各団体及び市民による拒毒講演大会を開催せしが、集会者は各公共団体四十余、並びに市民一千五、六百名に達し、行政長官朱慶瀾大将の詞ありたる外、張煥相鎮守使、衛生局長代理、国民倶進会代表黒樹臣、理教会代表張建廷、于喜亭、自治三会代表王立夫、東支鉄道学校長趙白容、東三省新聞韓鑫樓、晨光報張樹屛、拒毒会々長童星門諸氏の演説等ありて非常の盛会なりき。

同会の挙行されしより以来、拒毒会員は一層盛んに活動を開始し官憲、軍隊と呼応して哈市に於ける吸戸及び密売機関の調査を行ひ、税関その他の官憲と共に船車内の密輸出入者及び附近の密培者の調査を行ひ医局、学校その他の各公共団体と相連絡して演説、講演、訪問、活動写真、新聞、雑誌、文章等、凡有手段方法を講じ拒毒に関して活動をなしつゝある結果、阿片、モヒ等に自覚せる者漸次その数を増さんとするが如き現象ありと云ふは実に喜ばしきことなり。而れども前途は甚だ遼遠、唯、竜頭蛇尾に終はることなきを希ふものなり。

第十六章　結　論

阿片の栽培中毒も販売中毒も、結局は吸煙の中毒となりて現はれる。吸煙中毒の如何に恐る可き結果に到るかは已に述べたる所なり。而して之が個人的に及ぼす害は如何？彼等は一度吸煙すれば中毒しなければ止まぬ。一家人の中毒するあれば不知不識の間に家族もまた吸煙になれ、遂に全家を挙げて家産を蕩尽し、その余波は直ちに親戚、朋友、近隣をも駆りて同一の悲運に陥らしむるを常とす。伝播蔓延の勢ひ実に斯くの如し。若し夫れ足を支那の地に入れ肢を街路に運ばんか、必ず蒼顔痩軀、破衣跣足の乞食を見る可し。之等の前身を尋ぬるに、多くは大厦に住し数多の妻妾、奴婢を擁し一邑に富を以て鳴りたる者にして、今や産を傾け家族は四散し、流浪落魄して我が命の旦夕に逼れるも知らざるが如く、蠢々として阿片の影を追はざる者はなし。

此等の癮者が自ら身を破るに到りしは自業自得にして已むを得ざるとするも、害を他に及ぼす事多きは実に寒心に堪へざる所なり。売煙者が官憲の検索を逃れんとして軍警の要職者に贈賄し、或は巡邏者に饗応して、上官憲に親しみ下之にならひては、威令の行はる可くもなく秩序日々に乱れ、売煙の取締りは弛緩して吸煙は却って多く、正に良俗に反すること甚だし。

而して吸煙者が此の弊に陥るには、四囲の環境特に煙友の誘惑に依る所大なれども、更に仔細に観察すれば、儒教かぶれの形式に捕はれたる風俗習慣の弊と衣食住の関係より、下の如き各項もまた阿片吸煙の根絶し難き原因と見る可し。

一、徒　弟　制

父母在れば遠く遊ばずと云ふ教義に依り、郷里を出て各種事業に従事する場合一般に家族を携行せず。妻子は郷里にありて父母に仕へ、自分は単独にて出掛けるを常とし、官吏を除く外一般に家族を招致するを蔑視するの風あるを以て、彼等の多くは家族を伴はず、家庭の慰安に接するを得ず。ためにその生活は荒び遂に吸煙の道を辿るに至る。

二、男女七歳にしてその席を同じくせず

支那に於ては女子の教養低級なるを以て醜行関係を起こし易し。故に上流の家庭に於ては家門の名誉を保持するために吸煙せしめ、以て貞操を保たしめる風あり。未亡人に対してもまた同じ。

三、一夫多妻の風習と結婚関係

支那に於ては男尊女卑の風習特に甚だしく、且つ女子は溺死《子または女ヵ》の法またはその他の方法により調節せられ、ために男の数は女の数に比し頗る多し。

而も支那は従来、一夫多妻主義にして、富者はその多きを誇るが如き風習さへあり。されば男子中に結婚し得ざる者を生ずるは当然の帰結なる可く、而も一般に妻妾を娶るには少なからざる金銭を要するを以て、勢ひ貧困者は妻帯し能はざることゝなり、また貯蓄心ある者と雖も妻妾を娶らざる内に已に慰安を求めて吸煙の道を辿るに到る。

四、娯楽機関少なきこと

支那人の家庭、商館には娯楽機関少なく、小人閒居して不善をなすに至る。

五、食物関係

一般に支那人は脂肪質の食料と韮・蒜等の興奮性の食料を取るを以て概して情欲大なれば、此の圧迫より遠ざからんために阿片を吸ふ。然らば吾人は右の如く深く彼等の嗜好に根ざしたる阿片の吸煙を如何に処理す可きや。之れ支那青年及びその友人たる日本青年に投げ掛けられたる最も重大なる問題なり。

阿片に対する政策

雍正七年（一七二九）清朝は阿片吸煙の禁止令を発布せしが、一度、吸煙の習慣に陥りし者は容易に廃煙することを得ず。ために密売盛んに行はれ、商人は却って多額の利を享くるの状況を呈し、英商は奇貨居く可しとなして益々密輸入を計るに至れり。之がため支那は数千万円に上る正貨の流出に苦しみ、また一方、如何に厳令を発するも吸煙常習者の増加は殆んど底止する所を知らざりき。是に於て政府は江蘇巡撫《湖広総督カ》林則徐を欽差大臣に任じてその取締りを厳にし、密売者及び吸煙者は之を逮捕して尽く死刑に処したるが、更に彼は密輸入を計らんとせし英船二十二隻の阿片を全部没収し、英人所有の阿片の献納を迫りしも聞き入れられず、終に二千《万カ》余箱を焼棄せしめたり。之れ即ち阿片戦争生起の原因にして、次いで支・英兵の交戦となり、その結果、支那は英国に対して香港を割譲し、五港を開き、二千一百万円の賠償金を支払ひ、而も吸煙及び輸入の禁止に関しては之を廃令せざる可からざるに至れり。是に於て支那は正貨の流出を防禦するため国内に盛んに罌粟の栽培、阿片の製造を計りしを以て、吸煙者の数は夥しく増加し、終に支那をして一大阿片国と化せしめたり。斯くの如く阿片戦争の結果は、支那人をして徒に国難と屈辱とを蒙らしむるに止まりしも、之がため列国は支那と通商条約を締結するに至りしを以て、こは支那貿易のため、また東洋文明のために一新生面を開きたりとも云ふ可し。されど人道に背き害毒を流したる罪科は到底逃る可からず。

阿片の流行は大害なり。されば支那は雍正七年以来、阿片取締りのため如何に多くの禁令を発布せしや、左に之を記せん。

諸禁令の発布

一、雍正七年（一七二九）吸煙及び売買を禁止し、死刑なる酷刑に処す可く発布《法令を脱カ》せり。

二、嘉慶元年（一七九六）吸煙者を罰し、《以下、嘉靖五年（一八〇〇）カ》また勅令を以て輸入及び罌粟の栽培を禁止せり。

三、同十《八脱カ》年（一八一三）一般の吸煙者は勿論、官吏・軍人に特に罰則を定めたり。

四、道光三年（一八二三）禁煙条令《例カ》を制定し、栽培及び製造を禁止せり。

五、同九年（一八二九）章程三十九条を定めたり。

六、同十一年（一八三一）上諭を発して播種を禁じ、之を犯したる者は田畑の処分をなす可く定めたり。

七、同十九年（一八四〇《一八三九カ》）各州県に保甲制を布き、また保隣墟長に依り告発者に奨賞を給し、州県をして監督せしめたり。

八、咸豊九年（一八五九）一八五八年の天津条約及び附随の上海条約に依り輸入を認め、一般人民に対しては売買、貯蔵を特許したるも、官吏・兵丁の吸煙は之を罰せり。

九、同治十一年（一八九二）米穀の生産に害を及ぼすを以て罌粟の栽培を禁止せり。

十、光緒十三年（一八九六）芝罘条約に依り輸入税及び釐金税を徴し、間接に輸入の漸減を計りたり。

十一、同三十二年（一九〇七）上諭及び禁煙十一個条並びに章程に依り厳励周到なる十年計画を樹て、栽培製造は固より、《脱文カ》一方、英国に対しても阿片輸入の制限を交渉し、英支両国互ひに協商して阿片吸喰の絶滅を期せり。

十二、宣統元年十二月二十日　支英条約と同時に禁煙条令《例カ》を発布せり。

十三、民国三年（一九一六）　中華民国新憲法を以て阿片煙罪十条を定め、阿片製造の目的を以て罌粟の栽培をなしたる者、及び阿片並びに用器の製造或は販売の目的を以て収蔵、販売または外国より運搬したる者、及び阿片を吸煙する者はそれぞれ刑罰に処し、殊に官吏にして犯す者ある時は八権を褫奪し現職を除く。また、警官にして之を検挙したる者には賞与令五項を定め、同時に毒劇薬取締章程二十八個条を発布せり。

斯くの如く支那は阿片の輸入及びその吸煙に対し極力之を防遏するに努め、法令の善美なるは称賛す可き所あるも、由来、法のために法を設け、法令善美にして悪政行はるゝは支那の通弊にして、該問題も之とその軌を一にすれど、阿片による国難に際し、当局が如何に治救《ママ》を尽くせしかを窺ふには足らん。

諸条約及び会議

一、光緒二年（一八七六）芝罘通商条約に依り

㈠　保税倉庫の制度を定む。

㈡　賦課税及び釐金税の制度を定む。

㈢　密輸入の防遏について定む。

二、一九〇九年、上海阿片会議開催。米国提案の七ケ条に英国の修正五ケ条あり。終に十二ケ国及び賛成国三十二ケ国に依り十四ケ条の提案を万国平和会議に附する事になれり。

三、一九一二年、海牙に於て第一回国際阿片会議を開催し、米国提案の十四ケ条を討議せり。その概要は左の

如し。

締盟国は本国領土、植民地及び租借地を問はず万国に於ける阿片、モルヒネ、コカイン等に対し、製剤または誘導の濫用漸禁に依り人道的に各国一致協同の条約を締結するを目的とせり。重なる制定の条項は左の如し。

一、生阿片に関する件

一、阿片煙膏に関する件

一、薬用阿片、モルヒネ、コカイン、その他に関する件

一、支那に対する処置方法

一、条約締結後、締盟各国の取る可き方法

　議定書の調印、追加各国の承認通知、条約批准法律等

一、結末規定

而して之が細目として

一、産出、製造及び配布の取締り

一、輸出及び場所の制限

一、輸出入に対し各国共取扱ひ上、政府に特許人制を設くること

一、医薬適《用脱カ》法の制定

一、販売監督機関の設置

一、含有量の制定

一、小包郵便の取締りに関する件

一、支那に於ける禁遏策

右は六章、二十五条より成るものなり。

四、支英条約。万国阿片会議の結果、英国は支那の交渉に依り、支那内地に於て罌粟の栽培を絶対禁止すれば英国は絶対輸入をなさずと云ふにあり。依って凡そ支那の生産量及び英国の輸入量の統計に依り毎年減少を計り、即ち漸禁して以て十年にして絶滅を計画せるものなり。而して英国は相当の輸入税を認め、また支那の生産の有無を検査する権利を有するものとす。

而して英国は万国阿片会議の開催せらるゝや、会議開催の趣意には賛同しながら経済上の問題は悉く之を容るゝことを肯んぜず。寧ろ自国の生産阿片の保護を求め、国際会議に向かってモルヒネ・コカインの阿片より以上に害毒あることを主張し、また漸禁主義を楯にとりて引き続き支那に阿片輸出をなす等、阿片問題に対し人道を唯一の立脚点としての廃止に容易に賛同せず。此の不合理なる英国の態度の所以を按ずるに、要は印度歳入の欠陥、罌粟耕作者の救済等に関し未だ適当の施設を発見する能はざるものその主因たるものならん。曽てモーレー卿はその演説中に、

米国は自国財政上の利益に何等関係なき阿片の使用を毒害なりとせり。明日、印度に阿片の使用を禁ずる勅令を発布せば、その結果、三千万磅の歳入は何を以て之を補塡すべきや云々。

と云へり。また一面、支那に於ては一九〇九年二月の上諭中に、

禁煙の一事は国民の自彊、実政、教養の大本なり。朝廷は治政に是れ勤め、既に国民積弱の譏りを慨し友邦の期望に副はん事を慮り、日夜憂焦せざるなし。謂ふに禁吸禁種及び洋土薬税を補償す可き財源を得るのみ。

事、相表裏し一端の弁理善からざればその二端は牽制を免れず。袖手十年の期限満ち猶ほ効を収め難きを恐る。特に再び禁煙を励行す可きことを申諭す。

と曰へり。之を要するに阿片吸喰の害毒は人道上、絶滅を許らざる可からず。大英断を以て律せざれば決して建国の基を開くこと能はず。翻って大英国を見るに、殖民政策上、印度をして阿片製造に努力せしめ、以て経営上の財源を得るに汲々たり。斯くの如きは人道の高唱さるゝ現代に於て甚だしき矛盾と云はざる可からず。一九〇二年、カンタベリー大僧正及びダブリン大僧正等、多数署名して英国政府に向かひ支那に対する英国の阿片政策に付き建白書を呈せしことあり。その要旨に曰く

英国が支那に阿片を輸入する行動は、已に支那及びその人民に多大なる敵意を懐かしめたり。また、英国は基督教を奉ずる一大強国の面目を毀損す。依って英国をして此の世界共通の災禍と関係を絶ち、不浄の財貨に手を染めしめざるを以て吾人の貴重なる義務とす。

如何にして此の難問を解決す可きか?

支那の阿片問題は已に平和条約の概括的条文に依りて解決せられんとしつゝあるも、之が取締りの実行を厳にせざれば到底実績を挙ぐる事を得ず。依って先づその禍根を列記せば、

第一、法令及び条約の不備なること

第二、内外を論ぜず取締りの不備なること

第三、英国及び支那は阿片に依り財源を得つゝあること

第四、罌粟の栽培は農作物より利益多きこと

第五、現在、生産地及び消費地に於ては殆んど一般商品として取引が行はれてゐること
第六、癮者は生理的に吸煙を欲求すること
第七、救済機関の不備なること
第八、救治薬品の普及せざること
　特に支那に取りて禍根とも見る可きは
第九、官憲の不良、腐敗せること
第十、特に北満に於ては烟匪に依り栽培せらるゝこと
第十一、此の外支那の風俗、儒教、食物関係よりする点
　右に対する解決策に付いては
第一、漸進《禁カ》主義を採用すること
第二、法規を設け違反者を厳罰に処す可きこと
　また、情を知りて訴へざる者も相当に処罰するが如き実行をすること
第三、財政経済上に新措置を講ずること
　一、支那政府及び軍閥は之による収入を全部放棄すること
　二、農作に対しては罌粟に代はる他の農作物の奨励をなすこと
第四、癮者に対し専門的治療を施し及び救済施設を設くること
　一、財源捻出を目的とせざる専売制度を設け、外は輸入を厳禁し内は栽培の制限をなす外、医薬としての売買を取り締まること

二、戒煙章程を設くること

三、廃煙期間を定め、且つ癮者に対しては医療及び自家療法等を宣伝すること

第五、教育を普及し国民が阿片の害毒に反抗して国家の難を救ふ可く愛国思想を吹き込むこと

また、真正なる教育に依り形式的なる儒教かぶれの弊害を除き、少なくとも女子に対する吸煙強制をなくす可きこと

第六、各市に於ては外国風の公園またはその他の娯楽場を設け、所謂客商の慰安を計ること

第七、反阿片運動の輿論を喚起し、世界の人道に訴へ、内に向かっては大宣伝をなしてその害毒の如何に大なるかを知らしむること

第八、軍閥が軍費捻出のため阿片の栽培を黙許するが如き場合には、天下の輿論に訴へて彼の非を鳴らし、以てその非人道的行為を已むるの余儀なからしむること

要するに吸煙の禁止は之を自制に待たざる可からざるは勿論なるも、厳正なる官憲によりて法規を励行する事もまた必要欠く可からず。而して癮者は既に中毒に犯され居るを以て、之を用ひざれば生理的に自覚を保つこと能はざる状態に在り。依って売買を厳禁すれば却って密売買行はれ、自然、その値は高価となり、不正の徒は益々横行するの弊を生ずること既往に徴して明らかなり。而も他面、急激に之が廃止を命ずれば却って中毒症状を惹起し、或は非命の死を招くに至る。されば之が吸煙を以て人道上、許す可からざる事とするは勿論なるも、之を突然に禁止することもまた人道上、重要なる問題なり。

北満に於ける阿片問題は目下、官民共に覚醒の第一期に入れること已に明らかなる事実なり。奉天、哈市等に於ける拒毒会を初めとし、漸次、有識階級に依りその害毒が宣伝され、且つ都市及び集団部落に於ける取締りが厳と

なり、本年の如きは哈市在住の鮮人密売者が全然、営業不可能なりと聞く。また、東三省には――戒煙令――即ち阿片専売局も完備せり。吾人望むらくは例へそれが財源捻出のために案出されたるものなりとは云へ、社会の輿論と国民の自覚と相俟ちて、寧ろ善美なる結果を齎すならん事を。

第四回国際阿片会議に於て議定書に調印せし各国は、阿片生産国の生産並びに密輸入を監視すると共に、今後十五ケ年内に阿片吸煙の全廃を誓約せり。而して調印国は日本、英国、仏国、和蘭、葡萄牙、印度、暹羅の諸国にして、支那も調印国として参加する場合は之を許可す云々。

而して此の問題の解決は列国の最も苦痛とする所にして、而も我が国の何等痛痒を感ぜざる所なり。由来、人道の大綱は一個の利害問題により決せらるゝものに非ず。我が国は人道の大本に基づき之が解決に付いては指導、救済の陣頭に立ち、監視、後援の保護者となり努力せざる可からず。即ち満州に於ける自国の不正業者を取り締まり、支那をして右の万国会議に加入せしめ、支那政府をして内に在りては教育を普及し、阿片専売局の制をとり、癮者施療所、医学校、病院を建設し、拒毒会を後援、監督、保護して自覚の促進に資し、挙国一致、官民相携へて禁遏に驀進し、外に在りては列国の阿片生産及び密輸入を厳重に監視し取り締まり禁遏を尽くさしむ可きなり。之れ支那阿片問題の解決、引いては東洋民族の救済にして、人道問題解決の第一歩たる可く、而も之に依りて失はる可き背徳の収入は、白人の専制に対する当然の膺懲なる可し。

昭和三年度調査報告書

第三巻　南満市況調査

第一編　満州に於ける阿片禁止の問題

第四章　満州に於ける我が邦の阿片取締方針

元来、阿片の吸煙は道徳上よりするも、将また、人道上よりするも之を禁止すべきこと言を俟たざる所なるが、英国を初め他の諸国に於ても、所謂帝国主義或は軍国主義の旺盛なりし十九世紀に於ては、悉く私利の為に他を顧みるの遑なく、弱肉強食は到る処に行はれ、就中、支那に於ては殊に甚だしく、諸外国は一斉に支那に向かひて殺到し、半植民地として之が搾取を企図し、支那人の阿片嗜好癖あるに乗じて国禁を犯し盛んに阿片の密輸入を計りたり。

此等の阿片の密輸入は勿論その利益莫大なれば、経済的方面よりするも垂涎措く能はざるの好餌たりしならん。然れども翻って之を考ふるに、或は邪推憶測ならんやも知れずと雖も、所謂帝国主義者流の遠大なる計画として、支那人の所謂「亡国滅種的政策」とも推測せらる。

即ち彼の資本主義、帝国主義的国家が支那に野心、殊に領土的野心を有せし事は明らかにして、此の目的を達成する一助として阿片の吸煙を支那人間に蔓延せしめ、因って以てその気力を殺がんとの意図なかりしとは断言し難き所なり。

却説、満州に於ける我が国の阿片取締りを見るに、関東州に於てもまた満鉄沿線に於てもその取締りは極めて緩なり。その実例、統計等を調査し得ざりしは甚だ遺憾とする所にして充分なる説明を附し得ざるの嫌ひあれども、営口警察署高等視察係田口氏及び長春警察署部長小泉氏等の談を綜合するに、営口及び長春等の満鉄附属地内に於ても吸煙、売煙等は盛んに行はるゝも、之を法に照らして厳に処分するときは、附属地の繁栄を幾分なりとも支那街に奪はるゝの恐れあれば、多くは之を見逃し置くとの事なりき。

元来、阿片の密売者は中国人のみならず、満州に於ては殊に多数の日本人も之に携はるものにして、大連等に住し巨富を擁する日本人は、多く阿片によりてその財を貯へ産を成したりと云ふに至りては只驚くの他なし。是等の密売者を警察に於て発見せる場合に於ても、その罰は日本人に寛にして支・鮮人に厳なるの傾きある由にて、そは上海に於ける領事裁判が比較的に支那人に不利なると同一轍なりと云ふ。

また、長春駅に下車する乗客（支那人）についてその中五人を身体検査するかまたは荷物を取り調べなば、一人は必ず阿片携行者なりとの事なり。此くの如く多量に持ち来たれる阿片は悉く北満の露領国境附近に栽培せらるゝ阿片にして、南方より運来するものは極めて稀なりと云はる。

今、聞知せし所の阿片の密輸方法を記するに即ち次の如し。

㈠　車掌またはボーイ等と結託して送る。
㈡　支那官吏殊に軍人と結託して送る。
㈢　紳商を装ひ公然とそのトランクの底に入れて送る。斯かるトランクは二重底のもの多し。
㈣　厳重に油紙にて包み胴、腰部または脚に巻き附く。

(五)　酒樽中に密閉し鑵詰とせるものを装置す。
(六)　衣服または蒲団に縫ひ込みて送る。
(七)　木材を刳りまたは竹筒の中に詰め込みて送る。
(八)　靴底に入れて送る。
(九)　鉄管または米俵に詰め込む。
(十)　ペンキを入れたる下部に入る。飴鑵も同じ。
(十一)　穀類の輸送に当たり麻袋に目標を付して送る。
(十二)　西瓜、南瓜を巧みに刳りぬきその中に塡充す。
(十三)　汽車の燃料倉庫内に（汽車の発着毎に石炭庫内を検査棒にて検査す。若し発見すれば石炭を下ろして捜索するにより、列車の発車時間を一時間乃至は二時間遅らす事も珍しからず）。

以上の如き方法を以て輸入し来たるものなるが、結局、他国のものが勝手に吸ふて自ら害毒を受くるものにして、結局少しも我が腹の痛む事に非ざれば、その取締りも寛に流れつゝあるの現状なり。然し乍ら時代はかゝる状体を長く黙認せざるべく、彼の中華拒毒会の如きが猛然立ちて天下に呼号し、人道上よりまた支那自身のため悲壮なる運動を続くるの時、我等日本人たるものも宜敷く之を覚り、支那のため阿片吸煙の駆逐に努力せざるべからず。而して今此の取締りの方針を厳にせずんば悔を千載に貽すに至るべし。

第八巻　北満国境経済調査

第二編　北満に於ける阿片

第四章　北満各省に於ける阿片栽培の実況

一、吉林省に於ては阿片栽培を奨励せず。

（前略）

吉林省にては東支鉄道方面の取締りが厳重なるため、ウスリ江の沿岸に於て阿片の取引が盛んになり、ウスリ沿岸の対露密輸出入貿易の主要部分をなしてゐる有様にて、阿片の取引のために虎林・団《山脱カ》子等の町を生じたのも当然の事である。而して黒竜江省方面の阿片はこの地方より輸入さるゝ品質最良のものにて、虎林の阿片の冠たりと称せらる。また、哈爾賓からウスリ方面に出稼する労働者が多数なるため、必然的に公然と煙館が生じてゐると云ふ話である。

二、黒竜江省に於ては阿片栽培を許可す。

阿片の官営に付いては、黒竜江省に於ても禁煙局をつくり阿片栽培を奨励する事になったが、その面積は六万晌と称せられ、綏蘭道管内の熱《熟カ》地が最も有望視されてゐる。但し民間貯蔵の罌粟種子では不足なるため、禁煙総局では特別の護照をつくり人を新民屯・開魯に送り多くの種を取り寄せることにしてゐる。尚、吉林では栽培を奨励しないことは前記の如くなるも、奉・黒両省が已に栽培を奨励する以上、そが運搬を阻止することも出来ざる故に、運搬に付いては落地税を徴収し、吸煙証書の下附に関しては之また奉・黒両省の弁法を参酌して作る筈だと云ふ。

右の風説を耳にせる山東方面の農民は、阿片栽培で儲けんと続々北行したが、吉林では栽培を許さぬと聞いて失望し、身寄りのものを頼るなど困ってゐるものもあるとのことだ。しかし其等の連中も何れ呼蘭方面に出稼ぎすることであらう。

阿片の専売制度を設け禁煙薬店を公許し阿片の販売を許可したるにより、罌粟の栽培をなすもの禁煙薬店を開設するもの及び吸飲をなすもの夥しき数となれり。（下略）

三、奉天省の阿片栽培

支那の禁煙運動雑誌『拒毒』の報ずるところによると、奉天省の本年の罌粟栽培は二百万畝に達するさうだ。なほ同誌は、「奉天では禁煙事務を籌済局扱ひに移して後、各県の罌粟栽培地を上等三万畝、中等三万畝に分けた。各県知事は人民に栽培を奨励したので遼陽、海城、瀋陽、鉄嶺、開原の各県では皆五、六万畝以上を栽培し已に二百万畝を下らぬ。斯くして奉天全省五十八県の本年の罌粟栽培は已に二百万畝に達した。また省城の煙館に許可状を下附せるもの已に五《マ》百四十五《マ》軒に達した。而して阿片販売を兼営する旅館、妓館、飯店等はこの外五《マ》百四十五《マ》軒」と報じた。

第五章　罌粟の種類

阿片採取に供する罌粟に八叉胡蘆、大青稭（一名単胡蘆）及び小白花の三種あり。
一、八叉胡蘆（中略）下種より収穫迄約百日を要し、収穫に要する日数一晌地につき約二十日乃至廿四日を要する欠点あり。罌粟の栽培は密培なるため、一日一刻なりとも早きを貴ぶ。如何となれば種々の邪魔、即ち官憲または了解を得ざる馬賊襲撃等の惧れあるが為にして、近年、此の種の栽培は漸次減少するに至れり。
二、大青稭（中略）一晌地の収穫量は十六斤乃至二十五斤なるも（最上作には三十斤を得る事あり）、北満沿線一帯は数年前より八叉胡蘆を止め、此の種の栽培をするもの最も多きに至れり。
三、小白花（中略）上記八叉胡蘆、大青稭の孰れに比しても収穫量少なく利益もまた小なるも、収穫早くして新物の出廻り盛んとならざる時期に売買するを得、価格比較的高く、且つ農家の最も苦しむ夏期に現金を得てより大青稭の収穫に移る利あるを以て、少数の者は小白花一晌地、大青稭二晌地の割合を以て栽培し居れり。将来は漸次、此の割合に栽培せらるゝに至るべし。

第七章　商品としての阿片

（前略）
罌粟を栽培し阿片を採取するは動乱、馬賊相互または馬賊と官兵との争奪戦ある場合を除き、平時に於ては資本家、苦力にとり利益大なるを以て、密培の盛んなること上述の如きも、此の売買に従事する者は何によりて巨利を得るやと云ふに、之れ甲、乙、両地間に於ける価格の差に依るものなり。

そはポグラニーチナヤの如き集散市場または銀煙売買所の看板に依りて営業するものなるが、密輸送が発覚すれば勿論没収されてしまふ。是に於てか輸送を引き受くるものが生ず。普通、一斤四元宛を以て請負ひ、露・支・鮮の婦人が之をなす。而して阿片一斤の価格は時と場所、品質等により差等あれども、欧州戦乱以来、普通は収穫時、原産地に於て大洋十五元にして、ポグラニーチナヤ及びその附近の各駅に於ては二十一、二元、哈爾賓に於ては三十四、五元、長春に於ては四十五、六元を呼び、南下するに従ひ高価となる。従前は鉄道輸送が困難なりしため多く馬車輸送に依れり。密山より穆稜、寧古塔、額穆を経て吉林に達する道路が比較的整頓せるは過半之に因ると伝へらる。而して鉄道輸送の困難なる所以は、税関吏を始めとして旅客係が、また、近年に至りては支那側の巡警、軍隊等迄も殆んど所嫌はず検査を行ふがためなり。

然れども前述の如く沿海州、北満、東支鉄道東部地方の阿片の年産額は十一年度約四十四万斤、八百八十万元、十二年度九十五万斤、一千九百万元、本年度二十一万斤、四百二十万元内外と推定せらる。その内約二、三万斤は地方の消費にして、その余は浦潮、哈爾賓、長春、吉林、若しくは是等の地方を経由して奉天、営口、大連、天津、北京、漢口、山東、上海、安東、朝鮮等に密輸送せられ、以て該地方の裏面の繁栄の資となりつゝあり。また某紙の報ずる所によるに毎月、長春を通過する阿片は三十万元に達すと云ふ。此の数字は相当の基礎あるものと見るを得可く、以て如何に多量の阿片が密輸出せられ居るか知るに難からず。

（後略）

第八章　阿片吸飲の状況

第一節　ノミ屋とサシ屋

ノミ屋は阿片の吸飲所を指し、サシ屋は「塩酸モルヒネ」の注射屋である。

第一款　ノミ屋

（前略）

煙灰の採れる割合は新土にありては五割乃至六割なるも旧土にありては六割乃至七割にして、第一回の吸煙により焦げ付きたるを頭篇灰と称し茶褐色を呈し、之を吸飲して更に焦げ付きたるものを二篇灰と称し稍々黒褐色を呈す。頭篇灰、二篇灰は之を油心味児と称し吸ひ心地よきも第三回、第四回と回数を重ねるに従ひ黒色と変はり、飲み心地悪しく、第三回よりは煙灰と称せず火灰と称し、回数を重ねるに従ひ粘着性を失ひ十二、三回に至れば殆んど粘着性なく、それ以上は吸飲に堪へざるに至る。頭、二篇の煙灰は一両につき二元内外にして、三篇以上五、六篇のものは一元四、五角、十二、三回に至れば五角内外となる。即ち煙灰もまた高価のものにして煙館に於ては之を売り出す。

（中略）

煙館には至極垢付きたる手拭様のもの釣り下げあり。こは何のために使用するやと云ふに、一回吸飲し終はれば煙灰を丁寧に掻き集めたる後、吸煙時の烟が煙槍の天地の個所及び飲み口に燻り付くものを更にその手拭様のものにて一回毎に丁寧に拭ひ取るかまたは楊枝にて洗ひ落とす。而して上記の手拭または洗ひ落としたる沈澱物を煮沸して阿片を採取す。斯くして採取したる阿片は普通、煙館の使用人の給料に相当すと称せらる。

（後略）

第九章　阿片の取締り

阿片根絶のため支那政府は各種の政策を試み、一時は各州県に於て保甲の制に倣ひ、十家を一団として毎戸に門牌を給し、罌粟を栽培し阿片を製造、販売する者なきを明記せしめ、且つ十家連帯の保証書を徴し、また一方に於て保隣墟長に命じて臨時検閲を行はしめ、且つ告発者には賞を与へ、毎年二回州県より調査を行ふ事に定めたる事あり。然るに法令は形式に終はりて何等の効果なく、明治四十四年頃より山東省及び満州地方に於ては罌粟を栽培する者激増し、次いで至厳の法令発布せられたるを以て、その栽培地は逐次、辺境の交通不便の地に移り、現に北満東部に於ける実収は別章に記述せるが如し。而して該地方に在りても支那官憲の表面的取締りは厳重を極め、毎年解氷期に於ては各所に督軍、省長、道尹、討匪司令、知事等の署名を以て

一、阿片の密培は匪賊を増す。之を犯すものは賊を以て律す可し。

二、阿片烟百両以上を売買せるものは死罪とす。

三、阿片烟を吸ふものには百元以上の罰金を科す。

等の意味の告示を出すを例として居れどもこは全く表面上にして、事実は毎年二、三回、名義上、沿線附近の阿片狩を行ふも、多くは巡警、炮手の申訳か或は軍隊の討伐と称する金儲け目的の行事に過ぎず、支那人一般の利己的

国民性は、官公吏の薄給、俸給不渡り等と相俟って、この公然の秘密たる阿片関係の諸種の利得に依り生計を維持するもの多く、また之に依って蓄財する者さへ尠なからず。

寧安県下に於ける一署長の如きは、県の警察費に充当するとの名義を以て、県下の五区長に対し各々一百両の阿片の提出を命じたる事あり。またポグラニーチナヤに於ける商務会は、阿片をその主なる商業取引品となしつゝある関係上、軍警に贈賄してその援助に依り阿片の売買と栽培の保護をなし、以て巨額の利を占めつゝあり。而して之を知れる馬賊団は、また年々莫大の金品を同会に強要しつゝあるも、幸ひ今日までの所は常に之を拒絶し事なきを得居れり。一方、区長にして賊団と妥協し栽培、売買をなすものあり。また、一般の官公吏は市街地よりも村落への赴任を希望し、巡警、兵士等と共に阿片の栽培、運搬、吸煙、売買等に注意を怠らずと雖も、その心底を云へば、之によりて何物かを得んとするに過ぎず。

以上の如き現状より見る時は、阿片は馬賊と共に之を根絶する事、全く不可能と断ずるを得可し。

第十一章　阿片と馬賊、官兵、巡警、炮手

東支鉄道の東部沿線地方に於ては、阿片の密培を行ふ際の不文律として一般に縄張りと称するものあり。固より所有権の確立しあらざる地方なれば、最初に著手したる者が比較的強き権利を所有しあり。而して馬賊は自己の縄張りに対する官憲の来襲を防ぐために凡ての手段を尽くし、土地と場合によりては馬賊、官兵、巡警、炮手等の間に一栽培地に関して妥協が成立す。

之が栽培者または販売者にとっては最も苦手とする所で、官憲や馬賊の代りに炮手や巡警が居る事もあるので、

此等にも相当鼻薬を嗅がさなければ後難がある。阿片のある間は汚物に蝿の集まる如く寄って来るからである。この場合にありては密培者は二方、三方に保護税の提出を余儀なくせられ、全く途方に暮れる事あり。然も概して奥地の肥沃地は馬賊によりて直接栽培せらるゝかまたは彼等によりて保護せられ、村落または沿線地方は官兵または官兵と妥協せる普通人の耕地にして、その間《中脱カ》地に於ける栽培者は炮手のための顧客《ママ》なり。また、軍隊は阿片栽培の時期には馬賊の討伐に名をかりて行軍し、之に依り栽培地を発見して利益分配の協定を行ふ者尠なからず。或は採取期の薄暮、郊外に待伏せして採取者の携帯せる阿片を没収し、之を犯人呼ばはりして強迫する官兵あり。巡警は都市、街道に於て運搬者、売買者を目標とす。

　ポグラニーチナヤに於ける軍警が、財政窮乏のために俸給不渡り数ケ月に渉るも、依然として何等窮することなく体面を保持し尚ほ余裕あるは、何れも阿片の余沢を蒙るがためなり。即ち彼等は、名を馬賊の討伐、阿片の取締りにかりて地方に出張し、阿片を没収して之を着服し、蔭に阿片栽培の保護をなしては報酬を得、また阿片の密送をなしては報酬を得る等、公然の秘密を以て醜行を敢行しつゝあるなり。されば一営長にして数年間に数十万の富を獲得し、また、団長昇進運動に阿片十六貫を提供したる近例をも耳にす。而して之が禁止、取締りは警察官の任務なるを以て、その責は軍人に及ばずして独り警察官之を負ふのみなり。

　また若し馬賊、官兵、炮手等の間に密培保護上の争ひを生じたる時は通常、激烈なる反目となり、軍隊より云へば利益の目算より外れたる真面目の討伐となり、馬賊より云へば一年の収穫を左右する貴重の瞬間なるを以て極力抗争す。而して斯かる場合は通常、馬賊の勝利となり、密培者はたとへ事件が解決するも双方より割前をはねられ、然らざれば馬賊団よりは官兵に内通せりと疑はれ、或は討伐軍隊よりは討伐の申訳のため馬賊と云ふ名目を付せられ馘首せらる。討伐軍が凱歌を奏して齎し帰る馬賊の首と称するものゝ過半数は、之等密培者の首なりと云ふ。

第十二章　収益と分配法

東支鉄道の沿線に於ける栽培地域は約五千晌地と見られ、その収穫は固より天候と技術とに待たねばならぬが、一晌地五、六十斤乃至百二十斤である。仮に平均八十斤と見れば四十万斤の収穫がある。大正十二年度のポグラニーチナヤの時価一斤、二十一元を標準とすれば八百四十万元で、何物を以てしても代へ難き財源であると云はねばならぬ。一晌地一把力即ち二人を以て之に当たり収穫八十斤とすれば時価一千六百八十元の収益である。蒔付け時の三十五元、税金十九斤半を控除しても一千四百八十元五十仙の収入がある。地代及び経営費を去り、収穫時の臨時傭人が高給であるとしても五百元は出ない。概算だけでも一人当たり五百元の利益を得られるのである。従って栽培者が群をなして集まり、国禁を犯して斬棄に従事する所以も明らかになる。罌粟の栽培は四月より八月に至る四ケ月間であり、短期間の事業としては至上の利益あるものと云はねばならぬ。而も一年の持越しに依って価格を二倍にせしめる事が可能であり、大正十二年度に於ては沿海州の禁止令に依り収穫は十分ノ一に減って仕舞った。故に阿片の高価となるは当然である。将来、国禁を犯して之が栽培に従事するものは益々多きを加ふるならん。

而して阿片の収穫は普通の山地に於ては露国の《一脱カ》シヤナン（日本の約一町百歩）につき十五斤乃至二十五斤、価格は品によりて上下あり。ポグラニーチナヤに於ける相場は一斤、三十元乃至六十五元なるを以て、公金銀同一相場として之が収穫を計算せし《ママ》、三《ママ》町歩につき十五匁《ママ》の収穫を得たりとせば総計三百七十五元乃至四百五十元、上作の収穫二十五斤とせば六百二十五元乃至七百五十元の収入を得可く、此の地方は未開墾地にして積年の大然肥料を含むを以て耕作には肥料を要せず、只、従業者（一町歩につき六人）の費用、諸税金、及び阿片採取者への報酬等を要するのみなれば、その単独、共同を問はず、今、是等の諸費用を前記の収穫額より控除し、一町歩に対する純益を計算すれば左の如し。

	最少作	中作	最上作
一町歩に対する収穫	一五斤	二五斤	三〇斤
諸　税	四斤	四斤	四斤
採取者への報酬	三斤	六斤	八斤
差引額	八斤	一五斤	一八斤

而して相場を二十元乃至三十元とすれば、その利益は最少作の場合百六十元乃至二百四十元にして最上作の場合は三百六十元乃至五百四十元を得、従業者六人の費用各々十元を仕払へば純益は最少作の場合一百元乃至一百八十元、最上作の場合は三百六十元乃至は四百三十元を得。また、諸税には官憲の黙許税、馬賊の保護税、借地税等に要する総額を計上す。勿論、その分配法、歩合等は所に依りて異なれり。沿線附近の軍隊の勢力盛んなる所に於ては、総収穫を百としてその割合次の如し。

資本家及び苦力	四〇
軍隊側	三五
馬賊団	二五

また、奥地の馬賊団の勢力盛んなる所に於ては

資本家及び苦力	五〇

馬賊団　三五
軍隊側　一五
全く官憲の力及ばざる所に於ては
資本家及び苦力　七〇
馬賊団　三〇
軍隊側　〇

東支鉄道の沿線に於ける罌粟の栽培料金、手数料、その他は莫大なる金額に上るが、その半額は保安総司令に差し出され、四分ノ一は護路軍費に、残額は鎮守使の私財となると伝へられて居る。

第十三章　栽培・採取従業者

（前略）

尚、朝鮮国境を経て露支国境に入り込み阿片栽培に従事せんため、豆満江沿岸の北緯《マ》六鎮《マ》を通過し来たる者総計約五十《ママ》余名と云ふ。

（後略）

第十四章　阿片と鮮人

阿片栽培と支那人との関係は到底、尋常一様の手段を以て之を断つ事能はず。而して朝鮮人と阿片との関係もまた頗る密接なり。李朝五百年来の悪政、また韓国時代に於ける官吏の苛斂誅求に苦しめられ、懶惰放逸の生活を貪り射利的僥倖心を抱ける朝鮮人にして朝鮮内地を去れる徒輩は、殆んど阿片の栽培及び販売に関係なきものなしと云ふを得べし。

事実、所謂阿片郷に介在する鮮人は数万を算し、此の間、水田事業等の純農業に従事するものなきにあらずと雖も、その大半は阿片によりて生活するものにして、栽培者は種々の関係よりその数は比較的多くないが、之が密輸出は殆んど彼等が天才的専業であって、阿片郷は固より哈爾賓・ニコリスク・浦塩に於ける鮮人資本家は殆んど全部、阿片成金と称し得可く、且つ長春、哈爾賓、ニコリスク、浦塩間を往復する鮮人の過半数は阿片関係者と見做し得る状態である。

哈爾賓に於ては阿片と鮮人とは最も密接な関係を有し、傅家甸に居住せるものゝ殆んど全部は一定の職業のない阿片密売者である。従来、南満及び道裡等に居住せるものも、生活諸費が低廉なると阿片密売等に好都合なるとのため、最近著しくその居住が増加の傾向を示して来たのである。而して傅家甸居住の鮮人の多くは支那人と同居し、共同して営業するものあり或は独立して営業するものあり一様ではないが、多くは資本過少であるために一部を除く外は殆んど小売をなすに外ならず、甚だしきに到りては少しも資本を有せず、朝に阿片を借りて之を小売りし、夕にその代価を返却するものも少なからず。且つその利益は僅少にして僅かにその日の糊口の資となるに過ぎずと云ふ。

而して阿片事業を仔細に観察する時は、その純益は第三者の見る如く大ならず。即ち採取者への報酬、諸税金、官憲に対する賄賂、馬賊との了解、現品運搬中の危険等を考ふる時は、その安定性は遥かに水田事業に及ばず。今、一町歩を十五斤の収穫として計算すれば、諸税金として四斤、採取者への報酬として三斤、差引手許に残るは八斤に過ぎず。単に残高の僅少なるのみならず露・支の官憲で保護を名として私腹を肥やすものがあるから、従ってその方面にも提供せねばならぬ。

現品運搬中に押収せらるゝ場合、不当なる家宅捜索によりて没収せらるゝ場合、及び馬賊と相当なる程度迄了解を得ねばならぬ点からして漸次、水田事業に遷移する傾向があるが、之は国家、社会、人類のために慶賀すべき現象である。

元来、鮮人は水田事業について特別の技能を有し、近時、該事業に専念するもの漸く多からんとする機運があるから、此の機に乗じ之を奨励保護し彼等に生活の安定を得せしむるに於ては、彼等の堅実なる発展を期待し得るものと認められる。

第十五章　阿片と支那人

由来、支那人は労働能率の高い国民である。厳冬積雪の日にも九夏三伏の日にも営々として労働して居る苦力の作業を見ると、如何にも忠実なる労働者として生まれて来た如き感じを受ける。一日十五、六時間の労働に対しても何等の不平なく働いて居る。自覚する所はないであらうが、機械の如く時には牛馬の如く、何等反抗の素振りも見せず従順に働いて居る。

無学の彼等は富者を別階級の者と信じており、一種の宿命説を奉じて居る点は無智の偉大なる所で、粗衣粗食に甘んじ樹下石上を家として而も天を怨む所がなく、全く労働者の権化としか思はれない。苦力には人並に一家の主人となり家族団欒の楽しみを望むものは殆んどない。血の燃え立つ人生の当初には青雲の志もあったであらうが、やがては生の悩みさへも萌さぬ程、終日の労働に疲れ果てゝ死んで了ふのである。彼等の唯一の快楽は食ふ事にあり、阿片の一服を吸飲する事にあり、労働者と阿片との関係は深い。元気を回復する一半、現世の快楽を夢見る事も出来るからである。而しその害毒はやがて体力と精神力の総てを喰ひ尽くして廃人たらしむるのである。厳冬百日の長期間に麻袋のつゞれに身を包み放浪する有様は、憐れにもまた痛ましいものと云はねばならぬ。支那を滅亡せしめるものは阿片なりとの感を真に深くせしめる。

阿片の吸飲が支那を滅亡に導くが如く、大官連のその取扱ひも国家を危険に陥れる事が尠くない。由来、支那の大官連は悪事を己れに属する特権の如く考へて居る。悪事は総て大官によりて醸されて居る場合が多い。阿片国禁を看板にしても、その一方では官許による醜収がある。

支那に於ける官界の腐敗は万人周知のことで、「道台三年。子孫万福」のみでなく、到る所に醜行がある。大官の邸内には阿片の醸造所あり。堂々たる官庁にありても吸煙の設備あり。議場の息抜きにも一服一夢を貪る如き有様である。蓋し支那の煙毒はその由来久しきがために、国民は吸煙を以て茶飯事と心得、之を一夜の夢の程度に解して居るがためである。

（後略）

第十七章　結　論

之を要するに阿片害毒の問題は、阿片の吸飲による直接の害毒の外、相当の収入あるにより官民共に之に酔ひ、或は賭博場の繁栄となり、或は喫煙館の隆盛を来たし、或は花柳の巷の爛熟を見る。斯くして地方一帯が全く阿片の害毒を以て掩はるゝため、官吏は愈々腐敗して横暴を極め、馬賊は年々増加して地方の治安を乱し、排日鮮人は資力を得て不逞の行動をなし、その害毒は独り支那領土内に止まらずして遠く朝鮮にも波及せんとしつゝあり。然も露西亜人の生活難昂まるや、昔日嘗て見ざりし露領沿海州もコサック村に到る迄阿片を栽培し、その産額は却って支那人を凌駕するの勢ひなり。斯かるが故に支那人を阿片から引き離す事は困難であらうが、鮮人の場合はさうでもあるまい。鮮人を阿片との関係から次第に薄めるためには水田経営をなさしむるに如くはない。鮮人には先天的に水田を営む力が備はって居る。支那人が一日三、四時間水田にて作業すれば、翌日は直ちに下痢を催すに比して数等勝って居る。水田事業は阿片事業に比して少しく不利益なりとしても確実性をもって居り、国家事業であるから保護なり補助金なりを受けると云ふ強味がある。

また、阿片の存する限り馬賊は根絶しないと説く人があるのは蓋しその関係が深いからである。馬賊は満蒙に於ける一名物であって、之が根絶は容易な事ではないが、山林業なり水田業なりその他凡ての企業に障碍となるは云ふ迄もなく、之が撲滅策は満蒙開拓の一大鎖鑰であり、十分研究を要する事である。我が国は隣国の誼として支那政府の阿片政策に十分力を貸すと共に、鮮人の救済、馬賊の撲滅にも努力せねばならぬ。それには如何にすべきか。畢竟するに教育の普及が只一つの標語であらねばならぬ。

昭和四年度調査報告書

第二十二巻　雲南省に於ける阿片・薬材調査

第一章　雲南省に於ける阿片

第一節　総　説

雲南省に於ては今尚ほ罌粟の栽培及び阿片の吸飲は公然の秘密にして官憲の黙認する所なり。然してその栽培及び吸飲の盛んなる事もまた他省にその比を見ざる所にして、一度足を該省内に入るゝ者は之に一驚せざるもの無からん。男女を問はず老幼を論ぜず、悉くあの長い煙管に火を点じ、恰も吾々の煙草を吸ふが如く、横臥して阿片を吸飲するのを見る。以下、節を追って雲南省に於ける阿片に就いて述べん。

第二節　阿片栽培と雲南省の財政

（前略）

一九〇九年（宣統元年）支那政府がケシ栽培の禁止令を発布し、ケシの栽培が漸減して財源の涸渇せると、ビルマよりの輸入に依る省内銀貨の国外流出の巨大なるとは、雲南政府の到底長く耐え忍ぶ能はざる所にして、民国七年よりケシの栽培は殆んど黙認の有様となり、現在にては各地方共に盛んに栽培を行ひ、省当局は禁煙局なる官衙を設けて税金の徴収に汲々たる有様なり。

今、禁煙公所の発表する所によればその収入は次の如し。

民国十三年　三百九十万元
民国十四年　三百十万元
民国十五年（四ヶ月間）　九十三万元

右によりケシ栽培の如何に雲南省の財政に関係深きかを知り得るなり。

第三節　産地及び産額

現今、省内に於ける阿片の産地は騰越道一帯の地方即ち順寧、雲、鄧川、蒙化、騰越等の諸県にして、品質最も優良と称せられ、之に次ぐは広南、開化、習峩、臨安及び元江等、蒙自道に属する地方なり。

而して滇中道産は、その品質上述の産に比して稍々劣れりと云ふ。

次に禁煙公所の調査発布《ママ》を挙ぐれば左の如し。

編者注　原本に記載の数字が不鮮明で読解不能のもの、または誤読の恐れあるものは凡て？を以てこれに代えた。

㈠　滇中道区所轄各県並附普思特別行政区

県別	民国十一年		民国十二年		民国十三年	
	畝数	両数	畝数	両数	畝数	両数
昆明県	5,000	150,000	8,650	259,500	12,000	360,000
宜良県	5,000	150,000	6,780	203,400	6,930	288,900
羅次県	3,325	96,750	6,000	180,000	8,560	255,800
易門県	2,850	85,500	5,300	159,000	7,500	225,000
晋寧県	3,500	105,000	6,400	198,000	8,370	257,100
昆陽県	2,300	69,000	5,470	164,100	7,890	236,700
元謀県	2,000	60,000	4,500	135,000	6,870	206,100
富民県	3,000	90,000	6,500	195,000	9,600	338,000
呈貢県	3,300	99,000	6,670	200,100	8,880	266,400
禄豊県	2,950	88,500	6,710	201,300	8,780	263,700
嵩明県	3,200	96,000	6,540	196,200	8,580	257,400
安寧県	2,650	79,500	5,660	169,800	8,230	236,800
武定県	2,450	72,500	5,000	150,000	7,860	236,800
勧禄県	3,240	97,200	6,780	203,400	8,470	254,100
曲靖県	4,500	135,000	8,500	255,000	14,500	435,000
宣威県	5,000	150,000	7,280	218,400	12,400	372,000
馬竜県	1,850	55,500	4,000	120,000	6,300	189,000
羅平県	3,270	98,100	7,240	217,200	9,250	277,500

巧家県	3,670	110,100	7,960	238,800	15,870	476,100
昭通県	6,200	186,000	9,400	282,000	22,000	660,000
綏江県	2,700	81,000	4,850	145,500	6,750	202,500
大関県	2,400	72,000	4,630	138,900	6,530	195,900
玉渓県	4,800	144,000	9,730	291,900	19,670	590,100
江川県	2,800	84,000	4,880	146,400	7,550	227,400
平彝県	3,330	99,900	5,130	153,900	8,070	261,100
霑益県	2,200	66,000	4,960	148,800	52,000	159,600
陸良県	3,800	114,000	6,850	?	12,800	384,000
尋甸県	3,250	97,500	6,780	203,400	8,560	256,800
東川県	2,650	79,500	7,280	218,400	12,400	372,000
永善県	3,900	117,000	4,000	120,000	6,300	189,000
魯甸県	2,000	64,000	7,240	217,200	9,250	277,500
澂江県	1,960	58,000	7,960	238,800	15,870	476,100
路南県	2,370	71,100	9,400	282,000	22,000	660,000
鎮雄県	10,000	300,000	4,850	145,500	6,750	202,500
塩津県	1,200	36,000	4,630	138,900	6,530	195,500
楚雄県	3,500	105,000	9,730	291,900	19,670	590,100
摩芻県	1,870	56,100	4,880	146,400	7,550	227,400
塩興県	1,750	52,500	5,130	153,900	8,670	261,100
普思第一行政区	2,000	60,000	?	?	5,220	?

同第三行政区	1,470	44,100	?	?	?	?
同第五行政区	1,700	51,000	6,780	203,400	?	256,800
同第七行政区	1,200	36,000	1,860	54,800	2,870	86,100
彝良県	2,000	60,000	?	90,000	7,850	235,500
牟定県	1,950	58,500	3,230	86,100	5,760	172,800
威信行政区	2,000	60,000	2,870	78,000	5,000	?
普思第二行政区	1,360	40,800	2,660	83,400	4,630	138,900
同第四行政区	1,680	50,400	2,780	110,400	4,000	?
同第六行政区	1,380	41,400	3,080	61,900	3,280	98,400
同第八行政区	1,330	39,900	2,230	60,000	2,500	75,000

(二)　蒙自道区所轄各県

建水県	5,000	150,000	8,750	262,500	8,850	265,500
蒙自県	4,000	120,000	6,780	203,400	5,230	156,900
通海県	4,500	135,000	8,000	240,000	8,230	265,500
河西県	3,800	114,000	7,870	236,100	6,540	166,900
嶍峩県	3,500	105,000	7,890	236,700	6,870	246,900
石屏県	4,230	126,900	6,930	207,900	5,430	196,200
阿迷県	3,750	112,500	7,530	226,800	5,780	206,100
黎県	3,960	118,800	7,560	238,800	8,230	162,100
箇旧県	3,000	90,000	7,960	?	4,500	173,400

文山県	9,000	276,000	3,800	542,100	36,700	246,900
曲渓県	3,200	96,000	4,960	148,800	5,860	135,000
西疇県	2,800	87,000	5,960	178,800	5,000	110,000
馬関県	7,200	216,000	12,850	385,500	18,660	175,000
広南県	4,380	131,400	7,940	238,200	6,450	150,000
富州県	4,000	120,000	8,560	246,800	8,960	567,800
瀘西県	8,500	255,000	15,670	470,100	20,000	193,500
彌勒県	3,670	255,000	7,400	237,000	8,000	268,800
師宋県	2,500	110,100	4,750	142,500	5,100	600,000
邱北県	3,420	75,000	8,560	256,800	13,480	240,000
金河行政区	1,800	54,000	3,250	97,500	2,500	153,000
靖辺行政区	2,360	70,800	3,000	90,000	2,000	60,000

(三)　普河道区所轄各県

思茅県	2,950	88,500	4,580	137,400	5,340	160,200
寧洱県	2,600	78,000	4,860	145,800	4,000	120,000
他郎県	3,000	90,000	6,050	181,500	4,500	135,000
景谷県	3,700	111,000	7,250	217,500	5,200	156,000
元江県	5,860	175,800	9,830	294,900	9,000	270,000
新平県	4,000	120,000	8,300	249,000	6,400	192,000
瀾滄県	3,200	96,000	7,000	210,000	3,800	144,000

景東県	3,800	114,000	7,560	226,800	4,300	129,000
緬寧県	4,300	129,000	7,250	217,500	3,450	103,500
猛丁行政区	1,600	48,000	2,500	75,000	1,200	36,000
猛烈行政区	1,200	36,000	1,850	55,500	1,000	30,000

(四)　騰越道区所轄各県

騰衝県	4,860	145,800	5,560	166,800	8,750	262,500
保山県	6,850	205,500	9,780	293,400	14,700	441,000
永平県	3,850	115,500	5,730	171,900	7,860	235,800
鎭康県	3,670	110,100	6,570	197,100	9,200	276,000
竜陵県	4,000	120,000	6,670	206,100	7,530	225,700
大理県	4,500	135,000	6,350	190,500	9,530	285,900
祥雲県	4,230	126,900	6,850	?	9,500	285,000
洱源県	5,670	190,100	7,280	218,400	9,480	284,400
鳳儀県	5,480	164,400	?	?	?	?
鄧川県	6,830	201,900	7,860	235,800	12,300	?
雲竜県	4,320	?	6,490	194,100	?	?
彌渡県	6,710	201,300	7,000	210,000	?	?
麗江県	?	?	?	?	7,880	236,400
蘭坪県	3,235	?	6,000	180,000	7,500	235,000
鶴慶県	4,750	142,500	6,500	?	9,300	279,000

剣川県	?	?	?	?	?	259,200
維西県	2,000	60,000	?	76,800	?	?
中甸県	1,500	45,000	2,560	?	?	?
蒙化県	9,870	296,100	12,300	?	?	960,000
漾濞県	5,630	168,900	6,450	193,500	8,430	252,900
永北県	?	?	8,000	?	2,000	960,000
華坪県	3,700	?	?	?	?	?
姚安県	?	?	5,000	?	?	?
鎮南県	3,200	96,000	6,170	185,100	8,000	240,000
大姚県	3,400	102,000	5,670	170,100	6,200	186,000
永仁県	2,100	63,000	4,500	135,000	5,100	153,000
塩豊県	1,800	54,000	3,080	92,400	5,000	150,000
順寧県	4,690	140,700	7,580	22,740	8,870	296,100
雲　県	2,600	78,000	3,850	115,500	7,860	235,800
□□行政区	1,200	36,000	1,300	39,000	1,530	45,900
瀘水行政区	1,780	59,400	2,500	65,000	2,000	60,000
干崖行政区	1,000	30,000	1,200	36,000	1,650	49,500
盞達行政区	800	24,000	800	24,000	1,000	30,000
隴川行政区	700	21,000	850	25,500	800	24,000
猛卯行政区	500	15,000	600	18,000	800	24,000

説明を後に附す

(1)　民国十一年の統計

各県の産額は合計三十九万三千余百畝。毎畝の平均は三十両を以て計算し、合計産煙土九百二十三万余千両

(2)　民国十二年の統計

各県の産額は合計七十二万六千余百畝。毎畝の平均は三十両を以て計算し、合計二千百七十八万余千両

(3)　民国十三年の統計

各県の産額は合計九十六万八千余百畝。毎畝の平均は三十両を以て計算し、合計二千八百四万余千両

尚、民国十三年以後の統計無きは、唐継堯の失敗後、内政紊乱せるが為なり。

第四節　栽培状態

宣統二《元カ》年、禁煙令の発布せられしより以来、雲南省に於ても阿片の栽培は禁止せられしに因り、之に代りて農作物の栽培盛んに行はれたり。然れども雲南省の如き山間の地に於て充分なる農作物の収穫を望む事は到底不可能なりき。その上今や該禁煙令の弛緩すると共にケシの栽培は公然の秘密の如き有様となり、更に或る時の如きは政府の財政上の困難より之が栽培の奨励をすら敢へて為すに至りたるを以て、一般省民は最も有利なるケシの栽培を競ふて為すに至れり。斯くして今や雲南全省此の栽培を為さゞる地なければ、依りて支那第一の阿片の産出地とも云ふを得べし。

蓋し該省はその地質、その気候共に最も之が栽培に適し、阿片の品質も至って優良にして、その産額また極めて

多ければなり。

第五節　阿片の取引并びに密輸出の状況

（前略）

雲南省の阿片が広西省を経由して広東に密輸出せらるゝには、陸路広南より百色に出で西江を下りて広東に到るものなりと聞く。

（中略）

滇越鉄道に依り密輸出をなすは多くは仏国商人にして、官憲と密約をなし莫大の利を貪るなり。然して仏領印度支那も雲南省と同じく、阿片売買による政府の収入は行政上頗る重要なるものなれば（阿片専売により一千万ピヤストル）、双方政府共に之が密輸出は黙許の有様にて、課税に依る収入を得るに汲々たり。

雲南省政府は省内の取引に対しては釐金税若干を徴するに過ぎざるも、輸出阿片に対しては百両（数量）毎に四十元を課して輸出許可証を下附し、阿片商人は之に土貨名を附して鉄道に依り輸出し、仏領印度支那政府は百両の価格に対し三〇％の税金を徴収して仏領東京の通過を認むるが如し。

然しながらジュネーブの阿片会議ありしより以来、世界各国の阿片密輸出入に対する監視甚だ厳重となりしを以て、秘密の漏洩せん事を恐れ、雲南省と仏領印度支那との国境を流るゝ紅河を利用し、河船に積載して仏領ラオス《老開カ》に輸送し、或は国境陸路より密輸出をなし、巧みに税関の検査を免かるゝ事を得と云ふ。

（後略）

第七節　阿片の価格

阿片の価格は専ら品質の良否に依りて差等あること勿論なるも、雲南省にては産地別に依り三様に分くる模様なり。即ち開化地方に産するものを以て上等品となし、大理地方に産するものを二等品となし、迤東方面のものを下等品となす。尚、以上三地の阿片もまたその品質に依り上、中、下に区別せらると云ふ。

而してその市場相場は、禁煙局の要人の談に依れば雲南府にては

毎一両に付き　　二・五元～三元（滇票）

なりと。然れども雲南省の中央銀行たる富滇銀行の信用大いに落ち、滇票の価値漸減の傾向あるを以て、阿片の相場もまた勢ひ漸騰の趨勢に在り。

第八節　吸煙状態

富賎の如何を問はず階級の上下に論なく、上は富豪、長官連より下は一兵卒、苦力に至る迄殆んど阿片吸煙者即ち所謂癮者にして、雲南の人口の過半は之が吸煙者なりと言ふを得べく、一度足を滇省に入るゝ者は誰か此の状態を見て驚かざるものあらんやである。女子の吸煙は言ふも更なり。六、七才の孩子さへ煙器を手にして太平の夢に耽り居る様を目撃するものは皆、滇省々民の志気振はず産業の萎靡せる原因に思ひ当たる所あらん。

地勢上耕地の少なきは正に産業の発達せざる一因ならんも、上述の吸煙の為め省民の心身共に懶惰に陥るもの、

詢にその主因たるを失はざるなり。蓋し雲南省民は夜は一時、二時迄も起きて居て吸煙に耽り、而して朝は商人ですら十時頃迄朝寝をして居る有様なり。官庁の如きも実際上、午前中は出勤せず。我等が調査をなすに著しき支障を来たせり。

尚、煙器の多く販売されて居る状を見ても、如何に吸煙の甚だしきかを覗ふに足る。省城の某街路の如きは悉く煙器販売の露舗なり。煙器の販売は名目上禁止され居るも、固より空文たるに過ぎず。

第九節　阿片の取締り并びに課税の状況

之に関しては余の調査せしものと昨年度、赤山氏の調査に依るものと、何等異なる所なし。依って左に昨年度のものを転記すべし。

（中略）

阿片取締りの機関としては、民国五年に籌餉総局なる軍事費籌画の特定機関を設け、同局は各釐金局をして一般釐金の附加税及び阿片に対する釐金税を表面、罰金名義にて徴収せしめ、更に各県知事をして阿片栽培税を徴収せしめ、その経理を総監したるが、民国七年度は阿片百両に付き釐金税四十元、栽培者には一畝に付き銀七元を徴し（余の調査に依れば一九二九年より輸出阿片は毎百両に付き二十五元、栽培者には毎一畝に付き五元なり。此の点赤山氏の調査は変更するを要す？）その総額百余万元に上れり。

（中略）

支那当局は今や積極的禁遏方針を取りつゝあるが、裏面の状態は既に上述の如く貴州、四川の一部にも公然之が栽培を敢へてし、官憲は暫く之を黙許し置き収穫を待ちて威嚇的に一斉に徴収する等の醜態を演じ、その他隠匿事件は頻々として絶えず、甚だしきは土匪保護の下に栽培を敢行するものあり。

全省を通じて栽培率は昨年と変化なきも、密運輸業者の推算する所に依れば目下、四川、雲南、貴州産の阿片にして重慶及び涪州に集散する年額は今尚ほ最少限度、五百万両以下《ママ》を以てす。此の中三百万両は主として宜昌、沙市等、下流地方へ移出せられ、残余は四川省内の消費となる。

目下、秘密栽培の最も多きは雲南省にして貴州、四川之に次ぐと称せらる。四川省に於ける涪州の如く、雲南省城は雲南省に於ける阿片の中心市場をなし、相場もまた省城を標準となす。

第十節　結　論

学者の説に依れば、ケシの栽培と棉花の栽培とには地質学上、類似の要件あり。双方の中一の可とする土地には他もまた可なりと。

五十年前、印度にてはケシの栽培盛んにして、世界に於ても屈指の阿片産出国なりき。然るに逐次之が中国に伝来し来たり、各省は競ふて之が栽培をなし、而して雲南の阿片は最もその声価高く印度と匹敵せりと称せらる。然るに印度阿片が旺盛を極めし頃、世界各国は阿片の民生に害あるを以て共にその輸入を禁止せり。故にその販路は中国のみとなりしも、中国もまた上述の如くその栽培盛んなりしを以て、印度は為に大打撃を受くるに至れり。依って印度は之が対策として阿片の栽培に代ふるに棉花を以てす。宜なる哉、学者の説、印度は今や棉花の産を以て世界を雄視するに至れり。

斯くの如き適例を以て雲南に充て、今日ケシの栽培に要する土地及び人工の悉くを棉花に転用したらんには、必ずや印度の如く棉花を以て全国に雄飛するに至らん。

果たして斯くの如くなる時は、現今、毎年印度より輸入する棉花一千六百余万両の巨額も雲南省より之を埋め合はせ得る事なるべし。況んや阿片の禁止は国際問題に関連し一国の名誉に関する所、一日も早く之を断絶すべきものにして、局に当たるものは断乎として此の有利なる計画に出でん事を切望するものなり。

第三十五巻　遼河流域に於ける阿片

第一章　緒　言

現今、支那の貿易統計表中、洋薬類として挙げらるゝものに白皮土 Malwa 公班土 Patna その他の四項があるが、之等の阿片は古くは支那の輸入貿易上最も重要なる地位を占めて居たものであって、広東商館を通じ貿易の行はれてゐた時代既にその害毒の甚だしき為め、その輸入を禁止せんとして彼の有名なる阿片戦争を惹起した程であった。併しその輸入は依然として旺盛を極め、阿片戦争より二十五年を経過したる一八六七年に、その輸入額は三一、九九四、〇〇〇上海両の巨額に達し、全輸入額六九、三二九、〇〇〇上海両の半ばに近き多額を占めてゐた。尚、その輸入額は年に依り消長ありと雖も、常に三千万海関両を上下し、一八八四年に至る間に於ても僅かに一八七一年を除く外は各種輸入品中の首位に在り、他の重要輸入品たる綿製品も到底之に及び得ざるの状態にあった。その後、綿製品の輸入額増加の為め順位としては第三位に下ったが、矢張りその輸入額は極めて多く、殊に一九一〇年から一九一三年に至る四年間は実に阿片輸入貿易の最高潮時代で、多きは五五、四一〇千海関両、少なきも四千万海関両に達する輸入を見たのである。併し一九一五年以降は逐年著しく減少を来たし、遂に数十万海関両を彷徨するが如き衰運に陥り、一九二二年の如きは却って再輸出に五四《マ》、七八三《マ》海関両を数へた程で、数年前迄の繁栄は那辺に在りやの感を深からしむるものがある。

今、是れが取引国に就いて見るに、古くは英国が殆んど独占の形で、之に亜げる墺《澳カ》門(一九〇五年一、〇六一、三二八、《海関両脱カ》一九一〇年二、三九三、〇三二)《海関両脱カ》は英国とは比較にならぬ程のものを取引して居たるに過ぎない。併し此の巨額の取引をして居りし英国も、一九一六年以後は漸次減少を来たし、一九一八年には此の歴史深き阿片貿易から全くその姿を消すに至った。尚、近年は土耳其、波斯及び埃及が極めて僅かなる取引を独占して居る。即ち次表の通りである。

阿片輸入取引国別価格表(単位海関両)

年別	総輸入額	再輸出額	総輸入額	右 日本	左 英国	右 北米合衆国	左 独逸	右 仏国	左 其他
一九〇五	三四、三一九、六四七	二四九、六二六	三四、〇七〇、〇二一	三八	三三、二五七、九〇六	〇	〇	三七五	一、〇六一、三二八
一九一〇	五七、九〇九、九〇三	二、五一九、〇五三	五五、四一〇、八五〇	六〇七	五五、五二五、〇三四	五、二八五	〇	〇	二、三九八、九七七
一九一五	二五、六四三、八二三	九四二、七三五	二四、七〇〇、〇八八	五五五、五二一	二五、〇三一、六七八	〇	〇	〇	五六、六四二
一九二〇	二〇〇、一六二	〇	二〇〇、一六二	二〇〇、一六二	〇	〇	〇	〇	〇
一九二一	三三二、五九〇	〇	三三二、五九〇	三三二、五九〇	〇	〇	〇	〇	〇
一九二二	二六、八七九	八一一、六六二	五四、七八三	〇	〇	〇	〇	〇	二六、八七九

一九二三	四七二、四五五	○	四三二、四五五	三四、一五五 ○	○ ○	四三八、三〇〇 ○
一九二四	三三三、八四〇	○	三三三、八四〇	○ ○	○ ○	三三三、八四〇 ○
一九二五	六九四、七四三	○	六九四、七四三	○ ○	○ ○	六九四、七四三 ○
一九二六	六九八、八九七	○	六九八、八九七	○ ○	○ ○	六九八、八九七 ○

〔備　考〕
(1)　日本は一九一〇年後、朝鮮をも含む。
(2)　英国は本土は勿論、印度、海峡殖民地、香港、濠州及び新西蘭、加奈陀、南阿をも含む。
(3)　北米合衆国は布哇、比律賓を含む。
(4)　仏蘭西は仏領印度支那を含む。

次にその輸入港に就いて見ると、次表にも示す如く一九一五年に至る迄は五港中上海が第一位を占め、之に次いでは広東、香港、天津等の順序で、後の二者は多くも十数万海関両の輸入を取り扱ひしに過ぎない。また、その他の諸港中、中部支那では九江、蕪湖、鎮江、杭州、寧波等、南部支那では福州、厦門、汕頭、拱北、江門、三水等が重要なる輸入港であった。併し近年に及んではその輸入は全く大連港に限られて居る。

阿片輸入港別価格表（単位海関両）

年次	総輸入額	再輸出額	純輸入額	右 大連	中 天津	左 其他北部支那	右 漢口	中 上海	左 其他中部支那	右 広東	左 其他南部支那
一九〇五	三四、〇九八、三三三	〇	三四、〇九八、三三三	〇	一六一、一九〇	一八三、五一二	一八〇、三〇六	九、一五七、七五九	八、五八五、四八六	六、五〇六、九五一	九、五二三、一一九
一九一〇	五五、五四五、五六一	〇	五五、五四五、五六一	〇	六七、七〇九	二五一、二五八	三五、九二五	一八、九八二、九五五	九、二七八、二二三	七、九四〇、七一七	一八、八八八、七七五
一九一五	二四、四四一、五五三	〇	二四、四四一、五五三	五一九、二七一	〇	三六、二五〇	〇	一六、七九四、〇八四	一、七三三、七三五	三、一九四、七二三	二、一三三、四九
一九二〇	二〇〇、一六二	〇	二〇〇、一六二	〇	〇	〇	〇	〇	〇	〇	〇
一九二一	三三二、五九〇	〇	三三二、五九〇	二六〇、二九〇	〇	六二、三〇〇	〇	〇	〇	〇	〇
一九二二	〇	五四、七八三	〇	〇	〇	〇					
一九二三	四七二、四五五	〇	四七二、四五五	四七二、四五五	〇	〇	〇	〇	〇	〇	〇
一九二四	三三三、八四〇	〇	三三三、八四〇	三三三、八四〇	〇	〇	〇	〇	〇	〇	〇

一九二五	六九四、七四三	〇	六九四、七四三	六九四、七四三〇〇	〇〇〇	〇〇
一九二六	六九八、八九七	〇	六九八、八九七	六九八、八九七〇〇	〇〇〇	〇〇

斯くの如き大連に於ける阿片貿易の状況即ち輸入の増加は、如何に満州に於ける阿片の需要が旺盛なるかを示すに足るものである。尚、北満州に於て消費する阿片は殆んど露支国境に沿ふ西比利亜諸地方殊にポグラニーチナヤ方面より密輸入さるゝもの多き為め、東三省にて阿片栽培の禁止さるゝ今日、大連にて輸入する阿片の大部分は南満州にて消費さるゝものと見る事が出来る。南満州にて消費力の旺盛なる以上、熱河方面の阿片も密輸されてその需要に応ぜんとするも宜なる哉と首肯し得る所である。

第二章　生産状況

第一節　概　　況

東三省に於ける阿片及び麻酔剤の売買は広く行はるゝと雖も、ケシの栽培の行はるゝは吉林、黒竜江の両省及び西比利亜、朝鮮との国境に沿ふ地方のみに限らる。従って筆者の旅行調査せし遼河流域中、奉天省内に於てはケシの栽培を見ず。只、遼河の上流、熱河特別区域に属せる開魯に於てのみその栽培を為すと云ふ。されば左に掲ぐるものゝ大半は開魯に於ける生産状況に拠る。

第二節　生産状況

一、ケシ栽培圃

(A)　栽培圃

開魯附近に於けるケシの栽培は支那各地に於ける蔬菜園と同様の経営法を以てし、頗る集約的に栽培しつゝあり。今、その栽培園を略図に依り示せば次の如し。

イ　井戸　ロ　大溝　ハ　小溝　ニ　池

(B)　土　質

ケシの栽培に最も適当なる土質は腐蝕質土にして、開魯附近に於ける土質は粘質壌土なれば最適の土質とは云ひ難く、熱河特別区域内の林西、朝陽方面に比すれば土質に於て劣ると称せらる。

(C)　井　戸

ケシ栽培地の井戸は深きは一丈五、六尺、水深四、五尺にして普通一丈三、四尺、水深三、四尺なり。一個の井戸にて四、五畝の灌漑に充分なり。井戸の掘鑿費用は煉瓦を用ふれば大洋百元内外にして柳枝《カ》を用ふれば五、六十元にて足れり。普通、柳枝《カ》を使用するもの多し。灌漑は皆、人手を以てし畜類を用ふるものなし。

(D)　土　壁

ケシ栽培地の周囲には普通、高さ五尺、厚さ一尺二、三寸の土壁を廻らして人畜の随時侵入を防ぎ、尚ほ春季には暴風雨多きを以て之が被害を防ぐに充つ。本年（昭和三年）春季に於ても土壁の設備なき為め殆んど全滅し、その後再播したりと雖も殆んど収穫皆無の状態なる所ありき。

(E)　地主と栽培者

ケシの栽培者はケシの収穫後直ちに白菜の栽培を為すが普通にして、地主は土壁及び井戸を設備して栽培者に供するが常なり。一ケ年の土地使用料は一畝、大洋八元乃至十五元にして、最も悪しき土地にて五元内外なり。

(F)　雇用人夫

開魯に於けるケシの栽培者は普通四、五畝、多きも六、七畝に止まるを以て、家族にて管理を為し、人夫を雇用するものと雖も二人乃至三人にして賃銀は日工四角乃至五角（賄付）なり。而して一旦採汁期に入れば臨時に人夫を雇ふものとす。此の採汁期には人夫を多く要するを以て自然、労銀も騰貴し、一日、大洋一元乃至一元二角に達するが通例にして、賄も普通、常食よりも美食を供し、雇人を優遇するが例なり。

二、栽　培

(A)　品　種

開魯附近に栽培せるケシの品種は次の四種とす。

一、紫花大頭　紫花の一輪咲にして果皮厚く、採汁容易にしてその量も多し。
二、白花大頭　白花の一輪咲にして開魯に最も多く栽培し、収量も多く良品種なり。
三、四年《ママ》頭　四本の果枝を生じ開花するものにして、豊作の年に於てはその収量前二者に優ると云ふ。
四、八叉子　多数の果枝を生ずるものにして、前者と同様豊作の年に於ては収量多しと。

右四品種の内何れが最も優良種なりやは年の豊凶に依り一定し難きも、多年栽培の持続せらるゝ開魯に於て白花大頭の栽培最も多きより見れば、右品種が最も優良なるものと考察せらる。

(B)　播　種　期

此の地に於ける播種期は例年、清明（四月五日前後）より始め穀雨（四月二十日前後）《に終はる。脱カ》果皮厚く採汁量も多し。晩霜の害なき限り早播するを常とす。

本年、此の開魯に於ける播種始めは四月十日頃にして四月十五、六日頃には大部分播種を了したり。

今、開魯に於ける本年該期の気温を示せば次の如し。

四月十日	C.八・二度（十時）
〃十一日	六・三
〃十二日	一二・七
〃十三日	一六・二
〃十四日	八・九
〃十五日	一〇・五
〃十六日	八・〇
平　均	一〇・一

此の期に於ける土地の結氷状態を見るに、地下二尺迄は既に解氷し、二尺以下は尚ほ凍結す。

(C)　播　種　量

開魯に於ける播種法に依れば、播種量は一畝、日本の枡にて一合五勺乃至二合なり。

(D)　播　種　法

播種法は普通、支那式蔬菜園と同様先づ人の手を以て起耕し、長さ五米乃至八米、幅一米内外の池を作り、施肥するものは耕起整地と同時に行ひ主として土《牛カ》糞を用ふ。池子を作りたる後、播種前日に至り灌水を為し池子中に適湿を与へ、鎬頭にて二条に作条し以て播種し、直ちに覆土し半日を経たる後足にて鎮在《圧カ》す。而して数日後《間カ》乾燥せしめ発芽の見込みなき時は更に灌水し発芽を促す。

(E)　播種後の管理及び作況

播種後の手入れは灌水、間引き、除草を主なる作業と為し、就中、灌水は播種より採汁に至る迄ケシの生育上最も重要なる作業なり。発芽の当時より生育約五分に達する迄は成るべく灌水を止め小苗の流失を防ぐ。尤も土地余りに乾燥に過ぎ生育不適当なる時は已むを得ず灌水を為せり。生育約一寸以上に達すれば根も伸長するを以て適度に灌水し、土地に充分水分を保有せしめ、以て発育を促進せしむ。今、昭和三年の開魯に於ける発芽期を示せば次の如し。

播種期	発芽始	発芽期	発芽終
四月十日	四月二十三日	四月二十七日	五月二日

また、発芽当時に於ける気温を示せば次の如し。

	C.
四月二十三日	一一・九度（十時）
〃二十四日	一五・三
〃二十五日	二一・六
〃二十六日	一二・九
〃二十七日	一一・二
〃二十八日	一六・四
〃二十九日	八・八
〃三十日	一四・〇
五月一日	一五・八
〃二日	一三・六
平均	一四・一

尚、播種期より発芽迄に降霜、降雪ありて一時気温低下したるも発芽には被害を見ず。発芽後は暴風、土塵に遭ふ事二度なるも、一部の栽培地を除く外は被害を見ず。

五月中旬、茎葉一寸五分位に達して六月《より脱カ》上旬に至る迄に於て約二回乃至三回の間引きを為し、株間二寸五分乃至三寸五分位に設定す。間引きと同時に鋤頭または手にて除草を行ひ、その後雑草あれば之を抜き取る事等は蔬菜栽培と何等異ならず。

本年（昭和三年）開魯に於ける栽培地の開花期を示せば次の如し。

開花始	開花期	開花終
六月二十七日	六月二十九日	七月四日

尚、本年（昭和三年）の此の期に於ける気温を示せば次の如し。

六月二十七日	C. 二〇・九度（十時）
〃二十八日	二四・八
〃二十九日	二四・六
〃三十日	二三・六
七月一日	二三・七
〃二日	二三・三
〃三日	二六・四
〃四日	二八・八
平均	二四・五

本年（昭和三年）は開花期に於て三十四、五粍の降雨あり。普通の農作物には土地乾燥の折柄とて好影響を来たしたるも、ケシに於ては最も之を忌み栽培者は之を臭雨と云ふ。即ち降雨後数日を経ずして葉は褐色斑点の病状を呈し、漸次枯凋し、次いで心喰虫の発生多く、之が為に採汁量を激減するに至れり。

(F)　採　汁　期

昭和三年の開魯に於ける採汁期を示せば次の如し。

始め	盛期	終り
六月三十日	七月七日	七月十五日

尚、本年（昭和三年）は春季暴風雨の被害に依り再播せるものあり。之等の採汁は七月下旬に行はれたり。

ケシの一花の開花は僅か一日間にして、第二日目には已に落花し、採汁は落花の後四、五日目より行ふを常とす。

(G)　採　汁　法

採汁は二人を以て一組とし、一人は真鍮製の小刀または竹篦を以て果皮の周囲に横または斜に傷を付け、一人はその後に従って傷口より噴き出づる液汁を指にて取り、小さき錻力製の罐に入れるものにして、その容器を図示すれば次の如し。

小刀

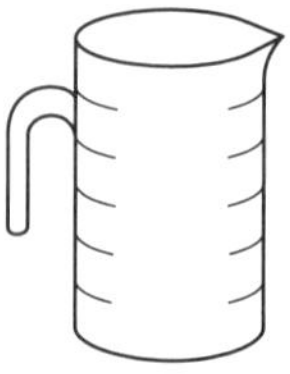

容器

採汁者の工程は一人、約一畝にして十日乃至十三日を以て終はるを普通とし、採汁を了したる果皮を示せば次の如し。

採汁は熟練を要するものにして、果壁を穿通せざる様注意せざるべからず。熟練したるものは作業も早く採汁量もまた多し。

㈩　収　量

一畝の採汁量は、平年は上作にて百二十三両、中作にて百両、不作にて七十両内外なるが、本年は開花期に於ける降雨、褐斑病、及び心喰虫の発生等に依り悪影響を受けし為め採汁量も半減し、上作にても七十両、中作は五十両、不作は三十両内外に過ぎざりき。

三、阿片煙の製造法

採取したる液汁は白色の乳状液にして、空気に接触すれば次第に黄色を呈し、次いで赤褐色に変ず。該液は之を容器に入れ天日に曝し時々攪拌し数日間乾燥すれば黒褐色の糖蜜状を呈す。之を煙土と称す。煙土より煙膏を製するには煙土を更に水に溶解し、之を紙にて濾過し土その他の混合物を除き、濾過液を更に煮沸し攪拌しつゝ煮詰め黒色の鉛状となす。之れ即ち阿片煙にして吸煙するものなり。

今、原料液汁より得る阿片煙の量及び価格を示せば次の如し。

項目	数量	価格（一両に付き）
液汁	一〇〇両	八角
煙土	三五～四〇両	二元
煙膏	一七～二四両	五元

即ち液汁百両より煙膏十七両乃至二十四両を得るものとす。尚、煙膏中には他の不純物を混合してその量を増し、純粋の煙膏は稀なり。その混合物には麵筋料子、猪皮料子、苹果料子、橘皮料子等あり。一見、阿片煙と何等異なる所なし。

麵筋料子を製するには、小麦粉を能く練り豆油中に入れて之を煎り、豆油と共に能く撹拌して漸次煮詰め黒膏薬状と為し、之を阿片煙一百両に対し八両乃至十両混合するものなり。その他の料子は材料異なるのみにて製造法は大同小異なり。

四、阿片の品質鑑定法

大煙〔編者注　大煙は、阿片の異名〕の良否を鑑定するは熟練者に非ざれば困難なり。熟練したる者は煙土または大煙の色沢を見て混合物の有無を鑑定し得ると称するも、普通は煙土なれば之を煙膏に製し、喫烟して初めてその良否を鑑定し得るものにして、不純分の多き程、喫煙后の残渣が黒色を呈す。不純物なきものは褐色を呈し、少なき程之に似る。香味もまた不純物多き程大煙の香味と異なるものなり。

第三章　各地に於ける阿片（魔薬品をも含む）

第一節　営口地方に於ける阿片

一、ケシ栽培の実況及び阿片の生産

営口地方に於てはケシの栽培を為すもの無く、従って阿片の生産無し。

二、阿片の取引、輸移入及びその取締法

前記の如く該地方に於ては阿片の生産なきに、吸飲者は相当多数あり。斯くその需要は旺盛なるを以て、之が供給を他地方に仰がざるべからず。されど禁煙国なるを以て勢ひ密取引に依るの外なく、その密輸入せらるゝ阿片は熱河特別区及び北満産のもの大部分を占め波斯、土耳其品は僅少なり。また、之等の阿片にして錦州、営口方面より山東省の各港に仕向けらるゝものも若干ありと雖も、その数量・価格等は詳らかならず。その取引人の大部分は支那人なりしが、大正九年以降、隣接地帯の阿片生産盛大となりし影響を受けて不振に陥れる在留邦人の不正業者にも、近来、阿片取引に関係するものあるに至れり。然れどもその数は僅少なり。該地方の輸移出取引を示せば左の如し。

(イ)　営口に於ける阿片の取引及び輸移出入の状況

営口に輸移出さるゝ阿片は主として支那官公吏、紳商等の手に依り貴重品或は公用行李の如く装ひ、封を施して

公然運搬するもの大多数を占め、殊に以前、吉林司令張宗昌の如きは軍費の補塡を名として張作霖の認可を得、大正十一年八月頃より多量の阿片を南方に移送し来たりたるを以て、同年八月頃、十匁、価格銀十一元位なりし阿片も、同十四年頃には八円内外に下落したる事ありと云ふ。

また、営口旧市街の道尹衙門の西方に居住する劉吉燕は、女婿の関係ある吉林財政庁長王張宙を利用して吉林方面より買ひ入れ、道尹以下首脳者に之を供給し、公然販売し居る形跡ありと云ふ。また、旧市街の質商張雨生は、その妻が曽て張作霖が馬賊たりし当時の愛妾たりし関係上、その威力を藉りて公然之が販売を為しつゝありと云ふ。その他小規模なる密売業者の多くは衣装中に之を縫ひ込みて運搬密売を為し、之に依りて生計を立つるもの少なからざるの状況なり。

(ロ)　錦州に於ける阿片の取引、輸移出入の状況

以前、錦州地方に供給せられし阿片の多くは北満地方より移入せられしも、その後漸次減少し、その大部分は熱河管内たる平原《平泉カ》、凌原《凌源カ》、建平、朝陽等の各県より移入供給せらるゝに至れりと云ふ。斯くなりし原因は、北満産は品質良好なるも高価なるに反し、熱河産は品質良好ならざるも価格低廉なるに依り之が需要増加したる為なり。

三、阿片吸飲の状況

営口地方に於ける阿片吸飲者の数は之を詳らかにするを得ざるも、営口を基準として演繹的に考察統計すれば左の如し。

営口に於ける阿片吸飲者及び密売買者の吸煙量及び取扱量を内偵し綜合統計するに、一日約四貫内外にして一ケ年一千四百、五百貫に上り、更に従来の支那人阿片吸飲者及び吸飲量の統計基礎（一九〇九年二月、上海に於て開

催されたる阿片会議に支那政府より提出したる報告書、または排阿片の研究者たるハミルトン氏の説等に基づく）に依り算出すれば、営口に於ける支那人の人口を約六万六千人と概算し、全人口の五割を二十才未満として除外し、差引き三万三千人の一割即ち三千三百人の吸飲者ありとなし、一人一日、平均一匁五分を吸飲するものとせば、一日の消費は四、九五〇匁にして、一ケ年には一千八百〇七貫弱となり、前述の推定量に比し約三百貫を超過する事となる。此の数字を腹案とし、更に当地に十数年来居住し此の間の消息を熟知せる営口県知事に就き内偵したるに、彼等には何等統計的資料無きも、営口市に於ては一ケ年の消費量少なくとも二千貫に達すべしと云ふ。

されば該地方復、蓋平、海城、鑑山《盤山カ》、北鎮、義、錦、錦西、興城及び綏中十一《ママ》県の人口は約三百十三万八千人なるを以て、前述の例に依り阿片吸飲量を算出するときは、一ケ年約八万五千九百貫に達すべし。

四、癮者救済の施設及びその取扱法

禁煙法発布の当時には、癮者救済の為に戒煙所なるものを設置し、無産階級の癮者に対しては之を収容して治療を施したるが、経費その他の関係に依り自然に消滅し、現今にてはその施設なきも、禁煙励行の地とて之に対する取締りを厳にし、彼等は非常に不便を感じつゝあり。されど富裕なるものは贈賄に依り手心を加へられて此の不便なく、金銭を投ずれば吸飲は容易なりと云ふ。

第二節　新民府方面に於ける阿片

一、ケシ栽培の実況及び阿片の生産

当地方に於ては取締り厳重なるが為めその栽培を為すものなく、従って阿片の生産なし。

二、阿片の取引、輸移出入及びその取締法

前述の如く阿片の生産無きを以て之が供給を熱河及び北満方面に仰ぎ、ハルピン、五站方面よりは南満鉄路に依り、また熱河方面よりは陸路に依り共に支那人の手を経て密輸入せらる。

然れども西方の産品なる熱河阿片は、北方の産品なるハルピン方面の阿片に比し品質著しく粗悪にして、その価格もまた約半値に過ぎず。即ち本年、北方産一貫匁の価は約小洋一千元なるに、西方産は一貫匁約小洋四百五十元乃至五百元なり。

当地には支那人の阿片密売者約二十戸を下らざる見込みにして、彼等の多くは支那大官と親戚の関係を有するものなれば、之が関係を利用しまたは軍隊の手に依り、阿片生産地たる熱河地方に於て直接多量の買込みを為し、使用人をして之を密売せしむるが如し。彼等は一定の職業を有せず、巧みに阿片吸用の癮者と連絡をとり不正の利益を貪りつゝあり。阿片密売者の利益は普通、一両に付き二、三元にして、相場は毎両に付き上等八元、中等七元、下等六元なり。

新民府に密輸せらるゝものゝ多くは西方の産（熱河、朝陽、錦県方面の産品）にして、北方品（ハルピン、ポグ

ラニーチナヤ、ニコリスク方面の産品）もまた相当密輸せらるゝも、西方品は主として当地及び北京、天津、上海方面に移入せられ、北方品はハルピン、長春等々密輸者の根拠地より満鉄沿線の大連、奉天、安東方面に密輸せらるゝものゝ如しと云ふ。

前述の如く密輸者と官憲とは相互に関係あるものなれば、取締当局者が彼等を検挙処罰する処あらんか、却って自己の地位に危険を及ぼす事あるべく、従って彼等の行為を黙過するの弊風あるを以て、その取締りは単に申訳的にして、その処罰さるゝ者の多くは之に関係なき小規模の密売者に限らるゝものなり。

三、煙膏の製造、取引及び売捌法

該地方には煙膏として密輸せらるゝもの少なく、大部分は阿片煙土として密売者の手に入り、彼等密売者或は吸煙者自身に於て阿片煙土より随時、煙膏を製造して密売または吸煙の用に供し居れり。新民県街内の一日の密売量は平均一貫匁にして、価格は小洋六、七百元なりと云ふ。在留邦人にして密売者と思はるゝ者薬商一戸、質商二戸を見受けたり。

四、阿片吸飲の状況

新民府支那当局官憲の談に依れば、新民県街の住民の総数約三万人の中、成年以上の者は男女（駐屯軍隊を含む）計一万人内外なるが、その内阿片吸飲の常習者と認むべきものは三百五十余名に達す。之等の常習者の主なるものは軍人、官公吏、その他中産以上の商民にして、一人一日の吸飲量は多きは三匁乃至四匁、少なきは一、二匁位なり。而して常習者以外の者と雖も、成年以上の者にして全く阿片を吸飲せざるものは甚だ稀なりと云ふ。

彼等常習者は各自、吸飲器を所持し、昼夜の別なく随時之を使用するものにして、身分低きものは上官の叱責を恐れ密かに之を吸飲するも、高官に在りては宴会の席上、公衆の面前に於て吸飲し、客人に之を侑め接待に努むるの風あり。また、商工業者に於ても、此の習癖を有する地方の紳商或は豪商の如き有力者には、官憲は威力を用ひず黙許しつゝあるも、中流以下に対しては取締り厳重なるが如き感ありと云ふ。時々検挙せらるゝものは小商人、苦力等の徒輩に過ぎず。恰も細鱗を検挙して呑舟の魚は之を逸し去る有様なるを以て、阿片吸飲者は上流社会に多く中、下流の両層に少なき状況なり。

五、　阿片の収入及び用途

禁煙の取締りを励行し居るを以て、之に対する課税収入はなきも、文武官の黙許を求むべく贈賄の弊風あり。従って之等の者が官憲の私腹を肥やしつゝあり。

六、　癮者救済の施設及びその取締法

新民府に於ては癮者少なからざるも、之等の癮者中軍人、官公吏または中流以上の者に対しては支那官憲に於て何等取締る所なし。唯、乞食体の下層癮者は之を支那警察留置所に留置するか、或は県公署附属の教養局（極貧者を収容して一定の業務に従事せしむる所）に収容し、局員監督の下に木工、柳籃製造、その他の業務に服せしめ、癮者が稍健康体に恢復するを待ち之を放逐するも、間もなくまたまた癮者となりて巷路を徘徊するの状態なり。されば斯かる癮者に対しては支那官憲に於ても取締り及び救済の途なしとなし、近来は殆んど之を放任し居るもの〻如く、目下、教養局に収容中の癮者は総てモヒ中毒者であると云ふ。

七、魔薬品

罹病者は医者に投薬を乞はず、直接、密売者より魔薬を購入し自ら注射を行ふ者多き為め、医化学用として輸入さるゝ魔薬品は極めて僅少なり。即ち多くは阿片の代用品として煙癖ある下層民に使用せらるゝものにして、奉天地方より邦人売薬業者の手を経てモルヒネ、コカイン、ヘロイン等の魔薬類を移入し、之を少量宛下層民に供給するの状況なり。唯、その収益は阿片の密売に比し遥かに僅少なる上、前述の如くその取締りは下層民に厳なるを以て、阿片使用者の増加に反し魔薬使用者は漸減しつゝあり。而して近年は領事館に於てその取締り厳重を極むるに依り、密売業者側も非常なる警戒をなし、また正業者に於ても時々検挙さるゝ者ある次第なり。尚ほ現下、当地方に於て密売せらるゝモルヒネ、コカイン等は、多くは独逸その他の外国製品にして、その一封度の価格は、モルヒネは小洋四百元内外、コカインは小洋五百円内外、ヘロインは小洋七百五十円内外とす。

八、阿片と魔薬の密売の比較

阿片は豪商及び軍隊の手に依り比較的大規模の密輸、密売行はれ、之に対しモルヒネ、コカイン等の魔薬は小売商人に依り密売買せらるゝの傾向にして、阿片の密輸、密売買者の収益は莫大なるも、魔薬密売の利益は僅少なり。而して前記禁制品の密輸、密売買乃至阿片吸飲者に対する支那官憲の取締りは一見厳重なるが如きもそは只、表面形式的に行ふに過ぎず。その偶々検挙する処の者は下層の密売者または極貧の癮者等にして、大規模の密輸、密売買者及び中流以上の吸飲者等は全く黙過し居るの状況なり。

また、その検挙に当たりては、違反者の所持せし禁制品は官憲に於て尽く之を没収したる上、猶ほ犯人を罰金刑に処す。而してその罰金は官庁の収入に計上せらるゝも、没収せる禁制品に付いては当局官憲の処置頗る曖昧なりと云ふ。是れ阿片の密売の盛況に赴く所以なり。

尚ほ最近、大阪地方より満州に輸入せらるゝ薬品に戒煙丸なるものありと云ふ。その原料は主として阿片を用ひたるものなりと云ふも、未だ此の地方に於ては一般に知られず。その阿片を用ひたるものなりや否やは詳らかならずと云ふ。

第三節　鄭家屯に於ける阿片

一、ケシ栽培の実況

何処にてもケシの栽培を為す事を得ず。唯、通遼県の西南開魯県、及び西南方に当たる綏東県地方に於て支那陸軍側により住宅ケシを栽培せしめ居る由なるも、その実況を聞くに、耕作者一名に対し一ケ年、小洋一元五角乃至三元を納めしめ居るものにして、右の納金は殆んど軍隊の諸給与に振り向けられ、之が為め軍隊の諸給与は極めて潤沢に支給せられ居ると云ふ。

尚、開魯に於ける生阿片の取引は公然と行はれ、その吸飲者の如きも上流社会に属する者を始め全部を網羅し居る模様なるも、一般に奉天省は官庁の取締り厳に過ぎる状況なりと云ふ。

二、阿片の取引、輸移出入及びその取締法

鄭家屯方面に密輸入される生阿片には、西比利亜産のものと蒙古産のものと二種あり。前者は殆んどチ、ハル、ハルピン及び長春を経て密輸せらるゝものにして品質良好、価格もまた従って高価なり。使用者は普通、之を東土と称す。後者は開魯地方を主産地とし、品質及び価格に於て前者に数等劣れり。使用者は之を西土と称す。前者の輸入は元呉俊陞の勢力に支配せられたること多大にして、彼は通遼、銭家店、洮南等の重要市邑に軍事上及び経済上、至大の関係を有せしを利用し、殆んど公然と阿片を輸入したるものにして、その六割は彼の部下の手に依り運搬せられたるものなりと云ふ。後者もまた軍隊の手に依り運搬されしものにして開魯、洮南間に馬賊防禦の為め駐在し居る軍隊、及び開魯方面に駐在して居る奉天軍の手に依り輸入せらる。彼等は一年数回の交代を利用し、極めて安価にまたは殆んど掠奪的に土人より買収し、帰還の際之を携帯し、通遼または洮南に於て日、支人に売り渡すか或は鄭家屯に於て親戚、知己に分与すると云ふ。

鄭家屯に輸入さるゝ生阿片の量は、西比利亜産約六千五百封度より七千封度、蒙古産約一千五百封度より二千封度にして、合計、年々約八、九千封度に及ぶと云ふ。

前述せるが如く、該地方に密輸入せらるゝ阿片には西比利亜のものと蒙古のものと二種あるも、前者は後者に比しその品質良好にして従って価格も高価なり。普通、一両に付き前者は大洋十二元乃至十四元、后者は大洋五元乃至六元なるが、之等の価格はケシ栽培の成績と季節等に因り騰落すること本邦に於ける米相場の如く、普通、冬季は夏季に比して需要多くその価格もまた比較的高騰するものとす。

生阿片の取引に従事するものは殆んど支那人にして、本邦人の取引者は殆んど稀なり。支那人の多くは前述のご

とく軍憲側に於て之を見るも、尚その密売買を専業とするものあり。支那人は普通、之を老客児と称す。各地に於て密売買せらるゝ阿片の四割は是等老客児の手に依りて行はるゝものにして、彼等は鄭家屯、開魯、通遼及び洮南方面を常に往来して不正の利を貪りつゝありと云ふ。

三、煙膏の製造、取引及び売捌法

該地方に於ける煙膏の精製法は極めて簡単粗雑にして、先づ煙土に一定量の水を加へて加熱蒸発せしめ、泥土状の煙土となし、然る後普通、銅製の鍋の上を網目の極めて細かき銅製の網を以て覆ひ、更に該網の上に表心紙と称する濾紙をかけたる上、該泥状煙土を盛りて濾過する方法なり。斯くして得たるものは即ち煙膏にして、之を直ちに吸飲用に供す。而して煙土より煙膏二分ノ一を得。従って煙膏の価格は煙土の約二倍の価格となるものなり。

されど該地方に於ける煙膏の取引は殆んど稀にして、単に不正業者が極秘裡に僅かに小売するのみなり。その数量、価格、売捌法等を示せば次の如し。

一九二三年及び二四年の二ケ年間に於ける各重要市場の煙膏の数量は約九千五百封度に達し居れり。今、之を各地別にすれば、

地名	数量（単位封度）
鄭家屯地方	三、〇〇〇
通遼県地方	二、五〇〇
洮南県地方	二、五〇〇
双山県地方	一、五〇〇

合　計　　九、五〇〇

阿片煙膏の価格は生阿片と同じくその性質、生産地の如何等に依り甚だしき影響を受け、また時期、需要の多少等に依り相場の変動する事、生阿片と同様なり。

現下、各地に於て行はるゝ阿片煙膏の売捌方法は普通、一包児と称せらるゝものにして、パラピン風の小片にて適当なる阿片煙膏を包み販売するものと、煙館を設けて前記の包を販売し旁ら吸飲せしむるものとの二種あり。右の煙館に於ける売捌きは極めて秘密裡に行はるゝものにして、突然の顧客に対しては軽々しく販売せざる模様なり。

第四節　開魯に於ける阿片

一、ケシ栽培の実況及び阿片の生産

開魯附近に於けるケシ栽培の面積は約一千天地（我が六百町歩）と称し、従来より増加するとも減少せずと云ふ状態にあり。その産出する煙土の数量は約三十万両にして、税金は昭和二年には一畝に対し大洋六元、煙土《一脱カ》両（十六両一斤）に対し銷燬証三角を徴したるが、同三年には一畝に対し九元を徴し銷燬証を廃せり。従来、之より得る熱河都督の財源は各種費用を除き二万二、三千元なるが、本年は確数を得ざるも大約三万元なりと云ふ。

昭和三年には価格の低下を来たし、昭和二年には一両（十《マ》六斤《マ》、一斤は百四十匁）大洋一元なりしが、三年には良質のものにて八角内外に下落せり。

該地方に於ける一戸当たりの作付面積は多きものにて六、七畝、普通は四、五畝にして、十畝乃至二十畝の栽培をなすもの市街にては稀にはあるも之を一般とはすべからず。

二、収穫物の売買

一旦採汁期に入れば液汁買入れの為め栽培地に出掛けるもの多く、液汁は栽培者との間に採汁直後または少なくとも採取後四、五日内に売買行はる。液汁の価格は例年は一両につき九角乃至一元の由なるも、昭和三年は下落し七角乃至八角の相場なり。液汁を売却せざるものは煙土として売却し、煙膏として売却するものはなし。煙土の価格は例年、二元五角内外にして、時には三元に達する由なるも、三年は二元の相場なりき。尚、此の地より液汁買入れの為め林西、朝陽方面に取引するものありと云ふ。

三、税　金

ケシの栽培者に課する税は一畝、大洋九元にして、開花期及び採汁期に至れば菸酒公売局員は各栽培地に出張し栽培地を実測し税を課するものにして、栽培者は即時または採取後直ちに納付するを常とし、局員が実測する時に於て殆んど収穫の見込みなきかまたは収穫物が税に充たざると見込みたる時は、局員の来たらざる前に刈り取り他の蔬菜類を播種する事あり。

四、ケシ栽培の収支概算

平年の開魯に於けるケシ栽培の収支概算を示せば次の如し。

一畝地（我が六畝歩）当たり　単位　支那秤、同枡

収入

項目	数量	単価	総価
液汁	九〇両	一・〇〇元	九〇・〇〇元
種子	一斗	〇・五〇	五・〇〇
稈	四、〇〇〇斤	一・〇〇	〇・四〇
合計			九五・四〇元

支出

項目	数量	単価	総価
地代	一畝	八・四〇元	八・四〇元
種子代	一、五合	一・〇〇	一・五〇
播種代	二人	〇・六〇	一・二〇
間引代	二人	〇・六〇	一・二〇
灌水代	六人	〇・六〇	三・六〇
除草代	一人	〇・六〇	〇・六〇
採汁代	二四人	一・一〇	二六・四〇
肥料代			三・〇〇
雑費			一・五〇
税金		九・〇〇	九・〇〇
合計			五五・〇五元

差引利益　四十元三角五分

跡作白菜の収支計算

収入

項目	収量	単価	総価
白菜	二、五〇〇斤	一・〇〇元	二五・〇〇元

支出

項目	数量	単価	総価
地代	一畝地	三・六〇元	三・六〇元
種子代	二合	五・〇〇	一・〇〇
肥料代			二・五〇
人夫賃	二四人	〇・六〇	一四・四〇
合計			二一・五〇元

差引利益　三元五角

即ちケシ栽培地は、跡作を合はせて四十三元八角五分の利益を得る概算なり。
昭和三年の開魯に於ける収支概算を示せば次の如し。

(イ) 上作　(一畝地)

収入

項目	数量	単価	総価
液汁	七〇両	〇・八〇元	五六・〇〇元
種子	五升	〇・五〇	二・五〇

項目	数量	単価	総価
穀稈	三〇〇斤	一・〇〇	〇・三〇
合計			五八・八〇元

支出

項目	数量	単価	総価
地代	一畝	八・四〇元	八・四〇元
種子代	一、五合	一・〇〇	一・五〇
播種代	二人	〇・六〇	一・二〇
間引代	二人	〇・六〇	一・二〇
灌水代	四、八人	〇・六〇	二・八八
除草代	一人	〇・六〇	〇・六〇
採汁代	一八人	一・一〇	一九・八〇
肥料代			三・〇〇
雑費			一・五〇
税金			九・〇〇
合計			四七・七三元

差引利益　十一元〇七分

(ロ) 中作（一畝地）

収入

項目	数量	単価	総価
液汁	五〇両	〇・八〇元	四〇・〇〇元
種子代	四、五升	〇・五〇	二・二五
稈	二八〇斤	一・〇〇	二八・〇〇
合計			四二・五三元

支出

項目	数量	単価	総価
地代	一畝地	七・〇〇元	七・〇〇元
種子代	一、五合	一・〇〇	一・五〇
播種代	二人	〇・六〇	一・二〇
間引代	二人	〇・六〇	一・二〇
灌水代	四人	〇・六〇	二・四〇
除草代	一人	〇・六〇	〇・六〇
採汁代	一四人	一・一〇	一五・四〇
肥料代			一一・五〇
雑費			一・〇〇
税金		九・〇〇	九・〇〇
合計			三九・四五元

差引利益　三元八分

即ち跡作白菜を平年作、三元五角の利益と見て合算するときは、上作に於ては十四元五角七分、中作に於ては六元五角八分の利益ある理なり。

以上、昭和三年のケシ栽培の収支を例年に比較すれば、収入に於ては収穫物の価格及び収量に於て減少し、支出に於ては幾分人夫その他に於て減少し居れども、利益は例年よりも遥かに少なし。不作の場所に於ては欠損なり。之れ当年の天候はケシの栽培に不適なりし事、及び病虫害の発生せし事、並びに他省の栽培に依りて価格の低落せるに依るものなり。

第五十五巻　北満の阿片

第一章　緒　論

それ阿片は罌粟の実より製出するものにして、支那に於ては唐の初めにその罌粟花を賞翫せるが、西暦七二六年頃、亜剌比亜人との交易により、阿片は魔睡、鎮痛の両剤に使用さるゝことを印度より伝へ、越えて一七二六年、瓜哇方面との交易に従事せる支那人及び葡萄牙人は、阿片吸飲の弊風を台湾を通じて厦門に伝へ、そは更に南支那より熾烈なる魔力を以て全国に伝はり、遂に支那は上下を挙げて阿片中毒の国民と化したるものなり。

その間、之が害毒の恐るべきを認め、禁煙令を佈告してその取締りを厳にしたること一再に止まらざりしも、阿片の毒力は人間の心身を共に魔痺せしめ、天国の楽しみを味覚せしむるのみならず、之によりて媱色を簡約しうるの利得あるが為に、一度之に習染したるものは如何にしても阿片の薬覚を放擲し能はざるは勿論にして、尚ほ賭博、遊興等の時には必ず阿片吸飲具の添設せらるゝあり。また、薬用として各自分量にて之を用ひ且つ来客の接待に供し、邦家の応接用の物品の如きの有様なれば、之を家庭に常備する等によりてその使用の度数を重ね、阿片の癮者は続出増加して或る地方の如きはその人口の三割乃至七割に達するの盛行を示し、全国を通じて一割五、六分の癮者率なりき。

故に往年の阿片戦争により前禁令の画餅に帰したる後、一九〇六年には支那への阿片輸入は五八四《以下数字ママ》、一〇〇担に上りしも、一九〇八年に至りてその輸入は四八、三九七担に激減したり。今その理由を尋ぬるに、そは英支協商による禁煙令発布の影響なるが如く思考せられしも、実は前述の如き吸飲の需要多き阿片の栽培収益が莫大にして、豆栽培の収益に六十倍し、高粱、胡桃栽培の収益に十四倍し、甜菜栽培の収益に九倍し、棉花栽培の収益に四倍するにより、阿片の栽培者は保証人のみにて自由に資金を借り出し得るやうになせる金融業者も現はれ、従って彼等は徒手空拳能く阿片事業を遂行し得るにより、その栽培は盛んとなり、一九〇七年には三六六、三五〇担の生産高を見るに至りしなり。

然れども当時の阿片消費量は六十万担を下らざるとの定評より推測するに、尚ほ十九万担内外の不足は、阿片その他の魔薬類の密輸入を以て補填したる事疑ふべからざる所なり。その後禁令の寛厳により一進一退はありたれども、近年は軍閥が軍資金調達の為に徴税認許をなすにより、吸飲に於てまた栽培に於て甚だ盛行を来たし、人口二割の癮者率を示し、四十万担を超過するの生産ある現況となれり。

されば内国移民を奨励するの昨今、阿片栽培を移民に試みてその民福を図り、兼ねて私腹を肥やさんとする軍閥は、その成績を向上せしむべく凡ゆる保護手段を加味し、為に満州の奥地及び熱河、綏遠等の未開地に於ける阿片の生産は年々増加しつゝあり。然れども元来、阿片の栽培、保護は匪徒の力を藉り来たれるものなれば、近来、右の如く軍閥の為にその利権を奪取せられたる匪徒は、勢ひ人質、村落の掠奪等を以てその収入減を補はざるべからず。これにより近時、不祥事は頻々として絶え間なきの有様なり。

また、阿片の販運は、各地に親分、（子分、脱カ）兄弟分の誼あるを利用して遊民等が担当し来たれるに、是れまた軍閥が最も安全に販運をも営むにより、遊民等はその職業を失ふに至りたりと雖も、元来、遊民は軍警、匪徒に連絡あること右の如きの有様なるを以て、相互ひに親分、子分、兄弟分の誼ありその連絡あるを利用し、船車の便に欠くる山間僻地に今尚ほ阿片販運の業を営みつゝあり。故に匪徒、遊民の輩にして阿片の良否を知らざるものなく、また之を吸飲せざるものなきの状況にあり。而して遊民中の知識階級は、かゝる危険なる職業を捨て、軍閥の圧迫を受くることなく反って軍閥の保護を強要し得、且つ莫大の利益を収むるに些かの資金を卸すの要なき排外干係を叫び、愛国志士の美名に隠れて悪事をなすことを発見したり。これ即ち反帝国主義の反英、反日団を組織し、その外国貨物を没収して之を売却し、その私腹を肥やすの徒にして、支那人は之を学匪と称せり。

一方、前述の如く遊民、匪徒のやからに阿片吸飲者の多きを認めたる支那の有識者は、阿片の吸飲は無教育によるものとなして盛んに平民教育の振興を計りしも、その結果は無教育者に吸飲者少なく、知識の向上するに従ひ吸飲率を増加するの事実を発見し、阿片癮者と教育の干係は、之が根本より相反するの現象を経験したり。故に支那政府は、かの南京条約の締結以来、阿片吸飲の盛行を招き、内には癮者の益々増加し、外には銀元の流出すること甚だしきを憂ひ、此の内外の弊害を防止せんとして、英国と数次に亘り協商をなせり。斯くして一九〇六年には遂に内国阿片の生産と印度阿片の輸入とを相互に減少し、一九〇八年一月一日より向かふ十年を期して阿片を禁絶することに一致し、これと同時に支那政府は十年計画を樹てゝ完全に阿片の吸飲を禁遏すべく、その詳細なる禁煙令を発布するに至れり。

此の禁煙令は、支那の現在に於ける阿片問題解決の根本をなすものにして、一般官吏の吸飲を厳禁し、庶民には許可制をとり、煙館を禁じ、阿片の販売店を許可し、全国に戒煙会を設立し、罌粟の栽培を低減するの方策を樹てたるにより、各国もまた一九一二年の海牙会議及び一九一七年迄の三回の会議により、万国阿片条約なるものを作り、支那に於ける阿片問題の根治を計れり。然れどもその後の支那は群雄割拠の有様にて、軍費を求むるには阿片の認許によるの外なき為め、国禁官許の珍現象を生むの今日に至れるものなり。

第三章　罌粟の種類及びその栽培

第二節　罌粟の栽培せらるゝ地方

阿片の原料たる罌粟は、上古既に地中海に沿へる阿弗利加及び南欧の一帯に野生しゐたるが如く、而して緒論にも述べたる通り、尚ほ更に東亜細亜地方に栽培せらるゝに至りたれども、その間に自づから鑑賞と液汁採取との別ありて、純然たる阿片採取の目的を以て旺んに栽培せられたるは土耳古、波斯、印度支那、支那及び西伯利亜地方等なり。尚ほ今夏、樺太に旅行せるものより聞くに、我が国領樺太の北緯五十度に接近せる地方の山間には、鮮人の罌粟栽培に従事せるものありて、取引市場は勿論秘密に属するも、此の五十度に接近せる所の某都会なりと云ふことである。而してその花色は白にして何れの種類に属するかは不明なるも、確かに阿片の搾出に適するものゝ如くで、此の点に関しては充分なる調査をなしたきも資料少なく、且つ時日のなきが為め、吾人はその調査を完結することを得ざりしを遺憾とするものである。

第四章　阿片の製法及び吸飲

第一節　阿片の製法

一般に阿片の栽培と称するは実に罌粟の栽培にして、その播種は春蒔及び秋蒔の二種ありて、秋蒔を多しとする。秋蒔は十月下旬より十一月上旬に於てし、播種後七日乃至十七日にして発芽するものにして、施すべき肥料は罌粟の液汁を多からしめ且つその含有するモルヒネ分を多量ならしむることを主眼とするが故に、糞尿及び魚肥を以て可となし、播種前元肥として厩肥及び糞尿を施し、発芽後二、三回に同様の補肥を行ひ、その五、六寸に成長せる頃即ち四月下旬頃を待って魚肥を施し、その採取に至るまでその養分に欠乏の恐れなからしむ。尚、此の間に間引、贅枝の採除、中耕等の手入れをなすを要することは勿論なり。

此くの如くすれば罌粟は四月下旬より五月上旬に至りて開花し、後八、九日にして散る。その花の散りたるの後にその子房は次第に発育し、十二、三日を経ればその極に達し、一面に白粉を帯ぶるに至る。此の時が阿片の原料たる罌粟汁の採取の好適期である。

その播種は早熟の分から順次に始め、六月下旬に至って終はるを常とし、日本に於ては播種から採取に至るまで概ね二百十日を要するが、台湾にては一百十日、印度に在りては僅かに九十日にて足ると云ふ。

その採取の方法としては、此の子房即ち罌粟頭に切疵を施し、これより滲出する液汁を採取するのであるが、その実際の順序としては、先づ一人ありて剃刀を持ち、順次、子房の縦筋の凸起部に下方より上向きに浅く且つ手早く切疵を施す。その切り方は最も手加減を要するものにして、深からず浅からず、適度なるを要する。次いで他の一人は之を採取するの役にして、切口より滲出する液汁のやゝ凝結したる時、竹箆を以て之を拭ひ取り茶碗様のものに収めるのである。

その第一回目の切疵は三条に止め、二、三日を経て前後三回に普通、九条宛ある凸起線全部に切疵を施し、かくて一個の子房の採取を終はるものとす。

次に是等の子房より採取したる液汁は竹皮の裏に移し、竹箆を以て之を練り混ぜ、後、薄くひろげて日光に曝し、晴天十五日以上二十五日間位で乾燥せしめ、こゝに初めて阿片塊を得るのである。天気の都合の悪しき場合は暖炉を用ひて乾燥するの方法をとると云ふ。

　此の阿片の塊は即ち粗製阿片にして生阿片と称する。吸飲の用に供する為には之を精製して烟膏となすのであるが、此の原料の阿片中には大体八％乃至九％のモルヒネを含有するを常とする。

　此等の生阿片は包装及び輸送に必要なる程度の加工をなしありて、普通に印度、波斯等より輸入せらるゝもの之である。就中、印度に於て製造せらるゝものは球形にして直径は六寸余、罌粟の花弁を以て包装するをその特徴とする。波斯産のものは紅唐紙を以て外面を被ひ糸を以て之を纏ふを常とし、支那の各地に産するものは大抵、その形状は饅頭形にしてその底部は竹皮を以て包装しあるなり。此の生阿片を加工して、吸飲用としては阿片烟膏を、医薬用としては粉末阿片を製するのである。

　阿片烟膏とは、生阿片より吸飲に適する物質を抽出するの目的を以て、之に対して溶解、煮沸、加熱、醱酵その他連続したる特別の操作を施して得たるものである。南支那地方に於ける在来の製法は、先づ一定分量の生此《阿片カ》を銅鍋に入れて之に少量の水を加へ混練し、火にかけて煎餅の如くに鍋中に押し展べ、之を焦げざる程度に熱して後鍋を下ろし、此の煎餅様の阿片を鍋より剝ぎとり、鍋面に接せざる阿片面を再び火にかざして焦げざる迄に炙り、而る後に適度の清水及び混和物（烟灰及び紹興酒等）を和し、適度の時間煎熬して更に濾紙を用ひて之を濾過し、以て製作を終はるものなり。此の得たる烟膏は粘液状をなし居り、普通、阿片店等にて販売するものは即ち之である。

　阿片の主要成分は云ふ迄もなくモルヒネであるが、モルヒネは $C_{17}H_{19}NO_3$ の化学式を有し、阿片の麻睡力を有するは之が為である。

第二節　阿片の吸飲

阿片中にはその主要成分としてモルヒネを含有する為め、一度之を吸飲すれば吾人の神経系統に麻睡作用を起こし、身体に故障または苦痛あるも覚感せず、全て之を忘れ精神恍惚として一時的の快味を覚える。依りて屢々之を用ふれば遂に習慣性となり、之を用ひざれば心身共に弛緩、怠惰、因循性を来たし、恰も廃人の状体に陥るを以て、最早之を廃せんとしても廃する能はざることゝなる。かゝる中毒性に罹りたるものを称して阿片癮者と云ふのである。

然も一度此の癮者となりたるものは、毎日一定の時刻がくれば、阿片を吸飲するに非ざれば動作、思考等を為すこと能はず、次第に身体は憔悴し顔色は蒼白となり、著しく退兆《カ》を感じて遂には廃人となり、その天命を短縮するのみならず頽滅死屍と化し去るものなり。

元来、阿片吸飲の方法は、従来より種々の変革を経来たりて今日に及んでゐるもので、即ち初めは之を頓服嚥下し、次いでは煙草に代へて吸烟し、而して最後には阿片のみを吸飲するに至ったものである。現時、普通に行はるゝ吸飲の方法は、各人寝台上に横臥し、先づ阿片烟膏の少量をとりて金属棒（烟輩仔と称す）の一端に附着せしめ、之を燈火上に焦熱して烟膏が沸々膨脹してやゝ球状となった時に尚ほ再び烟膏を附着せしめ、以て吸飲すべき定量塊即ち烟麵となし、之を烟斗面（烟管の雁首）の孔口に盛りて金属棒の尖端にて烟膏塊を貫きて孔内に通じ、更に之を燈火上に翳して燃焼し、その煙を烟管の吸孔より吸入するものであって、かくしてその吸飲の度数を重ぬれば、烟斗の内壁に烟灰が堆積するあるにより、その時には烟斗を抜き取りて之を除去掃拭するを要すと云ふ。此の阿片吸飲用の器具には随分、贅奇を尽くしたるものありて、その形状、様式にも種々あるのである。

阿片吸飲の量は人によりまた嗜好の度によりて異なり、尚ほ癮者の癮の度合によりても一定はしないが、普通に一人一日少なきは四、五分より多きは二、三匁の間にあると云ふ。而してその吸飲の度数も或は一日に一回のものあり二、三回のものあり、一定せず。欧羅巴人が阿片を医薬として用ふるには毎回一グラムを限りとし、往々にして二グラム乃至四グラムを用ふる事あるも、此れ以上の分量を用ふる時は必ず死に至ると云はれて居るが、波斯及びその附近の諸邦にては然らずして、多年之を用ひ来たれる習癖の結果、六十グラムを一剤として呑服するも尚ほ死に至らざるものさへありと云はれてゐる。

もと支那に於て阿片の吸飲の旺盛となれるは、勿論、今より二、三十年以前の事であって、その阿片の需要量も年と共に増加せるが如く、また彼の一八七三年の東印度の財政状態の報告誌《ママ》中に窺はれる英人サー、チャーレス・トラベルヤン氏の所見によれば、支那の国民中、阿片吸飲の習慣に堕し居るものゝ数は殆んど数知れずとあり、また支那の内地に於ける教会牧師たりしハーヴエー氏は次の如く云ふてゐる。曰く、

「支那に於ける阿片吸飲の風習は、決して一朝一夕の事に非ずしてその数は限りなく、少数のものまたは或る特殊の階級のみに限られて居るのでは無い。自分が実見したる限りに於て忌憚なく所信を述ぶれば、支那に於ては十六才以上の男子中の三分ノ二、二十五才以上の女子中の六分ノ一は阿片を吸飲して居る。而して凡ゆる階級のもの、上は大官・紳士より下は乞食に至るまで、僧侶も俗人も男も女も皆之を嗜み吸ひ、自分が見聞した数多の都市中では、その町に這入れば直ちに阿片の不愉快なる臭気の漲漂しつゝあるを感ずるので、少なからず悃《ママ》痛を感ずる。また到る処、男女ともに蒼白の顔色をなし、彼の烟《吸脱カ》器具を見ざる処なきの有様で、北大運河上の一都市たる清江浦の如きは、全市を挙げて一大阿片魔窟とも称すべく、地方民の言によれば、全人口の

十分ノ八は阿片の吸飲者であると云ふ事である。」と。また、一八四七年ヂョルジ・スミス博士は、推断によるに、厦門市の住民の半数は此の吸飲の習癖を有すると云ひ、細民階級の如きもその一日の賃銀の四分ノ三を阿片の為に投じつゝあると語ってゐる。また、一八七一年に支那内地の各方面を旅行したるティー・ティー・クーパァー氏は、阿片の吸飲は男女を問はず、十一才以上の青年男女にして此の習癖を有するもの少なからずと語り、尚ほ彼が傭った轎夫は、一日の賃銀の五分ノ三を毎夜、阿片吸飲の為に費やしつゝあった事を説いて居るのである。

此の他支那に於て阿片吸飲の風潮の盛んになったことを記述してゐる著書や報告書は少なくない。

然らば次には如何なる場処に於て吸飲するやと云ふに、上流のものは自宅に於てまたは友人と共同して吸煙処を設け、その他のものはノミ屋とサシ屋との二つに分けることが出来る。ノミ屋とは阿片の吸飲処を指し、サシ屋とは塩化モルヒネの注射処である。

（後略）

第五章　阿片の密輸送

（前略）

次には露支の東部国境、東寧県は、阿片を始めその他のものゝ密輸の最も著名なる地方なれば、該地方に於ける密輸の状態につきて之を述ぶることゝすべし。

現在、東寧県の一帯に行はれ居る密輸は通常、綏芬河を出発点として露領に入り、三岔口にと向かひ、此処を経由して綏芬河に帰来するを原則として居り、従って密輸の本場と称すべきは綏芬河（ポグラニーチナヤ）にして、殊に各商店とコントラバンディストとの取引干係の如きは、ポグラニーチナヤに於て特に著しき発達をなし居れり。故にコントラバンドの事情を研究せんとするものは、勢ひポグラニーチナヤを中心とする密輸業者に付きて之を調査すべきものである。

右に述べたるが如くに、三岔口は露領との密輸の一通過地たるに止まり、現在にては同地に根拠を有する密輸業者は全従事員の二割を越えず、而もその過半数は現金を露領に持ち込み、または無一文の儘単身露領に入り、阿片を持って三岔口に帰来し、此処に之を売却する片道密輸である。三岔口、ニコリスク間の往復密輸が東部国境に於ける一切の密輸の中最も危険なるものとせらるゝ唯一の理由は、露領の監視が同地方に於て最も厳重なるによる。而して同地方に於て最も監視の厳重なるの理由は、ニコリスク市が浦塩に最も近いが為で、従来、三岔口、ニコリスク間は密輸の最捷径として選ばれた唯一の道程であった。従ってロシヤ側では、東部国境の密輸を取り締まるには三岔口、ニコリスク間の咽喉を扼するに如かずとなし、こゝに厳重なる監視を置き始むるに至ったのである。

こゝに於て密輸の根拠地がポグラニーチナヤに移動したのは自然の理であるが、ニコリスク市に於ては三岔口との連絡の絶えたる為め、密輸品が騰貴せるにより、ポグラニーチナヤに根拠を移したる斯業家はポグラニーチナヤとグロデコフ（ポグラニーチナヤと至近の都市）間の密輸に満足せずして、更に倍距離のニコリスクに向かふに至ったのである。

然り而してその帰路を三岔口に向かふのは、ロシヤ側の監視が阿片・毛皮の密輸出に干して殆んど無干渉主義を取って居り、三岔口はニコリスク市より至近距離の都市であるからであって、持参の阿片・毛皮は必ずしも三岔口に於て処分せらるゝものではないのである。

綏芬河（ポグラニーチナヤ）に於ける現在の商店数は二百余軒にして、その内一千元以上の開業資金を有するもの四十軒にも及び、一として密輸用の商品を販売せざるものなきも、商店は自らその雇人または所謂密輸業者を使役して密輸の直接経営に当たるもの全く無き有様で、密輸業者として活動せるは殆んど同数の露・支人と鮮人のみである。

然も此の密輸の方法を普通路と鉄道路とに二大別すれば、前者によるものは露・鮮人にして、後者即ち鉄道を利用するものは主に支那人の鉄道従業員である。一日の往復人数は出発と到着とを併せて各百名前後であって、その大多数は隊伍を組まず単身にて国境を突破し、またその騎馬によるものは稀であって、偶には三人乃至五人で隊伍を組むものあるも、こは殊に昨年十二月以降、ロシヤ側の監視厳重にしてまた発見せらるゝの危険性多き為め、漸減の状態となってゐる。鉄道路による密輸の専業者は鉄道の従業員と乗客を合して約二百五十名と推定せられ、一方、普通路による者は約千名を下らざるべしと云はる。而して鉄道従業員の多くは他の旅館と連絡して一時に多数の旅券を貸与する事を請ひ、これによりて百個乃至二百個の麻袋を公然と持ち込み、適宜、税金を支払ひ、または本人の托送荷物として無税輸送をなす。その商品は果物、砂糖、食料品、衣服、綿布及び鈕等をその主なるものとする。

尚ほ此の他に、露領の農夫が農閑期を利用して自領の阿片を支領に持ち込む片道密輸があって、一切の密輸中此の方法は最も安全で、支那側官憲の発見する所となるも規定の税額を支払へば殆んど公然の売却が許される。

また、商店との取引の干係を見るに、ポグラニーチナヤの主要の商店は、何れも百名近くの密輸業者の顧客を有するのであって、多くは掛売決済をなし、現金売買をなすことは少なし。只注意すべきは、ポグラニーチナヤに於ける三個の密輸組合であって、勿論コントラバンディストにより秘密の間に組織せられたるものであるが、その運用及び機能に至っては全く消費組合と同一のものであって、唯異なりたる多くの商店がその裏面に於て連絡を保ちつゝ無形有実の消費組合を組織してゐるのである。

凡て掛売の決済は、密輸業者が目的地へ到着の上、露領の為替屋を利用して送金しまたは帰来の後に支払ふものであるが、逮捕せられしものゝ他は掛倒れは皆無である。

尚ほ現在、東寧県に於て行はるゝ密輸は往復密輸であり、従って一人の密輸業者は露支の両領に合計四軒の取引先を有するので、之を詳説すれば即ち

往
- A店（最初の仕入店）
  - 支領より露領へ（雑貨、食料品）
  - 露領より支領へ（阿片、毛皮）
- B店（目的地の売却店）
  - 露領にては雑貨店、食料品店
  - 支領にては阿片店、毛皮店

復
- C店（帰途を利用する商品の仕入店）
  - 露領にては阿片店、毛皮店
  - 支領にては雑貨店、食料品店
- D店（帰来後の売却店）
  - 露領にては雑貨店、食料品店
  - 支領にては阿片店、毛皮店

であって、右四種の商店と、その得意客たる密輸業者との干係の密接にして互ひに誠実なることは云ふ迄もない。

次に此の密輸の実行方法を述ぶれば、その密輸業者なるものは必ず未明《夜陰カ》を利用してポグラニーチナヤに来たり、夜明け前に得意先の商店に入る。各商店にては必ず店内に隠れ部屋を設けあるが、こゝに此の密輸業者を招じて朝

食を与へ寝に就かしめる。かくて翌朝に至り、露領より持ち来たりし阿片または毛皮の売買を終了し、その獲たる代金を以てその日の午后に仕入店に赴き、一人の携帯量二～三・五布度、その仕入金額は一〇〇～一五〇元で、此の仕入れたる物品を背に負ひ、少量の食料を携帯して同日の黄昏を待ち国境へと向かふもので、此の仕入れを終へたる密輸業者はポグラニーチナヤより一路グロデコフまたはニコリスクへと向かふ。これには必ず暗夜を利用し、殊に冬季、阿片の出廻り季より翌年の二月頃までが最も盛んである。彼等が監視の厳重なる場処を通過するには、必ず適当の場処に孔を掘って商品を埋蔵し、一応、監視兵の状況を内偵し、その行動を確かめたる上にて右の商品を掘り出して此処を突破するのである。此の方法は昭和二年十二月以来、ロシヤ側の厳重なる監視を避くる為に頻りに行はれつゝあるが、若し監視厳重にして遂に密行の不可能なる場合には、右の商品を埋蔵せる儘にて単身目的地に向かひ、同地の専門家に依頼してその援助を求め、而してその利益は之を分配するのである。

右の如くにして原地の仕入れより密行後の売却に至るまで、一切を一人にて為すものが大多数であるが、中には五人程で徒党を組み、一は仕入れを専門にし、一は運搬（密輸）を専門にし、一は案内をして監視兵の情況を内偵するを専門にし、また一は目的地に於ける売捌きを専門にし、かくして獲たる利益を等分することもある。此の方法はその仕事を敏速に運ぶ特徴を有するが、一人の利益割当率が僅少である為め、稀に行はれるものに過ぎない。

支那側官憲は密輸を以て公然の事実として干渉することなく、殊に東寧県の一帯は阿片の栽培を禁止せられ、同地方唯一の経済程途を遮断せられ少なからず疲弊せるの現状であり、その土地の繁栄を希ふの意味に於て密輸出の如きは殊に之を大歓迎しつゝあるものなり。

但し阿片の密輸入に干しては必ずしも然らず。多くの密行者が露領よりの帰途、阿片を携帯せるを発見せし場合には、一種の税金を賦課し、若し規定せられたる短時日間に之を納付せざる場合には、罰金として更に数倍の金額を要求する。而して此の罰金を肯んぜざる場合には所有の阿片を没収する。そして身柄は返還《釈放カ》するのである。

露西亜側では昭和二年十二月よりその監視が厳重となった。従来は一名の発見に付いての賞与が密行者携帯額の二割であった為め、密行者側では三割前後で監視者を買収することが出来たが、現在ではその賞与率が四割に引き上げられた為め、之が買収には少なくとも五割前後を要するやうになったのである。

事実上、密行者側にてその支払ひは不可能であるが、之に加ふるに監視兵側にては此の他に特定の賞与があり、その発見回数の多少及び発見数量の多少が尠なからず彼等の栄達に影響することゝなったので、現今、買収の行はるゝ事は甚だ稀である。

尚、密行者を発見した場合、之に対する罰則は場合により多少の変動を免れないが、本来は次の如くである。

第一回目　密輸品を没収の上、身柄を放還《釈放カ》する。

第二回目　商品を没収し、身柄をニコリスクに護送して監禁する。此の期間は一ケ月〜三ケ月である。

第三回目　身柄を莫斯科へ護送すると称し、多くはその途中にて銃殺する。

グロデコフ、ニコリスクの両市に於ては、一週一回、没収密輸品の競売を行ひ、多くは浦塩商人が之を買ひ受けに出かける。一回の競売料《高カ》は三万円を下らず、普通に五万円を上下すると云はれる。

国境を突破して三岔口に出でポグラニーチナヤに帰来せる密輸業者が、三岔口及びポグラニーチナヤに於て行ふ阿片、毛皮の処分率は、前者即ち三岔口にては二〇％以下、ポグラニーチナヤにては八〇％以上と云はれてゐるが、その理由は次の如し。

阿片相場

スパスカ（仕入地）　三〇元（一斤）

三岔口　　　　　　　　　　　六〇元（一斤）
ポグラニーチナヤ　　　　　　七〇元（一斤）
東部線各駅　　　　　　　　　八〇元〜一〇〇元（一斤）
尚、一年間の阿片密輸入の総額は三百万元。而して阿片の東部線による輸送は、現時に於ては保険輸送が行はれ、その料金は一斤について七元である。

第六章　北満に於ける阿片の販売

（前略）
大連管内に於ける吸煙者数届出延人員　　一四四、七四八人　（大正十二年度）
此れは関東州の阿片令により警察署に届け出たる数にして、密売買者、密吸煙者は之を知るの方法なきが故に、今之を加ふる時は、その数は更に遥かに多数となるべし。
次に阿片の吸飲を許可されたるものに付いて見るに、それは関東州阿片令施行規則第一条及び第二条に規定するあり。それに依れば、
第一条　阿片吸飲の許可を受けんとするものは本籍、住所、氏名、年齢及び職業を具して関東長官に願ひ出づべし。
第二条　関東長官前条の願ひを受理したる時は、その指定したる医師に於て阿片の癮者と認定したる支那人に限り之を許可す。

とあり。またその販売人に関しては、同令第八条、第九条、第十九条、及び第二十条に規定あれど、昭和三年九月より国際阿片条令《例カ》を以て之を改正し、個人の販売は一切禁じられ、関東庁に於て直営することゝなったのである。

因に改正前の販売人たりうる資格に干する規定を摘録すれば即ち次の如し。

第八条　阿片の販売を為さんとするものは本籍、住所、氏名、年齢、職業、所《営業脱カ》及び履歴書《衍字カ》を具して関東長官の許可を受くべし。その業務所を変更し、または支店若しくは出張所を設置せんとする時もまた同じ。

前項の許可を受けんとするものが法人なる時はその名称、主なる事務所の所在地、定款、業務、代表者の氏名、及び住所を具して願ひ出づべし。

第九条　前項の許可を受けたるものは、阿片を製造しまたは之を輸入することを得。

第十九条　阿片の小売を為さんとするものは本籍、住所、氏名、年齢、職業、営業所、及び履歴を具して関東長官の許可を受くべし。その営業所を変更せんとする時もまた同じ。

第二十条　前条の許可を受けたるものは、阿片煙膏及び阿片の吸飲器具を製造しまたはその器具を輸入することを得。

（中略）

哈爾賓に於ては日本人の薬師屋が内地（日本）に比して実に多いこと、何人も一歩この地に足を踏み入れたなら感付くことであらうが、聞く所によれば彼等は、大資本を有する三軒位のものを除き、殆んど密売をする商賈であると云ふ。その密売では、阿片は比較的に少なく、モルヒネが大部分を占めて居ると云はれる。

（後略）

第七章　阿片と鮮人

（前略）

然るに近年に至るまで、長春の北方十三哩の地点たる北緯四十四度二十分を限度として、〔それ以北の脱カ〕水田耕作は不可能なりと専門学者により指導せられ、世人もまた此の地方に於て斯業に着手せんと欲するもの無かりしが、大正七年、東支沿線に於て鮮人が水稲の試作に成功し、全く学者の所説を覆すに至り、現在に於ては北緯四十六度に垂んとする烏蘇里線のイマン地方にも耕作せられ、該耕作は漸次、有望視せらるゝに至れり。斯くの如くにして北満鮮人の水稲事業に従事するもの漸くその数を増大し、彼等がその生活に於て堅実味を加へつゝあることは誠に慶賀すべき事にして、之に対しては出来うる限りの後援と保護を与ふるの要あるべし。

水田耕作は鮮人の殆んど先天的の技能とも称し得べく、綏芬河、牡丹江、〔螞＝瑪脱カ〕蜒河、阿什河等の本流及び支流の一帯は、地味肥沃にして水田の適地到る処に在るあり。而してその地価及び借地料は共に甚だ低廉（奉天附近の約十分ノ一）にして専らその開拓を待つものゝ如し。現在、北満東部線の海林駅を中心として、鮮人の水田耕作に従事するもの年々その数を増加し、ハルピン地方に海林米として市価を有するに至りしは、全く鮮人の試作の賜に他ならず。

然るに彼等鮮人の多くは無資無智にして、従来、附近の支那奸商にその資を仰ぐを常とし、之がため一ケ年の膏血は徒に此等奸商の私腹を肥やすに止まり、毎年同一の状態を繰り返すものなれば、即ち辛苦経営幾年を経ると雖も、生活の安定は期すべからず。而して生活の安定を期し得ざることは、往々、不逞の心裡、不善の事業の原因となるものにして、我が当局者にして之が行政に当たるものは、将に三省して以て法を講ずるの要あるべし。

上述せる所によりて之を観るに、爾後、北満地方に於ける我が新同胞は、罌粟の私植や阿片、モヒ、コカイン等の密送、密売買を止め、彼等の得意とする業務に従事し、協心同力以て農業の改善を計るべきなり。また一面、我が官憲・実業家の執りし姑息的の保護援助は、却ってその恩沢に浴せざる大多数の鮮人の反感を招き、不逞鮮人の悪宣伝に利用され、北満地方に排日思想下種の因を作り、地方の反感を高める等、利益の少なきのみならず大いに災害たるべきにより、我が当局者は出来得る限り親切に之を援助し、指導と保護を与へてその救済にこれ努め、実業家は官憲と協力して一日も早く日支合弁の開墾金融会社を設立するを以て目下の急務と思考するものである。

第八章　阿片の取締り

第一節　一般的の取締り

中央亜細亜、西欧諸国及び南洋諸国が支那と貿易を開始するや、支那本国には阿片吸飲の風習が伝来し、一度この風習の伝来するや、そは次第に全国に瀰漫するに至り、その害毒の及ぶ所実に寒心すべきの状態を齎し来たれり。此に於てか明朝は崇禎元年（一六二八）に至り禁煙令を発せしも、時は既に明朝の晩年にして、此の威令も更に行はれず、その吸飲の弊風は恰も水の低きに就くが如くにして蔓延したれば、清朝は雍正七年（一七二九）再び禁止令を発して阿片の販売を禁じ並びに吸飲者を厳罰に附したりしも、その効果の認むべきものは殆んどなく、その輸入量の如きも逐次増加を見るに至りたり。

此れにより、一度阿片の快味を覚えたる人衆に対しては、一片の法令を以てその慣習を禁止し得ざるを知り、歴代の政府は更に引き続き左の如き取締りを為すことゝせり。即ち

(一)　嘉慶元年（一七九六）　阿片吸飲者に対する罰則を発布せり。

(二)　同五年（一八〇〇）　勅令を以て罌粟の栽培、阿片の吸飲、及びその輸入を禁止せり。

(三)　同十八年（一八一三）　官吏、軍人は勿論、一般人民の吸禁を為し、その違犯者に対する処罰の細則をも発布せり。

(四)　同二十年（一八一五）　阿片輸入厳禁の令を発し、上諭を仰いで地方官をして厳重にその取締りを励行すべきことを命ぜり。

(五)　道光三年（一八二三）　両広総督の奏議により、雍正七年の禁令を改訂して禁煙条例を公布せり。

(六)　同九年（一八二九）　浙閩総督の建議を容れて禁阿片章程二十九ケ条を制定し、更に罌粟の栽培、煙館の開設、吸飲、製造、販売等を厳禁し、上諭を以て禁煙の励行を命ぜり。

(七)　同十一年（一八三一）　罌粟の播種を禁止し、違犯者を処罰し、その田地の処分方を定めたる上諭をも発せり。

(八)　同十八年（一八三八）　更に阿片の吸飲を厳禁し、江蘇《湖広総督カ》巡撫林則徐を欽差大臣となし、広東に派して禁煙・禁輸の事に任ぜしむ。林則徐は鋭意此の禁遏に力を尽くし、違犯者を罰するに死刑を以てし、且つ外国商人に対する取締りを厳重にし、遂に道光十九年（一八三九）在広東英商の阿片二万二千《百カ》八十三箱を没収し、之を焼却せり。為に阿片戦争を惹起し、却って後世を禍するに至れり。

(九) 同二十年（一八四〇）　罌粟の禁種に関する広西巡撫の奏請を容る。即ち各州県は保甲の制度に則り十戸を一団とし、毎戸に門牌を給し、罌粟の栽培、阿片の製造、販売等をなすものなき旨を明記せしめ、十戸連帯の保証状を提出せしめ、一面に保隣墟長に命じて随時検閲を行はしめ、密告者には賞を与へ、毎年二回州県より監査を行ふこと丶せり。

(十) 同二十二年（一八四二）　阿片戦争は清軍の連戦連敗に終はり、その結果は屈辱的の南京条約となって、清国は遂に従来の阿片の禁令を取り消し、香港を割き、五港を開き、剰へ阿片の償金として洋銀六百万弗、行商債務三百万弗、出兵費一千二百万弗、合計二千一百万弗を賠償するの已むなきに至れり。

(十一) 咸豊八年（一八五八）　更に天津条約により、清国をして阿片の輸入を公許せしめ、一担（百斤）に付き三十両の関税を附加するに至れり。

苟も一国の利害問題より、以て人道を蹂躙すべきに非ざるや必然の理なり。殊に「博愛」を以て自己の宗教観念となすものに於てをやである。

(十二) 咸豊九年（一八五九）　阿片吸飲の禁令を発せしも単に官吏、軍人等を処罰し、一般の商民に対しては之を不問に附したるが如し。然れども阿片の売買はその特許商に限り、且つ煙館は保安維持法によりてその開設を厳禁せり。

従来、阿片の吸飲者、密売者には死刑を科せしにも拘はらず、その弊風の浸潤は叙上の如くにして、阿片戦争以後、そが一旦公許せらる丶に及んでは、燎原の火の如き勢ひを以て支那全土に普及せり。されば咸豊九年の禁令の如きは殆んどその効なく、政府も拱手傍観するの他なかりき。此に於て清国政府は外国よりの輸入に対抗すべく国内に罌粟の栽培を行はしめ、その結果、土産の阿片は漸次、外国品を駆逐し、かくして清国は遂に一大阿片国となりたるものなり。

㈢　同治十一年（一八七二）　清国政府は、支那の全土が滔々として阿片吸飲の弊風に陥溺せるに鑑み、各省の総督・巡撫をしてその所管内の農民に対し、一律に罌粟の栽培を厳禁せしむべく指令を発せり。

古来、支那は自らを中華国と称し、他国を夷狄蠻野と蔑みしが、彼の阿片戦争に一敗して後、更に日清、義和、日露等の戦役を通じ、愈々阿片吸飲の弊害多きを痛感せり。殊に日清戦役に於ける惨敗は清国覚醒の一大契機にして、禁煙の輿論は翕然として起こり、英国と数次の交渉を経て、遂に光緒三十二年《三十三年カ》（一九〇六《一九〇七カ》）には英清阿片協約を締結し、国内阿片の生産と印度阿片の輸入とを相互に一割宛漸減し、一九〇八年より向かふ十個年間を期して阿片の根絶を図る有名なる新阿片令の発布を見るに至れり。今、之を前段の続きとして記述することゝしたれば、即ちその制を左に記すべし。

㈣　光緒三十四年（一九〇八）　十ケ年阿片逓減令

イ　別に禁煙大臣を設け、禁煙に関する事務を総攬せしむ。

ロ　従来の吸煙者には許可し、一定の期限内に廃煙せしむる事

但し政府は身分と位置とによりその寛厳を異にするの方針を採り、官吏を民衆の師表として吸煙を厳禁せり。即ち官吏の中、六十才以上のものに対しては寛大の処置を取るも、六十才未満のものにして王公世爵、各衙門の堂官、各省の将軍、提督、都統等の地位にあるものに対しては自ら奏請して時

を限り戒断を行はしめ、文武大小の一般官吏及び公吏、学校の教員、学生、兵士等に《並び脱カ》各省の諮議局議員は、六ケ月を限りて一律に戒断する事

ハ　庶民の吸煙に《者脱カ》対しては癮籍（登録制）を設け、氏名、年齢、職業及び毎日の吸飲量を届け出でしめ、年齢六十才を限度として二階級に分かち、各吸煙者に一定の手数料を納めしめて牌照を下附し、以て吸煙を許可す。若し許可なくして阿片を吸飲する時は之を処罰し、新たに吸煙せんとするものには之を許可せざる事　但し官吏には内外衙門の長官をしてその吸煙の有無を調査せしめ、之を分別してその保証を採り、表冊を作成して之を禁煙大臣に進呈し、以てその禁制を徹底せしむることに努力せり。

ニ　特許せる阿片の販売会社を設け、牌照の下附を受けたるものに限り阿片を販売せしめその営業を継続せしむるも、漸次、閉店せしむるの方針をとる事　また、新たに開店せんとするものあるも之を許可せざる事　阿片を販売するものは一千元以上の資本を有するものに限り之を特許し、一定の手数料を徴収する事

ホ　煙館を禁止し、また旅館、飲食店に於て吸煙するを禁止する事　並びに煙具の販売をなす各店舗は六ケ月を限りて之を禁止する事

ヘ　官より方薬を給し、医治に干して之を便にする事　戒煙の薬品を研究して丸薬を製造せしめ、各地方官庁は之を買収し、善堂または薬舗に払ひ下げてその原価に照らして之を発売せしめ、無資力の貧民にはその薬価を免ずる事

ト　全国の省城に禁煙公所の本局を設け、省内の各地に分局を設置し、官民より人を選んで委員となし

禁煙の事を経理せしめ、その癮に陥ることの甚だしきものには戒煙を施して之を治し、その吸煙するものは百方之を勧誘して廃止せしめ、陽に禁煙し陰に吸飲するものは之を本局または分局に留置し、必ず禁煙せしめて後に之を赦免する事

チ　戒煙会の設立を奨励する事

リ　官吏にして吸煙するものは必ずその職を免じ、一旦その職を免じたる時は再び任用することなく、且つ吸煙の部下を出せる長官も之に坐して罰せられ、吸煙者を職員に選挙したるものもまた罰せらるゝ事　庶民の吸煙者は癮籍に登録して姓名、年齢、住所を市町に掲示し、選挙権、被選挙権を失はしめ、一切の名誉ある団体に関係することを得ざらしめる事

ヌ　罌粟の栽培については同様に漸次、禁止を励行し、吸煙の根源を絶つ事　即ち毎年、現在の栽培地を一割宛逓減し、十ケ年内に罌粟の栽培を根絶せしめ、他の利益ある有用の作物を以て之に代はらしめる事

以上の条目はその初め、駐英公使汪大燮の奏請に依るものにして、英国の賛同を得て発布されしものなり。これ支那に於ける禁煙令の根本を為すものにして、一般の官吏、軍人の吸飲を厳禁し、庶民に対してはその許可制を採用し、煙館を禁じて、阿片の販売店を許可し、全国に戒煙令を設け、罌粟栽培漸減の方策に出でたり。而して英政《国脱カ》府は一九〇八年一月一日より向かふ三ケ年間、支那政府にして阿片の生産並びにその消費を事実に於て減少することを得ば、英政《国脱カ》府は一九一七年に至る満十ケ年の期限を以て、印度より毎年輸入する阿片の数量を一割宛逓減すべき旨を保証せり。而して英政《国脱カ》府は、過去の三ケ年間支那に於て阿片生産額の減少に成功せりとの支那政府の宣言を信じ、向かふ七ケ年の残り期間、大略左の条約を以て一九〇七年の協約を継続すべしと定めたり。

㈩⑤ 英支阿片十ケ年逓減条約

イ　一九〇八年《一九一二年カ》一月以降七ケ年、印度より輸出する阿片額を減少すると同一の割合を以て支那に於て阿片の減産《生カ》を年々減少する事

ロ　支那政府にして阿片の生産を禁絶したる明白なる証拠を提出する場合には、七ケ年以内と雖も英《国脱カ》政府は印度阿片の輸入を停止する事

ハ　英国政府は土産及び輸入を禁絶したることを証明したる地域には印度阿片を輸送せざる事

ニ　協約の期間、英国政府は一名以上の英国官吏を《派遣脱カ》して各地方に《於て脱カ》阿片の生産を調査せしむる事

ホ　印度に於ける阿片の販売を監視する為め、支那官吏一名を印度に派遣するを承認する事

ヘ　支那政府は土産阿片に対し一様なる税金を徴する事。英国政府は印度阿片に対する輸入税を毎百斤入函三百五十両に増額することを承認す。

ト　支那は右の輸入税を徴する他、地方官憲の卸売商に対して設けたる一切の制限及び一切の課税を廃すべき事

チ　印度より支那に輸送する阿片には許可証を発給する事。許可証の数は三万六百通なり。爾後、一九一七年まで六ケ年間、年々五千一百通宛を減ずる事

リ　協約署名の日に於て、保税倉庫に蔵置したる無許可印度阿片及び支那に輸入すべき目的を以て香港に貯蔵したる無許可印度阿片の総量の三分ノ一並びに上海、広東に署名の日より二ケ月内に陸揚げせられたる無許可印度阿片の総量の三分ノ一は五千《百脱カ》函の以外、一九一二年、三年及び四年の各年に印度阿片の輸入高より扣除する事

上記の如き十ケ年の禁煙令並びに逓減条約の実施当時にありては、官憲の督励並びに地方有志の尽力により、禁止禁煙共にやゝ見るべきものありしも、年月を経るにつれて漸次その熱誠の度を減じ、精神的の弛緩を生じ、官憲の不誠意と国民の不忠実とは、遂に著しき効果を見出すを得ざるに至らしめたり。

翻って考ふるに、米国は一八八〇年清国と条約を締結するや、米支両国は相互に各港に阿片の輸入または輸送を禁止すべきことを約せり。これ支那が外国の力を藉りて阿片の侵入を制限せんと試みたる第一歩にして、米国に取りては東洋に自己の勢力を扶植する導火線の一たりしなり。爾来、米国は虎視眈々としてその機会の至るを窺ひ居りしが、恰も支那に於て阿片禁止運動の漸次盛んとなるを見て奇貨措くべしとなし、傍ら英国の勢力に対抗すべく、率先して支那の阿片禁止問題は人道上、一日も忽せにすべからずとなし、自らその提議者となりて宣統元年〜二年（一九〇八〜〇九）上海に列国阿片会議を開き、席上、万国阿片条約案を決議し、更に一九一二年には第一回海牙万国阿片会議に於て万国阿片条約の調印を見るに至れり。而して同会議に参加せしは日、英、独、仏、米、露、葡、和蘭、印度、暹羅、波斯及び支那の十二個国なりき。此に於て支那は国際共同の援助の下に、医薬用以外の阿片の輸入を見ざるに至らんとせしが、遂に阿片の解決を告ぐるに至らずして三百年の清朝は滅亡し、歴代の禁令もまた何等の効果を見ずして終はれり。

㈩　民国元年（一九一二）　袁世凱の新政府を建設するや、阿片問題に対しては前清の政策を踏襲し、禁煙に関する厳重なる宣言をなせり。

一九一三年には第二回海牙万国阿片会議を開催し、翌一四年には更に未加入国を勧誘して第三回海牙万国阿片会議を開催せしも、偶々欧州大戦の勃発するありて、世界の阿片問題に関しては、何等、解決策の進捗することなかりき。而して一九一七年に至り欧州の戦乱その局を結ぶや、巴里平和条約に調印せる各国は、何れも上記の海牙万国阿片会議に調印したるものと見做さるゝに至れり。

(十七)　民国六年（一九一七）　曩に光緒三十二年《三十三年カ》（一九〇七）に発布せし十ケ年の列《ママ》国との阿片の輸入期限は、一九一七年三月三十一日を以て満了せしかば、黎元洪大総統は同年十二月三日、上海その他に残存せる阿片一千二百七箱を買収してその焼却令を発し、四日には更に峻厳なる阿片禁止令を発し、翌一九一八年一月八日之が焼却を開始し、同二十八日に至り全部焼棄し了はれり。これ支那の阿片問題に対し聊か一生面を展開せしものと謂ふべきものなり。

(十八)　民国十三年（一九二四）　この年の秋、上海に於て農工商の婦女及び宗教団体に属する四千有余のものが発起し、中華国民拒毒会なるものを興した。その目的とする所は、国内阿片の廃滅と国外より入り来たる毒物の制止で、対内的には強迫的の阿片栽培に反抗して不合理なる税制を廃止し、密輸、密売を補助する奸商及び軍閥を懲戒し、対外的には国際阿片会議に参加して、領事裁判権を利用し租借地内に於て阿片及び毒物等の密輸、密売をせる帝国主義に極力反対し、先づ第一にその定めたる所の五ケ年計画を宣伝して邁往奮進し、拒毒教育の普及を中心として活動したのである。

彼のゼネヴァ阿片会議の予備会議は、一九二四年十一月三日に始まり同十六日に了はったのであるが、此の会合では固より何の決定をも見なかった。次いで同月十七日よりは本会議が開かれ、十二月十六日まで引きつゞき会議が行はれた上、結局、出来る丈け遅滞なく阿片使用の撲滅を有効ならしむる事に一致し、此にその協約の成立を見ることゝなった。併し此の協約は相変はらず東洋の諸地方に於ける阿片の売買を合法視するものであったので、支那は極力その非違なることを叫び、その協約の調印を拒絶したのであるが、他方では右の第一回阿片会議の列席者である米国の牧師 Charles Brend 監督が、巴里と倫敦で大いに協約の不法を訴へたので、遂に批准未済の儘でその効力を発生するには至らなかった。

所が今度は米国の方で、極東の阿片売買に干係なき三十個国の後援を得て、この第一回阿片会議の問題について討議のやり直しを迫り、その結果、一九二五年一月十九日を以て第二回阿片会議を開催することゝなった。米国の提議は阿片の生産を全然、医学用と科学用とに制限すべしと云ふのであったから、第二回会議が開催さるゝや、英国代表のセシル卿と米国代表の S. G. Porter 氏との間に激論が交され、仏国と和蘭は英国に組《与カ》みし、米国の阿片売買の有効期限を十ケ年とすべしとの提案に対し、申し合はせて反対の意見を表明した。そしてセシル卿は二時間余の長演説を試み、阿片の耽溺とそれによる被害の全問題に論及し、英国が阿片の禁止に乗り気にならないのは経済上の理由に基づくものであるといふのは誣妄の言も甚だしきものであり、且つ十年間といふ制限論は、支那に於て阿片の密製造と密輸出が盛んに行はれる以上、到底云ふべくして行はれ難く、その空論に過ぎざることを指摘し、宜しく十年を十五年に延長すべしと説いた。

併し此の十五年説も、今日より計算するものではなく、先づ支那の阿片密製造と密輸出の取締りが厳重に行はれ、最早大丈夫と認めらるゝに至ってから起算するといふので、随分呑気な話であった。そして右の制限の期間の計算日は、之を国際聯盟理事会の任命にかゝる委員会に一任せよといふのであったから、米国側は一月二十日の会議に於て、英国側の提案に反対の旨を明言した。そこでセシル卿は更に起って、米国が阿片問題を八釜しくいふのは結構だが、その実、米国は世界一の阿片吸飲国たる印度以上の阿片吸飲国ではないかと攻撃したので、一月二十三日には会議は停頓の危機に陥り、二月七日米国側は脱退を通告し、支那もまた手を引いた。このため会議は爾余の参加国丈けで阿片の生産、配給、輸出の取締法を制定し、五ケ年内に阿片密輸の防止を講ずることに一致を見て、こゝに已むなく散会することを余儀なくされて了った。時はこれ西暦一九二五年二月十八日であったのである。

編者注　前記、歴代政府の取締り各項に附した㈠、㈡、㈢、㈣……の番号は、原文では㈵、㈺、㈧、㈡……に作り、㈹、㈤両項下のイ、ロ、ハ、ニ……は原文では㈠、㈡、㈢、㈣……に作る。

第二節　北満地方の阿片取締り

前述せるが如く、表面上、支那は阿片禁止国なるを以て、表面はその取締り甚だ厳重にして、北満地方に於ても毎年解氷期に至れば督軍、省長、道尹、県知事、剿匪司令官等の署名を以て、各地各処に大略左の如き意味の取締令が発布せらるゝのである。即ち

㈠　阿片の栽培、吸飲、販売を厳禁す。是れを犯すものは厳重に処罰し、之が密告者に対しては多くの賞与を授与す。

㈡　罌粟の密栽は匪賊を増加するが故に、之を犯すものは賊を以て律す。

㈢　煙土百両以上を売買せるものは死罪とす。

㈣　阿片を吸飲するものには百元以上の罰金を科す。

等の布告は、解氷期の近づくに従って各処に掲示または貼附せらるゝも、商民は恰も年中行事の一なるかの如く、是れに対しては何等の反応も示さゞるが如し。蓋し阿片根絶の要諦は支那国民全体の自己覚醒に俟つべきものにし

て、決して立法的、強制的の抑圧に依りては毫もその効果を表はさゞるべし。

第九章　結　論

支那人の道楽は日本人の道楽と異なり、「飲む」「打つ」「買ふ」といふ三つの道楽に非ずして、「吸ふ」「打つ」「買ふ」といふ三つの道楽であり、その結果、阿片中毒、庶民中毒、官界中毒、游民中毒、さらに進んでは借款中毒、無教育中毒、利己中毒等、人間の最悪徳の中毒性に苦しみつゝあるものなり。今その根原について考察すれば、阿片、惰民、盗賊といふ三大中毒に因るものに過ぎず、之が為に各人は自らの命脈を縮め、惹いては国家を危殆に瀕せしめ、遂には国家の存在すらも疑はるゝの有様にして、就中、阿片の中毒は彼等の罪悪の発端にしてまたその中心をなすものなり。

如何に現在の南京政府が昇天の勢ひなるを以て、各国人よりその基礎堅固にして支那全土を救済するの大立物として賞讃の的となるも、今にして此の阿片に対する根本的の治療を施行せざる限りは、その游民、盗癖の気性の打破は到底覚束なかるべく、またその盗賊の悪弊を全滅することも企図し難かるべく、而して支那の根本たるべき健全性は望み難かるべし。然れば遂には各国人をして、南京政府はそれが砂上の楼閣に等しきものにして、何時かは崩壊するに至らんものと直覚せしめ、支那人の手によりては、支那の健全を企図し能はざるを直視するの日あらんことは火を見るよりも明らかなる処なり。

此くの如く支那の存在が迚も健全の日ある無きに於ては、彼の流説せらるゝ所の日支の共存共栄てふ大旆のシンボルも実に危ふくして、またこは空しき問題たるに非ざるなきやを窺ひ知るに至るべく、我が幾十の日支親善、日支共存の機関も、その実効を奏し得ざるに至るべし。今日支那の国家は危殆に陥り居りて、凡百の改善を必要とするも、南京政府に於て尚ほ今も統一の域に向かはずして彷徨するに於ては、如何に孜々として之に向かって努力するあるも、こは恰も天に向かって唾するもの丶如く、之が改善を為すことは望むべくも非ずして、その危急存亡の淵は已に自己の眼前に迫りつゝあるもの、豈実に危険ならずや。

斯くも危殆に瀕せる支那を救はんとするには、阿片の分配方法として之を専売制度に附すの他別に途のあることなきを知るなり。今、此の良方策に依る時は、国家の収入を増加するのみならず、尚その取締りをも為すことを得べし。併し乍ら現在の如く、公益《ママ》を事とする支那官吏、または私盗を事とする支那人に此の阿片の専売を委する時は、徒に軍閥跋扈の資源を提供し、阿片の中毒を尚ほ一層甚だしくするの結果を招くが故に、之が特許料金を課して民間に請負はしむるの制度を採るか、否らざれば外人の手に委ねて正確なる徴税及び専売収支を取り扱はしむべきなり。

斯くしてその中毒の全治を計り、漸禁全滅の方針を採って之が実行を期せざれば、支那の前途は真に暗澹たるものあらん。これ実に支那官吏の廓清を為すの必要なる所以にして、その廓清のなき限りは彼の専売の実効をも収め得ざるものなり。支那をして阿片漸禁の方法を採用せしめ、その国力を挽回せしむる目的の遂行に努力邁進してこそ、これ我が善隣の交誼に叶ふものなれば、吾人は茲に左の五大策を以て支那に捧げるものなり。

㈠　漸禁主義に基づく政府専売制度を以て、支那をして阿片中毒の漸治策を採らしめる事

㈡　阿片吸飲者を文武の官吏に採用せざる制度を設けて之を励行し、官吏の廓清を為す事

㈢　漸禁主義に基づく専売制度に必要な阿片の運送業者には、游民を以て之に当て、彼等をして徐々に実業に就かしむる方針を採る事

㈣　関・塩両税等の如く、借款または担保にある税金には触るゝことなく、阿片税を以て地方軍閥を整理し中央集権の実を収め、然る後借款及び財政を整理する事

㈤　以上の如くにして、その国富の増進するに伴ひ、彼の教育制度の普及を計る事

然れども先づ前述したる如き専売の方法を以て第一の実行を開始し、第二の遂行を俟って第三、第四、第五と漸次之を拡充施行し、永くして而も有終済美の果を収むることに努力するに非ざれば、百年河清を俟つに等しく、支那は永遠にその存在を危くし、決して浮かぶ事なきに至るべし。これ即ちその革新の第一歩として、前述の如き大決断を必要とする所以ならずんば非ざるなり。

昭和五年度調査報告書

第十六巻　東蒙古に於ける甘草・阿片調査

附　東蒙古に於ける衛生調査

第二章　東蒙古に於ける阿片

第一節　赤峰附近に於ける阿片の栽培

ケシの栽培は国法の厳禁する所なれども、管内の各県に委員を派して栽培地積を調査せしめ、且つ知事をして栽培せしめたりと云ふ。

熱河省の当局者は一挙にして約七、八百万元の軍費を獲得すると云はれる。されば山間僻地は勿論、庭園内に迄栽培せり。その結果人民の常食たる粟、馬糧たる粟稈の相場は漸次騰貴を来たし、本年の収穫減より来年の価格は騰貴すると云ふ。之に反し阿片は日々に下落すると云はれる。

ケシの栽培は如何なる農作よりも有利なれば、僻遠の地に於ては軍人の庇護に依り栽培すると云はれ、熱河管内にては或る地方に限り三年に一度は看過したる様に伝へらるゝが、大正七年の栽培は此の通りであったと云ふ。

ケシの栽培に関連する問題は官吏の収賄、匪徒の出没、吸煙者の増加、軍人の強売等が重なるものなり。

税金は一畝に付き大洋六元の罰金として一半は採取前に、一半は採取中に徴収すと云ふ。此の額を以て七、八百万元を得る予定なりと云へば百万畝以上の栽培地を要する計算なり。

赤峰地方の予定額は百四、五十万元なりと云ふ。之に依れば二十万畝余となる。栽培地積は平泉県を第一とし、囲場は之に次ぎ、赤峰及び淩源は第三位にして、最も少なきは開魯、綏東、阜新なり。

一畝地の阿片採取量は上地より四、五十両（一両は十分）、中地より三、四十両、下地より二十五両～三十両の見当なり。故に之を平均三十五両として計算すれば、百万畝地より採取する阿片は三千五百万両にして、十六両＝一斤なれば二百十八万七千五百斤となる。

一畝地に要する種子は十椀即ち一升にして、我が約二升四合に相当し、相場は平年なれば一斗、小洋票にて三、四元なり。本年は需要多き為め三、四十元の高値となる。栽培地百万畝とすれば種子は一万石即ち我が二万四千石に達す。

ケシ油はケシより取り常食油とし、胡麻油に比して上等なり。大小数種の種子ありて烟奶子の出量に差ありと云ふ。一般の常食たる粟とケシとを比較するに、谷子（粟の精白せざるもの）は一畝、平均二斗にして目下の相場は三元。ケシは平均三十五両にしてその相場は最低一両に付き一円五十銭として五十二元五十仙なり。実に十七倍半となる。然しケシの栽培は粟に比し遥かに多くの費用を要す。

一畝に要する人夫は播種より収穫に至る迄五十余人を要し、その中耕地、播種、除草の人夫は十余人にして採取期の約二十日間は二人宛を要す。その賃銀は最低三十銭、採取期は五十銭にして、何れも食事（十四、五銭）は雇主持ちなり。本年は八十銭乃至一元迄に騰貴せり。肥料は一畝地に対し猪糞約一元位なり。

阿片は日時を経るに従って目方を減ず。而も価格は高くなる。普通《品脱カ》は一両に付き小洋票三元、上等品は四元位、収穫後の新品は一元五十仙位の見当なり。

阿片は凡て混合物をなす。皮を煮《カ》つめ製したるを皮熬膏子、豆腐にて造りたるものを豆熬膏子、小麦糖即ち麺子にて製したるを麺熬膏子と云ひ、一種乃至三種を混合するを常とす。混合の割合は等分にして価格は一両に付き四十仙位なり。

今、阿片栽培の一畝地に要する収支の計算を示せば左の如し。

◎支　出

一、人夫賃	最初十人分　（一日平均四十五仙）	四元・五〇
一、人夫賃	採取期二人分　（日数二十日平均八十仙）	三二・〇〇
一、肥　料		一・〇〇
一、種子代	（平均）	三・五〇
一、税　金	（平均大洋七元）	一一・二〇
一、混合物代	（三十五両分）	一四・〇〇
合　計		六六元・二〇

◎収　入

一、阿片採取高三十五両	（平均一元五十仙）	五二元・五〇
一、混合物	（阿片と同値）	〃
合　計		一〇五元・〇〇
収支差益		三八元・二（八カ）〇

右の計算に依り若し混合物なきときは一畝に付き十三元七十仙宛の欠損を生ず。

阿片低落の事由

栽培過多。阿片の収穫は播種より百日以内にして完了す。市中にあるものは各階級を通じて一畝地に付き大洋四元を前渡しゝて土地を借り農民に之を作らしむ。

第二節　熱河に於ける阿片の栽培

闞朝璽氏が民国十三年に熱河の都統となり、軍資金調達の目的で管内に大煙（阿片のこと）の栽培を許可してより、熱河特別行政区十四県統治局下の農家は毎年ケシ煙を作り、直隷、奉天との接続市街地はその取引市場と化した。初秋から煙土（阿片）が動き出して後の開魯を見れば、宿屋と云ふ宿屋は奉天省から煙土の買ひ込みに来た客で一杯に満たされてゐる。

農産物や畜産物の取引の全くない遼源や通遼のいかさま看板許りの商家が開魯に支店を構へてゐる。之は皆、阿片密輸入の足溜りである。奉天省に入ってからは勿論、通遼がその咽喉になってゐるが、大林営子《が脱カ》汽車の積込場になってゐる。満鉄沿線に入るには、四平街鉄道東支那街より、却って四洮鉄路総局なる官舎が大きな荷の足溜りになってゐると云ふ事である。

熱河都統の闞氏は本年四十三才で十人の兄弟があったと思ふ。第六番の兄に子香と云って五十近い男がゐる。兄弟中の一番性悪で、元柳河県で□長をやって居たが、第一次奉直戦の際兵を散じて了ひ、闞氏が混成第一旅長として遼源に居た時分、四洮鉄路の警務課員か或は督弁公署員かになってゐた。やがて闞氏が熱河都統となるに及び、未だ兵を持たなかったが旅長となって開魯に駐在し、その勢力を利用して蒙古人から馬を集め、その値を踏み倒し、蒙古族に土地の開放《ママ》を迫って地主たらんとし横暴の限りを尽くした。また、その子は□長の虚名を得てゐたが、本人は依然として四洮鉄路局の警務員で居り、開魯から更に遠く林西・経棚に手を伸ばし、四洮鉄路局の官舎を足溜りとして盛んに阿片の密輸入をした。開魯の宿屋は阿片売買者の仲買人である。売買は阿片一両に対し印花税（収入印紙）一角を貼り、店用（仲買者手数料）として売買価格の三％を取ってゐる。

阿片の栽培には一畝（我が六畝歩）に対し現銀九元を罰金の名にて徴収する。民国十三、十四年は林西県下で三万六千元を徴収し、開魯も二万元近くであった。

阿片を採取するには、一人が琴の爪位の竹篦にて大煙頭（ケシ坊主）の皮に浅く一筋疵を入れると、煙奶子が之に滲み出すので、之を五、六歩遅れた他の一人が右手の指にて撫でる様に拭き取り、左手に持ってゐる深さ二寸、直径一寸位の器物にこすって入れる。

此の後、煙奶子を二、三日間天日に晒して水分を蒸発させると黒煙土が出来る。天日に晒すとき満遍なく撹拌すると否とは出来上った煙土の品位に関係すると云ふ。炎暑中は煙奶子は濃厚にて五〇％の煙土が得られるが、晩夏には水分が多くて三〇％乃至四〇％しか取れない。

採取に当たり竹篦を以て疵を付けるを戛（ka）と云ひ、滲み出た液を拭ひ取るを摩(mo)と云ふ。戛するものと摩するものゝ二人が揃って初めて採取が出来る。そこで之を一班と云ふ。一班の一日作業の限度は二畝地で、一畝地の作業回数は約二十回と云ふ事だが、結局、一班の労力を以てしては二畝の畑を作り約二十日間作業しなければならぬ。それ故に特に大煙園子の為に人を傭って来る処は別として、農家が有合せの労力を以て栽培してゐるものでは、一天地（我が六反歩）を作ってゐるものは稀である。

林西県下の鋤は四千五百挺乃至五千挺と云ふ見当であって、従って此の五千挺を基礎とした労力で大煙園子を持ってゐるとしても、その総面積は精々三十頃地であるべきである。それが四十頃地あるのは、副業としての外《マ》で《マ》資本家が大煙園子を経営してゐるからである。

阿片に詳しい某氏の談に依れば、蒙古地帯の阿片は吉林南境のものに比すれば香りと効力との点に於て甚だしく劣ってゐると云ふ。

此の二、三年通遼に吸煙者が多くなったが、特に目立つのは一歩足を阿片自由国、熱河に踏み入れて見れば、質朴なる農民はその日に追はれてゐる。《脱文カ》小商人を除いては阿片に侵されて居ない顔面を見出す事は困難なり。煙土は之を煮て煙膏とすれば吸飲される。此の煙膏と吸煙ランプを中心に煙管を揃へたるは、恰も我等が接待用として煙草を用意するが如くで、県公署、警察署、某々局、某々所から銀行、商家、住宅に至る迄備へてゐない処は無い。交渉も宴会も商談も此の濛々たる煙の中で行はれるのである。

血の気の失せた膏が滲み出た人の野犬、煙鬼の世界が即ち熱河県内である。

第三節　黒竜江省に於ける阿片の栽培

黒竜江省は本年より阿片専売制度を設け、禁煙薬店を許可し、阿片の売買を公許せり。依ってケシの栽培をなす者、禁煙薬店を開く者、及び阿片を吸飲する者夥しく増加せり。

(1)　ケシの栽培面積

本年五月、播種期以前に於て全省三十余県より当地の禁煙総局にケシの栽培を申し込みたる者百八十余名あり。その面積は約六万晌に達したり。然るにその後は実際の栽培面積に付き未だ各県より報告なき為め之を知るに由なきも、当地の禁煙分局の語る処に依ればその主なる地方に於ける植付面積は左の如し。

県名	面積地概数
竜江	三、〇〇〇晌
訥河	二、〇〇〇
克山	二、〇〇〇
嫩江	一、〇〇〇
呼蘭	一、〇〇〇
安達	一、〇〇〇
鉄驪	一、〇〇〇
布西	一、〇〇〇

(備考)

東支及び洮昂線の列車上より眺め得らるゝ地方には殆んど栽培するものなし。

(2)　栽培

本年比較的良作なりしは克山方面にして訥河、嫩江、竜江、拝泉の各県は之に次ぎ、他は殆んど不作なりしと云ふ。

本年は品質不良なるもの多量に上るべしと一般に予想されたるに依り、七月下旬から八月初めの初荷の出廻り時期に於ては上等品一両（日本の十匁）平均二元二、三十仙（上等品の取引相場は一両、五元内外を普通とす）に下落せり。

然るに近来、露領方面よりの密輸困難なると、予想収穫少なき為め、且つまた、買占めをなすもの現はれたるに依り価格騰貴し、目下、三元乃至四元五角位にて取引せられつゝあり。

(3)　チ、ハル附近に於ける栽培並びに収穫状況

播種は五月の後半月の間にして、収穫は七月二十日前後なり。今年の成績は良好ならず。ケシ坊主小なりし為め収穫割合に少なし。採取は一日、普通二回。煙胡蘆（ケシ坊主）に付き

大は二十回　　六、七十刀

小は十五回　　三、四十刀

一畝地の収穫平均

上　作	二十両
中　作	十両
下　作	六両

一畝地に対する耕作賃（収穫迄を含む）

上地平均　　十元五角　　七人手間

中地平均	七元五角	五人手間
下地平均	六元――	四人手間

（備　考）

手間賃は一人平均一元五十仙、食事は主人持ちとす。

(4)　禁煙薬店

禁煙薬店は阿片煙膏の販売及び吸飲を為さしむる処にして、之を四等級に分け、禁煙局の査定に依り次の如く税額を定む。

甲　種	一ケ月	大洋一四〇元
乙　種	〃	〃　一〇〇〃
丙　種	〃	〃　六〇〃
丁　種	〃	〃　三〇〃

管内各地の禁煙〔薬脱カ〕店は左の如し。（昭和二年七月調）

地　名	店　数
チ、ハル	一六二
昂々渓	三二
安　達	六八
満　溝	七二

富拉爾基	四
札蘭屯	五
泰　来	三六
博克図	七
合　計	三八六

之等の中には甲種なく、丁種大部分を占め、丙種もまた少なし。禁煙薬店は益々増加の傾向にあり。チ、ハルに於ては目下、三百を超すと云ふ。

各地共その土地の軍人、官吏その他の有力者が関係し、禁煙局の許可を受くる事無く勝手に営業を為す者少なからず。故に実際の数は前表の倍数以上に達する見込みなり。

第四節　支那官憲のケシ栽培奨励の件

「復県行政公署密令」

各区長に密令す。

省長公署密令第一七八号に、鎮威将軍公署令を以て籌済昌督《局カ》弁張志良の建設せる籌《カ》款《カ》の道幾多あるも、最も急を要するものは阿片栽培の一事とす。

東風来たりて氷解し、耕作転瞬の間にあり。若し早く農家に令し耕作を準備せざれば期を誤る虞れあり。客年播煙の成績不良なりしは晩種またその一因をなす。税捐を多収せんと欲せば、その土地の官紳に奨励を宣伝し多く栽培せしむるに在り。依って各県知事に密令を発し、即時、各自治区長を招集し各郷村に分赴、農戸を勧令し即時に播種を為さしめ、烟苗発生に際しては各区長は切実に耕作反別を調査して県に報告し、県は一束して籌済局に報告すべく、煙土成熟するに至れば一畝に対し現大洋五元を徴収すべし。此の外農家より徴収すべからず。その徴収の法は別に之を定む。その他吸煙規程も別に定む。毎十畝に対し現大洋五角を徴収し、二角は県に、一分五《カ》厘は自治区公署、三分五厘は該管の警費に分別奨励賞与する事とせば、前途頗る有望なれば鈞署に呈請す云々」

に《マ》する《マ》には本案は頗る有意義なるものに付き、各県知事は直ちに各区長に令すべき《との脱カ》密令に接したるを以て、各区長は速やかに之を弁理すべしと。

第五節　支那官憲のケシ新栽培法に関する件

景復県知事に於ては、今日、東三省臨時籌備総局よりケシの新栽培法に関する密令を接受したるに由り、之を景復県知事は管内の各区長を招集して左記の通り密令を発す。

記

東三省籌備局令を奉ずるに、禁煙事宜に関しては上将軍公署に呈請し、各県に通令し、各区長及び警備《カ》所長は共に協助進行する事とし居れるが、現在既に春耕の期に入りたるを以て、電報到達後、即刻に各区長を招集し播種を宣布すべし。尚ほ阿片の栽培法を左に示す。此の方法によれば他の栽培法に比較して優良なるを以て、各農家に伝知せしむべし。並びに各属に指令し、一万畝を最小限として栽培すべし。将来、奨懲規則を制定し耕作畝数の多寡は之を考成す。尚ほ一切の情況は随時報告すべし。

播種の法

先づ畦を作り、播種に際し粟三分ノ一を加へ軽く蓋土すべし。

復県知事　景佐綱

れ

ろ

わ

へ

ほ

ひ

ふ

ち

せ

そ

た

す

さ

し

き

お

か

い

う

え

索　引

A～W

あ

CHINA'S OPIUM SURVEY REPORTS BY STUDENTS OF THE TŌA DŌBUN SHOIN

EDITED BY TANI Mitsutaka

PUBLISHED BY AICHI UNIVERSITY
TŌA DŌBUN SHOIN UNIVERSITY
MEMORIAL CENTER
2007

東亜同文書院　阿片調査報告書

二〇〇七年四月一〇日　第一刷発行

編　者　谷　光　隆

発　行　愛知大学 東亜同文書院大学記念センター
〒四四一－八五二二　愛知県豊橋市町畑町一－一
電　話　〇五三二(四七)四一三九

発　売　株式会社 あ る む
〒四六〇－〇〇一二　名古屋市中区千代田三－一－一二
電　話　〇五二(三三二)〇八六一
FAX　〇五二(三三二)〇八六二
http://www.arm-p.co.jp
E-mail: arm@a.email.ne.jp

ISBN978-4-901095-74-7 C3022　